KATJA BOHLANDER-SAHNER

Vom Schwimmen in freien Gewässern

KATJA
BOHLANDER-SAHNER # Vom
Schwimmen
ROMAN # in freien
Gewässern

EDITION SCHAUMBERG

Bibliografische Informationen der Deutschen Nationalbibliothek: Die Deutsche Nationalbibliothek verzeichnet diese Publikation in der Deutschen Nationalbibliografie; detaillierte bibliografische Daten sind im Internet abrufbar über: http://dnb.d-nb.de

ISBN 978-3-941095-73-1

© Edition Schaumberg

Brunnenstraße 15, 66646 Marpingen, Telefon 06853 502380

info@edition-schaumberg.de, www.edition-schaumberg.de

1. Auflage, Oktober 2020

2. Auflage, März 2021

Titelfoto: adobestock

Gestaltung, Satz: Thomas Störmer, Marpingen

Schriften: Caslon, Thesis

Druck, Verarbeitung: bookpress.eu

FÜR DIE
ERMUTIGENDEN BLICKE
MEINES VATERS
(† 2017)
UND DIE LIEBE
MEINER MUTTER
(† 2019)

HIRZWEILER, 1960ER JAHRE

Rolf schwimmt.

Durch das grüne Wasser des Teiches, von einer zur anderen Seite, bis seine kleinen Jungenfüße den samtigen Schlamm berühren und das harte, scharfe Schilf ihn umgibt. Bis zu den süß duftenden, gelben Blüten und fleischigen Blättern der Pflanzen, die am Ufer wachsen. Bis auch seine Hände den Boden berühren. Tief atmet er die Gerüche ein: die Frische auf seiner Haut, den Schlick, die neuen Pflanzen. Aber auch der leichte Modergeruch faulender Blätter und abgestandenen Wassers. Kaum haben seine kleinen Hände den Schlamm berührt, dreht er wieder um. Noch einmal durch den Teich, mit kindlich verspielten, noch nicht geradlinigen Kraulzügen. Mit offenen Augen, die schon gerötet sind. Die nassen, schwarzen Haare kleben am Kopf. Die Lust, sich zu fühlen wie ein Fisch. Wie ein Wassertier. Ein Wesen, das auch in diesem Element klarkommt. An der Luft, als Mensch, und im Wasser, als Wassermann, oder Wasserelf, oder einfach als kleiner Junge, der Spaß am Schwimmen hat. Rolf biegt an schönen Tagen vom Schulweg ab und verschwindet erst im Wald und dann im Wasser. Später, als Gymnasiast, geht er oft am frühen Abend zu dem Teich. Oder fährt an einen See. Oder später noch: ins Schwimmbad. Selbst im Herbst, wenn die Blätter der Bäume ins Wasser fallen, springt er über den Schwimmbadzaun und dann ins Becken. Er liebt das Kribbeln, welches die Kälte auf seine Haut zaubert, und er liebt die Wärme danach, wenn er wieder zu Hause ankommt.

Das Schwimmen hat er sich mit sieben Jahren selbst beigebracht. Seine Eltern haben Angst vor dem Wasser, auch seine Geschwister können nicht schwimmen. Fast niemand kann schwimmen in seiner Gegend.

Aber Rolf, er kann es.

KAPITEL I

NOVEMBER 2015, HIRZWEILER

»Naumann«

»Pfalzklinikum Kaiserslautern, Doktor Behrendt am Apparat. Spreche ich mit Rolf Naumann, Hirzweiler?«

»Ja.«

»Ihre Frau, ist das Linda Naumann, geboren am 11. Januar 1959 in Urexweiler?«

»Ja, wieso?«

»Wir haben leider keine gute Nachricht für Sie.«

»Wie bitte?«

»Wir haben keine gute Nachricht für Sie. Ihre Frau hatte einen schweren Autounfall.«

»Autounfall? Was für einen Autounfall?«

»Sie befindet sich jetzt auf unserer Intensivstation.

»In Kaiserslautern?«

»Ja, im Pfalzklinikum. Können Sie kommen, Herr Naumann?«

»Jetzt?«

»Ja, das wäre angebracht.«

»Aber natürlich. Ich komme sofort. Ich bin in einer Dreiviertelstunde da.«

»Herr Naumann.«

»Ja?«

»Bitte bringen Sie die Patientenverfügung Ihrer Frau mit. Die Patientenverfügung, falls eine vorliegt.«

»Die Patientenverfügung?«

»Ja.«

MAI 2016, HAMBURG

An einem ungewöhnlich warmen Maitag irrt eine Frau durch die Straßen von Altona. Sie ist zu warm angezogen, trägt einen schwarzen Kapuzenpullover, dazu eine lange, schwarze Hose und Lederstiefel. Ihr Kopf ist unter der Kapuze verborgen, auf der Rückseite des Pullovers prangt ein großes rotes Herz: I love St. Pauli. Die Frau hat ihn von dem Ständer eines Souvenirladens gestohlen.

Wenn man näher hinschaut, sieht sie kräftig aus, obwohl sie sehr klein ist. Dünne Beine ragen aus den Stiefeln, wie Stöcke. Ihr Oberkörper ist unförmig. Sie ist schwanger. Alle paar Sekunden schaut sie sich um, blickt hektisch über die Schulter. Die Frau schwitzt. Sie versteht die Sprache der Passanten nicht, die um sie herum auf den Straßen gehen und sie nicht beachten. Als sie ein großes, grünes »S« auf einem Schild sieht, geht sie in die angezeigte Richtung. Ohne einen Fahrschein am Automaten zu ziehen, steigt sie in die Bahn. Sie hat nichts bei sich, kein Geld, keine Tasche, nur ihre Kleider am Leib und den Schweiß auf ihrer Stirn. In der Bahn setzt sie sich nicht. Ihre kleine, schmale Hand umklammert eine der Stangen, und mit der anderen Hand hält sie sich schwankend den Bauch, als die Bahn losfährt. Keiner schenkt ihr besondere Aufmerksamkeit. Sie will fahren bis zum Ende, soweit es geht, von der Stadt weg, aus der Stadt hinaus, sie will Bäume sehen und Gras und wenn möglich – keine Menschen mehr. Sie will ihr Kind nicht auf einer Straße zur Welt bringen.

Doch bereits nach der dritten Station nähert sich aus dem Nebenwagen ein Kontrolleur. Sie erkennt ihn an der Uniform, sie schwitzt noch mehr, und an der nächsten Station steigt sie aus, bevor der Kontrolleur sie erreicht hat.

Als sie auf dem Bahnsteig steht, schaut sie sich hoffnungsvoll um. Es ist eine angenehme Gegend, nur wenige Leute unterwegs. Ruhige, schmale Straßen, große Häuser hinter Hecken, luxuriöse Autos in den Einfahrten.

Auf der gegenüberliegenden Straßenseite der S-Bahn-Station sieht sie ein großes Schild: »Loki-Schmidt-Botanischer Garten«. Sie ahnt, was es bedeutet, denn in ihrer Sprache heißt es: »Gardena Botanica«. Und ein Toilettensymbol. Die Frau muss dringend zur Toilette.

Als sie durch das weit geöffnete, schmiedeeiserne Tor geht, schaut ein Pförtner hinter der Glasscheibe hervor. Er beäugt sie, winkt sie dann aber durch und murmelt etwas in der ihr fremden Sprache. Sie folgt dem Schild, das zur Damentoilette führt, und schließt sich in einer Kabine ein. Beim Herunterziehen der Hose stellt sie fest, dass alles durchnässt ist: ihr Slip, ihr Schamhaar, ein Teil ihrer Hose. Sie setzt sich hin und spürt sofort einen Schmerz, einen durchgehenden, rauen Schmerz , der sich um den ganzen Bauch spannt und sie zittern lässt. Sofort steht sie wieder auf. Nicht hier, nicht auf einer Toilette, nicht hier. Sie knöpft die feuchte Hose wieder zu und zieht den Kapuzenpulli fast bis an die Knie. Dann wankt sie nach draußen, in die Natur des botanischen Gartens. Sie hält sich links, in der Nähe des Zaunes. Einige

Spaziergänger sind hier auf dem Hauptweg unterwegs. Sie biegt ab auf ruhigere Pfade aus Rindenmulch. Die Natur um sie herum dampft in der schwülen Wärme, und alles ist grün und wächst. Hohe Bäume, Sträucher, Farne säumen die Wege. Blumen in allen Stadien ihrer Blüte und Farben. Pflanzen mit riesigen, fleischigen Blättern. Ein Feld mit blau und weiß blühenden Fliederbüschen.

Die Frau hält ihren Bauch mit beiden Händen und versucht, regelmäßig zu atmen. Sie geht einige Schritte, bleibt stehen, krümmt sich vor Schmerz, atmet weiter, geht weiter, weiter hinein in den botanischen Garten, hält sich im Verborgenen, am Zaun entlang.

»Du musst gehen, bis du den Schmerz nicht mehr aushältst – bis du einfach nicht mehr gehen kannst!«, hat ihre Tante vor vielen Jahren zwischen zwei Wehen gesagt. Sie hat ihrer Tante bei der Geburt zugesehen. Seither wusste sie, dass eine Frau im besten Fall nur zwei Dinge braucht, um ein Kind zur Welt zu bringen: Einen ruhigen Ort, und die eigene Kraft.

Aber wann ist der Moment, an dem man nicht mehr weiter gehen kann? Wann sind die Schmerzen so stark? Werden sie noch stärker werden?

Zwischen einigen Büschen in der Nähe des Zaunes, wie in einem kleinen Versteck, auf trockener Erde, legt sich die Frau nieder. Zwei weitere Wehen schafft sie es, die Zähne aufeinander zu beißen und keinen Laut von sich zu geben. Bei der dritten entfährt ihr ein lauter Schrei.

Im Loki-Schmidt-Botanischen Garten ist der Zaun durch Zugänge unterbrochen, die rückseitig in das anliegende Wohngebiet führen. Wohlhabende Spender, die in der Nähe wohnen, bekommen einen Schlüssel für die kleinen Tore zum Garten. Einen solchen Schlüssel hat auch eine junge Dame namens Johanna, die gerade auf der Terrasse ihres Hauses einen Sonnenschirm aufspannt. Sie hört den Schrei der anderen Frau, einmal, zweimal. Sie sieht auf und zum botanischen Garten hin, der nur durch einen Fußpfad von ihrem Grundstück getrennt ist. Ohne zu denken läuft sie in die Küche, um den Schlüssel für das kleine Tor zu holen. Ein weiterer Schrei ertönt. Johanna trägt einen cremefarbenen, seidig glänzenden Overall einer teuren italienischen Marke. Sie rennt über den Rasen, sperrt hastig das Tor auf und sucht in den Büschen nach dem Ursprung der Schreie.

Da liegt sie, die Frau mit dem Kapuzenpullover, schweißüberströmt, das Gesicht schmerzverzerrt, die Haare wirr im Gesicht.

»Ach du lieber Gott!«, ruft Johanna. Sie erkennt sofort, was los ist.

»Baby, I get baby ...«, zischt die andere Frau, die offensichtlich Ausländerin ist, »I get baby, please help!«

Johanna weiß sofort, was zu tun ist. Die fremde, ausländische Frau weiß es scheinbar auch.

»Komm!«, sagt Johanna und streckt ihr die Hand entgegen. Mit Mühe schafft es die Frau, sich zu stellen. Johanna, deren blondes Haar in der warmen Sonne leuchtet, führt sie in ihren

Garten, auf die Terrasse, in ihr Haus, durch die geöffneten Flügeltüren ins Wohnzimmer. Dort kommt die nächste Wehe und die Frau geht zu Boden. Johanna rennt ins Bad, wäscht sich die Hände, sucht im Schrank einen Verbandskasten, klemmt ihn sich unter den Arm und nimmt noch zwei große Badetücher. Zurück im Wohnzimmer, breitet sie die Tücher auf dem Wohnzimmerteppich aus, die Frau rollt sich darauf und lässt sich Kissen unter den Rücken schieben. Gemeinsam zerren sie an der Hose der Frau: vier Hände, die an dem nassen, festen Stoff ziehen, bis der Unterleib entblößt ist. Johanna zerrt an den Lederstiefeln und sie gleiten von den Füßen. Schnell, aber vorsichtig befreit sie die Frau von der Hose.

Die Frau, auf die Ellenbogen gestützt und auf dem Rücken liegend, spreizt die Beine, stellt die Fersen auf, und die nächste Wehe kommt. Ihre Knie erzittern.

Johanna erinnert sich an Dinge, die lange her sind und die ihre Mutter mit ihrer älteren Cousine gemacht hat, als die Hebamme nicht zu ihnen fand.

Johanna reißt den Verbandskasten auf, entnimmt die Einmalhandschuhe, streift sie über und kniet sich neben die Frau auf den Boden. Sie fasst ihr zwischen die Beine und schiebt Zeige- und Mittelfinger einige Zentimeter in sie hinein. Die Frau folgt ihrem Handeln kommentarlos mit dem Blick.

Mit ihren Fingerspitzen fühlt Johanna bereits den Kopf des Kindes. Sie erschrickt nun doch, denn nun weiß sie, dass es für Krankenwagen oder einen Transport ins Krankenhaus im Grunde schon zu spät ist. Die Frau muss bereits seit einiger

Zeit Wehen haben. Johanna schließt die Augen und tastet weiter in der Frau am Kopf des Kindes herum. Sie spürt, dass das Kind in der richtigen Position liegt, Kopf nach unten, Nase nach hinten. Es kann losgehen.

»Next time, you press!«, sagt Johanna zu der Frau. Diese nickt, versteht entweder Englisch oder weiß, was die Situation fordert. Dann erfolgt der nächste Aufschrei, Johanna greift mit ihrer freien Hand nach der Hand der Frau und drückt fest zu. »Now! Jetzt! Press!«, und das Gesicht der Frau verzieht sich im Schmerz. Der Körper spannt sich an, Johanna spornt sie an, sie presst noch mehr. Dann das Durchatmen zwischen den Wehen.

Das alles wiederholen sie im Minutentakt, eine Viertelstunde vielleicht. Dann spürt Johanna, wie der Kopf des Kindes beginnt, sich ihrer Hand entgegen zu schieben, Stück für Stück, mit jeder Wehe ein winziges Stück weiter, und bald kann Johanna den Kopf mit den Händen halten, während der kleine Körper nachrutscht und schließlich das ganze Kind in ihrem Arm liegt. Es ist ein Junge.

Eine Sekunde herrscht Stille, dann schlägt das Kind die Augen auf, schreit und spuckt. Johanna fährt dem Kind einmal mit dem kleinen Finger durch den Mund, wickelt es in ein Badetuch ein und reicht es der Mutter. Mit der Schere aus dem Verbandskasten schneidet Johanna die Nabelschnur durch.

Sie, Johanna, hat ein Kind auf die Welt gebracht. Zumindest geholfen, eines auf die Welt zu bringen.

»Tamino«, flüstert die Frau. Johanna, von der die Anspannung abzufallen beginnt wie die Schokolade von einem schmelzenden Eis, schaut die Frau an.

»Tamino.«, sagt sie noch einmal. »Name – Tamino.«

Mit dem Kopf deutet die Frau auf den Jungen.

Tamino, so soll er heißen. Johanna nickt.

»Ich rufe Doktor«, sagt sie und hält ihre Hand in typischer Geste ans Ohr, um zu verdeutlichen, dass sie nun einen Arzt herbei telefonieren wird. Denn ein Blick auf die Vulva der Frau zeigt, dass der Damm ein wenig eingerissen ist und die Frau vielleicht genäht werden muss.

»No!«, ruft die Frau, »please no! Is okay, okay. I need sleep.«

Und noch einmal, als Johanna sie verständnislos ansieht:

»No doctor, please. I need sleep, no problem.«

Plötzlich überkommt Johanna ein schwebendes Gefühl, als würden ihre Füße – ihr ganzer Körper – um einige Zentimeter in die Luft gehoben. Kurz ist ihr schwindlig. Sie sagt: »Okay. One moment«, und verschwindet im Bad. Dort streift sie die Handschuhe ab und lässt Wasser über ihre Hände laufen. Im Spiegel betrachtet sie sich: Ihr Gesicht ist verschwitzt, die blonden Haare kleben an der Stirn, der cremefarbene Overall ist blutverschmiert. Sie spürt ein seltsames Ziehen in den Brüsten.

Apgar-Wert, Kaliumspritze, das Kind vermessen, die Nabelschnur abbinden. Das würden sie jetzt im Krankenhaus machen, denkt Johanna, das hat sie von ihren Freundinnen und Bekannten gehört, die fast alle in den letzten Jahren

Eltern geworden sind und die Geburten detailreich geschildert haben.

Die Frau versorgen, sie sauber machen, sie irgendwie ins Bett bringen, denkt Johanna weiter. Spritzen geben kann ich nicht, aber sie versorgen, das kann ich.

Und sie macht weiter, wie sie es in Erinnerung hat: Wäscht die Frau noch am Boden. Zieht ihr Damenbinden und einen Slip von sich an. Breitet im Gästezimmer Decken und Tücher auf der Matratze aus. Bugsiert Mutter und Kind irgendwie ins Gästezimmer auf das Bett, wo die Frau in die weichen Kissen sinkt. Das Baby liegt an deren Brust und nuckelt an der großen, dunklen Brustwarze. Wieder spürt Johanna das Ziehen in der eigenen Brust. Den Rest der Nabelschnur, die noch am Bauch des Kindes hängt, desinfiziert sie mit Wundspray und klebt ein großes Pflaster darüber. Sie tauscht das blutige Badetuch, in das das Baby eingewickelt ist, gegen eine schneeweiße Wolldecke. Sie bringt der Frau ein Glas Wasser und schmiert zwei Käsebrote. Eines isst sie selbst, das andere verschlingt die Frau.

Dann steht sie da, die Hände in die Hüften gestemmt, vor Mutter und Kind, und schaut den beiden zu. Die fremde Frau schaut zurück und lächelt.

»Is okay, everything okay.«

Johanna atmet tief ein und aus. So lebendig hat sie sich schon lange nicht mehr gefühlt.

MÄRZ 2017, SAARBRÜCKEN

An dem Tag, als Rolf Naumann Elaine kennenlernte, trug er einen Pullover in dunklem Violett mit einem gelben Hemd darunter, dazu eine braune Jeans, die seit gut einem Dutzend Jahren in seinem Besitz war.

»Bist du farbenblind?«, begrüßte ihn Hugo, der neben ihm an einem Rundtisch Platz nahm.

Rolf quittierte diese Anmerkung, indem er die Augenbrauen hochzog und seinem Kumpel auf die Schulter klopfte. Hugo in seinem hellblauen Hemd, der offensichtlich modischen Jeans, die sicher teuer gewesen war, und seinen italienischen Lederschuhen sah gepflegt und jugendlich aus wie immer. Seine grau melierten Haare waren kurz gestutzt, der Dreitagebart wie aus dem Modeprospekt. Der zurückweichende Haaransatz fiel bei Hugo kaum ins Gewicht. Rolfs Haar hingegen war voll und drahtig, stets stand eine Strähne am Hinterkopf selbst nach Haarewaschen und resolutem Kämmen widerborstig ab. Ein Friseurtermin war bei Rolf – wie so vieles – längst überfällig.

»Seit einiger Zeit muss ich meine Kleidung selbst zusammenstellen, das weißt du ja«, sagte Rolf, und dieses »seit einiger Zeit« machte ihn unangreifbar für jegliche Kritik, egal von welcher Seite sie auch kommen mochte. Denn »seit einiger Zeit« bedeutete konkret, dass Rolfs Frau gestorben war.

Und so verstummte auch Hugo mit einem nachdenklichen Nicken, winkte die Kellnerin herbei, und sie bestellten einen trockenen Weißwein.

Die Bar war gut gefüllt. Vor Jahrzehnten hatten Hugo und Rolf in dieser Kneipe gefeiert, und wann immer sie sich in Saarbrücken trafen, trafen sie sich hier. Einiges hatte sich mit den Jahren verändert. Die Lavalampen waren verschwunden und blauen Neonröhren gewichen. Auf der Bühne spielten keine Anfänger-Bands mehr irgendwelchen schrammligen Blues, sondern eine sehr blasse Blondine hauchte in Begleitung ihres Gitarristen Songs ins Mikrofon, die Rolf nicht kannte. Das Publikum ansonsten war gemischt, Studenten waren auch da, und Rolf und Hugo bildeten eindeutig das obere Ende des Alterspektrums.

»Nächstes Jahr mache ich Schluss mit der Schule«, sagte Rolf und drehte das Weißweinglas zwischen den Fingern. Er wusste, dass Hugo, der selbst seit vielen Jahren ein eigenes Architekturbüro leitete, noch nie hatte nachvollziehen können, was Rolf eigentlich in der Schule hielt. Hugo an seiner Stelle, hatte er oft gesagt, hätte sich längst ins Ministerium versetzen lassen.

»Du wirst dieses Jahr erst sechzig«, sagte Hugo diesmal und blickte besorgt drein. »Was hast du vor, wenn du in Pension gehst?«

»Ich werde einige Schwimmkurse übernehmen. Vielleicht werde ich auch in die Nähe von Anni ziehen.«

»In die Nähe von Anni? Bist du verrückt geworden? Etwas Grausameres kannst du deiner Tochter nicht antun. Wer weiß, vielleicht hast du noch zwanzig Jahre vor dir, hast du dir das mal überlegt? Außerdem zieht Anni doch sowieso alle paar Jahre um.«

Da musste Rolf Hugo recht geben. Rolfs Tochter Anni war
fünfundzwanzig und in der Verlagsbranche tätig. Zur Zeit
arbeitete sie in Paris.

»Ich habe immerhin einen Französisch-Kurs begonnen«, sagte Rolf.

Hugo zuckte mit den Schultern, »Na also, ein Schritt aus
deinem Dorf nach draußen!«, sagte er.

»Ich bin immerhin hier«, sagte Rolf, »draußen in einer Kneipe.«

Doch Hugo hatte wahrscheinlich recht, so ganz durchdacht
hatte er die Sache noch nicht. Nur eines war klar, er würde
nächstes Jahr aus dem Schuldienst aussteigen.

»Ich kann dieses Elend nicht mehr ertragen«, fügte er also
vage hinzu, wohl wissend, dass er auch das nun gleich erklären musste, da Hugo keine Ahnung hatte von Kindern im
Allgemeinen, oder von Flüchtlingskindern, oder von den
Kindern aus sozial schwachen Familien.

»Ich kann mir diese ausländischen Namen nicht mehr merken«, fuhr Rolf fort.

Doch bevor das Gespräch eine tiefere oder auch ganz andere,
oberflächliche Wendung nehmen konnte, wie das mit Hugo
des Öfteren geschah, öffnete sich die Kneipentür und durch
die Menschenmenge wühlten sich zwei weitere Studentinnen,
geradewegs in ihre Richtung, geradewegs auf Hugo zu, der
offensichtlich bereits die ganze Zeit nach den Damen Ausschau gehalten hatte, ohne dass Rolf es bemerkt hatte. Hugo
winkte sie freudig herbei.

Die größere der beiden jungen Frauen fiel Hugo um den Hals.

Es ist nicht zu fassen, dachte Rolf und knirschte mit den Zähnen, so dass die Anspannung in seinen Kiefermuskeln deutlich erkennbar war.

Die Kleinere warf Rolf einen genervten, aber gewitzten Blick zu. Ihr schwarzer Pagenkopf wippte mit jedem Schritt.

»Ich stelle mich am besten selbst vor«, sagte sie, und bevor Rolf seinerseits etwas sagen oder tun konnte, hatte sie seine Hand ergriffen.

»Ich bin Elaine.«

Es wurde wundersamerweise ein vergnüglicher Abend. Die Gespräche drehten sich zunächst um universitäre Angelegenheiten. Rolf wurde Sybille, der großen Blonden, vorgestellt, die wohl von ganzem Herzen in Hugo vernarrt war, was dieser selbstverständlich genoss. Sie schien im Alter von Anni zu sein, Mitte zwanzig. Über Altersunterschiede hatte Hugo sich noch nie Gedanken gemacht.

Rolf musste erzählen, wie Hugo und er sich vor vierzig Jahren auf einer Studentenparty kennengelernt und sich trotz unterschiedlicher Studienfächer und Interessen eine so enge Freundschaft hatte entwickeln können. Hugo hatte Architektur studiert, und er, Rolf, Germanistik, Sport und einige Semester Pädagogik.

»Sie sind also Lehrer«, bemerkte Elaine und blickte ihn mit ihren grünen Augen an. Dass die Augen grün waren, war ihm sofort aufgefallen.

Er nickte. Es stellte sich heraus, dass Elaine ebenfalls Lehrerin werden wollte und hierfür Englisch und Deutsch als Fremdsprache studierte.

»Sie ist aber auf dem zweiten Bildungsweg unterwegs«, warf Sybille ein, »sie hat vorher schon …«

»Schon irgendwann mal etwas anderes gemacht«, vervollständigte Elaine den Satz. Was dieses andere war, darüber sprach sie nicht.

»Aber man merkt ihr das Alter nicht an«, zwinkerte Sybille, »sie ist schon knapp über dreißig!«

Sie lachten.

»Wir wohnen in einer Wohngemeinschaft in der Rosenstraße«, sagte Sybille, »Elaine genießt dort ihr zweites Studentenleben.«

Hugo fasste Sybille fest um die Hüften und drückte sie an sich. »Wir können ja mal zu einer Studentenparty gehen, was, Rolf!«

Sybille studierte natürlich Architektur. So hatten Hugo und sie sich kennengelernt, der Klassiker: Chef und Praktikantin. Was daraus werden sollte, schien die beiden nicht zu kümmern. Sybille war zu jung, um sich darüber Gedanken zu machen, und Hugo beherrschte auch in dieser Hinsicht die notwendige Leichtigkeit des Seins. Er war zweimal verheiratet gewesen, hatte von jeder seiner beiden Ex-Frauen einen Sohn und beschäftigte sich ansonsten mit Gelegenheiten, die sich hier und dort ergaben.

Sie bestellten weiteren Weißwein. Elaine und Rolf verwickelten sich in ein angeregtes Gespräch über Politik. Da gab es ja auch viel zu besprechen, die Franzosen hatten gerade Macron und LePen gegeneinander ins Rennen geschickt, der Brexit würde die Engländer mehrere Milliarden Euro kosten, und in Syrien tobte ein Bürgerkrieg. Rolf berichtete von den steigenden Flüchtlingszahlen in seiner Schule, von der Inklusion und davon, dass er zwischen Pflichterfüllung und dem Bedürfnis, einige Kinder speziell fördern zu wollen, oftmals fast zerrissen wurde. Elaine erklärte, warum sie Deutsch als Fremdsprache gewählt hatte – sie wollte von Herzen unterrichten, wollte Menschen eine Chance geben – ja, natürlich, das waren wohl die gleichen Gründe, aus denen heraus fast jeder Lehrer seine Kraft zog, zumindest zu Beginn der beruflichen Laufbahn. Aber in Elaines Begeisterung für die Sache, da erkannte Rolf sich selbst, wie er vor vierzig Jahren getickt hatte.

Bevor Rolf auch nur ein einziges Mal auf die Uhr geschaut oder sich müde oder unwohl gefühlt hatte, war der Abend vorüber.

Hugo winkte der Kellnerin, er wolle bezahlen. »Ich muss morgen früh um acht auf die Baustelle«, sagte er, »sonst verpatzen die was.«

Als Rolf sich vom Barhocker erhob, bemerkte er ein leichtes Schwanken – hatte er drei oder vier Gläser Wein getrunken? Elaine sah wunderbar aus, als sie vor ihm aus der Bar ging. Sie trug ein lockeres, knielanges, hellgrünes Kleid, aus dem ihre Unterschenkel muskulös hervorschauten. Ihr Nacken war braun gebrannt und schlank und verlockend.

Oder bildete er sich das nur ein?

Vor der Tür verabschiedeten sie sich. Sybille drückte ihn überschwänglich, Hugo klopfte ihm auf die Schulter. »Machen wir bald wieder. Melde dich, wenn du wieder in der Stadt bist.«

Elaine stand vor ihm. Sie hielt Rolf die Wange hin, die er während des Händeschüttelns sanft küsste. Ihre Haare kitzelten an seiner Nase.

»Bis bald«, sagte sie.

APRIL 2017, NEUNKIRCHEN/SAAR

Rolf stand in der Schlange an der Kasse, drei oder vier Leute vor ihm, eine ältere Dame hinter ihm. Eine Weile war er durch den Buchladen gestreift auf der Suche nach neuer Lektüre, hatte die Sportzeitschriften durchgeblättert und sich bei den Garten-Ratgebern aufgehalten, um schließlich doch in der Krimi-Abteilung zu landen. Er mochte Krimis, diese hielten sein Gehirn auf Trab und waren meist dennoch recht leicht zu lesen. Unruhig schaute er auf die Uhr − nur noch eine Stunde bis zum Schwimmtraining, und er musste noch zahlen und nach Hause fahren und seine Sporttasche nehmen und dann käme auch schon Hellmann, um ihn abzuholen −

Da sah er sie − Elaine. Er erkannte sie sofort, auch wenn sie ihm den Rücken zuwandte wie jetzt, so oft hatte er an sie gedacht, und nun stand sie an einem Büchertisch in der gleichen Buchhandlung, mehr oder weniger direkt vor ihm, mehrere Bücher unter den Arm geklemmt, ein Buch aufgeschlagen in der Hand. Strich sich eine Haarsträhne aus dem Gesicht und klemmte diese hinters Ohr.

Rolf war wie gelähmt. Die ältere Dame, die hinter ihm in der Warteschlange stand, stupste ihn sachte einen Schritt nach vorne. Ohne sie zu beachten, rückte er einige Zentimeter vor, den Blick nur auf Elaine gerichtet. Wieder verfing sich seine gesamte Aufmerksamkeit in ihrem schlanken Nacken. Sie schlug das Buch, in dem sie geblättert hatte, zu und drehte sich zur Kasse um. Sah die Warteschlange, seufzte, wollte sich wieder den Büchern zuwenden, doch da blieb ihr Blick an ihm hängen. Auch sie erkannte ihn sofort, sie zog die Augenbrauen in die Höhe und ihre Lippen formten sich zu einem erstaunten Lächeln.

Sie kam auf ihn zu, und Rolfs Herz fing an zu pochen. Er konnte nichts erwidern, als sie sagte: »Das nennt man Zufall!«

Als er stumm blieb, sagte sie natürlich: »Hat es dir die Sprache verschlagen?«

Und er nickte.

Sie warf einen Blick auf die beiden Bücher in seiner Hand. Ihre Augen wurden groß. Dann lachte sie, irgendwie ungläubig, irgendwie offensichtlich berührt.

»Martin Walker, Delikatessen, und Henning Mankell, Die schwedischen Gummistiefel!«, gluckste sie.

Sie hielt ihm die beiden Bücher unter die Nase, die sie ausgesucht hatte und bezahlen wollte.

Es waren die gleichen.

Sie landeten bei einer Cola in einer Pizzeria gegenüber der Buchhandlung. Dort war es laut und voll und hektisch. Sie saßen in eine Eckbank gequetscht, dicht nebeneinander, nur ihre Büchertüten zwischen ihnen, zusammen mit einer vierköpfigen Familie mit lärmenden Kindern. Rolf hätte nie im Leben in diesem Augenblick feste Nahrung zu sich nehmen können, was aber nicht an der Hektik und dem Lärm lag, sondern an den knisternden Plastiktüten zwischen ihm und Elaine, die das einzige Hindernis zwischen ihnen bildeten, und selbstverständlich an Elaines gesamter Erscheinung. Er sah, dass sie schwitzte, dass sich ein leichter feuchter Film in dem Bereich zwischen Oberlippe und Nase gebildet hatte. Das ließ ihn, tief in seinem Inneren, fast den Verstand verlieren.

Dass er überhaupt jemals in einem Schwimmtraining gewesen war und dass er heute wohl zu spät kommen würde, ja, dass er überhaupt schwimmen konnte, daran dachte keine Sekunde.

An der Oberfläche war er jedoch beherrscht. Sie sprachen über Bücher, die sie gelesen hatten, und stellten ähnliche Interessen fest. Dass er einen Französisch-Kurs belegt hatte und so auf den Autor Martin Walker aufmerksam geworden war, der über die Dordogne und den Périgord schrieb. Elaine erzählte von ihren kläglichen Versuchen, neben dem Studium noch Schwedisch zu lernen, aber, sagte sie, diese Sprache sei dem Deutschen viel zu ähnlich, als dass man die Vokabeln auseinanderhalten könnte.

»Ich habe alle Bände von Martin Walker in der deutschen Übersetzung zu Hause im Regal, bis auf diesen hier«, sagte Rolf irgendwann. »Und alle Bücher, die Hakan Nesser jemals geschrieben hat. Und alle Bände, natürlich, von Martin Walker auch in französischer Sprache«, er zuckte mit den Schultern, »was eine absolute Fehlinvestition war, denn mein

Französisch wird niemals ausreichen, das zu verstehen, und im Original schreibt er sowieso auf Englisch. Das kann ich noch weniger.«

Elaine lachte. Begeisterung funkelte in ihrem Blick.

»Könntest du mir einige Bücher leihen?«, fragte sie, und entschuldigend fuhr sie fort: »Ende des nächsten Monats fahre ich für vier Wochen weg, da wäre es schön, etwas zum Lesen zu haben.«

Er nickte und überlegte, wie das vonstatten gehen sollte – er könnte seinen Kofferraum mit Büchern vollpacken und sie müssten sich noch einmal treffen.

»Ich komme zu dir«, sagte sie da, federleicht, wich für einige Sekunden seinem Blick aus, trank einen Schluck von ihrer Cola.

»Aber ja«, war seine Antwort, und er lehnte sich zurück und betrachtete die vielen Menschen im Restaurant, die sich lärmend unterhielten.

MAI 2017, HIRZWEILER

Was sollte man vorbereiten für einen Samstagabend, den man ansonsten nur mit sich selbst verbrachte, oder, im besten Fall, mit den Kumpels im Vereinsheim, oder, im zweitbesten Fall, mit Tochter Anni in einem Restaurant beim Abendessen? Am Samstagmorgen beim Aufwachen hatte Rolf eine so starke Erektion, dass er sich fragte, wie er eine erneute Begegnung mit Elaine jemals überstehen konnte. Dann fiel sein Blick, wie jeden Morgen, auf das unbenutzte Kissen und die unbenutzte Decke an seiner Seite, und die Erektion verschwand von selbst. Er schüttelte die Katze von seinen Füßen, erhob sich, zog die Vorhänge zurück. Es war bewölkt. Der Garten, den er durch das Fenster sah, war prächtig und gepflegt, den Rasen mähte er jede Woche, schnitt an den Hecken und Sträuchern herum und düngte die Rosen.

Die Problemzone ist das Haus, dachte er.

Wenn nicht zentimeterdick, so doch deutlich erkennbar, lag Staub auf allen Möbeln. Als er ins Badezimmer ging, versuchte er, dieses mit Elaines Augen zu betrachten. Was würde sie wohl sagen zu den Haarstoppeln im Waschbecken, den Rasierschaum- und Zahnpastaflecken, dem Spiegel, in dem man sich kaum mehr erkennen konnte? Von der Toilette ganz zu schweigen. Rolf konnte an einer Hand abzählen, wie oft er seit Lindas Tod hier sauber gemacht hatte.

Er duschte und zog sich an. Rasieren würde er sich später. Dann ging er in die Küche, kochte sich einen Kaffee, ging zum Briefkasten, um die Zeitung zu holen, und frühstückte. Auf den Inhalt der Zeitung konnte er sich nicht konzentrieren, sondern er dachte lange und ausführlich darüber nach, was genau er und Elaine eigentlich verabredet hatten.

Sie hatte seine Adresse und seine Festnetznummer. Er umgekehrt hatte nichts von ihr. Sie würde kommen, um sich Bücher auszuleihen, und dann? Von Essen hatten sie nichts gesagt. Genau genommen, hatten sie überhaupt nicht über irgendetwas gesprochen. Nur über Bücher und den Termin heute. Samstagabend um 18 Uhr. Ein Blick auf die Uhr verriet ihm, dass es bereits halb neun war.

Ich muss putzen, dachte er, ich muss sofort anfangen zu putzen.

Gegen eins war er fertig. Die Sache war etwas unkoordiniert verlaufen, er war über Besen gestolpert, hatte den Staubsaugerbeutel wechseln und den Toilettenreiniger suchen müssen, was ihn zusammen fast eine Stunde gekostet hatte. Er hatte auch alle Zimmerpflanzen gegossen und hoffte, dass diese ihm die Vernachlässigung der letzten Wochen verzeihen und ihre Blätter bis zum Abend wieder aufstellen würden. Wasch- und Spülmaschine liefen, der Kühlschrank war aufgeräumt (wobei er festgestellt hatte, dass er in jedem Fall noch würde einkaufen gehen müssen), alle Tische abgewischt, auch der Wohnzimmertisch, alle Spiegel geputzt (keine leichte Sache, anscheinend gab es da Tricks, die ihm noch niemand verraten hatte), und alle Kissen auf der Couch aufgeschüttelt. Die Bibliothek im Keller hatte er gelüftet. Er machte sich Gedanken darüber, ob Elaine vielleicht eine Katzenallergie haben könnte und saugte vorsichtshalber noch ein weiteres Mal durch. Zu guter Letzt öffnete er alle Fenster und ließ die milde Mailuft durch das Haus strömen.

Und nun, als Krönung, stand Rolf im Schlafzimmer vor dem Ehebett, die Hände in die Hüfte gestemmt, und betrachtete die Bettwäsche.

Sollte er sie wechseln? Warum sollte er sie wechseln? Wäre es Ausdruck einer übertriebenen Erwartungshaltung, das Bett frisch zu beziehen? War es – ihm fiel kein besseres Wort ein – frevelhaft gegenüber seiner Achtung vor und Liebe zu Linda, sich eine andere Frau auch nur darin vorzustellen? Der Mutter seiner einzigen Tochter Anni?

Würde er es jemals mit Elaine bis in dieses Bett schaffen? Ging es darum überhaupt, oder was war mit ihm geschehen, da, in der Pizzeria, als er dieses leichte Schwitzen unter Elaines Nase bemerkt hatte? War es nicht ein riesengroßer Irrtum? Eine irrige Annahme? Er, Rolf, fast sechzig, jahrzehntelang treuer Gefährte seiner Ehefrau, erfahren im Abwehren von Avancen jeglicher Art, eingerostet in allen anderen Belangen des Sozialkontaktes, was sollte eine Dreißigjährige wohl mit ihm anfangen wollen?

Er ließ sich nach vorne auf das Bett fallen und versuchte, tief in Lindas Kopfkissen einen letzten Hauch ihres Duftes zu erhaschen, einen letzten Hauch von ihr, die weg war und nie wiederkommen würde.

So blieb er eine Weile liegen.

Einige Zeit später suchte er seinen Geldbeutel, die Autoschlüssel und einen Einkaufskorb und machte sich auf den Weg zum Supermarkt.

Er hatte beschlossen, Lebensmittel zu kaufen, die er nicht direkt zubereiten musste, da er nicht wusste, ob es überhaupt gefordert war, etwas zusammen zu essen. Es wäre ja auch möglich, dass Elaine nur kurz hereinschneien, sich die Bücher unter den Arm packen und sofort wieder verschwinden würde. Und dann säße er da und hätte sich eine riesige Mühe gemacht.

Habe ich sowieso schon, dachte er.

Er kaufte etwas Obst, Tomaten, vier verschiedene Tiefkühlpizzen, eingelegte Oliven und etwas Käse. Ein Baguette, zwei ordentliche Flaschen Rotwein und zwei Packungen Sushi. So würde er das Wochenende bestens überleben, egal, was auf ihn zukommen würde. Auf dem Parkplatz nickte er verschiedenen Leuten zu, die er kannte, vermied aber, in irgendein Gespräch verwickelt zu werden. Zu Hause parkte er seinen Golf neben Lindas Wagen, der seit zwei Jahren ungenutzt im Carport stand.

Er verstaute die Einkäufe in der nun perfekt aufgeräumten und blitzeblanken Küche. Er dekantierte den Rotwein, ging in sein Arbeitszimmer und versuchte, einen Mathe-Test für die fünfte Klasse vorzubereiten, aber das war komplett aussichtslos. Mit dem Stift in der Hand gelang es ihm keine einzige Sekunde, sich auf irgendwelche Zahlen zu konzentrieren. Ein Blick auf die Uhr verriet ihm, dass es erst halb fünf war: eine gefühlte Ewigkeit lag noch vor ihm.

Rolf musste sich ablenken. Er widerstand der Versuchung, bereits ein Glas des dekantierten Rotweines in sich hinein zu schütten, fütterte stattdessen die Katze zum dritten Male an diesem Tag und ging durch die geöffnete Terrassentür in den Garten. Dort rücke er Stühle zurecht, fegte den Holzboden und zupfte an Sträuchern herum. Sein hinter hohen Hecken verborgener Nachbar mähte den Rasen, und im Normalfall wäre Rolf zu ihm hinüber gegangen und hätte den Nachmittag mit einer kühlen Flasche Bier ausklingen lassen. Das tat er heute nicht, stand stattdessen da im Garten, einfach so. Die Bienen und Mücken flogen um ihn herum, die Sonne schien, alles duftete und blühte und erwärmte ihm das Herz. Obwohl er nur darauf hoffte, dass die Zeit endlich schneller voranschritt und Elaine an seiner Tür klingeln würde, war es ihm, als säße Linda auf einem der Liegestühle, die aufgeschlagene Zeitung auf den Knien, in dem hellblauen Kleid, das ihre Augen strahlen ließ … und sie sähe ihn mit einem Seufzer an und sagte zu ihm: »Mach das Beste draus, falls ich mal nicht mehr da bin.«

Kurz vor 18 Uhr stand er am Fenster seines Arbeitszimmers und spähte zur Straße. Hellmann aus dem Schwimmverein

fuhr mit seinem schwarzen Pick-Up vorbei, kurz danach
Ewald von der CDU im dunkelgrünen Audi. Vorstandssit-
zung im Sportheim, dachte Rolf. Im Haus gegenüber war
noch keiner zu Hause. An der Ecke schloss Barbara, die Bä-
ckereifachverkäuferin, den Laden zu.

Und dann kam sie um die Ecke gebraust, schwarzes, kleines
Auto, ein Hyundai vielleicht, Saarbrücker Kennzeichen. Er
sah sie hinter dem Steuer sitzen, wie sie zunächst mit an-
gestrengtem Blick an seinem Haus vorüberfuhr, dann an der
Kreuzung drehte und schließlich vor seiner Einfahrt parkte.
Als sie mit ihrem wippenden, schwarzen Pagenkopf ausstieg,
trat er vom Fenster zurück und wartete.

Er ließ sie zweimal klingeln, fuhr sich durch die Haare, so
dass diese etwas strubblig wirkten, ging zur Tür und öffnete.
Elaine strahlte.

»Hi«, sagte sie.

»Hi«, erwiderte er.

Fast schüchtern und doch mit vorgerecktem Kinn, einen kleinen Blumenstrauß vor sich haltend, betrat sie den Flur. Ihre
glänzenden Haare wurden an den Seiten von zwei Spangen
gehalten, so dass ihr Gesicht vollkommen frei und klar zu
sehen war. Ihre vorsichtigen Schritte in den Flur schienen
beinahe andächtig, als wäre der Boden aus Glas. Er führte
sie bis ins Wohnzimmer, sie folgte ihm, Rolf erneut unfähig
zu irgendeiner Lautäußerung, dann stand er da, die Hände
in die Hüften gestemmt. Elaine legte den Blumenstrauß auf
dem Wohnzimmertisch ab, drehte sich zu ihm um, sie gaben

sich die Hand, Elaine zog ihn zu sich und küsste ihn auf die Wange.

Das reicht schon, dachte Rolf, mehr kann ich unmöglich erwarten, ein Küsschen zur Begrüßung, das reicht vollkommen, daran werde ich die nächsten Wochen zu knabbern haben.

Elaine trat einen Schritt zurück.

»Wo ist sie?«, fragte sie und sah sich suchend um.

»Die Bibliothek?«

»Nein, ich meine deine Frau – wo ist sie?

»Meine Frau?«

»Ja. Ist sie nicht zu Hause?«

»Nein«, sagte er, »zu Hause ist sie … sicherlich nicht.« Rolf räusperte sich.

»Aber ich dachte, der Wagen neben der Einfahrt – und der Namen am Klingelschild, Naumann heißt ihr, wie ich gesehen habe.«

Elaine wurde unruhig, das sah Rolf, sie wurde unruhig, als hätte sie zu viel verraten von ihren Gedanken.

Und natürlich, beide Autos standen im Carport nebeneinander, sein Golf und Lindas Smart, RN und LN, die Zahlen waren die gleichen, ihr Hochzeitstag, 136, der 13. Juni. Und am Klingelschild: Linda und Rolf Naumann. Abgesehen von dem Ehering an seinem Finger, der sich seit gut zehn Jahren keinen Millimeter mehr bewegen ließ.

Elaine wusste nicht, was passiert war. Woher auch? Er hatte es ihr nicht erzählt, und bei Hugo und Sybille schien es auch kein Thema gewesen zu sein.

Während er ernsthaft darüber nachgedacht hatte, die Bettwäsche zu wechseln.

Rolf musste lachen.

»Warum lachst du?«

»Setzen wir uns«, er deutete auf die Couch.

Sie setzten sich angemessen voneinander entfernt, er auf den
Sessel, sie auf die Couch, ein zartes, unerwartetes Wesen in
Jeans und schwarzer Bluse auf dem hellbraunem Leinenstoff
der Couch. Elaine sah ihn erwartungsvoll an.

»Also. Meine Frau Linda ist vor zwei Jahren gestorben.«

»Oh!«

»Ja, oh. So kann man sagen.«

Beide saßen mit übereinandergeschlagenen Beinen, die Hände auf dem Knie gefaltet.

Wie in einer Therapiesitzung, dachte Rolf, und: wie komme
ich da wieder heraus. Er musste an Tillmann denken, seinen
Therapeuten, den er nach Lindas Tod auf Annis Drängen hin
drei Mal aufgesucht hatte. Bleib authentisch, Rolf. Egal, was
passiert, bleib authentisch.

»Sie hatte einen Unfall«, sagte er, »sie hatte einen schweren
Unfall.«

Elaine schwieg.

»Möchtest du mehr darüber wissen?«

»Möchtest du mehr darüber erzählen?

Und ja, als er so in sich hineinhorchte und Elaines interessier-
tes Gesicht betrachtete, spürte er, dass er tatsächlich ein wenig
darüber sprechen konnte.

»Sie fuhr mit einem Kollegen von der Universität zu einem Kongress an den Bodensee. Auf der Rückfahrt ist ein Auto auf sie aufgefahren, auf der B10 zwischen Landau und Pirmasens. Ein LKW überholte einen anderen LKW, Linda und der Kollege auf der linken Spur im Wagen dahinter. Von hinten kam einer mit ungefähr 200 km/h und fuhr in den Wagen von Linda und dem Kollegen.«

»Auf der B10?«

»Ja. Sie wurden aus dem Wagen geschnitten, der Kollege und Linda, und nach Kaiserslautern in die Klinik gebracht. Sie lagen im Koma, als ich dort ankam. Es war ein Freitagabend.«

Ein Schatten huschte über sein Gesicht.

»Sie lagen beide im Koma. Der Kollege hat es geschafft, Linda nicht.«

Rolf dachte nicht gerne an den Kollegen und auch nicht an dessen Frau, die er im Krankenhaus kennengelernt hatte. Der Kollege hatte sogar mittlerweile Lindas Dozentur an der Universität übernommen.

»Wie lange hat es gedauert, mit dem Koma?«

»Wie lange sie dort gelegen hat, bis sie gestorben ist? Drei Wochen. Die Ärzte wollten sie wach werden lassen, ich war einverstanden. Aber sie ist nicht aufgewacht. Sie ist eingeschlafen.«

»Warst du dabei?«

Rolf nickte und schluckte. Es war – natürlich – einer der schwärzesten Tage seines Lebens gewesen. Dabei zu sein, wenn die eigene Frau aufhört zu atmen. In dem Augenblick

wurde alles zur Nichtigkeit, die Streitereien, die Uneinig-
keiten, die unstimmigen Momente. Eine Decke wie aus Blei
legte sich über einen, und dieses bleierne Gefühl drohte sich
auch jetzt über Rolf zu senken.

Schweigen breitete sich aus. Durch die geöffnete Terrassentür
war Vogelgezwitscher zu hören, die Sonne warf lange Schatten ins Innere des Hauses, fast bis zu ihren Füßen.

Elaines Augen schienen feucht zu glitzern, aber Rolf war sich
nicht sicher. Ihm fiel auf, dass er ihr noch nichts zum Trinken
angeboten hatte. Er stand auf, brachte Gläser und Rotwein.
Beim Einschenken zitterte seine Hand. Ein Glas reichte er
Elaine und setzte sich wieder auf seinen Sessel.

Elaine nahm einen Schluck und räusperte sich.

»Habt ihr Kinder?«

»Ja. Eine Tochter, Anni. Sie ist fünfundzwanzig. Und einen
Sohn. Jerome.«

Da kam plötzlich die Katze durch die geöffnete Terrassentür zu ihnen herein. Verwundert schaute sie zur Couch, ging
zu Elaine, schien einen Moment nachzudenken und sprang
dann auf Elaines Knie.

»Oh«, lächelte Elaine, »eine Katze!«.

»Sie heißt Kate. Wir benennen unsere Katzen nach engli-
schen Prinzessinnen.«

Elaine lachte. »Dann hattet ihr auch eine Diana?«

»Natürlich.«

Sie schwiegen wieder eine Weile. Elaine streichelte die Katze,
und Rolf trank seinen Rotwein. Die beiden so zu sehen, die

Katze und Elaine, auf seiner Couch, im Abendlicht, in seinem Zuhause, ohne Störung, ohne Ablenkung, ja, sie einfach nur zu betrachten, ließ ihn fast selber schnurren. Er schaute sie gerne an, die Katze, und spürte, dass er Elaine auf die gleiche Art anschauen konnte: Ruhig, betrachtend, ohne Erwartung, ohne Drängen.

Irgendwann räusperte sich Elaine erneut.

»Lass mich in deine Welt, Rolf.«

Er schaute sie erstaunt an.

»In meine Welt?«

»Ja«, sie lächelte, »fangen wir mit deiner Bibliothek an.«

Die Bibliothek, das war ein Kellerraum, den Rolf und Linda – in erster Linie Rolf – für diesen Zweck eingerichtet hatten. Drei der Wände waren komplett in voller Höhe mit Bücherregalen bedeckt. Vor der vierten Wand stand ein Zweisitzer in rostrotem Cord, daneben das Klavier, an dem Anni und Jerome als Kinder geübt hatten.

Elaine stieß beim Anblick der vielen Bücher und des Klaviers ein lang gezogenes »Oooh!« aus, ging mit festem Schritt zum nussbraunen Piano, klappte den Deckel hoch und klimperte mit der rechten Hand einige Töne.

»Das ist aber verstimmt!«, rief sie aus.

Rolf stand da, die Hände wieder in den Hosentaschen. »Ja, so ist es. Ich kann überhaupt nicht spielen.«

»Darf ich alles anfassen?«, sie deutete auf die Bücher.

»Aber ja.«

»Darf ich alleine schauen? Ich meine, vielleicht willst du nach oben gehen, und irgendwie –«

» – was zu essen richten?«

»Ja! Gute Idee!«

Sie bewegte sich einige Schritte auf ihn zu, als wolle sie ihn umarmen. Aber dann hielt sie inne.

»Okay«, sagte er,« ich komme gleich wieder zu dir.«

In der Küche überlegte er, wie er das mit dem Essen anstellen sollte. Was würden sie essen? Wo würde sie essen wollen? Wo würde er essen wollen? Sollte sie sich an Lindas Platz am Küchentisch setzen? Sollte er den riesigen Tisch im Wohnzimmer decken, wo sie vermutlich einander gegenübersitzen würden und er nach Worten suchen müsste? Draußen auf der Terrasse war es an diesem Abend zu frisch.

Er entschloss sich, alles auf einem Tablett anzurichten: Die Oliven, den Käse, das Baguette, das Sushi. Zwei frische Rotweingläser stellte er auch dazu. Er gab sich Mühe, es sah schön aus, was er da tat, er war stolz auf sich. Mit der Rotweinflasche unter den Arm geklemmt, nahm er das Tablett und ging zurück in die Bibliothek.

Elaine saß am Boden, auf dem braunen Teppich, drei aufgeschlagene Bücher vor sich. Rolf erkannte »Der Name der Rose« von Umberto Eco, in deutscher, italienischer und französischer Ausgabe. Die italienische Originalausgabe erkannte er an den zahlreichen Eselsohren. Rolf stellte das Tablett auf dem Teppich ab, die Flasche Wein daneben.

»Was hast du noch mal studiert?«, fragte Elaine und sah zu ihm auf.

»Sport, Germanistik und ein wenig Pädagogik. Hauptschullehrer.«

»Sieht eher nach vergleichender Literaturwissenschaft aus. Du hast fast alle Bücher in mehreren Sprachen.«

»Das ist ein Hobby«, sagte er und schenkte Wein aus, »mein geheimes Hobby.«

Es war tatsächlich eine Beschäftigung, von der nur wenige wussten: Er las ein Buch zunächst in der deutschen Übersetzung, dann in der jeweiligen Originalsprache oder in jeder anderen Sprache, die ihn gerade faszinierte. Dabei fiel ihm das sehr schwer, denn außer Latein, Französisch und ein wenig Englisch hatte er in der Schule keine Sprachen gelernt. In Zeiten, als Linda ihre Doktorarbeit geschrieben hatte oder Rolf sich nach Ruhe sehnte, vor allem im Winter, hatte er sich stundenlang damit beschäftigt, Texte zu vergleichen und den Strukturen der Fremdsprachen auf die Spur zu kommen. Aber es war ein Hobby, er ging nicht planvoll an die Sache heran, und Linda hatte ihn oft wegen seiner Unwissenschaftlichkeit belächelt. Im Dorf war niemandem diese Leidenschaft bekannt.

Beiläufig griff Elaine zum Weinglas, trank einen Schluck, stellte das Glas wieder ab, nahm sich ein Stück Sushi und schob es in ihren Mund.

Sie isst rohen Fisch, stellte Rolf entzückt fest, denn er selbst war dieser Sushi-Sache verfallen, seit man es im lokalen Supermarkt kaufen konnte.

»Und welche Sprache ist das?«, sie zog ein anderes Buch vor, »Portugiesisch?«

Er setzte sich im Schneidersitz zu ihr.

»Nein, das ist rumänisch.«

Elaines Augenbrauen hoben sich erstaunt.

»Verstehst du das alles?«

»Nein. Aber ich kann es vorlesen.«

Und so verbrachten sie gut und gerne zwei Stunden, in denen Rolf ihr Ausschnitte aus den unterschiedlichsten Büchern in den unterschiedlichsten Sprachen vorlas. Elaine las ebenfalls Abschnitte vor. Sie lachten und prusteten – Rolfs französische Aussprache war trotz Sprachkurs eine Katastrophe. Elaine versuchte, das Neue Testament auf Twi, einer afrikanischen Sprache, vorzulesen. Gemeinsam übten sie sich im Entziffern eines griechischen Textes, Elaine hielt die Lauttabelle, Rolf den Sokrates.

»Wir sind bibliophil«, sagte Elaine und schob Rolf ein Stück Käse in den Mund.

Elaine und Rolf verschwanden in einer verzauberten Blase aus Worten und ihrer Zweisamkeit, beleuchtet nur von einer Leselampe, auf dem Teppich in der Bibliothek in einem kleinen Dorf.

Elaine suchte sich Bücher aus, die sie ausleihen wollte. Deswegen war sie ja nun eigentlich zu ihm gekommen. Es wurde ein ansehnlicher Stapel Krimis, die sie in eine Leinentasche packte.

Nach einer Zeit brachte Rolf eine weitere Flasche Rotwein, danach eine Flasche Martini, den sie aus den Weingläsern tranken. Sie saßen einander schließlich im Schneidersitz gegenüber, Knie an Knie, spielten irgendwann nicht mehr mit Büchern, sondern mit ihren Händen, versanken in Blicken, knöpften sich gegenseitig Hemd und Bluse auf.

Rolf erhob sich, Elaine auch. Sie verfielen in eine ungelenke Knutscherei, die nicht lange andauerte, weil Rolf Elaine hochheben und nach oben ins Wohnzimmer tragen wollte. Der Versuch scheiterte, er war zu betrunken. Sie lachten beide darüber und wankten Seite an Seite die Treppe hinauf, zuerst ein Stockwerk, dann noch eines, und landeten im Schlafzimmer, wo Rolf, plötzlich zur Besinnung kommend, innehielt.

Er sah Elaine an und erkannte die gleiche Befangenheit in ihren Augen, die auch ihn plötzlich überfallen hatte. Sie lachten nicht mehr, sie waren still geworden.

Als sie ihn fragend ansah, sagte er: »Komm«, und schlug beide Decken zurück. Sie legten sich hin, ohne sich zu berühren, nicht zu nahe beieinander, jeder unter einer eigenen Decke. Elaine rollte sich zusammen wie eine Katze. Sie angelte mit einer Hand unter der Decke hervor nach der seinen. Ihre Zeigefinger hakten sich ineinander. Eine unendliche Weile sahen sie einander in die Augen: dunkle, warme Flecken in der Nacht. Irgendwann fielen Rolf die Augen zu, und seine Atemzüge wurden tief und gleichmäßig. Elaine betrachtete ihn genau, sein Gesicht, seine Lippen, sein Kinn. Leicht umfasste sie Rolfs Wange und küsste ihn auf die Stirn. Dann kuschelte sie sich in das Kissen und schlief ebenfalls ein.

Im Morgengrauen, im ersten schwachen Licht des Maimorgens …

Elaine blinzelte ihn an. Suchte seine Hand unter der Decke, fand sie und legte sie auf ihre nackte Hüfte. Wann hatten sie sich ausgezogen? Aber das war egal. Ihre warme Haut unter seiner Hand, und dann … war er auf ihr und in ihr und um sie herum. Es war keine Anstrengung, es war ein Moment des Seins, den noch niemand hatte einfrieren können, obwohl so viele danach streben.

Keine Mühe, kein Nachdenken, ein Körper, ein Wesen. Ein Stoßen, ein Entgegenkommen. Ein Hinaufsteigen, ein Abklingen, ein erneutes Hinaufsteigen. Ein Atmen, ein Keuchen, eine Erfüllung, ein Glühen, eine Hitze und Wärme, beinahe nicht zu unterscheiden von einem Traum, eine Tiefe, eine Feuchtigkeit, ein Suchen und Finden der Blicke, ein Verharren, ein Festhalten und Loslassen, ein wundersames Zittern – einem leichten Erdbeben gleich.

Eine Sache, die nie enden sollte und doch nach einigen Minuten vorüber war. Eine Sache, die sich für die Ewigkeit in

Rolfs Kopf und Herz und Lenden einbrannte.

Sie lagen lange so.

Einer von vielen Gedanken in Rolfs Kopf: Das hat erstaunlich gut geklappt.

Sie schliefen wieder ein.

JULI 2004, HIRZWEILER

An seinem 16. Geburtstag macht Jerome Naumann eine Entdeckung, die sein Leben ändern soll. Vielleicht würde diese Entdeckung unter anderen Umständen keine solch dramatischen Folgen nach sich ziehen, aber es ist, wie so oft, die Summe der Dinge, die der Sache eine gewisse Brisanz verleiht und ihn sein Zuhause verlassen lässt.

Er ist nicht ganz unvorbereitet, weder gedanklich noch materiell. Seit einigen Wochen hat er den inneren Drang, wegzugehen. Er will nicht mehr in der Schule bleiben, viel lieber würde er eine Ausbildung beginnen, aber seine Eltern lassen ihn nicht, es ist Anderes für ihn vorgesehen, und sie verstehen nicht, wie ernst es ihm ist. Darüber hinaus hat er gespürt, dass etwas im Argen liegt, er wusste bis zum Vorabend nicht, was, ein dumpfes, ungutes Gefühl, das mit seiner aufgekratzten Mutter zu tun hat und mit seinem Vater, der in den Ferien fast nie zu Hause, sondern meist im Schwimmbad ist.

So bricht er mit dem Fahrrad auf, einen Tag nach seinem 16. Geburtstag, die strubbligen, schwarzen Haare ungekämmt, eine Mütze darauf, aufgeregt, nervös, wütend.

Am Bahnhof Illingen trifft er auf die ersten Schwierigkeiten. Mit dem großen Rucksack auf dem Rücken und dem Fahrrad an seiner Seite steht er gegen sechs Uhr dreißig auf Bahnsteig eins und wartet auf den Zug nach Saarbrücken, als aus einem ankommenden Linienbus auf dem Bahnhofsvorplatz eine Gruppe älterer Herrschaften aussteigt und in seine Richtung kommt. Jerome zieht die Schirmmütze tiefer ins Gesicht und sondiert die Lage. Mit zugekniffenen Augen schaut er den Alten entgegen, und tatsächlich sind Leute dabei, die er vom Sehen kennt. Sie nähern sich dem Bahnsteig und Jerome beginnt zu schwitzen, noch stärker zu schwitzen, als er es aufgrund der schwülen Hitze, die an diesem Julitag schon am Morgen über den Straßen quillt, sowieso tut. Er ist mit dem Fahrrad zum Bahnhof gefahren, von Hirzweiler aus, fünf Kilometer, mit seinem Rucksack und seinen Gedanken und seiner Wut. Aber auch mit fünfhundert Euro in seiner Geldbörse, die er seinem Vater in der Nacht aus dem hölzernen Kästchen im Schreibtisch gestohlen hat.

Die Alten kommen näher. Jerome vermutet den Stennweiler Wanderverein oder den Seniorenverein Hüttigweiler, die unterwegs zu einem Ausflug sind. Die Gesichter sind ihm doch fast alle bekannt. Jerome dreht sich um und verlässt den Bahnsteig.

Im Schatten einer Kastanie wartet er, bis der Zug einfährt und die Alten mitnimmt. Er selbst wird auf die nächste Gelegenheit warten.

Eile hat er nicht. Seine Eltern hat er in der Annahme zurückgelassen, er verbringe fünf Tage im Zelt mit seinen Kumpels am Bostalsee. Das ist schon häufiger vorgekommen. Jerome hätte aber ihnen – seinen Eltern – an diesem Morgen nicht in die Augen blicken können. Deshalb ist er bereits um fünf Uhr aufgestanden, hat die restlichen Dinge gepackt und einen Zettel geschrieben, auf dem stand: »Wollte los, bevor es zu heiß wird, melde mich.«

Dann hat er das Haus verlassen.

Jerome hat nicht vor, jemals wieder zurückzukommen.

Als er sieht, wie ein weiterer Linienbus die Haltestelle am Bahnhofsvorplatz anfährt und zahlreiche Jugendliche aus dem Bus aussteigen, fasst er einen Entschluss.

Ich fahre mit dem Fahrrad nach Saarbrücken. Es ist nicht viel weiter als bis zum Bostalsee, ich fahre über Landstraßen, ich werde es in knapp zwei Stunden schaffen.

Tatsächlich erreicht Jerome um kurz nach neun den Hauptbahnhof Saarbrücken. Er ist mehr oder weniger der Nase nachgefahren, durch Merchweiler, Bildstock, Sulzbach. Er kennt den Weg, es ist mit dem Auto die kürzeste Strecke zur Saarbrücker Universität. Er ist oft dort gewesen, mit seiner Mutter, am biologischen Institut, in den Ferien, wenn sie arbeiten musste und Kindergarten oder Schule geschlossen waren. Dann hatte sie ihn mitgenommen ins Büro, in Seminare und Vorlesungen. Bevor er die Worte verstand oder auch nur schreiben konnte, hatte Jerome seine Mutter über die geobotanischen Spezifitäten der Saar-Lor-Lux-Region referieren gehört.

Doch diese Erinnerungen hat er bereits abgeschüttelt, als er den Hauptbahnhof betritt und für einen Moment die Mütze abnimmt. Seine Haare kleben am Kopf, der Rucksack wiegt schwer auf seinen jungen Schultern. Seine Kleidung ist durchgeschwitzt. Einen Augenblick ist er seinem Vater dankbar um die gute Kondition, die er durch das Schwimmtraining hat, wenn er auch ein Brennen in den Oberschenkeln spürt. Jerome schaut hoch zur Anzeigentafel und sieht, dass der nächste Zug von Saarbrücken nach Mannheim um 9.49 Uhr auf Gleis fünf abfahren wird. Er geht zum Schalter und muss eine Weile warten, bis er an der Reihe ist. Immer wieder schaut er sich um, aber unter den vielen Gesichtern der eilenden Menschen entdeckt er keine Bekannten. Der Beamte händigt ihm die Fahrkarte aus, er zahlt mit einem der zehn Fünfzigeuroscheine seines Vaters und steckt das Wechselgeld in die Hosentasche.

»Und das Fahrrad?«, fragt er den Beamten. Ohne aufzuschauen antwortet dieser: »Wenn Platz ist, kein Problem. Gute Reise, junger Mann.«

Denn das Fahrrad will Jerome nicht zurücklassen, zumindest jetzt noch nicht, später wird er es vielleicht müssen. Es ist ein älteres »Specialized«, das er im letzten Jahr für 100 Euro auf einem Fahrradflohmarkt erstanden hat. Es passt zu seinem Körper und ist stabil, für jedes Gelände geeignet und nicht zu schwer. Außerdem gefällt ihm der schwarze Rahmen.

In der Bahnhofsbäckerei kauft er sich zwei belegte Brötchen und zwei große Flaschen Wasser. Eine trinkt er auf der Stelle aus und gibt die leere Flasche zurück. Dann macht er sich auf die Suche nach Gleis fünf.

Als der Zug schließlich losfährt, atmet Jerome tief durch. Sein Fahrrad steht vor ihm, er selbst sitzt auf einem Klappsitz im fast leeren Abteil. Der Schaffner kommt, Jerome zeigt seine Karte vor und ist einen Moment lang unsicher. Aber niemand vermutet ihn hier, niemand kennt ihn, es müsste schon ein riesiger Zufall sein, er ist längst aus seiner bisherigen, kleinen Welt hinausgefahren.

Der ICE, mit dem er dann später von Mannheim weiter Richtung Ulm fährt, ist überfüllt. Fast alle Sitzplätze sind reserviert, so dass Jerome in der Hocke neben seinem Fahrrad sitzt, zusammengepfercht im Eingangsbereich des Abteils, neben zwei Mädchen, die auch mit Rucksäcken unterwegs sind und immer wieder zu ihm herüberschauen. Wieder schwitzt er, was an der Kleidung liegt: er trägt noch immer die Weste und die Mütze, er hat einige Kleider übereinander gezogen, um Platz im Rucksack zu sparen. Trotz der Enge und der Hitze schläft er bald im Sitzen ein, schreckt kurz auf, als sie in Stuttgart halten, und wird erst wieder in Ulm wach. Es ist viertel nach drei. Erstaunlich weit ist er gekommen an diesem Tag, findet er und hebt sein Fahrrad aus dem Zug in die Hitze des Bahnhofes.

Viele Menschen sind unterwegs, es herrscht Gedränge. Eine Weile braucht Jerome, um sich in dem großen Bahnhof zu orientieren. Ratlos steht er in der Bahnhofshalle und schaut sich um. Bis hierher, bis nach Ulm, hat er seine Reise gedanklich geplant. Prinzipiell will er nach Süden und er weiß, dass es von Ulm aus gute Möglichkeiten gibt. Um ihn herum strömen die Reisenden, viele Urlauber mit großen Taschen und Koffern, Rucksacktouristen, Familien mit Kindern.

Ich muss etwas essen, denkt er.

Im Burger King ist nicht viel los. Wahrscheinlich ist es den

Leuten zu heiß, um etwas zu essen. Das Fahrrad nimmt Jerome mit in das Schnellrestaurant. An der Kasse kauft er sich Hamburger, Pommes und Cola und verschlingt sein Mahl an einem der Tische. Die Hitze ist fast unerträglich, er zieht seine Weste aus und legt seine Kappe auf den Tisch. Als er gegessen und getrunken hat, geht es ihm besser. Er denkt an zu Hause, an seine Mutter, die wahrscheinlich heute im Büro sitzt und arbeitet, und an seine Schwester Anni, die erst elf Jahre alt und sicherlich mit ihrem Vater im Schwimmbad ist. Er wird dort auf einem Plastikstuhl sitzen, der Vater, unter dem gelben LOTTO-Sonnenschirm, in seinem roten Bedemeister-Shirt, in der Nähe der Wellenrutsche, und darauf achten, dass keines der tobenden Kinder ertrinkt. Anni, die seit ihrem fünften Lebensjahr schwimmen kann, wird eines dieser Kinder sein.

Er schlürft den letzten Rest Cola aus dem Plastikbecher.

An der Kasse fragt er die Bedienung: »Können Sie mir sagen, wie ich am schnellsten aus der Stadt hinaus komme?«

Die junge Frau mit den streng zurückgekämmten, blonden Haaren und dem rot geschminkten Mund schaut ihn verwirrt an.

»Wohin denn?«

»Raus aus der Stadt. Richtung Süden. Mit dem Fahrrad.«

Sie schaut ihn weiter an. Schon beginnt es auf seiner Haut zu prickeln. Er will kein Aufsehen erregen und bereut bereits seine Frage.

Sie spitzt sie ihren roten Mund und sagt: »Fahr runter an die

Donau mit deinem Fahrrad. Oder mit dem Bus bis zum Ro-
xy-Kino, mit der Linie 4. Dann fährst du am Ufer der Donau
entlang in Richtung Wiblingen. Irgendwann kommst du an
eine Brücke, von dort zweigt die Iller ab. Fahr über die Brücke,
dann bist du schon in Bayern. Die Iller kommt von Süden.
Dort gibt es einen Radweg fast bis Memmingen. Dort musst
du gucken, wie du weiterkommst. Es ist weit bis dorthin.«
Er nickt und versucht, sich alles zu merken.
»Danke!«, sagt er und will sich umdrehen, da ruft sie: »Warte!«, und greift unter die Theke. Sie hält ihm eine Flasche
Wasser und zwei eingepackte Apfeltaschen hin. Sie lächelt.
Der Bahnhofsvorplatz in der prallen Sonne ist wie leer gefegt.
Unter dem Glasdach ist die Hitze noch größer, kaum einer
hält sich hier auf. Jerome schaut sich kurz um. Beton, wo er
hinschaut. Das Ulmer Münster soll den größten Kirchturm
der Welt haben. Er könnte hinfahren und ihn sich anschauen.
Aber als er auf sein Fahrrad steigt, lenkt er nach rechts in die
Richtung, die die junge Frau ihm gewiesen hat.
Er findet die Donau mühelos und atmet tief ein, als endlich
ein leichter Wind seine Nase umweht. Zwar fühlt sich der
Rucksack auf seinem Rücken an, als scheuere er bald die Haut
auf den Schulterblättern durch, aber je weiter sich Jerome von
der Stadtmitte entfernt, umso besser geht es ihm. Das Wasser
der Donau glänzt blau und ruhig in der Sonne, die Gegend
wird grüner. An einigen Uferstellen haben sich Sonnenanbe-
ter niedergelassen, Schiffe und Boote fahren hin und her.
Schon nach kurzer Zeit erreicht er die Brücke, von der die

junge Frau gesprochen hat, überquert diese und fährt nun fast direkt nach Süden auf einem sandigen, kiesigen Radweg direkt an der Iller entlang. Hier ist es weniger romantisch. Er fährt an Industriegebieten vorbei und der Verkehrslärm der Autobahn tönt bis zu ihm. Er fährt und fährt, ohne Pause. Es ist nicht anstrengend, das Gelände ist flach, es ist eine gute Idee, an einem Fluss entlangzufahren. Nur einmal hält er an, um etwas zu trinken.

Schließlich kommt er ins Grüne. Nach zwei Stunden erscheint zu seiner Rechten ein Hinweisschild zu einem Badesee, welchem er spontan folgt. Es ist fast sieben Uhr, doch es sind noch einige Leute auf der Uferwiese. Jerome lässt Fahrrad und Rucksack zu Boden gleiten und zieht sich aus bis auf die Unterhose. Er verschwindet im hellen Wasser des Sees, taucht einige Male unter und wieder hoch. Schwimmt einige Meter.

Was sagt sein Vater immer? Das Wasser eines jeden Sees schmeckt anders. Und ja, so ist es: Als Jerome aus dem Wasser steigt, hat er dieses Mal einen würzigen Geschmack im Mund, leicht nach Salz. Doch als er sich neben sein Fahrrad auf die Wiese setzt, spürt er, dass es Tränen sind.

Jerome erwacht im ersten fahlen Licht des Tages und weiß nicht, wo er ist.

Dann fällt es ihm ein: irgendwo unterwegs in Süddeutschland, in seinem Zelt, das er am vorherigen Abend zwischen den Büschen am Badesee aufgebaut hat.

Im Kopf ist er noch zur Hälfte in einem Traum, den er schnell wegwischen möchte, was ihm allerdings nicht sofort gelingen will. Und so sieht er wieder das Bild vor sich, weswegen er sein Zuhause verlassen hat: Seine Mutter, eng umschlungen mit einem Kerl, den er sowohl in der Wirklichkeit als auch im Traum erst nach einer Weile erkennt – Hendrik, einer der besten Kumpels seines Vaters. Seine Mutter und Hendrik bewegen sich rhythmisch, und auch das hat Jerome in der Realität erst nach einer Weile erkannt: Dass die beiden sich nicht nur küssen und umarmen, sondern Sex haben. Zwischen Carport und Holzstapeln, im Dunkeln, neben den Mülltonnen, an seinem – Jeromes – 16. Geburtstag, während die anderen Gäste inklusive seines Vaters im Garten hinter dem Haus feiern.

Vor zwei Tagen, als Jerome das gesehen hat, hat er sich in der Dunkelheit in die Rosenhecken im heimischen Garten erbrochen. Auch jetzt, zwei Tage später, im Zelt am Badesee irgendwo zwischen Ulm und Memmingen, lässt die Erinnerung daran Übelkeit in ihm aufsteigen. Und dabei ist dieses Ereignis noch nicht einmal das Schlimmste, das Entscheidende, weswegen er von Zuhause weggegangen ist, sondern nur das I-Tüpfelchen, der berühmte Tropfen, der das Fass zum Überlaufen gebracht hat. Aber darüber will Jerome jetzt an diesem Morgen nicht weiter nachdenken, das nun wirklich nicht. Solche Gedanken lähmen ihn, das weiß er. Also steht er mit einem Ruck auf, zieht den Reißverschluss des Zeltes nach oben und tritt in die Kühle des Morgens.

Er ist der einzige Mensch am Badesee zu dieser Zeit. Es ist vielleicht fünf Uhr am Morgen. In der Ferne hört er das Rauschen von Verkehr. Jerome geht zum Ufer, zieht sich aus und wäscht sich im See. Seine Arme und Beine sind übersät mit Mückenstichen. Sein Gesicht und die Unterarme sind gerötet von der Sonne. An solche Dinge – Mückenschutz und Sonnencreme – hat er keinen Gedanken verschwendet.

Kurze Zeit später hat er seine Sachen gepackt und steigt auf sein Fahrrad. Bis Memmingen will er fahren, dann vielleicht mit dem Zug weiter.

Nach wenigen Minuten verspürt er Hunger. Die beiden Apfeltaschen, die die junge Frau ihm am Vortag geschenkt hatte, hat er bereits am gestrigen Abend verschlungen. Auf dem kiesigen Radweg in der Morgenkühle träumt er von einem Käsebrot und einer Tasse Milchkaffee, und als er an eine Kreuzung mit Schild kommt, hält er an und liest. Kirchdorf an der Iller, fünfhundert Meter. Dort wird es eine Bäckerei geben, die so früh schon geöffnet hat, denkt Jerome. In jedem Dorf gibt es eine Bäckerei. Er biegt ab und tritt in die Pedale. Die Bäume rauschen an ihm vorbei, so hungrig ist er jetzt, so eilig hat er es. An einer Stelle muss er bremsen, um im Kies nicht aus der Kurve zu fliegen.

Da passiert es. Ein Ruck geht durch das Rad. Bevor Jerome es bemerkt, ist er schon über den Lenker geflogen. Er fliegt durch die Luft, mit dem schweren Rucksack auf den Schultern, knallt auf den Boden, mit der Schulter zuerst, dann mit dem Gesicht. Die Arme fangen den Sturz nicht ausreichend auf, der Aufprall ist hart. Er rutscht, er schreit nicht, er bleibt liegen. Er bleibt einige Zeit so liegen – vielleicht Sekunden, vielleicht Minuten, vielleicht eine Viertelstunde.

Als er aufstehen will, zerreißt ihn der Schmerz. Seine linke Schulter, irgendetwas stimmt da nicht, ist gründlich schief gegangen. Trotzdem rappelt er sich auf, schleppt sich zu seinem Fahrrad, zieht es mit der rechten Hand hinter sich her hinter einige Büsche am Wegesrand. Dort versteckt er sich und sinkt zu Boden. Vor Schmerz wird ihm schwarz vor Augen. Die blutenden Schürfwunden an der linken Wange und am Kinn bemerkt er nicht.

MAI 2017, HIRZWEILER

Rolf wachte auf. Es dauerte einige Sekunden, bis er die Orientierung fand – wer bin ich, wo bin ich, was liegt heute an, was war gestern Abend, was war –
Elaine war verschwunden, das Bett leer. Hatte er geträumt? Aber das Kopfkissen an seiner Seite war verknautscht, die Decke zerwühlt.
Plötzlich hellwach, sprang Rolf auf.
Elaine ist nicht mehr da, auch die Katze ist nicht da, dachte er. Schnell zog er Hose und Hemd an und lief die Treppe hinunter ins Erdgeschoss. Keine Spur von Elaine und der Tasche mit den Büchern, die sie ausleihen wollte. Die Katze saß in der Küche und putzte sich. Als sie Rolf bemerkte, sah sie ihn zufrieden an, als wolle sie sagen: Reg dich nicht auf, Mensch, es ist alles bestens. Reste von Futter befanden sich in ihrem Schälchen, Elaine hatte die Katze wohl gefüttert, und da sah Rolf auch den Zettel auf der Anrichte:
»Habe Katze gefüttert und mir eine Flasche Wasser mitgenommen. Ich melde mich bald. Kuss, Elaine.«
Es gibt sie wirklich, dachte er.
Rolf kochte sich einen Kaffee, ging hinaus in den Garten und setzte sich auf einen der Holzstühle. Obwohl es kühl war und nach Regen roch, verbrachte er dort eine Weile, wie in innerer Einkehr, die Augen offen und auf die Natur gerichtet, aber er nahm nichts bewusst wahr, weder die Gänseblümchen, noch den sprießenden Mohn oder die Haselnusssträucher. Nur

Elaines Glut spürte er unter sich. Wie wortwörtlich heiß ein Körper doch werden konnte – ihrer, und auch sein eigener. Wie im Fieber. Ihre Hitze umschwebte ihn wie eine Wolke, eine rosa Wolke aus dem siebten Himmel, in den er in der Sekunde abgehoben hatte, das wusste er jetzt, als er zum ersten Mal in Elaines grüne Augen geblickt hatte. Das war ihm selten passiert, das war ihm, wenn er es recht bedachte, in dieser Form noch nie passiert.

Nach einer Weile musste er plötzlich an seinen Sohn Jerome denken, an sein jüngeres Ich, zumindest eine Version davon, an seinen verlorenen Sohn, der irgendwo in der Welt war, aber Rolf wusste nicht, wo.

Das Telefon klingelte. Rolf hechtete ins Wohnzimmer.

»Ja?«

»Rolf?« – eine männliche Stimme. Rolfs Puls beruhigte sich sofort.

»Hellmann?«

»Ja, Rolf, verdammt, warum bist du noch zu Hause, bist du krank?«

Rolf dachte nach. Krank war er nicht, aber offensichtlich hatte er einen Termin vergessen.

»Nein –, ich bin nicht krank, ich …«

»Dann mach dich auf den Weg!«

Jetzt fiel es ihm ein. Erster Sonntag im Mai, das bedeutete: Anschwimmen im Freibad. Eine wichtige Tradition.

»Bin in zehn Minuten bei dir, Hellmann!«

Elaines Gedanken rasten, ebenso wie ihr Wagen. Die Autobahn glitt unter ihr vorbei. Das Wetter war bescheiden, ein undurchsichtiger Mix aus Sonne und Wolken. Der Tag wusste noch nicht, in welche Richtung er sich wenden sollte. Glitzernd das Laub der Bäume am Straßenrand, glitzernd die Dächer der Autos, die sie überholte. Viel los war nicht auf der A623 Richtung Saarbrücken am Sonntagmorgen, schon flog an ihrer Rechten der ADAC-Übungsplatz vorbei, dann die Ausfahrt Dudweiler.

Tränen rannen Elaines Wangen herab und sie zischte, seit sie in Hirzweiler losgefahren war, abwechselnd vor sich hin: »Scheiße! Verdammter Mist!«, und: »Rolf, Rolf, Rolf«.

Wie hatte sie so schnell mit diesem Mann im Bett landen können? Das war sonst nicht ihre Art. Und ihr nächster Gedanke: Da will ich wieder hin. Zurück in dieses Dorf zu diesem Mann und in sein Bett.

Ihre Haare waren noch zerzaust von der Nacht, die beiden Spangen hatte sie sicher irgendwo in dem Haus verloren. Aber ihre Haut strahlte vor innerer Wärme.

In der Stadtmitte von Saarbrücken angekommen, fand sie in der Mainzer Straße tatsächlich einen Parkplatz auf Höhe der Rosenstraße und musste nur einige Meter zu ihrer Wohngemeinschaft laufen. Ihre festen Schritte klopften auf den Asphalt, es waren nicht viele Passanten unterwegs.

Kaum war sie im vierten Stock angekommen und drehte den Schlüssel im Schloss, schallte es ihr schon von drinnen entgegen: »Das muss sie sein!«, Sybilles Stimme, in aufgeregtem

Ton, und Pauls ruhiger Bariton: »Ja, ja, ganz sicher.«

Dass Paul, ein weiterer Mitbewohner, an diesem Morgen schon wach war, ja, dass er überhaupt zu Hause war, das wunderte Elaine, und als sie die Küche betrat, die Augen immer noch umschwommen von Tränen, ihre Handtasche und die Leinentasche mit den Büchern in den Händen, da saßen ihre beiden Mitbewohner am Küchentisch, jeder eine Tasse Kaffee vor sich, und starrten sie an.

»Da bist du ja, Herrgottnochmal!«, sagte Sybille. Paul zog die Augenbrauen hoch.

Elaine nahm sich eine Tasse und drückte sich einen Kaffee, extra stark.

»Aber ja, da bin ich. Gibt's was Besonderes?«

»Du warst über Nacht nicht da!«, schnaufte Sybille, »hättest du mal Bescheid sagen können!«

»Das ist nicht euer Ernst. Wir sind doch erwachsene Menschen, wir müssen uns doch nicht abmelden. Oder habe ich im Vertrag da etwas überlesen?«

Elaine setzte sich.

»Nein, du hast nichts überlesen, und jeder kann lassen und tun, was er will. Aber wenn man schon wochenlang hier wohnt, super zuverlässig ist, immer ungefähr Bescheid gibt, wo man ist und wann man ungefähr nach Hause kommt, kein einziges Mal über Nacht wegbleibt, und absolut keine Eskapaden dreht – «, Sybille betonte das Wort »keine« mit einer ausladenden Handbewegung – »dann darf man sich doch Sorgen machen, wenn du dann plötzlich eine Nacht nicht da bist, ohne ein Lebenszeichen abzugeben!«

»Ich kann mich nicht erinnern, dass Paul je in der Nacht ein Lebenszeichen von sich gegeben hat, – zumindest nicht an uns, nicht wahr, Paul?«

Paul zog die Schultern hoch.

»Das ist was ganz Anderes«, sagte Sybille, »Paul legt im Nachtwerk Platten auf, und danach muss er sich noch um die Gäste kümmern!«

Sie lachten. Paul war ein Filou, der im Grunde am Wochenende fast nie in der WG anzutreffen war, höchstens zum Schlafen. Und Sybille selbst, nun, tatsächlich, wenn sie über Nacht wegblieb, rief sie das in der Regel in die Luft, bevor sie die WG verließ: »Bin bei Hugo!«, oder »Bin in Berlin«, oder »Hab Seminar in Bad Tölz«, oder »Bin bei meinen Eltern«. Oder etwas in dieser Art.

»Es war nicht geplant. Eigentlich wollte ich gestern gegen neun zu Hause sein. Wegen der Prüfung am Mittwoch. Aber irgendwie –«

»Wie heißt er?«, fragte Paul.

»Du wirkst aufgewühlt.«, sagte Sybille.

Oh, das war sie. Das war sie in der Tat.

»Ich muss nachdenken, ob ich mit euch darüber sprechen will.«

Mit einem Augenzwinkern stand sie auf und verschwand mit ihren Taschen und ihrem Kaffee in ihrem Zimmer.

Dort packte sie aus ihrem mittlerweile zur Gewohnheit gewordenen Fluchtinstinkt heraus als erstes einen Rucksack mit dem Notwendigsten: Kleidung für drei Tage, ihr Ersatzhandy mit Ladegerät und ihren Beutel mit Ersatztoilettenartikeln. Das tat sie in den letzten Monaten immer, wenn sie aufgewühlt war, und: Sie musste es tun. Sie nahm ihren Reisepass aus der Schreibtischschublade ebenso wie die Vernehmungsprotokolle vom Hamburger Jugendamt und von der Polizei und schob sie in den Rucksack.

Als sie das erledigt hatte, goss sie ihre Aloe Vera und die beiden Orchideen, die auf der Fensterbank des einzigen Fensters in ihrem Zimmer standen, legte sich ihre Bücher zurecht und hatte vor, für die am Mittwoch anstehende Prüfung zu lernen. Als sie bemerkte, dass sie seit dem vorherigen Tag die gleiche Kleidung trug, beschloss sie, zuvor noch zu duschen.

Nein, dachte sie, dann muss ich raus aus dem Zimmer, und sie werden mich wieder fragen, wo und mit wem ich die letzte Nacht verbracht habe. Paul vielleicht nicht, ihn interessiert so etwas nur am Rande, aber Sybille, die wird mich löchern, und dann werde ich es ihr erzählen, weil es irgendwie aus mir herausmuss, und sie wird sich auf dem Absatz umdrehen, zu Hugo fahren und ihm alles brühwarm berichten.

Das würde so kommen, das wusste sie. Aber es kam ihr noch ein anderer Gedanke, wodurch es ihr an allen unmöglichen Körperstellen ganz warm wurde: Ich werde nie wieder duschen. Ich werde keine einzige Zelle, die Rolf in und an mir gelassen hat, jemals abspülen. Er soll für immer bei mir sein. Sie seufzte, setzte sich an den Schreibtisch und fuhr ihren Laptop hoch. Die Möglichkeit, ihre Therapeutin in kritischen Situationen zu kontaktieren, hatte sie bisher noch nie in Anspruch genommen. Elaine kam gut klar mit dem, was in den letzten beiden Jahren passiert war. Gerade in den letzten Wochen hatte sie sich wieder gefühlt wie der Kapitän auf dem eigenen Schiff, ihre Ängste waren fast verschwunden, sie hatte überall hingehen können, ohne Atemprobleme oder Panikattacken zu bekommen, sie hatte wenig geträumt, beziehungsweise seit sie Rolf zum ersten Mal begegnet war, hatte sie wohl einige Male mehr geträumt, aber nicht von schlimmen Dingen, sondern Träume voll Wärme, in denen sie in einem wohlig-wattigen Gefühl von Sicherheit schwebte.

»Sehr geehrte Frau Dr. Schneider«, begann sie zu schreiben, »ich weiß, es ist ein ungünstiger Augenblick in dem Plan, den wir zusammen aufgestellt haben, aber ich muss Ihnen gestehen, ich habe jemanden kennengelernt, der so ganz anders ist (oder erscheint) wie Jules, und unsere ersten Begegnungen verliefen unkompliziert, wenn auch unverbindlich. Es handelt sich um einen ruhigen, sehr gefestigt wirkenden Mann, dessen Frau vor einiger Zeit gestorben ist. Er wohnt in einem Dorf, ist Lehrer und einige Jahre älter. Wie Sie mir für einen solchen Fall, sollte er eintreten, empfohlen haben, habe ich ihm bisher weder meinen vollen Namen noch Adresse oder Telefonnummer genannt. Ich weiß, dass ich erst in Ruhe nachdenken soll, bevor ich weitere Veränderungen in meinem Leben vornehme. Dieser Mann verwirrt mich sehr, er hat mich gefesselt, so dass ich kaum an etwas Anderes denken kann. Der Prozess, der in einigen Wochen in Hamburg ansteht, ist vollkommen in den Hintergrund gerückt, auch die geplante Kur danach, ich kann es mir im Augenblick noch nicht vorstellen, diesen Ort hier wieder zu verlassen, wo ich noch nicht weiß, wie die Dinge sich entwickeln werden. Ganz zu schweigen von den anstehenden Prüfungen. Welchen Rat geben Sie mir? Und übrigens, sein Name ist Rolf.«

Sie drückte auf »Senden«, klappte den Laptop zu, legte sich, wie sie war, auf ihr Bett und angelte ein beliebiges Buch aus der Tasche, in der sich die Bücher befanden, die sie von Rolf ausgeliehen hatte.

Hellmann stieg in Rolfs Golf ein, als dieser ihn abholte, und begann sofort, sich über das Mistwetter auszulassen. Dabei war es gar nicht so schlecht, um die 14 Grad, mal leicht, mal dichter bewölkt, auf jeden Fall hatten sie schon Schlimmeres erlebt. Aber Hellmann war nicht von seiner Meinung abzubringen:

Mistwetter, jedes Jahr dasselbe am ersten Sonntag im Mai, warum die Veranstaltung überhaupt so früh im Jahr stattfinden musste –

– weil die Gemeindeverwaltung das so beschlossen hatte –

Warum der Wettergott kein Einsehen hatte und ihnen so ein Mistwetter bescherte –

– weil es vermutlich keinen Gott gab, schon gar keinen Wettergott –

Warum ausgerechnet sie vom Wasserballclub in der ersten Reihe stehen mussten, bei diesem Mistwetter –

– weil sie sich freiwillig und ehrenamtlich im Verein engagierten und die Veranstaltung vor zwanzig Jahren selbst ins Leben gerufen hatten –

Warum sie in dieses kalte Wasser springen mussten –

– weil es genau darum ging: Einen Sprung ins kalte Wasser.

»Warum ist deine Stimme so belegt?«, fragte Hellmann, »Warum fährst du so langsam? Wir sind spät dran. Gib es zu, du bist doch erkältet!«

Darauf erwiderte Rolf nichts. Es war jedes Jahr die gleiche Unterhaltung auf der Fahrt ins Freibad, wo das Anschwimmen stattfand, seit gut zwanzig Jahren, seit es das Freibad gab, und immerhin – Gott sei Dank – fiel der erste Maisonntag in diesem Jahr nicht auf den ersten Mai, denn dann wurde aus dem eigentlich eher klein gehaltenen Fest eine Massenveranstaltung, und Massenveranstaltungen mochte Rolf aus Prinzip nicht.

Als sie dann in Badehose am Beckenrand standen, fröstelte es Rolf doch. Fünf Mann waren zum Anschwimmen angetreten, mehr Bahnen gab es sowieso nicht, der Rest der Mannschaft und die Schaulustigen standen um das Becken herum.

Hellmann war kräftig, aber nicht dick. Er hatte breite Schultern und Oberschenkel wie Eichenstämme. Neben ihm erschien Rolf in der Badehose schmal und drahtig, seine Muskeln traten sehniger hervor als die vieler jüngerer Teamkollegen im Wasserballclub. Im Gesamten bestand der Club

aus zwölf Männern zwischen fünfundvierzig und fünfund-
siebzig, Liga hatten sie nie gespielt, das war nicht das Ziel,
aber im Vergleich zu anderen Hobbymannschaften in der
gleichen Alterskategorie schnitten sie gar nicht so schlecht ab.
Wie alt sie waren oder wie sie aussahen, das spielte innerhalb
der Mannschaft keine Rolle. Sie waren Männer, ihnen war
das gleich.

Die Zuschauer bestanden aus den Familien der Schwimmer,
der Jugend des Schwimmvereins, aus Mitgliedern der DLRG
und dem Schwimmclub »Seepferde e.V.«, der die Schwimmkurse für die Kinder in der Gemeinde durchführte, und einigen interessierten Bürgern. Auch viele Kinder waren da.
Ein Reporter der Illinger Nachrichten, ein Pfarrer und der
Ortsvorsteher waren ebenfalls gekommen. Da bald Wahlen
anstanden, hatten die Ortsvereine von CDU und SPD ihre
Stände aufgebaut und die Essensversorgung übernommen:
Würstchen, Pommes, Gulaschsuppe.

Endlich, als der Pfarrer das Wasser des Schwimmbades für
die kommende Saison gesegnet und der Ortsvorsteher einige
blumige Worte gesprochen hatte, gab der erste Vorsitzende
des Schwimmvereines die Bahnen mit einem kräftigen Pfiff
mit der Trillerpfeife frei, und sie sprangen.

MAI 2017, HIRZWEILER

Irgendwie hatte Rolf den Arbeitstag, der montags glücklicherweise um halb zwei endete, hinter sich gebracht. Dabei hatte die jahrelange Routine geholfen sowie zwei extra starke Tassen Kaffee in der großen Pause, gefolgt von einer Kopfschmerztablette. Die Schulleiterin Margarete, mit der er seit langen Jahren zusammenarbeitete, hatte einige fragende Blicke auf ihn gerichtet, er aber hatte die Hände in die Hosentaschen geschoben und getan, als bemerke er nichts. Die Schüler waren für einen Montagmorgen überraschend friedlich gewesen, er hatte sie nicht über die Maßen strapaziert, und sie strapazierten ihn auch nicht.

Zum Mittagessen taute er zu Hause eine Tiefkühlpizza auf und trank eine Flasche Mineralwasser dazu. Anschließend legte er sich auf die Couch und versuchte zu schlafen, was ihm nicht gelingen wollte, trotz Müdigkeit und anhaltender Kopfschmerzen, also beschloss er, den Rasen zu mähen. Das Wetter war trocken. Außerdem hatte er am Wochenende nicht gemäht, da wurde es Zeit.

Er dachte immerzu an Elaine.

Gegen fünf Uhr saß er mit einer weiteren Flasche Sprudel auf seinem Holzstuhl auf der Terrasse und wartete darauf, dass das Telefon klingelte.

Ich werde so lange sitzen bleiben, bis sie sich rührt, dachte er. Ich melde mich bald, hatte sie geschrieben, Kuss, Elaine. Er hatte den Zettel auf seinen Nachttisch gelegt.

Was meinte sie damit? »Bald«, was hieß das heute? In einem Tag, in einer Woche, oder irgendwann im Sommer, wenn sie die Bücher, die sie ausgeliehen hatte, fertig gelesen haben würde? Hatte sie das gleiche gespürt wie er? Und – warum hatte sie nicht ihre verdammte Telefonnummer auf den Zettel geschrieben, so dass er sie hätte anrufen können, wenn ihm danach war, ihre Stimme zu hören, oder wenigstens zu erfahren, wo sein Platz in ihrem Leben war, wenn sie schon einen Platz in seiner Welt haben wollte – »lass mich in deine Welt, Rolf«, hatte sie gesagt. Er hörte sie es sagen, es klang in seinem Kopf wie ein immerwährendes Echo. Hätte er ihre Nummer, hätte er sie längst angerufen, da war er sich sicher, wusste aber im gleichen Moment, wie fremd ihm das gewesen wäre, eine Frau anzurufen, die ihm gefiel, die er wiedersehen wollte, nach der er sich – sehnte.

Und ja – ihren Nachnamen, den wusste er auch noch nicht. Wie früher, dachte er, wie in den verdammten Siebzigern, als auf Studentenpartys jedes Wort zu viel gewesen war. Ich werde noch Hugo anrufen müssen, um etwas über Elaine herauszukriegen.

Rolf hörte einen Wagen vor dem Haus vorfahren. Aber bevor sich sein Puls beschleunigte – es hätte Elaine sein können – erkannte er am festen Zuschlagen der Autotür, dass es Thea sein musste, und richtig, sie war es, die da um das Haus herum in seinen Garten gestiefelt kam, entschlossen, zielgerichtet, einen roten Kochtopf mit Deckel in der Hand.

Rolf atmete auf. Thea war eine der ganz wenigen Frauen, deren Anwesenheit er gut ertragen konnte. Er kannte sie seit Jahren, eigentlich war sie eine Freundin Lindas gewesen, aber das hatte irgendwann keine Rolle mehr gespielt. Thea war schlau, gebildet, nonkonformistisch und, für dörfliche Verhältnisse, eine abgedrehte, stets mit bunter Kleidung umhüllte und nach Räucherstäbchen duftende Erscheinung. In der Kirche sah man sie nie, aber auf dem Friedhof, wo sie, nach Beerdigungen, alleine für sich und nur für die gerade Verstorbenen, an frischen Gräbern geheimnisvolle Sprüche murmelte und Weihrauch verbrannte. Das hatte sie auch vor zwei Jahren an Lindas Grab gemacht, und Rolf hatte nichts dagegen gehabt. Thea pendelte auch, das wusste Rolf und hielt es für Unsinn. Aber in diesem Augenblick, auf seiner Terrasse hinter seinem Haus, war er froh, dass Thea da war. Er fühlte sich enger mit Thea verbunden als mit seiner eigenen Schwester, die in Mainzweiler wohnte und die er nur selten besuchte.

»Was gibt es heute?«, schmunzelte er. Zweimal in der Woche tauchte Thea unangekündigt bei ihm auf und brachte ihm Essen. Es war ein Freundschaftsdienst ohne Absichten, oder vielleicht doch mit der Absicht, das eigene Karma zu stärken und so nach dem eigenen Ableben einen besseren Platz im unendlichen Strudel des Universums zu bekommen. »Panta rhei« – Alles fließt, war einer von Theas Lieblingssprüchen. Mit ihren Essenslieferungen konnte er sich außerdem, ohne jemanden vor den Kopf zu stoßen, aus allen anderen Angeboten, ihn zu bekochen, herauswinden. Diese Angebote waren nach Lindas Tod reichlich auf ihn eingeströmt. Er hatte sie alle abwehren können, indem er sagte: »Thea macht das schon«. Einem Witwer wurde in diesem Dorf nicht zugetraut, selbst den Kochlöffel zu schwingen.

»Heute gibt es Gemüseeintopf«, antwortete Thea und setzte sich. Er ging hinein, um Teller und Löffel zu holen, und nahm wieder neben ihr platz. Der Eintopf war noch warm und sie begannen zu essen.

»Wie war das Anschwimmen?«, fragte Thea.

Rolf brummte.

»Kalt?«

»Es ist immer kalt«, sagte er.

Sie schwiegen eine Weile. Das war eine weitere positive Eigenschaft Theas: Sie musste Schweigen nicht mit unnötigem Gespräch füllen, sondern hielt es aus. Die Stille war oft Teil ihres Beisammenseins. Mit Linda war es genauso gewesen. Etwas anderes hätte Rolf nicht ausgehalten, nicht so viele Jahre.

Plötzlich fiel Rolf etwas ein.

»Weißt du was, Thea?«

Sie schüttelte den Kopf.

»Letztens –«, er überlegte, wann genau, »gestern Vormittag sogar, vor dem Anschwimmen, musste ich mit einem Mal an Jerome denken.«

Thea merkte auf und hielt in ihrer Bewegung inne, die Suppe auf dem Löffel.

»An Jerome? Ich hoffe, es ist nichts Besonderes, dass du

manchmal an ihn denkst.«

»Nein – ich meine – ich habe wirklich einige Sekunden darüber nachgedacht, wie ich es wohl anstellen könnte, ihn zu finden.«

Thea prustete. »Einige Sekunden? Respekt, Rolf!«

Er sah sie an. »Ja. Einige Sekunden –«

In diesem Augenblick klingelte das Telefon. Rolf starrte Thea an. Sie starrte zurück.

»Was ist, willst du nicht drangehen?«

Da beeilte er sich, ins Wohnzimmer zu kommen. Er hob ab, und –

»Hi«, Elaines Stimme.

Ihm sanken fast die Knie weg. Er musste sich setzen.

»Hi«, sagte er.

»Störe ich?«, fragte sie.

»Nein, Elaine, nein, ich … ich freue mich!«

»Wenn du willst, kannst du Mittwochabend um sechs Uhr zu mir kommen. Ich habe Mittwoch eine Prüfung, vorher geht es nicht. Ich kann dir meine Adresse geben.«

Es hörte sich an, als würde sie ihm ein Geheimnis verraten.

Rolf war dermaßen perplex, dass er nicht antworten konnte.

»Willst du?«

Er räusperte sich. »Natürlich«, sagte er.

»In Ordnung, die Adresse ist: Rosenstraße Nummer 59, vierter Stock. In Saarbrücken, das weißt du ja. Tu mir einen Gefallen. Frag nicht warum. Schreib bitte die Adresse einfach nicht auf. Kannst du das behalten? Rosenstraße 59, vierter

Stock.«

»Ja.«

»Wenn du pünktlich bist, können wir danach etwas essen gehen. Es gibt auch ein Konzert, wenn du möchtest.«

Danach? Wonach? Nach was würden sie essen gehen?

Ein Kribbeln lief von seinem Nacken über Wirbelsäule und
Lenden bis hinunter zu seinen Fersen.

»In Ordnung«, sagte er.

»Und bitte, mach dich nicht schick. Ich meine – einfach, wie
du willst. Mach dir keinen Stress.«

»Natürlich nicht.«

»Dann bis Mittwoch, gegen sechs?«

»Bis Mittwoch.«

Sie legte auf. Er hielt den Hörer in der Hand. Schon wieder
hatte er sie nicht nach ihrem Nachnamen gefragt. Ihre Nummer wurde nicht angezeigt.

Rolf bemerkte, dass Thea im Türrahmen stand.

»Wer hat denn da angerufen?«, fragte sie und konnte ein
Grinsen nicht unterdrücken.

»Niemand«, antwortete Rolf, »aber es kann sein, dass ich in
nächster Zeit deine Hilfe in Anspruch nehmen muss.«

»Meine Hilfe?«

»Ja – Kochen, Pendeln, wer weiß, wozu das noch gut ist.«

Thea zog die Augenbrauen hoch.

»Komm, wir fahren noch zum Friedhof. Linda wird sich freu-
en, dich so zu sehen.«

MAI 2017, SAARBRÜCKEN

Es war fünf nach sechs, und Rolf brauchte knapp zehn Sekunden für die vier Stockwerke.

Elaine erwartete ihn im geöffneten Türrahmen. Er war außer Atem.

»Sei leise«, sagte sie lächelnd und legte einen Finger auf die Lippen, »die anderen sind zu Hause!«

Er hatte gewusst, dass sie in einer Wohngemeinschaft wohnte, das hatte er bereits am Abend ihres Kennenlernens erfahren.

Als sie die Wohnung betraten und durch den Flur schlichen, hingen ihre Blicke aneinander. Sie fasste seine Hand und ließ sie nicht mehr los. Sie gingen an der Küche vorbei. Dort saß Paul, mit Kopfhörer auf den Ohren. Er winkte ihnen beiläufig zu.

»Das ist Paul«, flüsterte Elaine, »Sybille ist nicht da.«

Sein Atem beruhigte sich nicht. Elaine schwitzte wieder an der gleichen Stelle zwischen Oberlippe und Nase. Rolf ahnte, an welcher Stelle sie dann ebenfalls schwitzte, nämlich zwischen ihren Brüsten, und kaum hatten sie die Zimmertür hinter sich geschlossen, klebten Rolf und Elaine aneinander. Sie trug irgendein Kleid aus luftigem Stoff, was genau, hatte er nicht beachtet, aber ihre nackte Haut darunter konnte er spüren, als seine Hände ihren Hintern umfassten und er Elaine fest an sich drückte.

Langsam, ganz langsam schob Elaine ihn zum Schreibtisch. Sie hatte plötzlich irgendwie seine Hose geöffnet und drehte sich um. Wandte ihm den Rücken zu, stand vor ihm und beugte sich nach vorne und stützte sich mit den Ellenbogen auf der Schreibtischplatte ab. Rolfs Hände schoben das Kleid hoch, griffen in ihr Fleisch, er zerrte an ihrem Slip und sie wurden eins, ehe dass einer von ihnen beiden begriffen hatte, was über sie gekommen war.

Rolf verlor komplett die Beherrschung. Die Augen geschlossen, gab er seinen Impulsen nach, Elaine hielt dagegen, atmete rhythmisch und schnell, bis sich, nach sehr kurzer Zeit, ihre Rückenmuskulatur zuerst an- und dann entspannte und sie mit dem Oberkörper auf den Tisch sank. Mit einem letzten Aufbäumen drückte er sie an sich, sein Hemd klebte an seinem Rücken, eine Schweißperle lief an seiner Schläfe herab. Mit seinen Händen hielt er Elaines Hüften, bis die Wellen vorübergezogen waren.

Sie blickte zu ihm auf, schräg nach oben, immer noch auf den Tisch gelehnt. Sie lächelte. Sie schmunzelte über das ganze Gesicht.

»Du«, flüsterte er, »was machst du nur?«

Während sie später auf Elaines schmalen Bett lagen, Elaine mit dem Rücken zu ihm, und Rolf ihren Nacken streichelte, sprachen sie leise miteinander. Er fand es wunderbar, mit einer Frau – mit ihr – zu flüstern. Seine eigene Stimme kannte er so kaum. Aber dann sprang Elaine plötzlich vom Bett.

»Ich ziehe mich schnell um, und dann gehen wir raus«, sagte sie. Rolf brummte. Er hätte ewig in diesem schmalen Bett liegen können, in dieser Studentenbude: An der rot gestrichenen Wand hing ein riesiges Plakat von Ray Charles, an der anderen Wand, über dem Schreibtisch, eine riesige Pinnwand mit Notizen. An der dritten Wand stand das Bett, an der vierten ein großer, heller Holzschrank.

»Wenn ich eines gelernt habe in meinem kurzen Leben bis jetzt«, sie grinste verschmitzt, »dann, dass man, egal was gerade los ist im Leben, nie untätig im Bett liegen soll.«

Sie entnahm dem Schrank eine Jeans und einen grünen Pullover. Er durfte beim Umziehen zuschauen.

»Und wenn wir uns nur im Bett aufhalten, werde ich nie etwas über dich erfahren«, sagte Rolf und richtete sich auf, »hättest du vielleicht einen Kamm für mich?«

Es war gegen sieben Uhr und die Sonne schien, als sie die Wohnung Richtung Staden, zur Saar hin, verließen. Viele Leute waren unterwegs bei dem schönen Frühlingswetter. Um die »Moderne Galerie« herum saßen Grüppchen von Studenten in der Wiese, einige malten, andere unterhielten sich und von einer Pommes-Bude wehte ein Duft nach Fett herüber.

»Gehen wir rechts oder links?«, fragte Elaine, am Ufer angekommen. Auch auf der Uferpromenade war viel los: Spaziergänger, Inline-Skater, Menschen mit Hund.

»Nach links«, sagte Rolf.

Elaine fasste seine Hand, und sie schlenderten am Fluss entlang.

»Was mich die ganze Zeit beschäftigt – «, begann Rolf und zögerte.

»Ja?«

»Das ist dein Nachname. Ich weiß überhaupt nicht, wie dein Nachname ist. Oder, zum Beispiel, wann du Geburtstag hast.«

»Mein Geburtstag ist im November. Am dritten November. Und mein Nachname ist Schmidt.«

Rolf sah sie an. »Schmidt?«

»Schmidt.«

»Elaine Schmidt?«

»Ja.«

Sie blickte zum Fluss.

Rolf blieb stehen und hielt Elaine am Arm fest, so dass auch sie stehen bleiben musste.

»Du schaust mir jetzt in die Augen und sagst noch einmal, dass du Schmidt heißt«, sagte er.

Ihr Blick flackerte. »Okay, okay, du hast recht. Keine Ahnung, wie du darauf kommst, aber mein eigentlicher Name ist nicht Schmidt.«

Sie gingen weiter.

»Sagen wir, im Augenblick ist mein Name Schmidt. Kannst du damit leben?«

»Ich kann mit vielem leben, aber ich verstehe nicht, wieso …«

»Alle hier in Saarbrücken, bis auf einen einzigen langjährigen Freund, kennen mich hier unter diesem Namen: Schmidt.«

»Auch an der Uni? Auch Sybille?«

Elaine nickte.

»Und dieser langjährige Freund? Der kennt deinen richtigen Namen?«

»Dieser langjährige Freund war bereits ein Freund meines Vaters. Also, er ist immer noch Freund meines Vaters. Unter anderem wegen ihm habe ich mir Saarbrücken ausgesucht als –«

»Als Studienort?«

»Richtig. Und ich habe schon einmal in Saarbrücken studiert, bis – »

»Bis?«

Jetzt war es Elaine, die innehielt.

»Weißt du was, Rolf?«

Er sah sie an.

»Ich kann nicht gut lügen. Sagen wir –«, sie zögerte und wand sich. Irgendetwas zauberte einen Schatten über ihr Gesicht. Sie schien fast zu platzen.

»Bist du in einer Art Zeugenschutzprogramm, oder was?«, fragte er etwas forscher, als er es eigentlich beabsichtigt hatte.

Und sie nickte.

Umarmte ihn.

Drückte ihn ganz fest.

»Frag nicht so viel nach mir«, flüsterte sie in sein Ohr, »ich muss noch überlegen, was ich erzählen kann und will. Und darf.«

Rolf hielt sie, bis sie sich von selbst löste. Sie sahen sich eine Weile an, dann gingen sie weiter.

Wo bin ich da hineingeraten, dachte Rolf.

»Du kannst von dir erzählen«, sagte Elaine, »während ich überlege, was ich dir erzählen kann.«

»Gerne. Aber hast du keinen Hunger?«

»Doch!«, sagte sie und lachte, »natürlich, wir sollten etwas essen gehen!«

Sie betraten das »Café Bali« in der Rotenbergstraße. Es war in schlichtem balinesischen Stil eingerichtet, ein kleines, hübsches Restaurant. Es gab Sitzecken mit Bodenkissen, aber auch kleine Tische mit Korbstühlen.

»In eine Ecke? Auf den Boden?«, fragte Elaine. Rolf nickte. Das war ungewohnt für ihn, die Schuhe auszuziehen und sich im Schneidersitz an einen der niedrigen Tische zu setzen. Aber warum nicht? Irgendwie war gerade alles ungewohnt für ihn – Sex im Stehen zu haben, überhaupt ausgelassenen, unbefangenen Sex zu haben, mit einer Frau, die er erst wenige Wochen kannte und die er während dieser Zeit nur dreimal gesehen hatte. Dazu war sie so viele Jahre jünger und in einem Zeugenschutzprogramm.

»Du kannst deine Beine gerne ausstrecken«, sagte Elaine, »ich kann stundenlang so sitzen.«

Nachdem sie bei der balinesischen Bedienung das Essen be-

stellt hatten – Sate Ayam, Hühnchen-Spieße in Erdnusssoße
für Elaine, und Bebek Goreng Begdul, gebratene Ente für
Rolf, fischte Rolf die beiden Haarspangen, die Elaine am
Samstag zuvor in seinem Haus verloren hatte, aus seiner Hosentasche und schob sie ihr über den Tisch zu.

»Ich habe sie in meinem Bett gefunden.«

Elaine errötete.

»Meine Prüfung heute … weißt du, ich hätte mich besser vorbereiten müssen …«

»Wie war die Prüfung?«

»Es war eine mündliche Prüfung. Es hat, wie sagt man, gerade
so gereicht. Ich konnte mich auf nichts konzentrieren, seit –«

»Seit Sonntagmorgen«, vollendete Rolf ihren Satz.

Sie nickte. »Auf nichts. Ich habe versucht, mich über die Bücher zu setzen, aber das hat nicht funktioniert. Was hast du
gemacht, am Sonntag?«

Das ist die Antwort auf eine meiner Fragen, dachte Rolf, dass
sie sich auf nichts hatte konzentrieren können, denn das hieß,
dass er irgendetwas in ihr bewegt hatte, dass er nicht alleine
stand mit seinem verwirrten Kopf, der an nichts anderes als
an Elaine dachte, sobald sie außer Sicht war. Und er hatte
das Gefühl, ehrlich sein zu können, er würde nichts erfinden
müssen, keine interessanten oder intellektuellen Tätigkeiten,
keine weit schweifenden, komplizierten Gedankengänge,
nein, er würde einfach ehrlich sein.

»Ich habe mich betrunken, im Wesentlichen«, sagte er.

Elaine lachte.

»Wo?«, fragte sie.

»Im Schwimmbad. Wir haben so eine Tradition Anfang Mai.
Die Eröffnung der Freibadsaison: wir springen ins kalte Wasser, das zuvor von einem Priester gesegnet wird. Wir organi-
sieren das seit Jahren, der Schwimmverein …«

»Der Schwimmverein?«

»Der Wasserballclub.«

»Du spielst Wasserball?«

Rolf nickte.

»Und danach, da gibt es ein kleines Fest, und wir betrinken
uns. Ich war ziemlich – außer Funktion, kann man sagen.«

»Und am Montag?«

»Am Montag war ich in der Schule. Ich hab's irgendwie geschafft. Nachmittags habe ich den Rasen gemäht. Dann hast
du irgendwann angerufen.«

»Hast du viel an mich gedacht?«, fragte sie.

Er sah sie fest an Beim Blick in ihre grünen Augen stieg eine
Welle innerer Hitze in ihm auf.

»Ich habe an nichts anderes gedacht.«

Die Bedienung brachte die Getränke. Das frisch gezapfte
Bier sah komisch aus auf dem niedrigen Tisch.

»Weißt du was?«, sagte Rolf, »Wir machen heute langsam.
Wir betrinken uns nicht. Wir essen. Wir gehen nachher nirgendwo mehr hin.«

»Wieso?«

»Es ist alles sehr – », er suchte das richtige Wort, »es ist alles
sehr intensiv.«

»Bist du unsicher?«

Er überlegte. »Nein. Aber es ist alles eine riesige Überraschung. Es ist ganz anders. Es ist neu. Ich muss das verdauen.«

Elaine blinzelte ihn an.

»Du bist sehr ehrlich.«

»Du musst wissen«, sagte Rolf, »ich habe keinerlei Routine in solchen Dingen.«

»In welchen Dingen?«

»In allem hier. Dass du zu mir gekommen bist, dass wir gleiche Interessen haben. Und wahrscheinlich am allermeisten, dass ich dich zu mir gelassen habe, in meine Welt. Darin habe ich keine Routine.«

»Mit Frauen?«

Er wiegte den Kopf hin und her. Das Essen kam.

»Ja, wenn du das so sagen willst. Ich hatte ja eine Frau«, er schaufelte sich Reis auf den Teller, »bis vor kurzem.«

Da sagte Elaine: »Ich hatte auch einen Mann, bis vor kurzem.«

Rolf blickte auf.

»Ja, also, er ist nicht gestorben oder so. Wir haben uns getrennt. Er hat sich als Arschloch herausgestellt. Entschuldige das harte Wort.«

»Hat das mit der Sache zu tun? Mit deinem Nachnamen?«

»Nicht direkt. Wir haben uns getrennt, aber es sind noch andere Dinge geschehen. Der Zeugenschutz hat nur am Rande mit ihm zu tun.«

»Wie lange wart ihr zusammen?«

»Wir waren verheiratet. Also wir sind noch verheiratet.«

Rolf hielt inne, ein Stück Ente auf der Gabel.

»Schau nicht so. Mit fünfundzwanzig habe ich geheiratet, das war 2008. Wir waren jetzt acht Jahre verheiratet.«

Rolf rechnete. Er unterrichtete Mathematik in der Unterstufe, das war ein automatischer Prozess in seinem Kopf.

»Du wirst dieses Jahr vierunddreißig«, sagte er, »ich dachte, du wärst letztes Jahr erst dreißig geworden.«

»Ja, das hat Sybille so im Kopf. Ich habe mich schwammig ausgedrückt, und das denkt sie jetzt. Ich belasse es dabei, sonst fragt sie zu viel, wenn ich noch älter bin.«

Irgendwie beruhigten ihn diese vier Jahre. Man konnte sagen, sie ging auf die vierzig zu. Er war erst neunundfünfzig. Also kein nennenswerter Altersunterschied. Er atmete tief ein und aus.

»Und was ist passiert, mit deinem Ex-Mann?«

»Jules. So heißt er. Ich habe es schon gesagt: Er hat sich als Arschloch herausgestellt.«

»Mehr willst du nicht sagen?«

»Nein. Nicht jetzt. Aber irgendwann. Bleibst du bei mir heute Nacht?«

Sie griff nach seiner Hand. Wie könnte er da nein sagen?

»Aber spätestens um elf liegen wir im Bett. Ich bin Lehrer und fast sechzig. Ich stehe morgen früh um sechs Uhr auf und fahre in die Schule.«

Elaine grinste.

»Versprochen. Spätestens um elf liegen wir im Bett.«

Tatsächlich lagen sie gegen elf Uhr im Bett. Auf den Schreibtisch hatte Elaine eine Kerze gestellt. Im warmen Schein der
Flamme hatten sie sich gegenseitig ausgezogen, interessiert,
langsam und vorsichtig. An Schlaf war vorerst nicht zu denken.

Rolf war weder nervös noch beschämt, als er nackt neben ihr
lag. Das war ein weiteres, kleines Wunder, das nur sie fer-
tigbrachte, Elaine, im Kerzenschein, während sie mit Zeige-
und Mittelfinger über sein Schlüsselbein strich, über seine
Oberarme, über seinen Nabel.

Sie taten im Wesentlichen das, was die meisten Menschen
gerne tun: sie freuten sich aneinander. Sie freuten sich, zusammen zu sein.

JULI 2004, ZWISCHEN ULM UND MEMMINGEN

Jerome Naumann kommt an einem hochsommerlichen Juli-tag am Wegesrand irgendwo zwischen Ulm und Memmin-gen wieder zu Bewusstsein. Er spürt sofort, dass der Schmerz in seiner linken Schulter nicht weniger geworden ist. Seine Zunge klebt am Gaumen. Er weiß nicht, wie lange er so ge-legen hat. Vielleicht ist es noch Vormittag, vielleicht ist es schon Mittag. Ein leichtes Rauschen aus Büschen und Bäu-men schwebt bis zu seinen Ohren und die Sonne brennt still auf die Landschaft herab. Er tastet nach seinem Rucksack. Der liegt neben ihm, und auf der anderen Seite: das Fahr-rad. Irgendetwas muss schief gelaufen sein. Mühsam richtet Jerome sich auf und untersucht das Fahrrad. Er ist kein Me-chaniker, kennt sich nicht gut aus. Er kann Reifen aufpum-pen, abgesprungene Ketten wieder auflegen und die Höhe des Sattels einstellen. Er sieht, dass etwas mit der Felgenbremse am Vorderrad nicht stimmt. Ein gerissenes Drahtseil hängt herunter und zwischen den Speichen klemmt der Bremshebel. Jerome weiß sofort, dass er das alleine nicht wird reparieren können. Und noch viel schlimmer: er weiß sofort, dass er mit seiner verletzten Schulter und dem Rucksack nicht auf dem Fahrrad weiterfahren kann.

Ungefähr eine halbe Stunde später erreicht er Kirchdorf an der Iller. Seinen Rucksack hat er auf das Fahrrad geschnallt, die Reste der Felgenbremse so gedreht, dass sie das Vorderrad nicht behindern, und sich mit seinem Pullover die Schulter

bandagiert, so dass er nicht mehr bei jedem Schritt das Gefühl hat, ihm habe jemand ein Messer unter sein Schlüsselbein gerammt. Er glaubt tatsächlich, dass da etwas ernsthaft
gebrochen ist.

In dem Dorf findet er eine Bäckerei, stellt das Fahrrad mit
dem Gepäck ab und betritt den Laden. Sofort starren ihn alle
an: Die beiden Verkäuferinnen, die beiden Männer, die gerade Brötchen kaufen, und drei ältere Damen, die in der Ecke
an einem Tisch einen Kaffee trinken. Eine Sekunde lang
herrscht Schweigen, dann ruft die ältere der beiden Verkäuferinnen: »Junge, was ist denn mit dir g'schehn?« – doch das
bekommt Jerome schon nicht mehr richtig mit. Seine Knie
beginnen zu zittern, Schweiß bricht ihm aus, die Welt ver-
schwimmt vor seinen Augen.

Als er wieder zu Bewusstsein kommt, liegt er auf einer Pritsche. Es duftet nach frischen Brötchen und Kaffee. Auf seiner
Stirn liegt etwas Kalte,s und eine ältere Frau – eine der beiden
Verkäuferinnen – wedelt vor seinem Gesicht mit einem Tuch
hin und her.

Einen Augenblick lang glaubt Jerome in ihrem Gesicht eine
Ähnlichkeit mit seiner Mutter festzustellen, aber dann wird
sein Blick wieder klarer.

»Wo kommscht her?«, fragt die Frau, und: »Sollen wir deine
Eltern anrufen?«

»Nein«, presst er heraus und schüttelt den Kopf, was erneut Schmerzen verursacht, »bitte nicht. Ich bin nur – vom Fahrrad gefallen.«

»Dein Radl isch ein Schrotthaufen«, sagt die Frau, »d'r Peter hat danach g'schaut. Der Rahmen isch verbogen. Das kannscht nicht mehr fahren!«

Der säuselnde Dialekt der Frau dringt in seinen Kopf wie warme Milch, und so sagt er einfach: »Ich bin hungrig.«

Die Frau lächelt und ruft nach ihrer Kollegin: »Anna, richt' halt ein Frühstück, der Junge isch hungrig!«

Und mit großer Mühe gelingt es Jerome, nicht loszuheulen.

Die beiden Verkäuferinnen geben ihm zu essen und lassen ihn auf der Pritsche liegen, während sie weiter vorne im Laden ihre Backwaren verkaufen und so tun, als sei nichts geschehen. Noch zwei weitere Male fragen sie ihn nach seinen Eltern, dann fragen sie ihn, ob sie einen Arzt rufen sollen, und schließlich fragen sie ihn, ob er schon achtzehn sei.

»Ja, natürlich«, sagt er, und die beiden Frauen schauen sich erleichtert an und nicken.

»Bis zum Abend kannst hier liegen«, sagt die Ältere mit den blonden Haaren, »Um halb sieben kommt der Chef vorbei wegen der Abrechnung und wir schließen. Dann musst' weg sein.«

Und so macht er es. Schläft auf der Pritsche, isst alles, was sie ihm hinstellen: Wurstbrote, Marzipan-Schnecken und Brezel. Er trinkt zwei Kaffee und eine Karaffe Leitungswasser, wäscht sich am Waschbecken in der Mitarbeitertoilette. Dort sieht er sein Gesicht und erschrickt: Über Stirn und linke Wange ziehen sich große Schürfwunden, das Blut ist schon getrocknet. Mit einem feuchten Papierhandtuch tupft er es ab so gut es geht. Ein Wunder eigentlich, dass die Verkäuferinnen keinen Krankenwagen gerufen haben.

Gegen sechs Uhr reißt er sich zusammen und steht auf. Die beiden Verkäuferinnen betrachten ihn stumm, als er mit schleppenden Schritten nach draußen geht und seinen Rucksack wieder auf das Fahrrad schnallt. Er kommt wieder zurück, um sich zu bedanken und Auf Wiedersehen zu sagen. Auch hier in der Bäckerei bekommt er Wegzehrung, eine ganze Tüte sogar, die übrig gebliebenen Brötchen vom Tage, mit Käse und Wurst belegt, und eine Flasche Cola.

Die beiden Verkäuferinnen lachen und winken ihm zum Abschied, die ältere ruft noch: »Wie heißt' eigentlich?«

Jerome winkt zurück und ruft: »Geronimo!«

Und hier, vor der Bäckerei in Kirchheim an der Iller, beginnt – trotz Schmerzen und demoliertem Fahrrad – Jeromes Glück.

Spät in der Nacht sitzt Jerome neben einem rumänischen Lastwagenfahrer in dessen Führerhaus und raucht die erste Zigarette seines Lebens. Der Lastwagenfahrer heißt Oggi –

ob das sein richtiger Name oder irgendeine Abkürzung ist, kann Jerome nicht in Erfahrung bringen. Jerome selbst hat sich mit dem Namen Geronimo vorgestellt, und Nachnamen scheinen hier an den Autobahnraststätten keine Rolle zu spielen. »Nimo«, nennt Oggi ihn, das gefällt Jerome, es ist kurz und klingt fast wie »Niemand«. Denn wie ein »Niemand« fühlt er sich am zweiten Tag, nachdem er sein Zuhause in Hirzweiler verlassen hat.

Oggi stellt auch sonst nicht viele Fragen und scheint ein ruhiger Kerl zu sein. Über mehrere Stunden hat Jerome das Kommen und Gehen, das rege Treiben der Lastwagenfahrer auf dem Parkplatz an der A7 beobachtet. Oggi sieht ordentlich aus, hat das Toilettenhäuschen benutzt und nicht, wie einige andere Lastwagenfahrer, einfach hinter die Büsche gekackt. Sein Lastwagen hat deutsche Kennzeichen und sieht gepflegt aus. Auch das Innere des Fahrerhauses ist ordentlich, nichts liegt herum, alles ist sauber, nur der Aschenbecher quillt über. Außerdem führt Oggis Reiseroute über die Alpen nach Südtirol. In einem kurzen, holprigen Gespräch haben sie den Reisepreis festgelegt: 100 Euro bis Brixen, wenn nichts dazwischen kommt, ohne Stopp, über den Brenner.

»Bei Kontrolle du läufst weg. Nicht mein Problem, okaaay?« Jerome hatte genickt. »Okaaay?«, das sagt Oggi nach jedem Satz. Sein Deutsch ist radebrechend.

Das Fahrrad lässt Jerome hinter den Büschen der Autobahnraststätte zurück.

MAI 2017, HIRZWEILER

Rolf fuhr am Donnerstagabend schon mit einem Zähne-
knirschen von zu Hause weg. Es war kurz vor halb sieben,
es regnete, also würde das Training im Hallenbad stattfinden.
Er fuhr absichtlich mit dem eigenen Wagen, da er früh nach
Hause wollte. Das Angebot von Hellmann, ihn mitzunehmen, hatte er abgelehnt.

Er hatte nach der langen Nacht mit Elaine an diesem Morgen
einen Fehler gemacht, was nicht weiter verwunderlich war. Ja,
um elf Uhr hatten sie im Bett gelegen, aber neben Elaine in
Ruhe schlafen zu können, das war ein Ding der Unmöglichkeit, das hätte ihm vorher klar sein müssen, das hielten seine
Hormone nicht aus, das hielt seine Neugier nicht aus, und
so hatte er die meiste Zeit wach neben ihr gelegen und sie
angeschaut. Während sie schlief, selig und ruhig, als wäre sie
irgendwo angekommen. Bei ihm – in seiner Welt. Nun ja,
diese Gedanken erwärmten sein Herz, und ihre Haut wärmte
seine Haut, und nachdem er sich dann gegen halb sieben am
Morgen aus der Wohngemeinschaft geschlichen hatte und
um halb acht im Klassenzimmer angekommen war, grinsten
ihm seine Schüler entgegen, alle ohne Schulranzen, dafür mit
leichtem Gepäck und die Jungs mit Schirmmützen.

Wandertag, er hatte es komplett vergessen. Es durchfuhr
ihn heiß und kalt, er bewahrte aber die Fassung. Im Lehrerzimmer hatte er irgendeine Jutetasche aufgetrieben, in die er
Wasserflasche und Erste-Hilfe-Ausrüstung gepackt hatte. Im

weiteren Verlauf des Morgens versuchte er, sich nichts anmerken zu lassen. Die übliche Routine half ihm. Es war eine siebte Klasse, voll mit mittelgroßen, pubertierenden Monstern, die er über die Marpinger Feldwege durch den Wald bis nach Urexweiler trieb. Dort ließen sie an einer Imkerei einen Vortrag des Naturschutzbundes zum Thema Bienen und Honigherstellung über sich ergehen und wanderten wieder zurück.

Trotz frischer Luft hatte er stets Elaines Duft in der Nase. Alles an ihm duftete nach ihr: Seine Hände vor allem. Ich werde nie wieder duschen, dachte er, ihr Geruch soll an mir haften bis in alle Ewigkeit. In vielen Momenten sah er sie in Gedanken vor sich, ihr Gesicht, ihre Brüste, er schmeckte sie auf seiner Zunge – er riss sich zusammen, das waren keine geeigneten Gedanken während eines Wandertages. Eine leichte, wohlige Müdigkeit steckte in ihm. Am liebsten hätte er sich in die Sonne auf eine Wiese gelegt und ein Nickerchen gemacht – am besten mit Elaine.

Bis auf die Schulleiterin Margarete, die ihn später im Lehrerzimmer durchdringend betrachtet hatte, schien niemand etwas Ungewöhnliches an ihm bemerkt zu haben, im Auto auf dem Nachhauseweg jedoch waren ihm fast die Augen zugefallen.

Ich muss meine Ressourcen zusammenhalten, dachte er nun am Abend auf dem Weg ins Hallenbad. Er merkte sehr wohl, dass er durchwachte Nächte nicht mehr auf die leichte Schulter nehmen konnte, nicht mehr so wie früher, und erst recht nicht mehr, seit er Elaine kannte. Er konnte es sich nicht mehr leisten, bis in die späte Nacht einen zu trinken mit den Kumpels vom Schwimmverein, zumindest im Moment nicht. Er wollte sich in der Schule unnötige Fehler und Gespräche ersparen, sich stattdessen auf das Notwendigste konzentrieren, in Ruhe über Elaine und das ganze Drumherum nachdenken, den Rasen mähen, Lindas Grab aufsuchen und ansonsten fit für das nächste Treffen mit Elaine sein. Außerdem musste er tatsächlich in den letzten Tagen immer wieder an Jerome denken, irgendetwas rumorte in Rolf. Fast hatte er nach seinem Nachmittagsschlaf schon das Telefon in der Hand gehabt und seine Tochter Anni angerufen, um mit ihr darüber zu sprechen.

Entschlossen zog er dann am Abend vor dem eigentlichen Training im Hallenbad seine Bahnen. Eine halbe Stunde schwamm er so, im Kraulstil, mit Badekappe und Schwimmbrille, die Nase nur zum Atmen aus dem Wasser. Er schwamm die Anspannung aus sich heraus, bis er alles um sich herum vergaß und sich nur noch auf seinen Atem konzentrierte.

Dann formierte sich die Mannschaft, acht Männer waren gekommen, sie spielten vier gegen vier über das ganze Feld. Rolf warf drei Tore. Hendrik und Hellmann erwischten ihn einmal in der Mitte, so dass er Wasser schluckte, und plötzlich war er wütend auf sie alle, auf die ganzen Männer, mit denen er sonst gerne Zeit verbrachte.

Nach dem Training standen sie in der Cafeteria des Hallenbades an der Theke, jeder ein Bier vor sich, alle zufrieden, ausgepowert und entspannt. Die Gespräche drehten sich um Renovierungsarbeiten, die Hans-Werner an seinem Haus durchführte – er erneuerte die Außendämmung, und es wurde über die Energieersparnis diskutiert, die dadurch zu erwarten war.

Da rammte ihm Hendrik leicht den Ellenbogen in die Rippen.

»Sag mal, was hört man da?«, raunte Hendrik ihm zu, so dass die anderen nichts davon mitbekamen. Hendrik glich Rolf körperlich, ein drahtiger, mittelgroßer Kerl, aber im Gegensatz zu Rolf hatte er weißblonde Haare und auffallend fleischige Lippen.

»Was hört man?«, brummte Rolf zurück. Da war er also, der berühmte Moment. Im Dorf blieb nichts ungesehen. Rolf rechnete nach – fünf Tage hatte es gedauert, von Sonntag bis Donnerstag, bis er auf die Sache mit Elaine angesprochen wurde.

»Du hattest Besuch über Nacht. So eine kleine – Dunkelhaarige.«

Rolf trank einen Schluck.

»Mit Saarbrücker Kennzeichen.«

Es war unvermeidbar. Elaines Auto war an der Straße geparkt gewesen, das halbe Dorf war vorbeigefahren, die einen hatten das Auto abends gesehen, andere hatten es wohl am frühen Sonntagmorgen gesehen und eins und eins zusammengezählt. Vermutlich hatte sogar jemand einen Blick auf sie erhascht, als sie morgens das Haus verlassen hatte. Ewald von der CDU ging in der Frühe immer mit dem Hund raus und Hendrik selbst ging sonntags morgens zu Fuß Brötchen kaufen.

»Ja«, sagte er unbestimmt.

»Wo hast du sie aufgegabelt?«, fragte Hendrik, »ich meine, hast du sie im Internet kennengelernt?«

Hendrik selbst war geschieden. Seine Frau hatte, wie man hörte, die Reißleine gezogen.

»Ich habe sie sicherlich nicht im Internet kennengelernt«, sagte Rolf und wusste, dass ein weiteres unbedachtes Wort von Hendrik ihn wirklich auf die Palme bringen würde.

Hendrik griff zu seinem Glas und stieß mit Rolfs Glas an.

»Na dann«, sagte Hendrik. Er hatte wohl bemerkt, dass Rolf nicht in Gesprächslaune war. Immerhin war das Gerücht bestätigt, und Hendrik zufrieden.

Als Rolf zahlte und seine Kumpels an der Theke zurückließ, wusste er, dass sie über ihn – und über die kleine Dunkelhaarige – reden würden. Es gefiel ihm nicht, aber dies war der Preis eines ansonsten ruhigen, beständigen Dorflebens. Er fragte sich, wie er wohl Elaine weiter in seine Welt lassen konnte, was ja auch bedeutete: In dieses Dorf, in diese Enge, welche oft guttat, aber einen manchmal auch fast erstickte.

An diesem Abend ging er nach dem »heute journal« ins Bett. Einschlafen konnte er lange nicht. Er beschloss, am nächsten Tag Anni anzurufen. Jerome hatte sich in den letzten Jahren immer wieder bei ihr gemeldet. In den Jahren zuvor hatte er auch manches Mal bei ihnen, Rolf und Linda, angerufen. Ein kurzes Gespräch, es gehe ihm gut, man solle sich keine Gedanken machen und nein, er wolle nicht, dass sie wissen, wo er war, und nein, er wolle sie nicht sehen. Rolf hatte jedes Mal fast die Fassung verloren, sich sofort ins Auto setzen und ihn suchen fahren wollen. »Wo willst du ihn denn suchen?«, hatte Linda dann gefragt, mit ihrer berühmten hochgezogenen Augenbraue, so dass er sich lächerlich und hilflos vorgekommen war.

Rolf hatte nach Lindas Unfall gehofft, Jerome würde zur Beerdigung seiner Mutter kommen, wenigstens das. Rolf mutmaßte, dass Jerome irgendwie von ihrem Tod erfahren hatte, war sich aber nicht sicher. Rolf hatte keine Möglichkeit, ihn zu kontaktieren, natürlich nicht, keine Telefonnummer, keine Adresse, nichts.

Zur Beerdigung war Jerome nicht gekommen. Er konnte überall sein.

Rolf strich über das Kissen an seiner Seite und dachte an Linda. Im Laufe der Zeit und der Jahre, seit ihrer Hochzeit, und lange, bevor Jerome das Haus verlassen hatte, war etwas Seltsames mit Linda und ihm geschehen. Er hatte begonnen, sich vor ihr zu schämen – nein, das war nicht genau das richtige Wort, es war vielmehr ein Nicht-Mehr-Zulassen-Können, eine Scheu vor gewissen Dingen. Sie hatten sich in gewissen Momenten nicht mehr angeschaut, nicht mehr direkt angeblickt, und dieses tiefe Gefühl, die Bindung, die nur durch Blicke entstehen und gehalten werden kann, war einer gewissen Gleichgültigkeit gewichen. Oder einer Angst vor zu viel Nähe. Das wurde ihm jetzt, an diesem Abend im Bett klar.

Denn mit Elaine war es anders, vielleicht würden Scheu und
Angst noch entstehen, er wusste es nicht. Auch mit Linda
war alles, als sie sich damals kennengelernt hatten, normal
gewesen, so normal, wie man Normalität in jener Zeit und
an jenem Ort verstand: Er Sturm und Drang, verknallt über
beide Ohren, sie auch, aber zurückhaltender, und so war es
jahrelang geblieben. Mit den Jahren wuchs ihre Achtung voreinander und die Kopflosigkeit der frühen Jahre in sexuellen
Dingen wich einem langsamen Genießen, einer vertrauten
Zweisamkeit. So war es schon, als sie das Haus bauten und
Kinder bekamen. Dann und wann vergaßen sie die körperlichen Freuden ganz, meist, bis eines der Kinder in den Kindergarten kam, oder auch, während Linda ihre Doktorarbeit in
Geobotanik zu Ende brachte. Immer fanden sie zueinander
zurück, mal im Bett, mal auf der Couch, aber seit sie Mitte
dreißig waren, nie wieder im Garten, nie wieder in der Küche,
unterwegs oder im Badezimmer. Ihre gemeinsame Welt, ihr
gemeinsamer Ort, an dem es nur sie beide gab, hatte sich mit
den Jahren auf das Schlafzimmer reduziert. Auch dort war die
Routine eingekehrt. Zusätzlich hatten das Alter, die Wech-
seljahre, die Alltagskonflikte ihrer Lust in den letzten Jahren
den Rest gegeben.

Als die Kinder nicht mehr mit in Urlaub fuhren und Rolf
und Linda sich plötzlich ungestört in einem romantischen
Landhotel in der Toskana wiederfanden, hatten sie dort zu
zweit auf dem Bett gelegen. Rolf hatte im Fernsehen die
Schwimmweltmeisterschaft geschaut und Linda sich ein neu-

es Lehrbuch über Nachhaltigkeit zu Gemüte geführt. Rolf vermisste nichts, und soweit er wusste, vermisste Linda auch nichts. Wobei, er hatte sie nie gefragt.

Mit der Zeit ihrer Ehe waren ihm die vorüberziehenden Jahre bewusst geworden, ungenutzte Stunden, Jahreszeiten kamen und gingen, und viele Momente hätte man intensiver verbringen können. Seine Kolleginnen waren jünger geworden, ältere Kollegen in Rente gegangen. Männer kamen in seinem Beruf selten nach und ließen sich meist rasch an ruhigere Schulen oder ins Ministerium versetzen. Es hatte für Rolf im Zusammenhang mit Frauen einige Versuchungen gegeben, aber stets hatte er sich umgedreht und die Flucht ergriffen. Nicht aus Schüchternheit, sondern aus einem Versprechen heraus, dass er Linda an der Hochzeit gegeben hatte: treu zu sein. Er hielt sich tatsächlich daran, was nicht immer einfach gewesen war. Er hatte, sicher, die ein oder andere Fantasie gehabt, zum Beispiel mit Margarete, mit der er nun schon so lange zusammenarbeitete und die etwa im gleichen Alter war wie er. Er hätte einfach gerne gewusst, wie Margarete sich anfühlte, sie und ihre weißen Brüste, die mit den Jahren immer größer zu werden schienen. Andererseits wäre es nie das Risiko wert gewesen, Linda und die Kinder zu verlieren, und so hatte er es gelassen. Stattdessen hatte er an Haus und Garten herum gewerkelt, viel Zeit im Schwimmbad verbracht, Regale für die Bibliothek gebaut, den Kellerraum hergerichtet und dann mit seiner laienhaften vergleichenden Literaturwissenschaft begonnen.

Einmal, erinnerte er sich, einmal nach einem Fest im Dorf, vor vielen Jahren, als sie spät in der Nacht nach Hause gekommen waren, er und Linda, da hatte Linda versucht, ihm einen zu blasen.

Mitten im Flur, er hatte noch den Haustürschlüssel in der Hand, war sie vor ihm in die Knie gegangen und hatte seine Hose geöffnet. Überrascht wie er war, hatte er ihren Kopf festgehalten und sie zurückgehalten.

»Was machst du?«, hatte er gesagt.

Sie war zurückgeschreckt.

»Etwas, das ich ewig nicht gemacht habe.«

»Das darfst du nicht!«, war es aus ihm herausgekommen.

»Wieso nicht?«

Und aus einem echten, ehrlichen Impuls heraus, aus quasi respektvoller Scham, hatte er gesagt: »Du bist doch meine Frau!«

Allein die Erinnerung an diese Begebenheit trieb ihm die Hitze ins Gesicht.

Linda hatte das damals vollkommen falsch verstanden. Ihrem Gesichtsausdruck entnahm er, dass sie beleidigt war und sauer wurde, so sauer wie schon ewig nicht mehr, vielleicht so sauer wie noch nie.

»Ich darf das also nicht?«, hatte sie gesagt, und es hallte nach: »Wer also darf es dann?« – was sie jedoch nicht ausgesprochen hatte, aber die Worte hingen zwischen ihnen in der Luft. Ihre nächste Frage wäre vielleicht gewesen: »Wie heißt sie?«, und er glaubte sich sogar daran zu erinnern, dass Lindas Arm und

Hand gezuckt hatten, kurz davor, ihm eine Ohrfeige zu verpassen. Bevor er etwas dazu hatte sagen können, war jeder in seine Richtung gestürmt, Linda ins Schlafzimmer und er in den Garten, wo er zur Beruhigung ein Bier getrunken hatte. Als er ihr einige Zeit später ins Bett gefolgt war, war sie eingeschlafen oder gab vor, es zu sein.

Diese Sache hing ihnen damals über ein halbes Jahr nach. Linda bewegte sich keinen Zentimeter in seine Richtung. Vielmehr musste er sich nach einem Abend mit Freunden, Rolf reichlich angetrunken, zusammenreißen und mit ihr schlafen, nicht aus Zuneigung oder Erregung, sondern als Entschuldigung für diesen ehrlichen Satz, den er zu ihr gesagt hatte. Linda hatte ihn in dieser Nacht überraschend freundlich empfangen, und die Lage war wieder friedlich geworden. Über viele Jahre behielten sie diesen Frieden bei, hielten fest an ihrer routinierten Zweisamkeit, die keine Überraschungen, aber auch keine Verletzungen mehr mit sich brachte.

Mit der Frage im Kopf, was es wohl mit Elaine und diesem Zeugenschutzprogramm auf sich hatte, schlief er ein.

Elaine träumte in dieser Nacht von einem kleinen Jungen namens Tamino. So hatte die Frau ihn genannt, dieses kleine, winzige Wesen, das viel zu kurz bei ihr gewesen war. Sie träumte, sie hätte ihn selbst geboren, auf allen Vieren, irgendwo in einer Wiese. Sie spürte die Wehen und wand sich im

Schlaf, aber es war nicht schlimm, es war nicht schlimm, es war ein erdiges, kräftiges Gefühl. Dann aber hatte jemand ihr das Kind weggenommen, weggetragen, aus ihrem Blickfeld, und sie war erschöpft und verzweifelt zurückgeblieben.

Als sie morgens aufwachte, fasste Elaine einen Entschluss. Rolf musste alles wissen. Es hatte überhaupt keinen Sinn, sich weiter auf ihn einzulassen, wenn er nicht alles wusste. Und das wollte sie, mehr als alles andere: Sich auf ihn einlassen. In Frieden und Gewissheit.

Elaine stand auf und ging ins Bad, um zu duschen.

Während das warme Wasser über sie lief, befiel sie der Gedanke, Rolf würde schlecht von ihr denken, weil sie sich einerseits körperlich so schnell und ungehemmt hingegeben hatte, ihm andererseits aber nicht vertraute, wenn es um ihre Vergangenheit ging. Elaine hatte solch einen plötzlichen Ausbruch von Zuneigung und Verliebtsein noch nicht erlebt. Sie erinnerte sich an die Anfangszeit mit Jules, aber das konnte man überhaupt nicht vergleichen. Jules hatte sie langsam kennengelernt, damals an der Uni. Es hatte mehrere Semester gedauert, bis sie sich einander genähert hatten. Elaine war sehr schüchtern gewesen und hatte nicht glauben können, dass Jules sich ausgerechnet in sie verliebt haben sollte – der tolle Jules, der als Student schon einen Audi A3 fuhr und eine eigene Wohnung auf dem Saarbrücker Eschberg hatte. Jules, der aus einem wohlhabenden Elternhaus aus Hamburg gekommen war, um in der Provinz zu studieren, weil es nur hier in Saarbrücken einen zweisprachig ausgelegten Studiengang in Betriebswirtschaft an der Hochschule für Technik und Wirtschaft gegeben hatte. Sie hatte sich, halb aus verliebten Gefühlen und halb aus Bewunderung, auf ihn eingelassen. Die Beziehung hatte an Fahrt aufgenommen. Im letzten Studienjahr zog sie zu ihm in seine Wohnung und wenig später heirateten sie im Saarbrücker Rathaus, ohne großen Aufwand. Nach ihren Abschlüssen hatte er sie nach Hamburg mitgenommen. Sie hatte ihn geliebt, so musste es wohl gewesen sein, war fasziniert von ihm, seinem nordischen Aussehen – groß, blond, irgendwie erfrischend, und seiner Art, auch wenn er manchmal anstrengend und fordernd war, und am meisten hatte sie die Tatsache begeistert, dass er sie liebte. Sie auf Händen trug. Dass sie sein Juwel war, sein Polarstern, sein Mittelpunkt der Erde. Das konnte Jules gut: Schöne Worte finden.

Jules war nach dem Studium gefordert, die Geschäfte seines Vaters in Hamburg zu übernehmen. Er tat es gern, war aktiv und fleißig. Der Familie gehörte ein Teil des Geländes des Hamburger Hafens, der weiter ausgebaut werden sollte, und Jules Vater besaß ein im Hafen angesiedeltes Logistik- und Transportunternehmen. Die Familie schwamm im Geld. Sie erwarteten von Elaine, dass sie ebenfalls in die Familiengeschäfte einstieg. Im Studium hatte sie sich auf Personalmanagement spezialisiert und wurde dementsprechend eingestellt. Jules und sie bekamen ein Haus im Hamburger Stadtteil Klein Flottbek, in der Nähe des Botanischen Gartens, das der Familie gehörte. Das Haus war wunderschön, die Lage bezaubernd, ruhig und mit großem Garten, aber sie verbrachten den weitaus größten Teil ihrer Zeit auf der Arbeit in der leistungsorientierten Atmosphäre in Hafen-City zwischen viel Stahl, Chrom und Glas. Das spiegelte sich in der Zeit auch in Elaines Aussehen wider, sie trug stets schwarze oder graue Businesskleidung und korrektes Make-up. Sie sah sehr professionell aus. Das war sie auch, sie konnte gut mit Menschen umgehen, war bei den Mitarbeitern beliebt und wurde vom Chef – ihrem Schwiegervater, den sie allerdings sehr selten zu Gesicht bekam – geschätzt. Sie hatte ein Händchen dafür, passende Menschen mit passenden Arbeitsplätzen zusammen zu bringen, egal auf welcher Unternehmensebene. Jules trug Anzüge und stylte sich die Haare. Stets auf dem Sprung, stets das Handy am Ohr, war er oft auf Dienstreisen im Nord- und Ostseeraum. Das Wochenende verbrachten sie, sofern sie frei hatten, meist auf Booten am Wasser, in Travemünde oder Scharbeutz. Sie hatten Freunde aus den gleichen Kreisen, sie genossen das Leben und ab und zu kam Elaine auch dazu, ein gutes Buch zu lesen.

Nur mit dem Kinderkriegen hatte es nie geklappt.

»Elaine!«, rief Sybille, und Elaine schaltete das Wasser ab. Gedankenverloren hatte sie viel zu lange unter der Dusche gestanden.

»Kannst reinkommen«, rief sie. »Bin gerade fertig.«

2004, BRIXEN

Brixen in Südtirol ist kleiner, als es sich Jerome vorgestellt hat. Schon in der fahlen Morgendämmerung ist zu erkennen, dass es ein sehr gepflegter, sehr ruhiger Ort ist. Ein Ort, an dem Jerome auffallen wird, wenn er länger bleibt, Jerome mit seinem schiefen Gang, seinem ungewaschenen Haar und seinem Gepäck. Noch immer schmerzt seine Schulter bei jeder Bewegung, leuchten die Schürfwunden in seinem Gesicht Er sieht nicht aus wie einer dieser Trekking-Touristen in teurer Wanderkleidung, nein, er ist ein gehetzt dreinschauender, übermüdeter Jugendlicher ohne eigentliches Ziel.

Auch der Brixener Bahnhof, vor dem Oggi ihn aus dem Lastwagen hat aussteigen lassen, ist provinziell und übersichtlich. Eben nur ein Bahnhof, ein Steingebäude und einige Gleise mit einer Bushaltestelle auf dem Vorplatz. Kein Café, kein Schnellrestaurant, kein Kiosk, keine Menschen. Das Gebäude ist geschlossen, ein Fahrkartenautomat steht einsam am Gleis eins. Jerome trägt sein Gepäck nur auf einer Schulter, da er die andere auf keinen Fall belasten kann.

Den nahenden Sonnenaufgang, das Bergpanorama, die würzige Luft an einem sommerlichen Morgen in Südtirol, das alles nimmt Jerome nicht wahr. Die sanften, alpinen Wiesen, die dahinter aufsteigenden Gipfel jenseits der Baumgrenze. Er pinkelt an eine Hecke, die das Bahnhofsgebäude rechtsseitig umschließt. Da fällt sein Blick auf einige Fahrräder, die zwischen Bahnhofseingang und Bushaltestelle an Fahr-

radständern abgestellt sind. Er schaut sich um – niemand ist
unterwegs, kein Mensch zu erblicken. Aufmerksam schleicht
er um die Räder herum. Nicht alle sind angekettet. Beson-
ders ein altes Herrenrad weckt seine Aufmerksamkeit. Es ist
grün, hat offensichtlich nicht mehr als acht Gänge und eine
verrostete Klingel am Lenker. Aber das Beste: Es hat einen
Gepäckträger mit einem großen Drahtkorb darauf.

Instinktiv greift er zu. Mit seinem Rucksack auf der einen
Schulter steigt er auf das Rad und fährt einige Meter. Es fühlt
sich ungewohnt an, das Fahrrad hat eine Rücktrittbremse. In
seiner Schulter stichelt der Schmerz. Doch wo soll er hin?
Wohin will er überhaupt fahren? Was ist sein Ziel?

Nun schaut er doch auf, orientiert sich an den Himmelsrich-
tungen und fährt Richtung Süden.

Er fährt eine Weile auf einer Hauptstraße, hinaus aus der
Stadt. Er sieht Schilder: Klausen/Chiusa, Barbian/Barbiano,
Bozen/Bolzano. Diesen Schildern folgt er, bis er die letzten
Häuser Brixens hinter sich lässt – große und kleine Hotels
und Pensionen, alle hübsch und gepflegt, mit Blumen an den
Balkonen, den gleichen Blumen, die sein Vater in den Blumenkästen an den Fensterbänken ihres Hauses in Hirzweiler
pflegt. Aber diese hier sind viel eindrucksvoller, wie rote Wolken hängen sie vor den Häusern.

Jerome muss in der Stille des Morgens darauf achten, nicht
versehentlich auf eine Autobahn zu gelangen; die Autobahnschilder sind in Italien grün, nicht blau, wie er feststellt. An
einem Parkplatz hält er an und schiebt das Fahrrad hinter ei-

nige Büsche. Das Gras ist noch feucht vom Tau. Er nimmt den Rucksack ab, bindet das verpackte Zelt ab und stellt den Rucksack in den Drahtkorb auf dem Gepäckträger. Reißt eine Schnur des Zeltsackes ab und bindet damit den Rucksack auf dem Korb fest. Den Zeltsack hängt er sich um die unverletzte Schulter. Dann fährt er weiter. So ist es viel leichter, er streckt sich während des Fahrens und tritt eifrig in die Pedale. Fast fährt er an einer Abzweigung vorbei, sieht im letzten Augenblick das Schild, auf dem ein Fahrrad abgebildet ist und auf dem steht: Bozen/Bolzano, 40 km. Er biegt auf den Radweg ab, der ihn in einigen Abstand zur Hauptstraße bringt und an das Ufer eines Flusses, von dem er den Namen nicht kennt. Der Kiesweg führt von Bäumen beschattet am Ufer entlang, stromabwärts, und dementsprechend leicht fällt ihm das Fahren. An vielen Stellen kann er einfach rollen lassen, und als er endlich beginnt, die Müdigkeit wahrzunehmen, die ihn umfasst wie ein weicher Mantel, ist er schon fast zwei Stunden gefahren. Die ersten Wanderer kommen ihm entgegen und er wird zweimal von Mountainbikern überholt, die in ihren bunten Trikots und mit ihren Helmen so schnell fahren, dass der Kies hinter ihnen hoch spritzt. Schließlich lässt Jerome sich an einem Platz nieder, wo das Ufer als Mulde aus Sand und Kies flach bis an das Wasser heranreicht. Er legt das Fahrrad hin und sich selbst daneben. Der Tag fängt bereits an zu glühen, obwohl es sicher nicht viel später als acht Uhr am Morgen ist. Der Himmel leuchtet strahlend blau über ihm und das Wasser des Flusses plätschert sanft. Jerome denkt an nichts und schläft ein.

Als er wach wird, spürt er die Hitze auf dem Gesicht. Es ist heiß, die Sonne steht hoch. Wie lange hat er geschlafen? Mehr als drei Stunden in jedem Fall. Er zieht sein T-Shirt aus und wäscht sich im Fluss. Er füllt seine Wasserflasche auf und trinkt und trinkt und trinkt. Füllt die Flasche erneut. Kramt in der Papiertüte nach den letzten Krümeln der belegten Brote vom Vortag. Überprüft seine Finanzen – knapp 350 Euro. Seine Schulter fühlt sich etwas besser an als noch am Morgen. Er wäscht sein T-Shirt im Fluss und hängt es über seinen Rucksack im Drahtkorb. Mit nacktem Oberkörper fährt er weiter, seine schwarzen Locken wehen im Wind, er summt ein Lied und denkt nicht an zu Hause. Er denkt daran, dass er sich im nächsten Ort etwas zu essen kaufen und sich spätestens gegen fünf Uhr am Nachmittag in dieser wunderbaren Natur ein Plätzchen suchen wird, um sein Zelt aufzuschlagen. Trotz der Hitze und der anhaltenden, aber nicht stärker werdenden Schmerzen in der Schulter saugt er die Luft ein, die so anders, so unbefangen riecht, so frei.

Jerome schafft es an diesem Tag, am dritten Tag nach seinem Aufbruch in Illingen, bis hinter Bozen. Der Weg führt weiter leicht bergab, das Fahrrad rollt fast von selbst, immer am Ufer dieses Flusses entlang, der Eisack heißt, wie er inzwischen auf einem Schild gelesen hat. In Barbiano hat er sich mit einigen

Lebensmitteln und Getränken versorgt. Auch eine Karte hat er gekauft und ein winziges deutsch – italienisches Wörterbuch.

Hinter Bozen mündet der Fluss in einen anderen Fluss, die Etsch, und in der Nähe dieser Mündung lässt Jerome sich nieder. Einige Dutzend Meter vom Fluss entfernt baut er zwischen Bäumen und Büschen das Zelt auf, vor einer felsigen Erhebung, wie eine natürliche Wand, mit Blick zum Fluss, aber trotzdem versteckt. Er bereitet seinen Schlafplatz vor und verspeist dann langsam und genussvoll einen Teil der erstandenen Lebensmittel: einen Apfel, ein Weißbrot, zwei Würste, Käse und eine Salatgurke. Er trinkt zwei Dosen leichtes, italienisches Bier und schaut aus seinem Versteck heraus den Wanderern zu, die bis in die Dämmerung hinein am Ufer des Flusses entlanggehen. Zwischendurch blättert er im Wörterbuch und schaut sich die Karte der Gegend an. Ein großer, blauer Fleck erregt seine Aufmerksamkeit: der Gardasee. Das wäre nett, denkt er, dort fahre ich hin. Als die Nacht hereinbricht und kein Mensch mehr zu sehen ist, zieht er sich aus und badet im Fluss. Die Luft ist warm, das Wasser kalt. Er hat Sonnenbrand an den Armen, am Oberkörper und im Gesicht, seine Haut wird sich in den nächsten Tagen schälen. Sonnencreme hat er keine gekauft.

So verbringt er die nächsten Tage. Am Morgen packt er seine Sachen und fährt. Wo es ihm gefällt, rastet er. Immer weiter fährt er an der Etsch entlang. Die Schmerzen in seiner Schulter werden erträglicher, seine Haut wirft Blasen, da er fast immer mit nacktem Oberkörper fährt. Er spürt es kaum. Das Wetter bleibt schön, in Italien hat er noch keine Wolken gesehen. Immer wieder begegnet er Wanderern und Fahrradfahrern. Er bleibt meist in der Natur und in der Nähe des Radweges, nur zum Einkaufen wagt er sich in die Ortschaften.

Am fünften Tag nach dem Aufbruch von Zuhause erreicht Jerome die Salurner Klause. Dort endet das deutschsprachige Südtirol. Er merkt es an den Straßenschildern, die plötzlich einsprachig italienisch sind und in den Bäckereien, in denen er immer seltener in deutsch bedient wird. Die Berge zu beiden Seiten werden sanfter, weniger schroff – durch das Etschtal ist er gefahren, wie er dank der Karte weiß, und nun heißt der Fluss »Adige«. Ein paar italienische Begriffe hat er schon gelernt, als er durch Grumo fährt und sich links und rechts die Weinberge erheben: pane – Brot, buon giorno – guten Tag, salsiccia – Wurst, und dove è ?– wo ist. Die italienische Sprache empfindet er als sanftes Plätschern, als ein melodiöses Zwitschern, und er ist gespannt darauf, sie irgendwann verstehen und sprechen zu können.

Weitere zwei Tage später, am siebten Tag nach seinem Verschwinden, erreicht er Rovereto. Er verbringt eine Nacht auf einem sehr einfachen Campingplatz und duscht zum ersten Mal während seiner Reise in einer richtigen Dusche mit

Shampoo. Er wäscht seine Kleider und isst am Campingimbiss Spaghetti Napoli, bis er fast platzt.

Heute, denkt er, heute wissen sie mit Sicherheit, dass ich weg bin. Vielleicht gestern schon, aber heute auf jeden Fall. Spätestens jetzt werden sie die Polizei informieren und mich suchen lassen. Spätestens jetzt wird meine Mutter heulen, und mein Vater wird daneben stehen und ihr ratlos die Hand auf die Schulter legen. Spätestens jetzt werden sie kapieren, dass ich nicht auf die gleichen Schulen gehen werde wie sie, dass ich darauf keinen Bock habe, auf das Lernen und erst recht nicht auf dieses verlogene, kleine Kaff, in dem sie ihr Dasein fristen. Schaut mich an, meine nackten Füße hier auf dem festen, trockenen Boden, mein Bauch voll, meine Schmerzen fast verschwunden, meine Wäsche in einer Waschmaschine auf einem Campingplatz in Italien. Ich komme alleine klar, denkt Jerome, ich brauche euch nicht mehr.

An einem Sonntag erreicht Jerome den Gardasee. Von oben, von einem Parkplatz in der Ortschaft Nago aus, sieht er den See zum ersten Mal − noch in der Ferne, noch einige Kilometer weit weg. Da liegt das blaue Wunder unter ihm: ein atemberaubendes Panorama auf den riesigen See. Und ja, je näher Jerome dem See kommt, desto dichter wird der Verkehr. Von Radwegen oder lauschigen Flüssen ist hier nichts mehr zu sehen, vielmehr reiht sich Auto an Auto und Bus an

Bus, die Luft ist erfüllt von Abgasen, es ist laut, die Italiener hupen gerne, die Touristen ärgern sich über den Verkehr, obwohl sie selbst Ursache und Teil davon sind. Von der Kühle der Berge ist nicht mehr viel zu spüren. Hier in Nago erahnt man schon die stickige Hitze des italienischen Flachlandes, die Berge brechen hier plötzlich ab, fallen an dieser Seite in den See hinein und um ihn herum, aber: Die Aussicht ist atemberaubend.

Jerome fährt weiter, kann rollen lassen bis Riva. Er fährt teils auf den Gehwegen, denn die Straßen sind verstopft. Er fährt in Richtung einer Kirche, eines Domes, wie er später lesen wird. Man sieht den Turm schon von weitem, und dann, mitten im Trubel der Touristen und Tauben, sitzt er da, Jerome Naumann, sechzehn Jahre alt, braun gebrannt, auf einer Bank am Ufer des Sees, und verspeist sein erstes echtes, italienisches Eis. Mango und Pistazie. Das gestohlene Fahrrad steht an seiner Seite, und Jerome ist glücklich, sein erstes selbst gewähltes Ziel erreicht zu haben.

MAI 2017, HIRZWEILER

Rolf hielt es nach der Schule nicht mehr aus. Seine Gedanken begannen, um Elaine zu kreisen, sobald der Schulgong zum Ende der siebten Stunde ertönte, und ohne noch einmal im Lehrerzimmer vorbeizuschauen, was sonst zu seinen üblichen Verhaltensweisen gehörte – den Kolleginnen ein schönes Wochenende zu wünschen – verschwand er in Richtung Parkplatz und setzte sich ins Auto. Die Gruppe der Siebtklässler, die dort hinter den Papiertonnen und dem Glascontainer rauchten, übersah er wissentlich, und fuhr nach Hause. Gegen drei Uhr schleuderte er vom Flur aus seine Tasche in sein Arbeitszimmer und ging zum Telefon, neben dem ein Zettel mit Elaines Handynummer lag, selbstverständlich nur die Zahlen, ohne ihren Namen. Er hatte ihr den Zettel am Donnerstagmorgen in aller Frühe abgerungen und versprechen müssen, die Nummer ohne ihren Namen aufzubewahren.

Sie hatten nichts abgemacht, außer dass sie beide etwas zur Ruhe kommen wollten und sich dann wiedertreffen würden. Aber zur Ruhe kommen? Ohne Elaine an seiner Seite, in Sicht- und Griffweite? Ständig darüber nachzudenken, was sie gerade tat, ob sie über ihren Büchern oder mit Kommilitoninnen in einem Café saß?

Und obwohl er an diesem Abend zum Französisch-Kurs gehen wollte und er am morgigen Samstag zu Hellmanns Geburtstag eingeladen war, wählte er ihre Nummer.

Sie hob sofort ab.

»Rolf!«, sagte sie, »Willst du mich verschmoren lassen? Kannst du nicht früher anrufen?«

Sein Herz hüpfte in seinem Brustkorb hin und her. Sie klang unternehmungslustig.

»Hast du am Wochenende etwas vor?«, fragte er. Es kam ihm noch nicht leicht über die Lippen, es war noch keine Selbstverständlichkeit, sie das zu fragen.

»Ich habe jede Menge vor«, sagte sie, »ich muss eine Hausarbeit schreiben über Alice Munroe, auf Englisch, was kein Problem ist, und ich muss Unterlagen durchgehen, die aus Hamburg gekommen sind.«

»Sind diese Vorhaben an einen Ort gebunden?« – Wie könnte ich es noch holpriger ausdrücken, dass ich sie bei mir haben möchte, dachte Rolf.

»Nein, sind sie nicht.«

Er hörte sie schmunzeln.

Er schwieg.

»Du musst es aussprechen. Es ist nicht so schwierig«, sagte sie.

Er räusperte sich.

»Möchtest du das Wochenende bei mir verbringen? Hier auf dem Land?«

Sie lachte. »Ja, nichts lieber als das, du!«

Gegen fünf Uhr war sie da. Sie stellte ihre beiden Taschen, eine Reisetasche und eine Laptoptasche, im Flur ab und flog ihm in die Arme. Rolf hatte sich geduscht und rasiert und dabei ein Lied gesummt, an das er schon lange nicht mehr gedacht hatte, irgendwas Italienisches, der Titel wollte ihm nicht mehr einfallen. Jetzt schlossen sich seine Arme um ihren Rücken und er hätte im Prinzip das gesamte Wochenende so stehen bleiben können.

»Was hättest du heute gemacht, ohne mich?«, flüsterte Elaine.

»Ich hätte an dich gedacht«, flüsterte er zurück.

Die Katze strich um ihre Beine und miaute.

»Nein, ich meine es ernst, was hättest du gemacht, wenn ich nicht gekommen wäre?«

»Ich wäre, sagen wir, in einer halben Stunde losgefahren zum Französisch-Kurs nach Neunkirchen. Französisch-Konversation, 18 bis 19.30 Uhr, und danach wäre ich wieder nach Hause gefahren. Keine Ahnung, was ich dann gemacht hätte?«

»Ich finde, das solltest du machen.«

»In den Französisch-Kurs fahren?«

Elaine nickte.

»Ich breite mich hier an deinem Tisch aus« – sie deutete auf den Esszimmertisch – »und arbeite an der Hausarbeit. Wenn du zurückkommst, sind wir beide frei von schlechtem Gewissen und können zusammen etwas essen.«

Da hat sie keine schlechte Idee, dachte Rolf, wie erstaunlich.

»Und ich sage dir eines«, sie wich einen Schritt zurück und erhob den Zeigefinger, »bevor wir wieder in der Kiste landen, muss ich dir heute Abend zuerst etwas erzählen.«

Rolf lachte. »Aber natürlich.«

Als er nach Hause kam, lag sie auf dem Bauch auf der Couch und las. Kurzgeschichten von Alice Munroe aus einem roten Reclam-Heftchen.

»Bonjour, Monsieur!«, sagte sie und richtete sich auf, klopfte mit der Hand auf die Couch neben sich.

»Bonjour, Madame!«

»Kann ich dir jetzt etwas erzählen?«, fragte sie.

»Ja.«

»Willst du wissen, warum ich in einem Zeugenschutzprogramm bin?«

»Natürlich.«

Sie atmete tief ein und aus, legte ihren Kopf leicht an seine Schulter und malte mit dem Zeigefinger kleine Kreise auf seiner Jeans.

»Also. Vor ungefähr einem Jahr hat eine Frau in meinem Wohnzimmer in Hamburg ein Kind zur Welt gebracht, und ich habe ihr dabei geholfen.«

Sie schwiegen einen Augenblick, die Worte schwebten im Raum. Rolf hatte sie verstanden, die Worte, aber ihre Bedeutung, ihr Zusammenhang, waren ihm unklar.

»Bist du Hebamme?«, fragte er also.

Auch seine Frage schwebte im Raum, einige Sekunden. Elaine schien nachzudenken, dann gab sie ihm einen Klaps auf sein Knie und sagte: »Nein, auf keinen Fall. Ich bin keine Hebamme.«

»Sondern?«

»Ich war Personalleiterin bei einer Hamburger Firma.«

Rolf schaute sie an. Es war etwas verwirrend.

»Du musst von vorne erzählen, du hast noch nie etwas aus deiner Vergangenheit erzählt, bis auf die Sache mit deinem Ex-Mann, und davon auch nur, dass er sich als …äh …Arschloch herausgestellt hat. Und von Hamburg hast du nur gesagt, dass du Ende des Monates dorthin musst, aber nicht warum, oder ob du von dort gekommen bist. Weißt du,«, er machte eine ausschweifende Bewegung mit der Hand, »wenn ich etwas verstehen soll, wäre es von Vorteil, etwas mehr über dich zu erfahren.«

Sie seufzte, und dann sprudelte es aus ihr heraus.

»Ich habe in Saarbrücken studiert. Also mein Erststudium damals war Betriebswirtschaftslehre. Wo ich herkomme, spielt erst einmal keine Rolle – ich habe Jules in Saarbrücken an der Uni kennengelernt.«

Sie schaute zu ihm auf.

»So heißt er. Jules. Wir haben also beide Betriebswirtschaft studiert, ich Schwerpunkt Fundraising und Personal, er Management im bilingualen Zweig. Deutsch-Französisch. Jules kam aus Hamburg nach Saarbrücken, weil es zu der Zeit die einzige Uni war, die dieses Studium bilingual anbot. Also, Kurzversion: Wir haben uns kennengelernt, haben zusammen gewohnt, geheiratet und sind später nach Hamburg gezogen. Seine Familie ist recht wohlhabend, sie haben ein großes Logistikunternehmen, einen Familienbetrieb, aber wahrscheinlich nicht die Art von Familienbetrieb, die man hier im Saarland kennt. Sie haben fast vierhundert Mitarbeiter und sind international tätig. Und bevor ich mich versah –«

Sie seufzte und hielt inne.

»Und bevor du dich versahst – ?«

»Ja, da wohnte ich mit Jules irgendwo in Klein-Flottbek, direkt bei Blankenese und in der Nähe der Elbchausee – sagt dir das was?«

Rolf nickte.

»Nicht gerade eine Arbeitersiedlung also.«

»Genau. Dort wohnten wir, in einem riesigen Haus, das Jules' Familie gehört, und wir arbeiteten beide in der Firma. Wir gingen jeden Morgen aus dem Haus, Jules im Anzug, ich in Kostümchen von Joop oder Plain d'Or, fuhren im Cabrio in die Hafencity und verbrachten unsere Tage in einem Kasten aus Glas und Chrom. Mit Blick auf die Elbe, versteht sich.«

Rolf versteifte sich etwas. »Du warst so eine – Karrierefrau? In Stöckelschuhen und mit Schminke im Gesicht?«

Sie nickte. »Ja, das war ich. Ich weiß auch nicht, wie das passieren konnte. Und am Wochenende fuhren wir zum Timmendorfer Strand zum Segeln.«

»Warte, ich hole uns etwas zu trinken. Ein Bierchen?«

Sie nickte. »Aus der Flasche, bitte.«

»Aus der Flasche?«

»Als Kontrast.«

»In jedem Fall«, fuhr sie fort, während Rolf zum Kühlschrank ging, »war eines Tages da plötzlich ein Schreien und Wimmern in meinem Garten zu hören. Im Mai. Jules war auf einer

Dienstreise, ich war alleine zu Hause und wollte gerade einen Sonnenschirm reparieren. Ich bin dann hin – zu dem Schreien und Wimmern. Und da lag eine Frau in Büschen.«

»In den Büschen?«

»Ja, auf dem Rücken. Fast sofort habe ich erkannt, dass es eine Ausländerin ist. Und dass sie schwanger ist. Ich habe sie gestützt und so sind wir ins Haus in unser Wohnzimmer.«

»Und dort hat die Niederkunft stattgefunden?«

»Die Niederkunft. Ja. Es war viel zu spät, um einen Arzt zu rufen. Ich konnte schon die Haare des Kindes mit meinen Fingern tasten.«

Rolf räusperte sich. Er konnte sich Elaine zwar nicht im Business-Outfit vorstellen, aber dass sie einer fremden Frau half und keine Scheu davor hatte, diese anzufassen, das konnte er sich vorstellen. Sie hat, trotz aller Anmut, auch etwas Kerniges, dachte er.

»Warst du bei den Geburten deiner Kinder dabei?«, fragte sie ihn.

»Bei Jerome nicht. Das war damals nicht – üblich. Bei Anni, ja. Ich wollte das so. Ich wollte in realitas sehen, was ich den Kindern in der Schule seit Jahren an Schaubildern erklärte.«

»Und, war es so?«

»Wie im Lehrbuch? Ja, eigentlich schon.«

»In meinem Wohnzimmer war es auch wie im Lehrbuch. Gott sei Dank. Erst nachher ist mir klar geworden, was alles hätte passieren können.«

Rolf nickte. »Da kann allerhand passieren.«

»Ich habe also mit der Frau das Kind zur Welt gebracht und die beiden versorgt, bis sie in meinem Gästezimmer im Bett lagen. Die Frau war Rumänin, das hat mir später die Polizei erzählt. Sie konnte ein wenig Englisch. Ich war natürlich vollkommen von der Rolle – Jules war nicht da, alles voll mit Blut, das Baby, die Frau – «

»Was hast du als Nächstes gemacht?«

»Ich bin einkaufen gefahren. Das Kind brauchte Windeln und was weiß ich alles. Kleider, Milchpulver, Trinkflasche, zum Beispiel. Die Frau hatte nichts dabei. Das einzig Wichtige, was sie sagte, war der Name des Kindes: Tamino.«

»Es war also ein Junge.«

»Ja. Am Abend habe ich die Frau bekocht und versucht ihr klarzumachen, dass sie am nächsten Tag in eine Klinik müsse, oder irgendwohin. Sie wollte keinen Arzt sehen. Es war ja klar, dass da was nicht stimmte, ich meine, eigentlich hätte ich sofort die Polizei rufen müssen. Aber sie hatte Angst. Also ließ ich sie eine Nacht mit dem Baby – mit Tamino – im Gästezimmer schlafen.«

Elaine trank einen Schluck Bier, dann fing sie an zu heulen. Rolf drückte sie fester an seine Seite.

MAI 2016, HAMBURG

In der Nacht schläft Johanna tief und fest. In ihrem großen Bett träumt sie in einer Wolke aus Wohlgefühl, dass sie selbst schwanger sei.

Am Morgen steigt sie langsam aus diesen Träumen empor. Das Licht scheint sanft durch die Jalousien, draußen zwitschern Vögel. Es dauert einige Sekunden, bis Johanna sich daran erinnert, was am Tag zuvor geschehen ist. Ein Kind, eine fremde Frau, eine Geburt, der feuchte, winzige Kopf in ihren Händen, die weiche Babyhaut.

Sie lauscht in die Stille des Hauses. Springt auf, wirft sich einen Morgenmantel über und huscht die Stufen hinunter ins Erdgeschoss. Kein Laut. Sie schleicht. Schlafen die beiden noch? Sacht drückt sie die Tür des Gästezimmers auf und späht hinein.

Keine Frau mehr da. Johanna spitzt die Ohren, keine Geräusche, auch nicht aus dem Badezimmer. Sie betritt das Gästezimmer, wenige Schritte bis zum Bett: Dort hat die Frau wohl ein Nest gebaut. Aus Bettdecke und Handtüchern, wie ein kleines Körbchen, und mittendrin liegt das Baby und schläft. Johannas Herz fängt an zu pochen. Sie stolpert zum Badezimmer, doch auch dort ist die Frau nicht. Nicht der Küche, nicht im Wohnzimmer, nirgendwo.

Gibt es denn so was?

Johanna schwitzt nun. Verdammt! Warum ist Jules ausgerechnet jetzt nicht da? Was soll sie tun? Eine junge Mutter geht doch nicht einfach so spazieren! Ist sie abgehauen? Natürlich. Irgendetwas stimmt da nicht. Ein kleiner Teil von Johanna hofft, dass die Frau jeden Augenblick zurück kommt, aber eigentlich weiß sie, dass sie nicht wieder kommen wird.

Sie setzt sich an den Rand des Bettes, in dem das Baby liegt. In innerer Aufregung betrachtet sie es. Sein Atem geht ruhig. Regelmäßig hebt und senkt sich der winzige Brustkorb. Ab und zu zuckt eines der Händchen. Johanna hat überhaupt keine Ahnung, wie sie mit dieser Situation umgehen soll.

Sie hat sich bei der Arbeit krankgemeldet und sich angezogen. Jetzt sitzt sie in einem Taxi, das Baby in eine Decke gewickelt auf ihrem Schoß. Sie hat sich nicht getraut zu duschen, während das Baby schlief – Tamino, ein seltsamer Name – , und dann hat es tatsächlich die Augen aufgeschlagen und zu weinen begonnen. Sie war in die Küche gerannt und hatte mit nervösen Händen Milchpulver in warmes Wasser eingerührt. Gierig nuckelte Tamino an der Flasche und schaute sie dann mit großen, dunklen Augen an, während sie ihn im Wohnzimmer umhertrug. Die Wärme, die sich dabei in ihr ausgebreitet hat, spürt sie immer noch.

An der Anmeldung des Jugendamtes nennt sie ihren Namen und wird komisch angeschaut, als sie ihr Anliegen vorbringt. Einen Säugling abgeben? Und wo ist die Mutter? Genau das sei das Problem, die Mutter sei verschwunden.

Die Maschinerie läuft an. Man führt sie zu einer Sachbearbeiterin, die sie schon mit zweifelndem Blick empfängt. Johanna erzählt die ganze Geschichte, die Sachbearbeiterin notiert.

»Sie müssen entschuldigen«, sagt die Frau, nachdem Johanna fertig ist, »in diesem Fall muss ich die Behörden einschalten.«

»Aber Sie sind doch die Behörde?«, fragt Johanna.

»Ich meine die Polizei.«

Eine Dreiviertelstunde dauert es, bis zwei Beamte in Zivil erscheinen. Eine Frau und ein Mann. Sie wechseln in einen größeren Besprechungsraum, denn auch den Jugendamtsleiter hat die Sachbearbeiterin herbei telefoniert.

Noch einmal – und sicher nicht zum letzten Mal – muss Johanna die Ereignisse schildern. Immer noch hält sie Tamino im Arm, der dankenswerterweise schläft. Aber mitten im Erzählfluss erwacht er und beginnt zu schreien.

»Ich nehme ihn«, sagt die Polizistin.

»Er ist sicher hungrig«, sagt Johanna, »hier, nehmen Sie diese Tasche. Darin ist alles, was er braucht.«

Als die Polizistin ihr Tamino aus den Armen nimmt, überschwemmt Johanna eine Welle von Traurigkeit. Sie muss sich konzentrieren, um nicht zu weinen. Ihre Arme sind plötzlich wieder leicht, leer und kalt.

»Das wird noch einen Rattenschwanz nach sich ziehen«, sagt der Polizist, und der Jugendamtsleiter nickt. Die Sachbearbeiterin hat jedes Wort mitgeschrieben, aber jetzt schaut sie Johanna skeptisch an.

»Was geschieht jetzt mit dem Jungen?«, fragt Johanna.

Der Jugendamtsleiter räuspert sich. »Er wird sofort in einer Pflegefamilie untergebracht.«

Johanna nickt. »Passen Sie auf, dass er in Sicherheit ist. Die Frau, also seine Mutter, hatte irgendwie Angst. Große Angst. Warum sonst würde sie es wagen, ein Baby mitten im Botanischen Garten auf die Welt zu bringen? Sie muss sehr verzweifelt gewesen sein.«

»Machen Sie sich nicht so viele Gedanken. Sie haben gemacht, was Sie konnten.«

Er sagt nicht: Sie haben alles richtig gemacht, denkt Johanna. Sie hätte wohl sofort Polizei und Krankenwagen rufen müssen. Ob das ein Nachspiel für sie haben wird? Sie denkt an Jules. Irgendwie hat sie nicht die geringste Lust, ihm das alles zu erklären.

Die Polizistin kommt nicht wieder. Johanna hat keine Gelegenheit, sich von Tamino zu verabschieden.

Am späten Nachmittag ist Johanna damit beschäftigt, die Handtücher und den Bettbezug aus der Waschmaschine zu nehmen, um sie in den Trockner zu stopfen, als es an der Haustür klingelt. Sie wundert sich, erwartet kein Paket und auch keinen Besuch. Jules wird erst am Abend zurück sein.

Sie öffnet die Haustür und sieht gerade noch etwas Schwarzes auf sich zu kommen. Ein schwerer Arm legt sich um ihren Oberkörper, ein Mann steht hinter ihr, und an ihrem Hals spürt sie einen leichten, kühlen Druck. Vor Schreck verliert sie fast die Besinnung und sieht nur im Augenwinkel, dass ein zweiter Mann in den Flur stürmt, während der Mann hinter ihr etwas in einer Sprache ruft, die sie nicht versteht. Fest fühlt sie seinen Griff, einen Arm presst er um ihre Taille, den anderen um ihre Brust, und das Ding, welches er ihr gegen die Kehle drückt, ist ein Messer. Der Mann stinkt nach ungewaschenem Körper, Schweiß und Zigaretten. Mundgeruch hat er auch. Das bemerkt Johanna, als der Mann ihr ins Ohr flüstert: »Wo sind sie?«

Sie kann kaum atmen und spürt, wie sich ihre Blase löst, sich eine Wärme an ihren Beinen ausbreitet und ihr Urin bis zum Boden tropft. Wieder ruft der Mann etwas in der fremden Sprache, es klingt wie ein Fluch, und er schleudert sie herum und presst sie mit seinem Körper an die Wand. Jetzt stehen sie Auge in Auge. Ein kräftiger Fremder mit glattrasiertem Gesicht und tiefbraunen, vor Wut glänzenden Augen.

»Wo sind sie?«, wiederholt er.

Der zweite Mann poltert durch das Haus. Johanna zittert und hört, wie alle Türen aufgerissen werden. Laute Rufe, laute Schritte.

Sie schaut dem Mann, der sie gegen die Wand drückt, in die Augen.

»Ich weiß es nicht!«, bringt sie hervor. Er drückt weiterhin das Messer gegen ihren Hals.

»Willst du mich verarschen?«

»Nein …ich weiß nicht, wo sie sind«, und mit einem Blick

zur Haustür: »Sie ist abgehauen. Heute morgen war sie weg.«

»Sie war also wirklich hier?«

Johanna nickt. Der Mann spricht mit einem leichten Akzent, den sie nicht zuordnen kann. Sie schwitzt und zittert zugleich. Ihre nasse Hose ist ihr plötzlich peinlich.

»Seit wann war sie hier?«

»Seit … gestern Nachmittag.«

»Und das Kind?«

Johanna schluckt mühevoll. Ihre Gedanken rasen. Für einen Moment schließt sie die Augen. Da lässt der Mann sie los und schlägt ihr mit der flachen Hand ins Gesicht.

»Rede!«

Sie fängt an zu wimmern. Noch ein Schlag ins Gesicht.

»Rede, verdammt!«

»Das Kind ist noch … in ihr drin.«

Wieder wird sie gegen die Wand gedrückt, fester als zuvor. Sie glaubt, einen Schnitt an ihrem Hals zu spüren.

»Sie ist noch … schwanger?«

Johanna nickt.

Er ruft seinem Kumpel etwas zu, und dieser stapft durch den Flur zu ihnen. Die beiden unterhalten sich, während er Johanna immer noch fest im Griff hat.

Dann löst sich der Mann von ihr, schaut sie fest an und sagt: »Du hast uns nie gesehen, klar?«

Johanna schaut ihn an, das Gesicht voller Tränen und Rotz, ihre Nase blutet von den beiden Schlägen, ihre Augen sind weit aufgerissen.

»Du hast uns nie gesehen, sonst …«, und erneut holt er aus, dieses Mal mit der Hand, in der er das Messer hält, und schlägt ihr mit dem Messergriff mitten auf die Nase.

Ein stechender Schmerz. Ihr wird schwarz vor Augen, endlich, und sie rutscht an der Wand hinunter zum Boden.

Die nächsten Stunden, Tage und Wochen werden für Johanna zu einem albtraumhaften Kampf. Es beginnt mit Jules' Heimkehr. Als er sie zusammengekrümmt im Flur findet, zitternd vor Angst und Kälte, weiß er erst einmal nichts mit ihr anzufangen. Natürlich nimmt er sie, bringt sie zur Couch, legt sie darauf und deckt sie zu. Will Polizei und Arzt rufen. Aber als sie erzählt, was geschehen ist, spürt sie, dass er ihr nicht glaubt. Dass er irgendwie denkt, sie sei verrückt geworden, oder betrunken. Ihr Zustand, das Blut, die feuchte Hose irritieren ihn. Sie hat nicht geschafft, sich umzuziehen. Sie erkennt einen Anflug von Ekel in seinem Blick. Dann ruft er doch einen Arzt, der sie in eine Klinik schickt. Wegen der Verletzungen im Gesicht, und tatsächlich stellt sich heraus, dass ihr Nasenbein gebrochen ist. Erst spät am Abend kommen zwei Polizisten ins Krankenzimmer, damit sie die Geschehnisse schildern kann. Da ist Jules schon lange wieder nach Hause gefahren, weil er für den nächsten Arbeitstag noch etwas vorbereiten muss.

Die Ermittlungsmaschinerie setzt sich in Gang. Johanna werden Fotos ins Krankenhaus gebracht. War es der? Oder der? Welche Sprache könnte es gewesen sein, die diese Männer miteinander sprachen? Man spielt ihr Tonproben vor. Sie kann sich nicht entschließen zwischen Serbokroatisch und Tschechisch. Man zeigt ihr auch Fotos von Frauen, von jungen Prostituierten, aber die Frau, die in Johannas Wohnzimmer das Kind zur Welt gebracht hat, ist nicht dabei. Nach drei Tagen wird sie aus der Klinik entlassen. Sie hat einen dicken Verband im Gesicht und ist vierzehn Tage krank geschrieben. Jules kann sich nicht frei nehmen, also sitzt Johanna alleine im Haus, mit eingeschalteter Alarmanlage, und wagt sich nicht nach draußen.

Am fünften Tag nach der Geburt steht am Morgen die Polizei wieder vor der Tür und die Polizisten bitten Johanna, mit ihnen zu kommen. Sie hat es an diesem Tag nicht geschafft zu duschen und auch nicht gefrühstückt. Immer noch hat sie einen Verband an der Nase.

»Wir müssen Ihnen etwas zeigen«, sagt einer der Polizisten zu ihr. Ein groß gewachsener, blonder Hüne. Auch der andere Polizist ist ein Mann, ebenfalls blond, aber fast jungenhaft.

»Wo fahren wir denn hin?«

»Ins Universitätsklinikum. Zur Pathologie. Sie müssen uns bei einer Identifizierung helfen.«

Johanna fragt nicht, um wen es sich handelt. Eine böse Ahnung überfällt sie, und schon ist ihr übel.

»Ja, gut. Ich komme mit.«

Es ist wie im Film. Wie in einem Krimi. In den Fluren der Pathologie lernt Johanna einen Kommissar kennen, den sie von nun an noch häufiger treffen wird: Kommissar Roth. Aber an diesem Tag nimmt sie ihn gar nicht richtig zur Kenntnis. Auch ein Pathologe ist anwesend, in einem weißen Kittel, aber dieser wird in Johannas Erinnerung nur ein Schatten bleiben. In der Mitte eines weiß gekachelten Raumes steht ein Tisch, auf dem ein Mensch unter einem Tuch liegt. Ein toter Mensch. Der Kommissar führt sie heran, der Pathologe deckt den Leichnam bis zur Brust auf.

Beide Männer schauen sie an. Johanna hat noch nie eine Leiche gesehen. Es ist eine Frau. Die Frau. Johanna erkennt sie sofort. Und deutlich zu sehen: drei kleine Löcher im Brustbereich.

»Haben Sie diese Person schon einmal gesehen?«, fragt der Kommissar mit gedämpfter Stimme.

Johanna nickt und kämpft mit den Tränen.

»Ja. Das ist sie. Die Frau, der ich geholfen habe … Taminos Mutter.«

»Sind Sie sich sicher?«

Die Tränen kommen von selbst, die Beine werden schwach.

»Natürlich«, antwortet sie.

Jules ist nicht zu erreichen. Wieder alleine im Haus, trinkt Johanna zwei Gläser Rotwein aus der Flasche vom Vorabend. Sie weiß überhaupt nicht, was sie tun soll. Gerne würde sie etwas tun. Ihr wäre fast lieber, Tamino wäre noch bei ihr, dann könnte sie sich um ihn kümmern. Immer wieder kommt er ihr in den Sinn. Wenn sie ihn nun einfach behalten hätte? Sollte sie beim Jugendamt nachfragen, wer sich jetzt um den Kleinen kümmerte? Jetzt, wo seine Mutter tot ist, könnte sie ihn adoptieren. Tot. Ja, ermordet. Von einem Bauern gefunden auf einer Wiese im Alten Land, auf der anderen Seite der Elbe. In der Nähe eines Campingplatzes. Hat der Kommissar erzählt. Erschossen, mit drei Schüssen in den Oberkörper. Von wem? Von wem? Vielleicht von den Kerlen, die sie, Johanna, bedroht haben. Den Männern, die sie suchten und offensichtlich fanden. Ob sie bereit wäre für weitere Gegenüberstellungen? Bereit, noch einmal die Karteien mit ihm, dem Kommissar, durchzugehen? Sie trinkt noch zwei Gläser Rotwein und schaut durch die Fenster in den Garten. Die Sonne verursacht ihr Kopfschmerzen, das »Draußen« ängstigt sie. Jetzt schon.

Die vierzehn Tage Krankenschein vergehen wie in einem Nebel aus Angst und Schatten.
»Was verkriechst du dich? Warst du mal draußen seit der Sache?«, wird sie von einer Freundin gefragt, die sie zweimal in vierzehn Tagen besucht. Auch von anderen, mit denen sie telefoniert, wird sie das gefragt. Und am meisten von Jules. Sie versucht, ihre Angst zu erklären, aber es gelingt ihr nicht. Sie hat ein ungutes Gefühl. Und die Sehnsucht nach Tamino,

ja, die spricht sie bei Jules auch einmal an.

»Ein Ausländerbalg? Wer weiß, was die Mutter alles genommen hat während der Schwangerschaft!«

Und da zerbricht etwas in ihr. Ein Stück des Vertrauens für Jules geht verloren. »Ausländerbalg« – ein Wort, das sie zutiefst verletzt. Über entscheidende Teile ihrer eigenen Herkunft weiß Jules nichts – weil Johanna selbst kaum etwas darüber weiß. Das ist auch nicht der entscheidende Punkt. Aber dieses kleine, unschuldige Kind als »Ausländerbalg« zu bezeichnen, geht über Johannas Horizont. Sie ist verletzt, verwirrt, ängstlich – im Gesamten. Aber sie ist nicht aus der Welt gefallen, ihr Verstand funktioniert noch. Mit den Tagen kommt es ihr seltsam vor, dass Jules so gleichgültig sein kann, sich so wenig um sie kümmert, sich nicht frei nimmt. Im Gegenteil: Er scheint genervt, weil sie nicht einwandfrei funktioniert.

Nach vierzehn Tagen will sie wieder arbeiten gehen. Was soll sie sonst tun? Sie hofft auf Ablenkung vor ihren Gedanken. Weil sie Bedenken hat, alleine zu fahren, nimmt Jules sie am Morgen mit zur Firma. Das könne aber nicht ewig so weitergehen, sagt er. Zusammen gehen sie von der Tiefgarage ins Büro, um sich zu Feierabend wieder dort zu treffen.

Da geschieht es nach der Arbeit am Spätnachmittag auf den wenigen Metern zwischen dem Eingang des Parkhauses und ihrem Wagen. Johanna wird von hinten gepackt, Augen und Mund werden von kräftigen Händen zugehalten, und sie spürt wieder das Messer am Hals.

»Du hast uns angelogen«, zischt ihr eine Stimme ins Ohr, »wo ist das Kind?«

Sie windet sich nicht, sie wehrt sich nicht. Sie weiß, dass sie keine Chance hat. Die Hand löst sich kurz von ihrem Mund und lässt sie antworten.

»Ich habe den Jungen im Jugendamt abgegeben.«

Das Messer drückt sich fester an ihren Hals. Blutet sie?

»Wo?«

Sie nennt Straße und Bezirk. Sagt, dass das Kind in einer Pflegefamilie ist.

»Wo?«

»Ich weiß es nicht!«

Es müssen zwei oder drei Männer sein. Immer noch werden ihr die Augen zugehalten. Einer hält sie von hinten. Ein Schlag trifft sie von vorne, in den Bauch. Noch ein Schlag.

»Wo ist der Junge?«

»Ich weiß es nicht!«

Jetzt spürt sie, wie Blut ihren Hals entlang läuft. Schmerz spürt sie nicht, nur die Wärme der Flüssigkeit an ihrem Hals. Und noch mehr Schläge, diesmal gegen den Brustkorb und ins Gesicht.

»Bitte!«, schluchzt sie, »ich weiß es nicht!«

Aus ihrer Nase strömt Blut und läuft in ihren Mund.

Sie hört das Zuschlagen einer Autotür und das Fluchen der Männer. Wieder in einer Sprache, die sie nicht versteht. Dann wird sie plötzlich nach vorne gestoßen, knallt gegen eines der parkenden Autos und geht zu Boden. Sie versucht, die Augen zu öffnen, aber es will ihr nicht gelingen.

MAI 2017, HIRZWEILER

Rolf ging fassungslos im Wohnzimmer auf und ab. Elaine, die noch auf der Couch saß, ließ er nicht aus den Augen. Er konnte kaum glauben, was sie ihm da erzählte, es sich kaum vorstellen, dass es Menschen gab, die ihr – seiner Elaine – so etwas angetan hatten.

In eine Erzählpause hinein fragte er:

»Können wir spazieren gehen? Das ist alles so … intensiv … können wir an die frische Luft gehen?«

Elaine schnäuzte sich und nickte.

»Ja. Gerne.«

Draußen dämmerte es bereits, ein grauer Schleier bedeckte den Himmel, die Luft war frühlingswarm. Da es bereits auf die neun Uhr zuging, war es ruhig im Dorf. Jeder war an seinem Platz, die meisten Menschen zu Hause vor dem Fernseher, keine Rasenmäher waren zu hören, gepflegte Vorgärten und Bordsteine und kleine Mauern. Tulpen, die ihre Blüten zur Nacht schlossen, Vogelgezwitscher.

Die Frau an Rolfs Arm: aufgewühlt, das Taschentuch weiterhin in der Hand.

Und Rolf: verwirrt und ebenfalls aufgewühlt. Er spürte, dass es ihm nichts, aber auch gar nichts, ausmachen würde, wenn man sie zusammen hier spazieren gehen sähe. Sollten seine Kumpels, die Leute, die schwatzenden Frauen im Dorf doch über sie beide reden – ihm war es egal, er würde Elaine an seiner Seite beschützen vor allem, was je auf sie zukommen würde. Er würde zu ihr stehen.

Sie gingen die Straße hoch, Richtung Wald, einen Weg, den Rolf schon tausendmal gegangen war, insbesondere nach Lindas Tod, da war er oft durch die Gegend gerannt, in den Wald, in das Dunkel und in die Ruhe der Bäume, allein.

»Irgendjemand hat mich bewusstlos gefunden und den Krankenwagen gerufen. Auch die Polizei. Hätte Jules pünktlich Feierabend gemacht, hätte er mich gefunden. Oder es wäre gar nicht erst passiert. So war ich aber schon weg, als er zum Auto kam. Es hat bis spät in den Abend gedauert, bis er herausgefunden hat, wo man mich hingebracht hatte. Da lag ich schon gewaschen und mit frischen Verbänden versehen auf dem Zimmer.«

Rolf blieb stehen und sah sie an. Es klang wie ein Krimi. Er strich Elaine im Halbdunkel über die Nase. Nahm ihre Hand und legte sie auf seine Brust. Schmiegte sich an sie.

»Am nächsten Morgen kam Kommissar Roth vorbei. Da kam zum ersten Mal das Thema Zeugenschutz zur Sprache. Ab diesem Zeitpunkt hatte ich meinen eigenen Polizisten vor dem Krankenhauszimmer sitzen. Es war wohl tatsächlich eine knappe Sache gewesen, das konnte ich zunächst überhaupt nicht glauben. Aber der Schnitt am Hals – es hat nur ein halber Zentimeter gefehlt, dann wäre ich vermutlich verblutet. Durch die Schläge waren zwei meiner Rippen gebrochen. Und die Nase natürlich, zum zweiten Mal. Kommissar Roth erklärte mir zum ersten Mal recht offen die Brisanz der

Sache. Die Polizei ermittelte bezüglich eines Schlepperrings, der Frauen aus Südosteuropa zur Prostitution zwang. Es wurde plötzlich alles zu einem Riesending. Selbst Jules begann langsam zu kapieren, dass ich da in etwas Gefährliches hineingeraten war. Lass uns weitergehen.«

Sie zog Rolf weiter den Feldweg entlang und seufzte.

»Natürlich wollte Jules von Zeugenschutz nichts hören. Das ging auch alles ziemlich schnell. Ich will das gar nicht kleinreden. Es gibt da verschiedene Stufen des Zeugenschutzes. Eine der ersten Stufen ist der Polizeischutz, aber man legte mir nahe, dass man mich auf diese Weise nicht ausreichend dauerhaft schützen könnte. Einige Tage später wurden zwei dieser Kriminellen gefasst, und man rechnete mit Rache, wenn ich gegen sie aussagen würde. Die Polizei wollte mich auf jeden Fall als Zeugin. Immerhin hatte es eine Tote gegeben, und irgendwo war Tamino, der ja auch geschützt werden musste.«

»Und dann bist du nach Saarbrücken gekommen?«

»Na ja. Zunächst war ich noch eine Woche in diesem Krankenhaus. Danach weitere drei Wochen in einer psychosomatischen Klinik, auch mit Polizeischutz. Ich war mit den Nerven am Ende. Jules hat mich während dieser drei Wochen ganze zweimal besucht. Mir wurde klar, dass ich mit ihm nicht weiter zusammen sein konnte. Das Vertrauen brach Stück für Stück. Mit Polizei und Anwalt habe ich mir dann diese Scheinidentität ausgedacht. Saarbrücken, da habe ich schon einmal gelebt, während des Studiums, früher. Und ich konnte

mir plötzlich vorstellen, wieder zu studieren – will ich immer
noch, tue ich ja. Auf keinen Fall wollte ich einfach rumhän-
gen. Nichtstun, das hätte meine Angst noch schlimmer gemacht. Und seither bin ich hier.«

»Und Jules?«

»Jules hätte ja die Möglichkeit gehabt, mir in das Zeugenschutzprogramm zu folgen. Es soll ja nicht für die Ewigkeit
sein. Und die Behörden regeln alles, ich musste mich um so
gut wie nichts selbst kümmern. Die neuen Papiere, die Sperr-
vermerke, das WG-Zimmer, selbst die Studiengebühr wird
bezahlt. Ich muss mich nur an den neuen Lebenslauf halten,
an die Scheinidentität. Und im Juli vor Gericht gegen diese
Verbrecher aussagen.«

»Jules ist nicht mitgekommen?«

»Nein. Er war der Meinung, das sei aufgrund der Firma nicht
möglich. Seine Arbeit war ihm wichtiger als mein Wohlbe-
finden und meine Sicherheit. Da habe ich mich von ihm getrennt, bevor ich hergekommen bin. Ich will mit ihm nichts
mehr zu tun haben. Im Juni ist die Scheidung.«

»Deshalb musst du bald wieder nach Hamburg? Wegen der
Scheidung?«

»Und wegen des Prozesses. Und wegen einer anschließenden
Kur. Alles in allem bis Anfang September.«

Eine Weile gingen sie schweigend nebeneinander her. Elaine
hatte ihre Geschichte erzählt. Es war gravierender, als Rolf es
sich vorgestellt hatte. Sie hatte einiges erlebt, schlimme Dinge, Gewalt. Und war doch so fröhlich, meistens, so offen, so

freigiebig.

»Und welche Pläne hast du? Wenn alles vorüber ist? Im September?«

Sie sah ihn von der Seite an. »Dann könnten wir zusammen etwas Schönes unternehmen«, antwortete sie.

Zuhause bereiteten Rolf und Elaine sich ein üppiges Mahl, obwohl es bereits spät war – für Rolfs Verhältnisse. Elaine hatte Hunger, großen Hunger, und so kochten sie Pasta mit Bolognese-Soße und Käse und einen Schokoladenpudding als Nachtisch. Sie tranken weiter Bier aus der Flasche.

»Ich bin sehr erleichtert, dir das alles erzählt zu haben.«

»Ich bin sehr erleichtert, dass du es mir erzählt hast. Ich habe viel darüber nachgedacht, was wohl passiert sein könnte.«

Sie schauten sich über die ausgelöffelten Dessertteller hinweg an – ihr erstes gemeinsames Abendessen an seinem kleinen Küchentisch.

»Mir hätte sicher Schlimmeres geschehen können. Aber im Gesamten genügt mir diese Erfahrung vollkommen, was Gewalt betrifft. »

»Hast du manchmal noch Angst, dass sie wiederkommen?«

Sie überlegte kurz, schüttelte dann den Kopf.

» Nein. Hier sowieso nicht. In Saarbrücken auch nicht. Wie es wird, wenn ich nach Hamburg fahre, das weiß ich noch nicht.«

»Ich könnte mit dir nach Hamburg fahren, wenn es soweit ist. Ende Juni beginnen die Sommerferien.«

Aber Elaine schüttelte wieder den Kopf. Sie lächelte zwar, sagte jedoch: »Nein. Das muss ich alleine machen. Und ich habe ja Unterstützung dort, Kommissar Roth, meinen Anwalt, meine Therapeutin. Es war ein unglaublicher Zufall, dass du und ich uns kennengelernt haben, Rolf. Wäre es nicht so, müsste ich auch alleine zurück.«

»Das glaube ich auch, mit dem Zufall. Aber falls du es dir anders überlegst, sagst du Bescheid.«

Sie nickte.

»Und jetzt? Was machen wir jetzt?«, fragte er.

»Wir räumen die Küche auf. Und dann gehen wir ins Bett, ich bin hundemüde.«

Das machten sie tatsächlich, spülten das Geschirr von Hand. Rolf zeigte Elaine, wo man den Biomüll entsorgen konnte und wischte Tisch und Arbeitsplatte ab. Sie scherzten über dies und das. Schließlich gingen sie zusammen nach oben, Elaine mit ihrer Tasche in der Hand. Das war dann doch ein schönes, aufwühlendes Gefühl, vor allem für Rolf, als Elaine ihre Zahnbürste und ihre Creme auspackte und in das Badezimmer stellte. Sie zog tatsächlich etwas an, das so aussah wie ein Schlafanzug, etwas Kurzes, aus dem ihre schönen Beine hervorschauten, und Rolf musste lachen.

»Was lachst du? Du lachst mich aus!«, rief sie, als sie aus dem Badezimmer zu ihm ans Bett kam. Dort saß er, ein Buch in der Hand, mit seiner Lesebrille auf der Nase, in T-Shirt und

Unterhose.

»Komm her!«, lachte er , »ich lache dich nicht aus. Aber du siehst putzig aus.«

Sie warf ein Kissen nach ihm.

Im Morgengrauen liebten sie sich. Elaine war zu ihm gekommen und hatte sich auf ihn gesetzt, – ohne Schlafanzug. Als er die Augen öffnete, war er schon tief in ihr und seine Hände umfassten ihre Hüften. Während ihre Bewegungen schneller wurden, begannen bereits die ersten Feuerwerkskörper in seinem Kopf zu explodieren.

»Langsam, machst du langsam«, flüsterte er, stieß aber auf taube Ohren. Er schaute ihr in die Augen, sein Blick glitt von ihrem Gesicht zu ihren Brüsten hin zu ihren Oberschenkeln, die sich rhythmisch bewegten und dachte ganz kurz: Das muss ein Traum sein. Ich träume noch.

Dann dachte er nichts mehr.

Als sie auf ihm zusammensank, flüsterte sie zurück: »Langsam können wir später noch machen.«

MAI 2017, HIRZWEILER

Elaine schlich ins Bad, um sich anzuziehen. Duschen würde sie irgendwann, vielleicht nach dem Frühstück, vielleicht erst morgen, vielleicht nie wieder. Sie liebte Rolfs Duft auf ihrer Haut.

Mit leisen Schritten ging sie hinunter in die Küche und deckte den Tisch. Sie öffnete Schränke, als wäre sie zu Hause. Im Kühlschrank fand sie Käse, Butter und Marmelade. Sie füllte die Kaffeemaschine mit Pulver und Wasser und schaltete sie ein. Dann fütterte sie die Katze, sah ihr eine Weile zu und verließ das Haus. Auf der Treppe lag eine Zeitung. Gut, dachte sie, dann muss ich keine kaufen.

Bis zur Bäckerei waren es nur knapp hundert Meter. Die Sonne schien bereits, es war ungefähr neun Uhr. Es würde ein warmer Tag werden. Zwei ältere Damen begegneten ihr, beide mit Taschen, in denen sie ihr Brot nach Hause trugen. Sie grüßten, Elaine grüßte zurück. Auf dem Parkplatz vor der Bäckerei standen einige Autos, und in der Bäckerei wurde geplaudert. An zwei Tischen saßen weitere ältere Damen, an einem dritten Tisch eine junge Familie. Kinder sprangen zwischen den Tischen herum. Elaine sah, dass es nicht nur Backwaren, sondern auch eine Wursttheke und ein Regal mit Obst und Gemüse gab. Eier und Milch. Tütensuppen und Süßigkeiten. An der Theke bestellte Elaine Brötchen – »Doppelweck« hießen diese hier, zwei Croissants und ein Vollkornbrot. Irgendetwas davon würde Rolf schon mögen.

Die Verkäuferin schaute sie etwas länger an als die anderen Kunden und auch die Menschen, die bei Kaffee an den Tischen saßen, betrachteten Elaine eingehend – Elaine spürte ihre Blicke im Rücken. Als sie hinausging, kam ihr ein Mann entgegen und hielt ihr die Tür auf. Auch er schaute sie an, ein blonder Kerl etwa in Rolfs Alter. Er lächelte sie an, aber sie ging einfach weiter.

»Du warst in der Höhle des Löwen«, schmunzelte Rolf, als er ihr die Haustür öffnete. Mit Tüte und Zeitung stand sie vor ihm. Seine Haare waren strubblig. Elaine konnte ihm nicht schnell genug die Zeitung in die Hand drücken, um die Finger frei zu haben und ihm durch die Haare zu streichen.
»In der Höhle des Löwen?«
»Ja, Samstagmorgen in der Bäckerei. Ich versuche, das nach Möglichkeit zu vermeiden. Umso besser, dass du dort warst.«
»Ich fand es lustig. Ein echter Tante-Emma-Laden auf dem Dorf. Alle Sitzplätze besetzt.«
»Du kennst dort noch keinen.«
Rolf schenkte Kaffee aus, sie setzten sich an den Frühstückstisch.
»Aber was machen sie denn, wenn du sie kennst, die Leute?«
»Sie reden, sie fragen. Unter einer halben Stunde komme ich dort nie raus, samstags morgens.«
»Aber das ist doch nett?«

»Natürlich. Meistens. Manchmal nervt es.«

Rolf öffnete die Tüte mit den Backwaren. Plötzlich wurde er ganz still. Elaine hatte fast den Eindruck, sein Atem setze aus. Dann stellte er die Tüte wieder ab und kratzte sich an der Stirn.

»Weißt du was?«

Elaine sah ihn mit großen Augen an und schüttelte den Kopf.

»Das ist das erste Mal seit, hm, lass mich überlegen, seit ungefähr sieben Jahren, dass ich mit einer Frau frühstücke. Und ich glaube, das erste Mal seit zwanzig Jahren, dass mir eine Frau Brötchen kauft. Und Croissants. Und Vollkornbrot.«

»Aber deine Frau ist doch erst vor zwei Jahren gestorben?«

»Ja, aber seit die Kinder mit der Schule fertig waren, ist sie nie wieder morgens mit mir aufgestanden. Außer im Urlaub, wobei wir in den letzten Jahren so gut wie nie in Urlaub waren, sondern meistens bei Anni in Frankreich oder auf einer von Lindas Studienreisen.«

Nun nahm er sich ein Croissant aus der Tüte und biss hinein. Elaine angelte sich ein Brötchen.

»Anni ist – Mitte zwanzig?«

»Ja. Sie hat im Schnelldurchgang Dolmetschen, Übersetzen und Französisch studiert und ist schon während des Studiums nach Metz gezogen. Dann nach Marseille, jetzt ist sie in Paris. Sie arbeitet für einen französischen Verlag.«

»Und Linda?«

»Linda war Geobotanikerin. Spezialisiert auf die Saar-Lor-Lux-Region, wir waren aber oft genug auch anderswo unterwegs. Vorwiegend in ehemaligen Kohleabbau-Gebieten in Deutschland und Osteuropa. Darüber hat sie promoviert. Also darüber, im Prinzip, wie sich die Natur die stillgelegten Anlagen zurückerobert, die Kohlehalden, die Schlackenberge, die, ähm, die Tunnel. Was dann dort wächst. Und so weiter. Flora und Fauna.«

»Da wohnte sie ja in der richtigen Gegend, hier im Saarland.«

»Ja. Sie hat lange Zeit in anderen Projekten gearbeitet, an der Universität Saarbrücken, und unterrichtet. Sie hat sich sehr für Moose, Farne und Flechten interessiert.«

»Moose, Farne und Flechten?«

»Ja«, er zuckte mit den Schultern, »für alles, was so unten am Boden wächst. Und als dann dieses Projekt daherkam, mit den stillgelegten Gruben, hat sie den Zuschlag zur Promotion bekommen. Das ist noch gar nicht lange her, sie war Anfang vierzig. Allerdings ist sie nach Annis Abiturfeier nie wieder früher als um acht Uhr morgens aufgestanden. Oder vielleicht um halb acht. Musste sie ja auch nicht. Da war ich dann schon weg.«

Er kaute.

Elaine aß ein Brötchen mit Brombeermarmelade.

Bevor sie nach Jerome fragt, dachte Rolf, wechseln wir das Thema, denn es ist noch zu früh, um darüber zu sprechen.

Also sagte er: »Wir sind heute Abend zu einer Geburtstagsfeier eingeladen.«

»Wir? Wir zwei?«

»Ja. Ein guter Freund von mir wird sechzig Jahre alt.«

»Und ich bin auch eingeladen?«

»Ja, ich denke doch. Es wird sicher ungezwungen.«

»Sind wir ein Paar?«, fragte Elaine.

»Ein Paar?«

»Ein Pärchen. Ich meine, wie werden wir uns benehmen, wir zwei?«

»Ach so – ich meine: ja, wir sind ein Pärchen, hoffe ich!«

Er fasste nach ihrer Hand. Was für eine seltsame Frage.

»Dann komme ich mit«, sagte sie und lächelte.

Natürlich waren sie ein Pärchen, und natürlich sahen sie auch aus wie eines, als sie gegen Abend das Haus verließen, um zu Hellmanns Geburtstagsfeier zu gehen, ins katholische Pfarrheim im Dorf. Das lag in erster Linie am Gleichklang ihrer Schritte, der so natürlich war, dass es Elaine auffiel. Mit Jules hatte sie sich immer beeilen müssen. Auch hielten sie sich an der Hand, was wiederum für Rolf ein Unding war, das hatte er noch nie gemocht, und Linda auch nicht, und andere Frauen hatte es nicht gegeben, mit denen er das ausprobiert hätte. Aber mit Elaine fühlte es sich leicht an, eine leichte Verbindung. Des Weiteren hatten sich beide schick gemacht – Elaine hatte aus ihrer Reisetasche das grüne Kleid hervorgezaubert, das sie bei ihrem allerersten Kennenlernen in Saarbrücken getragen hatte. Rolf trug eine Jeans, ein hellgrünes Hemd und ein sandfarbenes Jackett. Das Um- und

Anziehen hatte etwas länger gedauert, weil sie zwischendurch im Bad die Zeit vergessen hatten und im Bett gelandet waren, aber nun waren sie unterwegs, mit leuchtenden Augen und hungrig.

»Bekommt dein Freund kein Geschenk?«, fragte Elaine.

»Doch, natürlich. Er bekommt ein gemeinsames Geschenk von uns vom Wasserballclub.«

»Was schenkt ihr denn?«

»Eine Jahreskarte für die Sauna und ein Fünfzig-Liter-Fass Bier.«

Elaine lachte. »Und wie heißt er überhaupt?«

»Hellmann.«

»Hellmann?«

»Na ja, er heißt Ulrich Hellmann. Aber wir nennen ihn Hellmann.«

»Und dich? Nennen sie Naumann?«

»Nein«, er lachte, »mich nennen sie tatsächlich Rolf. Hellmann kenne ich schon immer, eigentlich. Es gab noch einen anderen Ulrich, und zur Unterscheidung hat man beide schon in der ersten Klasse mit Nachnamen genannt.«

»Da werden gleich viele Leute sein, die du schon lange kennst.«

»Da werden vermutlich nur Leute sein, die ich schon lange kenne.«

Er sah sie an und spürte ihre Anspannung. Er drückte ihre Hand.

»Das ist nicht zu ändern«, sagte er, »sie beißen nicht. Aber ich

verstehe dich. Ich werde dich denen vorstellen, denen du vorgestellt werden willst. Die Namen kannst du dir mit der Zeit
merken. Sie werden dich löchern und danach hinter unseren
Rücken über uns tuscheln. Aber das macht nichts, das ist hier
so. In meiner Welt.«

Er sah sie an. Sie zwinkerte ihm zu. »Los geht's!«

Ich habe sie immer noch nicht gefragt, wo sie aufgewachsen
ist, dachte Rolf, oder habe ich sie gefragt, und sie hat nicht
geantwortet?

Natürlich war es Thea, die im Laufe des Abends dazu beitrug,
dass Elaine sich willkommen fühlte.

Zunächst gratulierten sie Hellmann. Er stand mit seiner Frau
zusammen als Gastgeber an der Eingangstür, um die nacheinander eintreffenden Gäste zu begrüßen. Hellmann schwitzte
bereits in seinem dunkelgrauen Anzug mit violetter Krawatte,
eher vor Nervosität als vor Hitze, das wusste Rolf, ein sechzigster Geburtstag war eine große Sache im Dorf. Rolf war
froh, dass in der Hinsicht noch einige Monate vor ihm lagen.
Rolf klopfte Hellmann auf die Schulter, umarmte ihn sogar.
Sagen musste er nicht viel, plötzlich stand beiden das Wasser
in den Augen, lange kannten sie sich schon, das rührte, aber
geredet werden musste nicht viel.

»Und das – ?«, fragte Hellmann mit Blick auf Elaine.

»Das ist Elaine«, sagte Rolf.

»Ich wünsche Ihnen alles Gute zum Geburtstag«, sagte Elaine und schüttelte Hellmanns Pranke.

»Ihnen! Ha! Du! Wir duzen uns, wenn es recht ist, vielen Dank! Elaine, ein ungewöhnlicher Name, herzlich willkommen – «, er machte eine allumfassende Geste , »herzlich willkommen bei uns! Das ist meine Frau Ellen.«

Ellen war zierlich und stand auf zentimeterhohen Stöckelschuhen, um Hellmann nur bis zur Brust zu reichen. Sie streckte ihnen lächelnd die Hand entgegen und sagte: »Fühlt euch wie zu Hause, ihr zwei!«

»Machen wir!«, sagte Rolf und zog Elaine weiter.

Und da kam auch schon Thea von drinnen zu ihnen. Sie trug keinen Sari, wie sonst manchmal zu Festen, aber eine Art nepalesische Tracht, blaue Leinenhose mit knielangem Leinenkleid und buntem Schal. Thea hatte es Rolf irgendwann einmal erklärt, aber er hatte vergessen, wie das Gewand hieß.

»Rolf!«, sie warf ihm einen flüchtigen Blick zu, konzentrierte sich dann ganz auf Elaine.

»Ist sie das?«, fragte sie.

»Ja«, sagte Elaine, »ich bin das.«

»Ich bin Thea.«

»Ich bin Elaine. Und das – », sie zupfte Theas blauem Schal, »das ist eine Mirta Kameez! Wo gibt's denn sowas!«

Mirta Kameez, so hieß das Gewand, jetzt fiel es Rolf wieder ein, und so stand er da, erfreut und schmunzelnd, und schaute zu, wie das Eis zwischen den beiden Frauen brach, Thea Elaine mit entzückt gehobenen Augenbrauen unter hakte und sie in den Festsaal zu dem Tisch mit den Sektgläsern führte.

Sie blieben bis spät in die Nacht. Es war für Rolf eine Freude zuzusehen, wie Elaine mit Thea plauderte, die ihnen am Tisch gegenübersaß, und wie sie sich ebenfalls angeregt mit Andrea, Hellmanns gerade dreiunddreißig Jahre alt gewordener Tochter, die zu ihrer Linken saß, unterhielt. Elaine trank in Maßen, aber sie aß mit Freude, probierte alles, was es gab, den Fischteller zur Vorspeise, das Schweinefilet, den Rinderbraten, das Gemüse, das Kartoffelgratin. Es war ein Fest mit rund sechzig Gästen, es war laut und stickig, sodass nach und nach Fenster und obere Hemdknöpfe geöffnet wurden. Das Bier floss in Strömen, alle Freunde von Rolf waren da, Ewald, Hendrik, Hans-Werner, zwei seiner Cousins väterlicherseits mit Familien und Kindern, die Männer vom Wasserballclub mit Ehefrauen, der halbe Tennisclub, zwei Abgeordnete der Feuerwehr, ehemalige Klassenkameraden, sogar vom Gymnasium, und natürlich Hellmanns komplette Familie, inklusive dessen fünfundachtzigjähriger Mutter mit polnischer Pflegerin. Nach dem Hauptgericht hielt Hellmanns Schwester einen Vortrag über das Geburtstagskind, mit Dia-Show und Musikeinlagen, was die Menge zum Lachen und Klatschen brachte. Elaine sog alles in sich auf, und Rolf war begeistert, dass sie sich nicht langweilte.

Nach dem Vortrag begann auf der kleinen Bühne am Ende des Saales eine mit drei Mann besetzte Bluesband zu spielen, ein Überraschungsgeschenk der ehemaligen Klassenkameraden. Rolf wippte mit dem Fuß mit, einige andere begannen zu tanzen, aber das – tanzen? – wollte Rolf nun wirklich nicht, obwohl ihn Elaine drei Mal fragte. Schließlich verschwand sie mit Thea und Andrea auf die Tanzfläche. Man hatte zwei Tische zur Seite geschoben, damit genügend Platz war.

Hellmann, schon mit reichlich roten Backen, setzte sich neben Rolf.

»Wo kommt sie her, sag mal«, fragte er ganz dicht an Rolfs Ohr. Sie schauten beide zu der tanzenden Menge.

Rolf zog die Schultern hoch.

»Sie ist vom Himmel gefallen«, sagte er.

Hellmann schüttelte den Kopf. »Du bist hoffnungslos in sie – wie heißt das noch mal, ich kann mich an das Wort schon fast nicht mehr erinnern – in sie verschossen!«

Rolf nickte. »Gut möglich.«

»Und sie hat einen Narren an dir gefressen. Wie auch immer das möglich ist.«

»Ja«, Rolf musste lachen, »wie auch immer das möglich ist. Ich habe sie durch Hugo kennengelernt. In Saarbrücken.«

»Und habt ihr es ernsthaft miteinander vor?«

Rolf hob erneut die Schultern. »Da haben wir noch nicht drüber gesprochen. Keine Ahnung. Vielleicht.«

»Wie alt ist sie denn?«

»Sie ist vierunddreißig.«

Rolf schaute Hellmann an und sah, wie sein Freund rechnete.

»Sie ist fünfundzwanzig Jahre jünger als du! Wie kann denn das passieren?«

Hendrik kam hinzu. Offensichtlich hatte er die letzten beiden Sätze mitgehört.

»Bin mal gespannt, wie lange du das durchhältst!«, sagte er zu Rolf. Dass in Hendriks Kopf irgendeine Obszönität vor sich ging, das konnte Rolf ihm ansehen, so war Hendrik nun mal. Rolf hoffte nur, dass Hendrik seine Gedanken nicht ausssprechen würde. Doch Hendrik sagte nur: »Sie fühlt sich sicherlich gut an.«

Rolf seufzte. Wäre er nicht so guter Laune gewesen, hätte er Hendrik jetzt den Rücken zugewandt. Hellmann sagte: »Hendrik, halt die Klappe! Jeder Depp sieht, dass sie in Rolf verknallt ist. Lass die beiden. Wenn alles klappt, umso besser! Das kann man sich in unserem Alter nur wünschen! Das wirst du auch noch sehen.«

Hendrik war erst siebenundfünfzig. Es gab nichts Befriedigenderes für ihn, als mit seinen Eroberungen zu prahlen, die er angeblich fast wöchentlich machte, seit seine Frau die Scheidung eingereicht hatte. Keine dieser Damen hatten sie, Rolf und Hellmann, jedoch je zu Gesicht bekommen. Rolf hasste dieses Geschwätz, es schien ihm unnötiger Füllstoff in einem ansonsten unterforderten (oder vielleicht auch überforderten) Gehirn zu sein, einem Gehirn, das auf Brüste und Hintern und Muschis fixiert war, ja, Hendrik war so, er kommentierte alles, was bei drei nicht auf den Bäumen war, und vielleicht hätte er sich auch an Elaine ran geschmissen, wenn er die Gelegenheit dazu gehabt hätte. Aber das war ausgeschlossen, Rolf würde über sie wachen wie … – wie … Rolf fiel kein passender Vergleich ein. Da war ihm Hellmann in seiner ehrlichen, bodenständigen Art lieber. Männer redeten über Frauen, aber meist nur theoretisch, und Hellmann war der Einzige, der Rolf gegenüber jemals seine eigene Schwäche thematisiert hatte – angetrunken, im Auto, im letzten Jahr, auf der Rückfahrt vom Schwimmtraining. Da hatte Hellmann erzählt, dass auf sein bestes Stück kein Verlass mehr sei – »und ich meine nicht ab und zu, sondern immer, auch wenn ich rattenscharf bin, er will einfach nicht mehr nach vorne schauen, geschweige denn nach oben!« – und er deswegen einen Termin beim Arzt habe. Das war aber auch das einzige Mal gewesen, dass darüber gesprochen wurde. Hellmann hatte nie wieder etwas darüber gesagt, und Rolf hatte nie wieder danach gefragt.

Und vor seinen Freunden damit zu prahlen, dass mit Elaine bisher alles komplikationslos verlaufen war, das wäre das Letzte, was er der Welt verkünden würde. Eher würde er seine eigene Freude darüber hinunterschlucken, bis er innerlich platzte.

Und mit einem ganz leichten Gefühl, ohne seine Freunde weiter zu beachten, stand er auf und ging zur Tanzfläche. Schaute Elaine an, sie kam auf ihn zu, und er küsste sie vor allen Leuten. Dann begann er zu tanzen. Mit ihr. Das war nun etwas ganz Neues, und Rolf war selbst überrascht, wie selbstverständlich es sich anfühlte.

JULI 2004, RIVA DEL GARDA

Aus Jerome Naumanns Sicht ist Riva del Garda der ideale Ort zum Verweilen. Am Tag ist es eine heiße, überfüllte Touristenfalle: Massen von ihnen schieben sich durch die Straßen und Gassen, in Autos oder zu Fuß. Meist steigen sie aus großen Bussen oder von den Fähren und bleiben nur wenige Stunden. Sie besichtigen den Torre Apponale, die Kirchen und den Piazza 3 Novembre, schauen auf den See, trinken Cappuccino, Espresso oder Latte Macchiato. Sie essen Eis und kaufen Souvenirs, Geschirrtücher mit dem Schriftzug der Stadt darauf, Seifen in Zitronenform oder bunte Pasta in Tüten: rot − grün − weiß. Sie steigen auf den alten Turm, steigen zurück in Fähren, in Busse oder Autos und setzen ihre Touren um den See herum auf der überfüllten Gardesana fort. Auch Fahrradfahrer sind unterwegs, Familien mit Kindern und Wimpeln an den bunten Rädern, oder auch Mountainbiker mit verspiegelten Sonnenbrillen und schnittigen Helmen. Natürlich ist die dem See zugewandte Seite Rivas eine teure Gegend, aber geht man wenige Meter abseits der Touristenströme, findet man ein kleines, verwinkeltes centro storico wie in beinahe jeder italienischen Stadt. Dort gibt es hohe Häuser, die keinen Schatten in die gepflasterten Gassen durchdringen lassen, in denen es nach altem Fett und Fäkalien riecht. Viele ehemalige Prachtbauten, die kurz vor dem Verfall stehen. Putz blättert von ihnen ab, schiefe Fensterläden aus Holz zeugen von besseren Zeiten. In diesen Gassen kostet der Espresso an der Theke nur achtzig Cent, und ein Hörnchen einen Euro. Einen Teller Pasta mit Fleischsoße al ragu bekommt man für vier Euro zwanzig, belegte Brötchen gibt es an jeder Ecke.

Jerome hat am ersten Abend eine Bar gefunden, die sich in einer der verwinkelten Gassen der Altstadt versteckt und die auch Zimmer vermietet. In der Bar verkehren fast nur Einheimische. Dort sitzt Jerome bis zum späten Abend an der Theke und lauscht den italienischen Gesprächen. Der Wirt, ein älterer Herr namens Luciano, wirft ihm zwischendurch immer wieder mal skeptische Blicke zu. Vielleicht, weil Jerome als Deutscher zu erkennen ist, vielleicht aber auch, weil er noch jung und alleine ist. Später, in seinem Zimmer, das nicht mehr als ein rechteckiger, winziger Raum mit einfachem Bettgestell ist, wiederholt Jerome in die Stille hinein die italienischen Wörter, die er sich schon merken kann: Come stai? Va bene! Un rosso, per favore!

In der ersten Nacht schläft Jerome unruhig. Ständig wird er wach und muss an seine Schwester Anni denken. Auch sein Geld wird knapp, er hat nur noch ungefähr zweihundertfünfzig Euro in der Tasche. Doch es sind in erster Linie die Gedanken an Anni, die ihn unruhig machen, an seine kleine Schwester, diese Gedanken kommen erst jetzt, so weit entfernt von zu Hause. Er ist selbst verwundert, dass er es bis hierher geschafft hat, ohne allzu viel an sie zu denken. Sie ist jetzt dreizehn Jahre alt, denkt er, sie ist groß genug, sie kann auf sich selbst aufpassen, sie braucht mich nicht mehr.

Aber ganz sicher ist er nicht, er hat immer auf sie aufgepasst, seit einem seltsamen Nachmittag im Schwimmbad, vor vielen, vielen Jahren, als ihm einmal – nur ein einziges Mal – das eigene Vergnügen und seine Kumpels wichtiger gewesen waren als seine kleine Schwester, die er damals, sie war drei Jahre alt, auf der Badematte zurückgelassen hatte. Seither hat er sie immer beschützt, instinktiv, unbemerkt von seinen Eltern, seit seinem siebten Lebensjahr, ja, es war so selbstverständlich für ihn geworden auf sie aufzupassen, dass er es selbst irgendwann nicht mehr bemerkte. Und nun, in seinem kleinen Zimmer am Gardasee, wird ihm klar, dass er auch davor geflohen ist, vor seiner ständigen Aufgabe als Beschützer, vor der Verantwortung. Eine Rolle, auf die er schon lange keine Lust mehr hatte und die eigentlich Aufgabe seiner Eltern gewesen wäre. Nun wird er zum ersten Mal in seinem Leben nur an sich denken können, an seine Wünsche und Ziele, sich eine Arbeit suchen und vielleicht irgendwann seinen Traum vom Handwerksberuf verwirklichen können. Fast ist er Hendrik dankbar, dass er ihn und seine Mutter an seinem – Jeromes – Geburtstag hinter dem Carport in enger Umarmung gesehen hat, denn nur mit dieser riesengroßen Wut im Bauch konnte Jerome endlich den Schritt wagen, abzuhauen. Und ja, die weißblonden Haare auf Hendriks Unterarmen, die an Jeromes Geburtstagsfest im silbernen Mondlicht glitzerten, als er Linda in die Haare griff, ja, diese weißblonden Haare sind es, die Jerome schon seit vielen, vielen Jahren in seinen Albträumen sieht und die er auf eine Art abstoßend findet, dass sich ihm beim Erwachen der Magen umdreht.

Aber daran darf er nicht allzu sehr denken. Er muss seine Gedanken im Hier und Jetzt halten, muss überlegen, wie und wo es weitergehen soll. Und er muss schlafen, vor allem anderen muss er schlafen.

Am nächsten Tag lässt Jerome sich im Gewühl der Altstadt und der Uferpromenade treiben. Er fällt nicht auf, denn er sieht aus wie die Jungen, die in Eisdielen bedienen oder die Fahrkarten an den Fähren abreißen: braun gebrannt, schwarze Haare, dunkle Augen, italienisch. Zwei Dinge werden ihm an diesem Morgen klar: Er muss so schnell wie möglich die Landessprache lernen, und für ihn wird es als erstes nur eine offensichtliche Arbeit geben: Aushilfe in der Gastronomie.

In den nächsten Tagen sammelt er am Morgen liegengelassene Zeitungen von Sitzbänken an der Uferpromenade auf. Dann setzt er sich in den Schatten der großen Bäume, über Zeitung und Wörterbuch gebeugt, und lernt. Es ist nicht schwierig, denn um ihn herum ist immer die Landessprache zu hören. Er gewöhnt sich an ihren Klang und nutzt jede Gelegenheit zum Sprechen. Wechselt abends Worte mit den Einheimischen in der Bar, schaut mit ihnen italienischen Fußball in dem kleinen Fernseher, der neben der Theke an der Wand hängt. Tagsüber beginnt er Leute zu grüßen, die er regelmäßig sieht: Den Kerl vom Pizza-Stand, der selten zurückgrüßt. Den Straßenkehrer, der immer ein Liedchen pfeift und immer, egal bei welchen Temperaturen, seine neongelbe Arbeitskleidung trägt. Den Antiquar, der jeden Morgen zur gleichen Zeit seinen Laden aufsperrt, die Markise vor dem Schaufenster entfaltet und Regale mit alten Büchern auf das Pflaster schiebt. Und die alte Dame mit dem weißen, kurzen Haar, die ihren Hund ausführt und diesen immer auf die gleiche Verkehrsinsel kacken lässt. Täglich geht Jerome in den kleinen supermercado im Viertel und lernt die Namen der Lebensmittel. Schon gibt es eine Verkäuferin mittleren Alters, aschblondes Haar und kräftig, die ihn ins Herz geschlossen hat und merkt, was er im Supermarkt tut – lernen. Geduldig liest sie ihm manchmal die Namen der verpackten Käse und Würste vor, bis er parmigiano, formaggio di montagna und prosciutto affumicato akzentfrei aussprechen kann.

Eine gute Woche später schon ist das Glück wieder auf seiner Seite. In der Bar, über der er wohnt, fällt eine Bedienung aus. Es ist ein weiterer, fast magischer Moment für Jerome, als Luciano, der Besitzer, ihm nach Feierabend den Lappen in die Hand drückt – Jerome als letzter Gast – und ihm nur mit einem Wort aufträgt, die Theke zu putzen: »Pulisci!« – Mach sauber. Unter Lucianos buschigen Brauen glitzern die tief liegenden, fast schwarzen Augen wie Knöpfe. Während Jerome alles putzt, die alten, schweren Holztische, die Theke, die Spüle, und er die restlichen Gläser wegräumt, die Aschenbecher leert und die Stühle zurecht rückt, schaut Luciano ihm mit einer filterlosen Zigarette im Mundwinkel schweigend zu.

Als Jerome alles fertig aufgeräumt hat, schaut Luciano ihn an.
»Cosa stai facendo qui?« – was machst du hier, fragt er. Jerome weiß, dass der alte Mann wissen möchte, was ein so junger deutscher Kerl wie er so lange alleine in seiner Pension zu suchen hat. Was seine Pläne sind, warum er hier ist, woher er kommt, und – vielleicht auch das – wann er wieder verschwinden wird. Jerome ist nicht Lucianos einziger Gast, aber der einzige, der schon seit über einer Woche da ist und sich nicht über das spartanische Zimmer mit Gemeinschaftsbad beschwert.
Ja, obwohl alle diese Fragen in Lucianos Blick mitschwingen, sagt Jerome nur:
»Voglio lavorare«, – ich will arbeiten.
Luciano nickt.
Morgen, domani, fängst du an. Du weißt, wir öffnen um neun.
Jerome versteht: Domani, morgen. Um neun Uhr, alle nove.
Jerome nickt eifrig. Ein junger und ein alter Mann nicken sich in einer Bar in der Via dei Fabri in der Altstadt von Riva del Garda zu, und der alte Mann weiß nicht, welches Glück er dem Jungen beschert. Denn seit dem vorherigen Tag wurde das Geld richtig knapp.

Am nächsten Tag steht Jerome um halb acht auf. Er geht mit ein paar Münzen zur nächsten Telefonzelle in die Via Maffei, neben dem Friseurladen, und wirft die Münzen in den Schlitz des Apparates. 0049 wählt er, die Vorwahl von Deutschland.

Dann tippt er die Nummer seines Elternhauses ein. Es ist gerade mal kurz vor acht, als das Freizeichen ertönt. Jerome hofft, dass seine Mutter noch schläft, es sind Schulferien und vorlesungsfreie Zeit. Nach dreimaligem Klingeln wird abgehoben.

»Naumann?«

Ein oder zwei Sekunden wagt es Jerome nicht, etwas zu sagen, und schon poltert die Stimme seines Vaters in sein Ohr:

»Jerome? Bist du es? Sag etwas! Wo zum Teufel bist du?«

Es liegt Wut in der Stimme des Vaters. Mehr Wut jedenfalls als Besorgnis.

»Mir geht es gut. Sucht mich nicht«, sagt Jerome mit einer Stimme, in die er alle Kraft legen muss, damit sie fest klingt.

Gespanntes Rauschen am anderen Ende der Leitung.

»Mir geht es gut. Sucht mich nicht«, wiederholt er.

»Wo bist du?«, fragt sein Vater erneut. Nun klingt der Vater anders, weicher, verletzlicher, rau.

»Sucht mich nicht. Es ist alles in Ordnung«, sagt Jerome. Das ist ihm das Wichtigste: er will nicht, dass sie nach ihm suchen. Oder nach ihm suchen lassen. Sie sollen wissen, dass es ihm auch ohne sie gut geht. Dass er es alleine schafft.

»Wo zum Teu …«, setzt sein Vater wieder an, aber da hat Jerome schon aufgelegt und legt den Telefonhörer zurück auf die Gabel.

Er dreht sich um und stapft mit staksigen Schritten zurück zur Pension. Obwohl er sich einredet, nichts zu spüren, beginnen seine Schultern zu beben.

Er heult.

MAI 2017, HIRZWEILER

Am Sonntag nach Hellmanns sechzigstem Geburtstag schliefen Rolf und Elaine bis nach zehn Uhr. Dieses Mal war Rolf
es, der sich als erster aus dem Bett schlich, duschte und
nach unten ging. Er packte einen Picknickkorb und seine
Schwimmtasche, kochte Kaffee, füllte diesen in eine Ther-
moskanne. Ging nach draußen, um die Temperatur zu testen
und atmete tief die milde Frühlingsluft ein. Die Sonne schien,
aber trotzdem entschloss er sich, den kurzen Neoprenanzug
einzupacken. Dass Elaine auch ins Wasser gehen würde, das
konnte er sich nicht vorstellen.

Zwei Stunden später saß Elaine auf einer Decke am Ufer des
Losheimer Stausees und hielt das Reclam-Heftchen mit Alice Munroes Kurzgeschichten in den Händen. Sehr viel weiter
als zwei Tage zuvor war sie mit dem Lesen noch nicht gekommen. Sie streckte ihr Gesicht der Sonne entgegen und
hörte dem Summen der Insekten und dem Plätschern des
Wassers zu. Sie sog den Duft warmer Erde ein.

Der See war tiefblau.

Rolf kam aus dem weiter oben am Ufer liegenden Umkleide-
haus und ging lächelnd in einigen Metern Entfernung an ihr
vorbei zu einer flachen Uferstelle. Er hatte dieses schwarze
Ding gegen die Kälte angezogen, und Elaine fand es schade,
seine Muskeln an den Oberschenkeln nicht sehen zu können.
Das Neopren verdeckte Beine und Arme bis zu Knien und
Ellenbogen. Am schlammigen Ufer zögerte er keine Sekunde

und watete ins Wasser – wie kann er in diese Kälte steigen, dachte Elaine. Sie hatte selbst nur kurz ihre Hand ins Wasser gestreckt und war erstaunt gewesen, wie kalt es tatsächlich war – aber Rolf schritt voran, den Blick auf den See gerichtet, bis er anfing zu schwimmen. Fast lautlos und unsichtbar glitt er durchs Wasser. Er verursachte keine Spritzer, keine Wellen. Seine Arme gruben sich rhythmisch in den See. Sein Gesicht blitzte alle drei Schläge zum Atmen kurz auf. Fasziniert schaute Elaine zu, wie er in Ufernähe schwamm, sich immer weiter von ihr entfernte, bis sein Kopf nur noch ein stecknadelgroßer Punkt war. Sie konnte sich nicht abwenden, sie konnte nicht lesen, sich keine amerikanische Kurzgeschichte zu Gemüte führen, wenn der Mann, der am Abend zuvor mit ihr getanzt hatte, einer so schön anzuschauenden Tätigkeit nachging, auch wenn sie ihn fast nicht mehr sah. Sie stand auf und spähte in die Richtung, in die er geschwommen war. So blieb sie stehen, bis er wieder erschien. Seine Arme glänzten in der Sonne, er schwamm ganz regelmäßig, als gäbe es nichts auf der Welt, nur ihn und das Wasser.

Ich muss mindestens zweimal in der Woche ins Wasser, hatte er ihr auf der Fahrt zum See erklärt, ich weiß nicht, ob du das verstehen kannst – zweimal in der Woche muss ich schwimmen. Es ist schwer zu beschreiben, warum. Ich brauche das Wasser, die Kälte, die Anspannung, die Entspannung, den regelmäßigen Rhythmus. Wenn ich aus dem kalten Wasser heraussteige, entsteht eine Ruhe in den Muskeln, das Kribbeln der Kälte verschwindet, der Herzschlag beruhigt sich wieder

… nie fühle ich mich so wohl, als wenn ich in Wasser eintauche, und nie so wohl wie danach, wenn ich mich abtrockne und wieder in die Kleider steige.

Sie hatte genickt. Und jetzt sah sie zu, wie er seine Bahnen zog, von ihr wegschwamm und wieder zurück. Kein einziges Mal schaute er auf, obwohl sie ganz nahe an das Ufer herangetreten war. Erst nach knapp einer Stunde drehte er sich auf den Rücken, den Blick zum Himmel gerichtet. Er prustete und ließ sich gleiten, tauchte unter und erschien wieder, trieb eine Weile auf dem Rücken, kam dann zu ihr zurück.

Als er aus dem See stieg, waren seine Lippen leicht blau. Wasser perlte von ihm herab.

Lachend fuhr er sich durch die Haare. »Du hast aber nicht die ganze Zeit zugeschaut, oder?«, fragt er.

»Doch«, sagte Elaine.

Am Abend packte sie ihre Taschen, um nach Saarbrücken zurückzufahren. Rolf ging mit ihr zur Haustür, aber er konnte ihre Hand nicht loslassen. Über so Vieles hatten sie gesprochen an diesem Wochenende, Dinge gemeinsam unternommen, viele schöne Augenblicke geteilt. Aber aussprechen, den eigenen Wunsch wirklich laut aussprechen – bleib bei mir, heute Nacht noch – das konnte Rolf nicht. Erst als sie sich zum Abschied küssten, die Haustür schon einen Spalt geöffnet, und er in Elaines grüne Augen sah, die feucht waren und aus denen schließlich einige Tränen heraus kullerten, erst da gab er der Tür mit dem Fuß einen Schubs, sodass diese wieder zufiel, und er hob Elaine hoch und trug sie zurück ins Wohnzimmer. Legte sie auf die Couch, zog ihr in Ruhe ein Kleidungsstück nach dem anderen aus, dann sich selbst. Sie versanken ineinander, in ihrer Wärme, in ihrer Stille, aber sie schliefen nicht miteinander, denn da war noch etwas anderes, etwas Wichtigeres, etwas in ihrer beider Augen, etwas Magnetisches, das nichts mit Erregung oder Wollust zu tun hatte, sondern Rolf vermutete, dass es vielleicht der Anfang von Liebe war.

Mitten in der Nacht tranken sie in Wolldecken gehüllt auf der Couch ein Glas Rotwein. Weil Rolf sie endlich fragte, erzählte Elaine in knappen Worten von ihrer Kindheit. Ein unstetes Hin und Her zwischen Mutter und Vater, von zwei Vagabunden, ja Künstlern, die ihre Eltern waren, der Vater mal da, mal nicht. Einige Jahre bei Frankfurt, an die sie sich kaum erinnern konnte, dann ein Umzug nach Frankreich, in die Nähe von Saarbrücken, in eine kleine Wohnung in Saargemünd. Schließlich zurück nach Deutschland, nicht weit von Koblenz. Ein abgelegener, ehemaliger Bauernhof, den ihre Eltern renovieren wollten und es nie richtig hinbekamen. Verwandte, Onkels, Tanten, Cousinen, von denen sie besucht wurden, mit denen sie manches Mal monatelang den Haushalt teilten. Elaine erzählte von Musik, die durch das Haus schallte und sie oft bis spät in die Nacht nicht schlafen ließ. Ja, ihr Vater war Musiker, Violine spielte er, und viele seiner Verwandten waren ebenfalls Musiker, Roma aus tiefster Her-

kunft und Überzeugung. Es mangelte nicht an Akkordeon-
spielern, Kontrabässen und Klarinetten, von Menschen, die
umherzogen und wieder kamen und doch alle eine Familie
waren. Elaine erzählte von ihrer Mutter, die sich in dieser
bunten Welt eingefunden hatte und oft versuchte zu verstehen: Die Verwandtschaftsgrade, die vermeintliche Unzuver-
lässigkeit des Vaters, den lockeren Umgang mit Geld. Die lie-
bevolle, aber als einzige Person strukturgebende Mutter, die
ab und zu als Aushilfslehrerin arbeitete, sich aber ansonsten
als Schriftstellerin und Heilpraktikerin verdingte. Von ihrem
Vater hatte Elaine das Klavierspielen gelernt. An einem großen, schwarzen Steingräber & Söhne mit verstimmten Tasten.
Von ihrer Mutter: die Liebe zu den Büchern.

»Ich wollte ganz anders werden«, sagte Elaine, »vielleicht
gerade deshalb habe ich mich in der Schule so reingehängt
und Betriebswirtschaft studiert. Ich wollte etwas Klares, etwas Greifbares, etwas Verlässliches. Und vielleicht wäre es auf
Jahre so weitergegangen, wenn ich nicht diese Frau in mein
Haus genommen hätte. Sie hat mich in ihrem Aussehen unheimlich an die Familie meines Vaters erinnert. An meine
Cousinen aus dieser Linie – die dunkle Haut, die schwarzen
Haare. Der Blick. Und Jules' Verhalten nach dieser Sache«, sie
seufzte schwer, »das war unmöglich.«

»Aber ich bin froh, dass alles so gekommen ist«, sagte Rolf,
»sonst hätten wir uns nie kennengelernt.«

Sie gab ihm mit der flachen Hand einen Klaps auf den Rücken.

»Das glaube ich Dir sofort!«

Sie nahm sein Ohrläppchen in den Mund und saugte so lange daran, bis er entschlossen nach ihren Oberschenkeln griff, sie auf seinen Schoß zog und sich von ihrer Feuchtigkeit umschließen ließ. Er nahm ihre Brustwarze zwischen die Lippen. Sie zuckte zurück, hielt seinen Kopf fest und sagte: »Ganz zart, bitte, ich bin da wahnsinnig empfindlich.«

»In Ordnung«, raunte Rolf, »aber können wir bitte ewig so weitermachen? Kannst du ewig so auf mir sitzen bleiben?«

Er räusperte sich, schloss die Augen und lehnte seinen Kopf nach hinten an die Couch.

Elaine versuchte es – bewegungslos auf ihm zu sitzen – aber das konnte sie nicht. Es gelang ihr nicht. Sie sah sein im Halbdunkel kantiges Kinn, den leicht geöffnete Mund mit den geschwungenen Lippen, die sie verrückt machten, seinen Brustkorb, der sich in tiefen Atemzügen der Zurückhaltung hob und senkte, während seine Hände ihre Hüften umfassten. Und sie spürte seine vor Erregung pulsierende Männlichkeit in ihrem Schoß. Sie bewegte sich so langsam und leicht auf ihm wie nur möglich und schaute ihm zu, wie sein Atem sich beschleunigte und beschleunigte.

Sie hatte sich einem Mann körperlich noch nie so nahe gefühlt, sich niemandem so sehr öffnen können, noch nie auf diese Art die Hitze gespürt, die sie ihm geben konnte und die er ihr geben konnte, dieses wechselseitige Vertrauen, dieses Sich-Fallen-Lassen nicht nur im alltäglichen Umgang, sondern vor allem auch beim Sex. Sie vermutete, dass es vielleicht der Anfang von Liebe war.

Als sie schließlich auf ihm zusammen sank, schmunzelte Rolf von einem Ohr bis zum anderen.

»Du warst aber laut!«, sagte er.

Erstaunt zog sie die Augenbrauen hoch.

»Ich war laut?«

»Ja!«

»Magst du das? Wenn ich laut bin?«

»Aber natürlich!«, sagte er.

Erst am nächsten Morgen, als irgendwo im Haus ein Wecker klingelte, standen sie auf, und jeder fuhr seiner Wege: Rolf zur Schule, Elaine nach Saarbrücken. Dieses Mal hatten sie sich für Mittwoch Abend verabredet. Keiner von beiden würde auf den Anruf des anderen warten müssen.

MAI 2017, HIRZWEILER

Auf dem Friedhof brachte der Frühling die Natur ebenso zur vollen Blüte wie in den Gärten des Dorfes und auf den Wiesen und Feldern in der Umgebung. Es war Spätnachmittag, leicht bewölkt, fast schwül. Überall zwitscherte und summte es und die Luft hing voll süßem Blütenduft.

Rolf trug ein kurzärmeliges, hellviolettes Hemd, in der gleichen Farbe wie die Fliederbüsche neben dem eisernen Tor am Friedhofseingang.

Linda lag in der siebten Reihe, Platz eins, im östlichen Feld unter dem Schatten hoher Bäume. Schon lange war ihr Grab nicht mehr das einzige in dieser Reihe. Neben ihr gab es weitere Gräber, darunter zwei ältere Damen, die sie beide gut gekannt hatten, und Reinfried Schäfer, ehemaliger Vorsitzender des Pfarrgemeinderates, der mit 82 Jahren im Pflegeheim verstorben war. Unter Reinfrieds Fittichen hatte Rolf als Kind, vor über fünfundvierzig Jahren, als Messdiener in der Kirche gedient, wie das damals für alle Jungs ab der Kommunion üblich gewesen war.

Wenn Linda Gelegenheit gehabt hätte ihre Wünsche zu äußern, hätte sie vermutlich auf einem Rasengrab oder einer Urnenbestattung bestanden. Doch so hatte Rolf für sie entschieden: eine Sargbestattung, der Stein war hell und naturbelassen. Bunte, prachtvoll blühende Blumen, die er mit Hingabe pflegte, wechselten sich ab mit Lindas geliebten Moosen und Farnen.

Wie üblich stand Rolf eine Weile mit gesenktem Kopf und geschlossenen Augen vor der Grabstelle. Dann konnte er Linda sehen, fast immer gelang ihm das, so auch heute. Innerlich konnte er ihr alles erzählen, und manchmal antwortete sie. Die Unterhaltungen am Grab waren fast ehrlicher und ruhiger, als sie zu Lindas Lebzeiten gewesen waren. Er konnte von seinen Ängsten und Sorgen berichten, und auch davon, wie sehr er sie oft vermisste. Am Grab, in seinen Gedanken, zog sie nie vorwurfsvoll die Augenbrauen hoch, gab nie diesen Schnalzlaut von sich, wie sie es immer getan hatte, wenn sie genervt gewesen war. Nein, sie schaute ihn geduldig und interessiert an, mit ihren klaren, hellblauen Augen, wie am Anfang ihrer Ehe und wie in vielen glücklichen Momenten in den Jahren danach, die sie gemeinsam verbracht hatten. So erzählte Rolf Linda an diesem Tag von Elaine, und er sah Lindas Gesicht vor seinem inneren Auge, wie sie bedächtig nickte und schließlich sagte: »Es freut mich sehr, dass du mir von ihr erzählst.«

Später, am Abend, fing es tatsächlich an zu regnen. Warm und stark war der Frühlingsregen. Deshalb saßen Thea und Rolf nicht auf der Terrasse, sondern an Rolfs Esszimmertisch. Es gab gefüllte Kartoffelklöße mit Specksoße. Rolf war müde, das konnte Thea sehen. Sie vermutete das Richtige: Dass er in der Nacht zuvor nur wenig zum Schlafen gekommen war.

Aber dazu sagte sie nichts. Sie sagte: »Elaine ist nett. Sie ist außergewöhnlich.«

Rolf nickte.

»Sie hat eine gute Ausstrahlung. Ein gutes Karma«, fuhr Thea fort.

»Hast du schon ausgependelt, ob wir zusammenpassen?«

Thea überging Rolfs Bemerkung mit einem leichten Kopfschütteln.

»Du brauchst mich nicht, um dir zu sagen, dass ihr zueinander passt. Das spürst du selbst. Hier − », sie rieb sich über den Bauch, »und hier −«, sie fasste sich ans Herz, » und erstaunlicherweise auch hier.«

Sie beugte sich zu Rolf hin und tippte an seine Stirn. »Du lässt sie ganz nahe an dich heran. Sie interessiert dich sehr. Sie stresst dich nicht …«

»Thea …«

» … im Gegenteil. Deine Kiefermuskulatur hat sich entspannt. Das kann ich sehen!«

»Amen.«

»Hast du Anni von ihr erzählt?«

»Noch nicht. Aber Linda.«

»Gut. Und hast du Elaine von Jerome erzählt?«

»Thea, bitte.«

»Das musst du machen. Er ist ein wichtiger Teil von dir, auch wenn er nicht da ist.«

»Nicht da − das ist milde formuliert.«

»Ich wünsche dir, dass er sich irgendwann wieder meldet.«

»Danke. Ich weiß.«

»Und machst du dir Gedanken um den Altersunterschied?«

»Mit Elaine? Nein. Oder ich weiß nicht. Vielleicht doch. Ich weiß nicht, was sie mit mir vorhat.«

»Ich glaube, sie hat jede Menge mit Dir vor.«

»Hat sie etwas zu dir gesagt an Hellmanns Party?«

»Nein, Rolf. Sie muss doch nichts sagen. Das hat man gesehen, man konnte es euch ansehen, vor allem beim Tanzen!« Rolf brummte.

»In den Sommerferien werde ich mir etwas einfallen lassen, wie ich Jerome finden kann.«

Thea nickte und stand auf. Rolf räumte die Teller in die Spüle und ließ Wasser darüber laufen.

»Schauen wir noch eine Runde Inspector Barnaby?«, fragte Thea. Das taten sie manchmal: nach dem Essen noch gemeinsam einen Krimi im Fernsehen anschauen.

Rolf nickte.

Es war noch keine viertel nach neun, da schlief er auf der Couch ein und blieb dort liegen bis zum nächsten Morgen.

MAI 2017, SAARBRÜCKEN

Am frühen Morgen war Elaine am Ufer der Saar entlang ge-
joggt, vielmehr, sie war über den Asphalt geflogen, getragen
vom Frühling und einer Energie, einer Lust an der Bewegung, die sie nur selten überkam. Sie joggte regelmäßig, aber
nicht immer mit so großer Freude. Der Asphalt war noch
nass gewesen vom Regen der vergangenen Nacht. Die Luft
war feucht, und sie war ordentlich ins Schwitzen gekommen.
Danach hatte sie ausgiebig geduscht, gefrühstückt und war
mit dem Bus an die Uni gefahren. Nach einer Vorlesung und
einem Seminar mit dem schlichten Titel »Phonologie der
arabischen Sprache« hatte sie im sogenannten Philosophen
– Café auf dem Campus einen Teller Couscous verspeist und
war dann zur Bibliothek gegangen, um sich für die nächsten
Wochen einen eigenen Arbeitstisch im Lesesaal zu reservie-
ren. Das hatte erstaunlicherweise auch geklappt. Normalerweise war die Nachfrage nach Plätzen weit größer als das Angebot, aber nun hielt sie stolz den Zettel in der Hand, Platz
vierzehn, direkt an einem der riesigen Fenster mit Blick ins
Grüne. Wie in einem Dschungel sah es da draußen aus, so satt
und wild wucherten dort Büsche unter hohen Bäumen. Sie
stapelte ihre Bücher auf dem Tisch, ihre Stifte, ihre Taschentücher, einen Schal, falls es kühl werden sollte, und setzte sich
auf den bereitgestellten Stuhl. Sie liebte den staubigen Duft
in der Bibliothek, den Anblick der hohen, vollen Bücherrega-
le, in denen die Nachschlagewerke im Lesesaal untergebracht

waren, die riesigen Folianten und abgegriffenen Buchrücken der Atlanten. Sie stellte ihren Laptop vor sich auf den Tisch, einen Notizblock daneben, und begann endlich damit, ihre Hausarbeit über Alice Munroe zu schreiben. Diese hatte 2013 den Nobelpreis für Literatur bekommen. Munroes Werke waren von klarer Sprache und doch inhaltlich nicht leicht zu durchschauen. Geschichten, die schienen, als hätten sie keine Richtung, kein Ziel. »Subtilität der Andeutung«, stand da in den Interpretationen, und »präzise Aussparung«, seien Munroes große Stärke. So sah es Elaine auch, es war in Munroes Geschichten stets zu spüren, dass da noch Unausgesprochenes unter der Oberfläche gärte. Und als sie sich da so hinein vertiefte, anfing, über »die kleine Braut« aus »Cortes Island« zu schreiben, und ihren Blick kurz durch das Fenster ins Grüne wandern ließ – in die üppige, wachsende Natur – da wusste Elaine, dass auch in ihrer Beziehung zu Rolf etwas schlummerte, das noch nicht ausgesprochen war. Um genau zu sein, noch Vieles nicht ausgesprochen war: Sie spürte in ihrem Herzen, dass auch er noch etwas zu erzählen hatte.

MAI 2017, HIRZWEILER

Am Dienstagnachmittag nach der Schule versuchte Rolf, Anni zu erreichen. In ihrem Pariser Büro in Orly war sie nicht. Rolf fand mit seinem radebrechenden, stark akzentbehafteten Französisch gerade so heraus, dass sie mit dem Zug nach Nemours unterwegs war, um sich dort mit einer französischen Autorin zu treffen und mit ihr über die deutsche Erstausgabe ihres Romans zu sprechen. Also wählte Rolf ihre Handynummer. Fast sofort hob sie ab.

»Papa?«

»Ja, Anni, ich bin es. Wie geht es dir?«

»Gut. Und selbst? Ich bin gerade im Zug nach –«

»Hast du am Wochenende Zeit?«, platzte er heraus.

Anni überlegte kurz. Normalerweise war sie es, die die Termine vorschlug, und ihr Vater derjenige, der sich Zeit für sie machte.

»Am Wochenende? Dieses Wochenende?«

»Ja. Dieses Wochenende.«

»Lass mal nachschauen«, sagte sie, und dann: »Warum? Gibt es etwas Besonderes? Ich habe Samstagvormittag noch ein kurzes Meeting im Büro in Orly, ich könnte aber gegen 15 oder 16 Uhr den Zug nehmen. Und Sonntagnachmittag wieder zurück.«

Rolf schwieg. Das ist ein Wunder, dachte er, sie hat tatsächlich Zeit.

»Papa, willst du mir sagen, was es Besonderes gibt? Du weißt ja, was es kostet mit dem Zug, und nur um ein paar Stunden Dorfluft zu schnuppern ...«

»Ich möchte Dir jemanden vorstellen.«

»Jemanden vorstellen? Wirklich? Hast du noch eine Katze aus dem Tierheim geholt?«

Rolf räusperte sich. »Ich glaube, ich habe eine Freundin.«

»Du hast was? Du glaubst, du hast eine Freundin?«

Sie beginnt an meinem Verstand zu zweifeln, dachte Rolf, wie könnte ich es ihr übel nehmen.

»Ich habe eine Freundin. Sie heißt Elaine. Ich möchte, dass ihr euch kennenlernt.«

»Aha. Ja. Kennenlernen, natürlich. Wenn du das möchtest ...«

»Ja. Sehr gerne.«

» ... dann komme ich.«

Annis Stimme wurde ganz weich.

»Sie heißt Elaine?«, fragte sie.

»Ja.«

»Wie lange kennt ihr euch?«

Rolf wusste nicht, was sie damit meinte – wann habt ihr euch zum ersten Mal gesehen?, oder zum ersten Mal geküsst?, oder – ?

»Ich kenne sie seit April. Wir haben uns durch Hugo kennengelernt.«

Anni schnalzte mit der Zunge, es knallte im Telefonhörer.

»Na, dann hoffe ich, sie ist keines dieser jungen Studentendinger, die Hugo immer anschleppt!«

»Nein«, sagte Rolf, »um Himmels Willen.«

»In Ordnung. Ich rufe dich Samstag an, wenn ich in Saarbrücken bin.«

»Ja!«

»Und Papa, wenn das Wetter gut ist, können wir am Samstag
draußen grillen?«

Er hatte seit Lindas Tod nicht mehr gegrillt. Vielleicht wäre
es eine gute Gelegenheit, wieder damit anzufangen.

»Mal sehen«, sagte er.

MAI 2017, SAARBRÜCKEN

Sybille schaute Elaine beim Packen ihrer Reisetasche zu.

»Ziehst du zu ihm?«, fragte sie Elaine, als diese acht Paar Socken abzählte und sogar ihre Laufschuhe in die Seitentaschen schob.

Elaine zuckte mit den Schultern.

»Ist es etwas Ernstes mit euch?«, fragte Sybille.

»Ist es denn etwas Ernstes mit dir und Hugo?«, fragte Elaine zurück.

Warum eigentlich sollte ich nicht mit Sybille darüber sprechen, dachte Elaine, schließlich ist sie so etwas wie eine Freundin geworden, wo ich ja sonst mit kaum jemandem telefonieren darf. Elaines zwei beste, langjährige Freundinnen lebten in der Eifel. Sie hatte zuletzt vor mehr als einem Jahr mit ihnen sprechen dürfen, bevor sie in das Zeugenschutzprogramm eingestiegen war.

»Ob es ernst ist zwischen mir und Hugo?«, nun zuckte Sybille mit den Schultern und seufzte, »Eher unwahrscheinlich, wenn ich mir seinen Lebenslauf so anschaue. Außerdem macht er keinerlei Anstalten, mich in seinen Freundes- und Familienkreis zu integrieren. Rolf ist der einzige Freund Hugos, dem ich vorgestellt wurde. Wie du weißt, gehen wir meist zu zweit auf irgendwelche Veranstaltungen, essen etwas und landen dann in der Kiste.«

Sybilles Blick ging in die Ferne, sie schaute aus dem Fenster, während Elaine weiter packte.

»Spielt der Altersunterschied eine Rolle bei euch?«, fragte Elaine, »Ich meine, du bist ja noch um einiges jünger als ich, und Hugo und Rolf sind der gleiche Jahrgang.«

»Im Bett?«, fragte Sybille.

Elaine hielt in ihrer Bewegung inne – sie war dabei, eine weitere Tasche zu suchen, um die Bücher unterzubringen, die sie mitnehmen wollte.

»In jeglicher Hinsicht, meine ich. Willst du länger mit ihm zusammen bleiben? Mehrere Jahre?«

»Ich weiß nicht. Meine Eltern würden umfallen, wenn ich ihnen erzähle, dass mein aktueller Freund fast der gleiche Jahrgang ist wie sie selbst.«

Elaine dachte an ihren eigenen Vater, der allerdings schon weit über siebzig war und immer noch in der Nähe von Koblenz in dem alten Bauernhaus wohnte. Ihre Mutter war schon vor Jahren an Lungenkrebs gestorben. Elaine dachte nicht oft an ihre Eltern, am wenigsten an ihren Vater. Sie besuchte ihn in der Regel ein Mal im Jahr, aber in diesem Jahr stand der Besuch noch aus. Er hatte Jules immer als Kapitalisten verteufelt – womit er ja auch irgendwie Recht hatte – und war sogar zur Hochzeit in Hamburg nicht erschienen. Was ihr Vater zu der Sache mit Rolf sagen würde, konnte sie sich nicht vorstellen, darüber hatte sie noch nicht nachgedacht. Nur zu Leo, einem langjährigen Musikerfreund ihres Vaters aus Saarbrücken, hielt sie engeren Kontakt.

»Im Bett jedenfalls merkt man nichts vom Alter«, fuhr Sybille fort, »er nimmt diese Pillen.«

Sie schwiegen eine Weile. Elaine entschied sich gegen ihren Schlafanzug und für ein weißes, transparentes, kurzes Nachthemd, das sie noch aus Hamburger Zeiten besaß.

»Und bei euch?«, hörte sie Sybille fragen, »Der Altersunterschied?«

»Na ja. Ich denke nicht darüber nach, wenn ich mit ihm zusammen bin. Da ist nichts, was mir auffallen würde. Er liest die gleichen Bücher wie ich, verträgt mehr Alkohol als ich, und ich wette, seine körperliche Fitness überragt meine um einiges. Er schwimmt viel. Abgesehen davon – er ist so gelassen, irgendwie. Strahlt so viel Ruhe aus – »

»Du bist in ihn verknallt. Aber absolut.«

»Kann sein. Ich weiß nicht, wie ich das sagen soll. Bei vielen Dingen habe ich das Gefühl, dass er es zum ersten Mal macht.«

Sybille kicherte. »Vielleicht ist es ja so. Nur weil er fast sechzig ist, verheiratet war und zwei Kinder hat, heißt das ja nicht, dass er schon alles erlebt hat, was es auf dieser Welt gibt.«

»Möglich. Wenn ich aber daran denke, dass er in zehn Jahren siebzig wird und ich vierundvierzig, dann ist das eine sehr beängstigende Rechnung.«

»Du planst aber langfristig.«

»Ja. Nein. Ich plane nicht. Aber es fühlt sich verdammt gut an.«

»Und wie lange bleibst du jetzt weg?« Sybille betrachtete den Haufen Gepäck, der sich auf dem Boden von Elaines Zimmer stapelte, »Sollen wir schon einen Untermieter für dein Zimmer suchen?«

»Nein«, lachte Elaine, »Sonntag komme ich wieder.«

Als Elaine am Abend auf Rolfs Terrasse saß, auf dem Tisch vor ihr zwei Prosecco, Rolf zu ihrer Linken, und sie beide in den Garten schauten, sagte sie:

»Du hast doch auch noch einen Sohn.«

Rolf atmete tief ein und aus.

»Ja«, sagte er.

»Willst du mir auch von ihm erzählen? Wie heißt er nochmal?«

»Jerome.«

Eine Weile schwiegen sie. Die Katze saß auf der Wiese und sah den Schmetterlingen nach.

»Am Samstag kommt Anni zu Besuch«, sagte Rolf.

Elaine schaute ihn erstaunt an. »Anni kommt aus Paris zu Besuch?«

»Ja. Ich habe sie angerufen. Ich möchte, dass ihr euch kennenlernt.«

Elaine nickte verwundert. Er legt ein ganz schönes Tempo vor, dachte sie, er lässt mich tatsächlich in seine Welt.

Sie war sich nicht sicher, ob ihr das nun nicht doch etwas zu schnell ging.

Rolf schaute sie an.

»Ich habe darüber nachgedacht«, sagte er, »und ich bin zu der Erkenntnis gekommen, dass ich ein vielschichtiges Gebilde aus verschiedenen Rollen, Interessen, Verantwortungen und Bindungen bin.«

Er schmunzelte selbst, da er es nicht gewohnt war, so über sich selbst zu reden.

»Und aus diesem Grund möchte ich, dass du Anni kennenlernst.«

»Das ganze Paket, sozusagen.«

»So ist es. Ich möchte dich nicht damit überfahren. Aber Anni ist das einzige Mitglied meiner kleinen Familie, das ich dir persönlich vorstellen kann. Und das hängt dann auch wieder mit Jerome zusammen.«

»Was ist mit deinen Eltern? Und Geschwistern?«

»Meine Eltern sind beide tot. Schon lange. Ich habe eine Schwester in Mainzweiler – im Nachbardorf. Und einen Bruder hier zwei Straßen weiter«, Rolf machte eine Handbewegung, als wolle er sagen, dass es um diese Personen nicht gehen sollte in dem Gespräch.

»Und Jerome?«

Elaine schaute ihn erwartungsvoll an. Und zum ersten Mal seit langer Zeit erzählte Rolf wieder die Geschichte von Jeromes Verschwinden.

JULI 2004, HIRZWEILER

Jerome verschwand einen Tag nach seinem sechzehnten Geburtstag. Es war eine fröhliche Party gewesen, Jeromes Kumpels waren gekommen sowie zahlreiche Verwandte und Freunde der Familie. Ein schöner Nachmittag und Abend im Sommer, im Garten der Familie Naumann, draußen, mit Sitzbänken und Tischen, die man sich in der ganzen Nachbarschaft geliehen hatte. Am Nachmittag gab es Kaffee und Kuchen und am Abend wurde gegrillt. Rolf hatte den riesigen Schwenkgrill vom CDU-Ortsverein herbeigeschafft und massenhaft Getränke besorgt, Linda das Fleisch und Salate vorbereitet. Anni, damals zwölf Jahre alt, war schlecht gelaunt – die Pubertät nahm ihren Lauf und ließ in ihrem Gesicht die ersten Pickel sprießen.

Viele Gäste blieben bis spät in den Abend. Auch die Jungs durften lange bleiben, schließlich waren Ferien und mit sechzehn Jahren durfte man auch das ein oder andere Bier trinken. Dass Hellmann und Hugo sich irgendwann einen Spaß daraus machten, den Jungs den Geschmack von selbstgebranntem Mirabellenschnaps nahe zu bringen, bekam Rolf nur am Rande mit. Selbst schon angetrunken, debattierte er mit Hans-Werner und seinem Bruder über die Frage, welchen Vorteil eine Fußbodenheizung gegenüber Heizkörpern hatte, da Hans-Werner gerade mitten in der Planung des Eigenheims steckte und jeden Rat gebrauchen konnte.

Das einzige, was Rolf auffiel, war Jeromes Abwesenheit bereits gegen Mitternacht.

»Er ist nach oben, ihm ist schlecht geworden«, sagte Linda, als er sie nach Jerome fragte. Rolf ging ins Haus hoch in Jeromes Zimmer, und tatsächlich lag der Junge dort in seinem Bett und schlief. Rolf deckte ihn zu und betrachtete ihn eine Weile. Vom Alkohol aufgeweicht, stiegen ihm sogar Tränen in die Augen. Er dachte so etwas wie: Ach, wie schnell vergeht die Zeit, jetzt ist er schon sechzehn, jetzt muss er nur noch die Schule schaffen, dann wird alles gut.

Gedanken, die vermutlich viele Väter haben, wenn der eigene Sohn sechzehn Jahre alt wird und gerade den ersten heftigen Rausch ausschläft.

Vor Jeromes Schreibtisch stand bereits der gepackte Rucksack. Jerome würde am nächsten Tag mit seinen Kumpels an den Bostalsee zum Zelten fahren. Das hatten die Jungs bereits über Pfingsten gemacht. Rolf dachte nicht weiter darüber nach, er ging wieder zurück in den Garten, setzte sich neben Linda auf eine der Holzbänke und plauderte mit Alice, Hendriks Frau, über die Urlaube, die in den Sommerferien noch anstanden.

Am nächsten Morgen erwachten Linda und Rolf spät. Sie hatten bis zwei Uhr am Feuer gesessen, dann waren die letzten Gäste gegangen, und sie waren ins Bett gefallen. Sie bemerkten erst nach einer Tasse Kaffee, dass Jerome das Haus bereits verlassen hatte. Da lag ein Zettel, auf den Jerome geschrieben hatte: »Wollte los, bevor es zu heiß wird, melde mich.«

Der Rucksack war weg, ebenfalls das Zelt und Jeromes Fahrrad. Sein Bett hatte er nicht gemacht, wie Linda anmerkte, aber ansonsten sprachen sie nicht viel darüber. Sie räumten die Hinterlassenschaften der Party auf, spülten Geschirr, sortierten die leeren Flaschen und stellten die Bänke und Tische beiseite. Gegen elf kam Anni nach unten, rieb sich müde die Augen. »Er ist schon weg, oder?«, sagte sie nur und trank eine kalte Milch.

Den Nachmittag dieses ersten Tages verbrachten sie im Schwimmbad. Rolf saß als Bademeister auf der DLRG-Bank unter dem Sonnenschirm, Linda und Anni lagen auf einem Badetuch unter Bäumen. Es war ein heißer, sonniger Tag. Im Schwimmbad war die Hölle los. Mehrmals musste Rolf Jugendliche ermahnen, nicht vom Beckenrand zu springen, und einmal schimpfte er mit Kindern, die sich allzu sehr auf der Rutsche austobten. Aber im Großen und Ganzen war es ein ganz normaler Sommerferientag. Gegen Ende der Öffnungszeiten sprang er selbst ins Wasser und schwamm über eine Dreiviertelstunde hin und her. Als er aus dem Wasser stieg, standen Linda und Anni bereits am Beckenrand, angezogen und mit ihren Taschen in der Hand.

Er dachte an Jerome und freute sich, dass dieser bei so schönem Wetter ein paar unbeschwerte Tage jenseits der Familie mit seinen Freunden am Bostalsee verbrachte. Naturnah, im Zelt, so wie es sich gehörte.

Dass Jerome sich nicht meldete, ja, nicht an diesem Tag und auch nicht am nächsten, sahen Rolf und Linda als Zeichen, dass es den Jungs beim Zelten gut ging. Warum sollte sich Jerome melden, wenn er gerade eine gute Zeit hatte?

»Morgen kommt er schon nach Hause«, sagte Linda am vierten Tag, »und er hat sich noch kein einziges Mal gemeldet.«

»Da hat er mal recht«, antwortete Rolf und war stolz auf seinen unabhängigen, selbstständigen Sohn.

Am fünften Tag bereiteten Rolf und Linda das Abendessen vor. Wieder wollten sie grillen, Würstchen und Fleischspieße, dazu Kartoffelsalat. Anni war über Nacht bei einer Freundin, und so freuten sie sich darauf, in Ruhe mit Jerome über seine Erlebnisse am Bostalsee plaudern zu können.

Aber Jerome kam nicht. Irgendwann aßen sie alleine und starrten in die Glut des Grillfeuers.

Linda stand auf und sagte: »Ich rufe mal bei Sigrid an. Vielleicht weiß sie, wann die Jungs zurückkommen wollen.«

Sigrid war die Mutter von Michael, einem der besten Kumpels Jeromes.

Niemand hob ab. Rolf trat neben Linda ans Telefon, sie standen im Esszimmer und überlegten, wen sie als nächstes anrufen sollten.

»Bens Eltern, ich muss in meinem Notizheft schauen«, sagte Rolf.

Dort wurde nach dreimaligem Klingeln abgehoben. Ben war selbst am Apparat.

»Ben, seid ihr zu Hause? Ist Jerome noch bei euch?«, fragte Linda. Dann sah Rolf, wie seine Frau langsam die Farbe verlor. »Nein? Ach so. Hm ….nein. Ich weiß nicht. Ja, danke. Ja.

Tschüss.«

Sie sah Rolf an und legte auf.

»Jerome war überhaupt nicht dabei am Bostalsee«, sagte sie.

Wie in Zeitlupe ging sie zum Esszimmertisch und setzte sich.

»Was meinst du damit – er war überhaupt nicht dabei am Bostalsee?«

»Wie ich es sage. Ben hat gesagt, Jerome war nicht dabei. Überhaupt nicht. Nicht mitgefahren. Jerome hätte gesagt, er könne nicht mitfahren. Wir würden nach England fahren.«

»Ja«, sagte Rolf, »aber wir fahren doch erst nächste Woche nach England?«

Linda sah ihn an. Ihr Blick wurde ganz starr.

»Kann es sein, dass ihm etwas passiert ist? Dass er seit fünf Tagen irgendwie verschwunden ist?«

»Vielleicht ist er bei einer Freundin und wollte uns nichts davon erzählen?«, sagte Rolf.

Linda zog die Augenbrauen hoch. »Das ist nicht dein Ernst.«

In den folgenden Stunden telefonierten sie mit allen Freunden und Freundinnen Jeromes, die sie kannten und von denen sie die Telefonnummer auftreiben konnten. Wie gut, dass Anni außer Haus war und nichts von dem Chaos mitbekam. Rolf durchwühlte Jeromes Zimmer auf der Suche nach dessen Ausweispapieren. Falls er einen Unfall gehabt hätte, hätte man sie doch informiert. Der Ausweis war nicht zu finden, Jerome hatte ihn also wahrscheinlich mitgenommen. Rolf wurde ungeduldig und nervös, als ein Telefongespräch nach dem anderen, welches Linda führte, ins Leere lief. Niemand hatte Jerome in den letzten fünf Tagen gesehen. All seinen Freunden hatte er gesagt, er fahre mit seinen Eltern nach England in Sprachurlaub. Eine Freundin hatte er keine, zumindest wusste niemand etwas davon.

Schließlich saßen sie beide mit aufgestützten Ellenbogen am Esszimmertisch und wussten nicht weiter.

»Kann es sein, dass er abgehauen ist?«, sagte Rolf.

Linda schlug sich die Hände vor das Gesicht und begann zu heulen. Ein sehr seltener Anblick, denn Linda war eine Frau, der fast nie die Tränen kamen.

»Vielleicht ist ihm etwas zugestoßen«, schluchzte sie.

Wenn er sich auch sehr sorgte, so dachte Rolf dennoch: Jerome hat seine Kumpels belogen. Und er hat uns belogen. Er hat alle absichtlich getäuscht. Ihm ist nichts passiert. Er ist weggegangen.

»Ich rufe die Polizei«, sagte er.

MAI 2017, HIRZWEILER

»Und dann?«, fragte Elaine mit ihrem Prosecco in der Hand. Sie konnte Rolf kaum anschauen, so sehr spürte sie seine Anspannung, ein statisches Kribbeln, das von ihm auf sie übersprang, ohne dass sie sich berührten.

Rolf seufzte tief.

»Und dann machten wir unsere Erfahrungen mit der Polizei. Was es heißt, ein vermisstes Kind zu haben. Es war nicht so wie im Fernsehen – die Beamten kommen ins Haus und befragen dich. Nein, wir sollten zur örtlichen Polizeidienststelle fahren, und weil wir keinen Anruf verpassen wollten, sollte Jerome sich doch bei uns zu Hause melden, bin ich alleine nach Illingen auf die Polizeidienststelle gefahren. Der Beamte dort hat dann auf mein Drängen hin den Dienststellenleiter angerufen, der auch kam. Es war mittlerweile mitten in der Nacht. Den Dienststellenleiter kannte ich aus der Partei, und wir waren früher zusammen im Gymnasium. Er kam also und nahm alle Informationen auf und wollte mich wieder nach Hause schicken. Der Knackpunkt schien zu sein, dass es tatsächlich so aussah, als sei Jerome freiwillig und vorsätzlich verschwunden. Nur, weil er noch minderjährig war, wurden seine Personalien in dieses Vermissten-Netzwerk eingespeist, so dass alle Polizeidienststellen in Deutschland Bescheid wussten. Es war fast lächerlich – er unternahm nichts weiter, obwohl ich ihn drängte, uns wenigstens darin zu unterstützen, die Krankenhäuser der Umgebung abzutelefonieren. Er sagte nur, er würde sich melden, sobald es etwas Neues gäbe, und wir sollten uns täglich melden, ob Jerome wieder aufgetaucht sei, und am nächsten Tag, falls nicht, noch ein Foto von ihm vorbeibringen. Jugendliche in dem Alter, sagte er, verschwänden häufig für einige Tage und tauchten reumütig wieder auf.«

»Unglaublich. Aber er war doch schon seit fünf Tagen verschwunden?«

»Ja, aber das interessierte niemanden so wirklich. Danach bin ich nach Hause gefahren. Linda war natürlich am Rande eines Nervenzusammenbruchs. Um sie zu beruhigen, habe ich ihr erzählt, dass aktiv nach Jerome gesucht würde, dass Beamte sich darum kümmern würden. Sie hat sich beruhigen lassen und ist irgendwann sogar eingeschlafen. Ich habe alle Krankenhäuser im Saarland und in Rheinland-Pfalz durch telefoniert. Dann habe ich mich mit einer Deutschlandkarte hingesetzt und mit einem Zirkel die Entfernungen abgesteckt. Fünf Tage unterwegs, mit dem Fahrrad, wie weit könnte er gefahren sein? Wen kannten wir, der in einem solchen Umkreis wohnte? Wo waren wir mit Jerome schon gewesen?«
Rolf trank einen kräftigen Schluck.
»Aber außer einigen Verwandten in der Pfalz und einer ehemaligen Studienfreundin Lindas in der Nähe von Nürnberg haben wir keine Bekannten außerhalb des Saarlandes, zumindest keine, die auch Jerome bekannt gewesen wären. Am nächsten Morgen haben wir sie alle abtelefoniert, Jerome war nirgendwo aufgetaucht. Ich brachte also an dem Morgen ein Foto zur

Polizei und fragte, wie es weitergehen würde. Wieder sagten sie, dass sie eine aktive Suche nicht angehen wollten, da keine Gefahr im Verzug sei. Aus Kostengründen! Personalmangel! Der Beamte, der an diesem Morgen Dienst hatte, erklärte mir, dass Jerome nun zur Fahndung ausgeschrieben sei. Sollte er in eine Personenkontrolle geraten oder sonst wie auffällig werden, wüsste jede Polizeidienststelle Bescheid. Er würde dann in Obhut genommen und zu uns zurückgeführt werden.«

»Das klingt sehr bürokratisch.«

»Ja. Das war es auch. Ich kam mir vor wie ein Bittsteller. Da gab es keinen, der fragte, wie es uns dabei ging. Schon am ersten Tag haben wir uns daher einen Anwalt genommen, auf Hellmanns Anraten hin.«

»Hellmann war die ganze Zeit an eurer Seite?«

»So kann man es sagen. Und Thea, natürlich, damals schon. Anni konnte einige Tage bei ihr wohnen, es waren ja Ferien und sie sollte nicht mitbekommen, wie fertig Linda war. Das war gut so. Unseren geplanten England-Urlaub sagte wir natürlich ab. Und immer wieder riefen wir seine Freunde an. Mit den meisten haben wir auch persönlich gesprochen, mehrere Male.«

»Natürlich.«

»Ja.«

Der letzte Schluck Prosecco war getrunken. Rolf stand auf, ging in die Küche und kam mit einer Flasche Mineralwasser zurück. Seine Hände waren unruhig, als er das Wasser in die Sektgläser goss.

»Aber der entscheidende Punkt kommt noch«, sagte er und setzte sich wieder. Strich sich durch die Haare und blickte einige Sekunden ins Leere.

»Am siebten Tag nach seinem Verschwinden rief er uns an.« Elaine merkte auf. »Wer rief euch an?«

»Jerome. Einfach so.«

»Jerome? Das Telefon klingelte, und er war dran, oder wie?«

»Ja. Linda schlief noch, es war kurz vor acht Uhr am Morgen. Es waren ja Ferien, ich war zu Hause und seit fünf Uhr morgens auf den Beinen. Ich konnte überhaupt nicht schlafen in der Zeit. Wir hatten ständig Streit, weil Linda sich nicht mit dem Gedanken anfreunden konnte, dass Jerome wohl tatsächlich freiwillig abgehauen war. Sie war permanent in Panik und konnte nur mit Hilfe von Tabletten schlafen.«

»Ja, – und?«

»Und dann klingelte das Telefon. Er sagte so etwas wie: Macht euch keine Gedanken, und sucht mich nicht.«

»Das hat er gesagt?«

»Ja. Dann hat er aufgelegt.«

Sie schwiegen eine Weile. Elaine versuchte sich die Achterbahn der Gefühle vorzustellen, in der sich Rolf und Linda damals befunden haben mussten. Was konnte es Schlimmeres geben, als nicht zu wissen, wo das eigene Kind sich befand und wie es ihm ging?

»Und an eine Entführung habt ihr nie gedacht?«, sagte sie. Rolf schüttelte entschieden den Kopf. »Nein. Das wäre nicht logisch gewesen. Dann hätte er uns im Vorfeld doch nicht erzählt, dass er an den Bostalsee wollte mit seinen Kumpels.«

»Natürlich. Verstehe.«

»Wir haben die Polizei darüber informiert, dass Jerome sich gemeldet hat. Und rate, was passiert ist.«

»Sie haben die Suche eingestellt?«

»Genau! Sie ließen ihn zwar in diesem INPOL-System, falls er irgendwo zu Schaden käme. Aber es wurde nichts weiter unternommen.«

»Unmöglich.«

»Ja. Aber so war es. Selbst der Anwalt konnte nichts erreichen. Keine Gefahr für Leib und Leben, also auch keine Fangschaltung am Telefon, keine Suchaktionen, keine Vermisstenplakate, nichts.«

»Und wie ging es weiter?«

»Wir haben selbst weiter nach ihm gesucht. Immer wieder alle Leute angerufen, die uns einfielen, von denen wir dachten, er könnte früher oder später dort auftauchen. Wieder und wieder haben wir mit seinen Freunden gesprochen. Am schlimmsten waren die Fragen, die uns gestellt wurden – hattet ihr Streit mit Jerome? Hat er vielleicht etwas angestellt und schämt sich dafür? War euer Verhältnis zu eurem Sohn so schlecht, dass er es bei euch nicht mehr ausgehalten hat? Solche Fragen. Du kannst dir die Wellen vorstellen, die die Sache im Dorf geschlagen hat. Dann haben wir bundesweit Anzeigen in großen Tageszeitungen geschaltet – Jerome, komm bitte zurück, wir werden dir keine Vorwürfe machen, und so weiter. Ja, wir haben Konflikte mit ihm gehabt, aber aus meiner Sicht nicht über die Maßen. Er sollte aufs Gymnasium, vor allem Linda wollte das so. Jerome wollte aber einen Handwerksberuf lernen, ohne Abitur. Das kann jedoch nicht der einzige Grund gewesen sein.«

»Welche Gründe könnte er gehabt haben?«

Rolf sah Elaine an.

»Weißt du, darüber denke ich seit fast fünfzehn Jahren nach.« Während die Dämmerung hereinbrach und die Vögel ihren Abendgesang anstimmten, berichtete Rolf weiter, dass Jerome sich seit diesem ersten Anruf in regelmäßigem Rhythmus gemeldet hatte. Zunächst fast alle zwei Wochen, später dann waren die Abstände zwischen seinen Anrufen länger geworden, bis dahin, dass er sich die letzten Jahre eher bei Anni meldete als bei Rolf, und zwar, wie Rolf sagte, nur noch ein Mal pro Jahr. Jedes Mal sagte er, es ginge ihm gut, man solle sich keine Sorgen machen, es sei alles in Ordnung. Und immer, wenn man ihm eine Frage stellte – Wo bist du? Warum bist du fortgegangen? – hatte er sofort aufgelegt. Es war ihnen nie möglich gewesen, die Herkunft seiner Anrufe festzustellen, da niemals eine Telefonnummer auf dem Display auftauchte.

Rolf erzählte, wie er die ersten Monate und Jahre oft zwischen Verzweiflung und Wut geschwankt hatte, ebenso wie Linda. Wie sich zwischen ihnen, Rolf und Linda, Gräben auftaten und wieder schlossen, wie sie sich in ihrer nervlichen Anspannung stritten und in ihrer Sehnsucht nach ihrem Sohn wiederfanden. Wie sie sich – manchmal – wieder so nahe waren wie seit Annis Geburt nicht mehr. Und wie er, Rolf, sich oft ins Auto setzte und kilometerweit, Hunderte von Kilometern, durch Deutschland gefahren war, durch Innenstädte, an Bahnhöfen und Supermärkten vorbei, im Schneckentempo, in der verzweifelten Hoffnung, Jerome irgendwie durch einen Zufall zu finden. Erst vor vier oder fünf Jahren hatte er damit aufgehört.

Schließlich stand er auf und ging einige Schritte im Garten. Elaine folgte ihm, strich über seine Schulter. Er hatte Tränen in den Augen, und als sie ihn umarmte, brach ein Schluchzen aus ihm heraus. Er hatte lange nicht mehr um Jerome geweint. »Ich vermisse ihn so«, flüsterte er, »ich vermisse ihn so.«

Es war stockdunkel, als Elaine vor das Haus trat und loslief. »Ich laufe nur durch die Straßen«, hatte sie zu Rolf gesagt, »nicht in den Wald«, und ihm einen Kuss auf die Stirn gegeben. Er saß mittlerweile, sichtlich erleichtert, auf der Couch und las Henning Mankells »Die schwedischen Gummistiefel«, eines der Bücher, die er bereits im April gekauft, aber noch nicht zu Ende gelesen hatte. Die gleichmäßige, wohlklingende und dennoch schnörkellose Sprache Mankells beruhigte ihn – hatte ihn schon immer beruhigt. Mit einem Nicken hatte er Elaine verabschiedet, als diese zu ihrer Joggingrunde aufbrach.

Nun lief sie da in der milden, würzigen Abendluft herum, die ganz anders roch als in Saarbrücken, und noch viel mehr anders roch als die salzige, stets feuchte Luft in Hamburg, an die sie sich nie wirklich hatte gewöhnen können. Alle Häuser, alle Gärten sahen gepflegt aus. Es war ruhig, keine Menschen begegneten ihr, wenige Autos fuhren die Straßen entlang. So lief sie in Sackgassen hinein und wieder heraus, lief auf Straßen, die irgendwann zu Feldwegen wurden und wieder zurück, an einem Sportplatz vorbei, einer Sporthalle und einem großen Gebäude, das aussah, als wäre es einmal eine Schule gewesen. Sie merkte schnell, dass man sich das ganze Dorf in einer Viertelstunde erlaufen konnte und dass es Wege gab, die sie wieder an ihren Ausgangspunkt – Rolfs Haus – zurückbrachten. Sie lief weiter, noch eine zweite Runde.

Will ich, dass dieses Dorf auch mein Dorf wird?, fragte sie sich, oder ist es zu früh, um darüber nachzudenken? Könnte es mein Zuhause werden?

Sie hatte keinen blassen Schimmer. Sie hatte keine Erfahrung mit Dörfern. Von den Menschen, die sie bisher kennengelernt hatte, von Rolfs Freunden und Verwandten, war sie offen und freundlich empfangen worden. Ihr war klar, dass ohne dieses Drumherum eine längere Beziehung mit Rolf niemals möglich sein würde, sie hatte es gesehen an Hellmanns sechzigstem Geburtstag: wie könnte sie je einen Menschen aus seinem Umfeld herausreißen, der damit so verwoben war wie Rolf mit Hirzweiler und seinen Menschen? Und das wollte sie auch nicht, im Gegenteil, sie fühlte sich hier sicher. Sie fand es bemerkenswert, dass Rolf von so vielen Menschen umgeben war, die er schon lange kannte und die ihm seit Jahren zur Seite standen. Insbesondere seit Jeromes Verschwinden und in den letzten Jahren, seit Lindas Tod. Hatte sie, Elaine, solche Freunde? Freunde, die für sie kochen würden, wäre es notwendig? Freunde, die sie auffordern würden, die Hoffnung nicht aufzugeben? Sie bezweifelte es, wurde sich aber im gleichen Moment darüber klar, dass sie in einer ganz anderen Lage war. Elaine hatte nie Gelegenheit gehabt, langjährige Freundschaften zu knüpfen, weder in ihrer Kindheit, noch als Erwachsene. Ständig waren sie und ihre Eltern umgezogen, und das hatte sie später ebenfalls mit sich geschehen lassen – Studium in Saarbrücken, dann der Umzug nach Hamburg, ohne wirklich zu spüren, ob sie das wirklich wollte oder nicht. Und dort war sie durch Jules in Kreise eingeführt worden, die ihr, wenn sie ehrlich war, zuwider waren. Cocktailpartys, hochhackige Schuhe, blond gefärbte Haare. Jules mit seiner Art, nur Positives zu sehen und jeden Zweifel, jedes Innehalten mit einer Handbewegung vom Tisch zu wischen, zu ignorieren, bewusst zu meiden. Kinder gab es keine, sie hatte sich damals sogar ärztlich untersuchen lassen, war laut Meinung des Gynäkologen nicht in der Lage, Kinder zu bekommen und folglich Schuld an der Misere. Jules hatte das Thema zähneknirschend abgehakt, und geredet hatte Elaine mit niemandem darüber. Mit wem denn auch, sicher nicht mit einer ihrer zahlreichen Bekannten aus dem Segelclub, die zu der Zeit gerade das erste oder zweite blonde, rotbackige Baby ausbrüteten.

Ein Kind zu haben, ja, es großzuziehen bis zu seinem sechzehnten Lebensjahr, und es dann ohne offensichtlichen Grund und ohne Abschied an die Welt zu verlieren – zu wissen, dass es lebte und dass es ihm gut ging, es aber nicht besuchen oder sehen zu können – das konnte sich Elaine nur schwer vorstellen. Was diese Belastung für Rolfs Ehe bedeutet haben mochte, konnte sie nur erahnen. Mit Abscheu dachte sie an Jules, der sie so einfach in das Zeugenschutzprogramm hatte ziehen lassen und der seither kein einziges Mal versucht hatte, sie über ihren Anwalt zu kontaktieren, außer in Sachverhalten, die die Scheidung betrafen.

Außer Atem stand sie wieder vor Rolfs Haustür und klingelte. Er öffnete, ließ sie herein und sagte: »Ich gebe dir einen Schlüssel, gleich morgen.«

Die nächsten beiden Tage verbrachten sie in ruhiger Harmonie. Gemeinsam frühstückten sie gegen halb sieben, dann fuhr Rolf in die Schule nach Marpingen und Elaine an die Universität nach Saarbrücken. Rolf fühlte sich frisch, beschwingt und ausgeglichen. Elaine ebenfalls, sie konnte sich auf ihre Hausarbeit und die Vorlesungen konzentrieren und wusste doch, dass sie am Abend zu Rolf zurückkehren würde. Wenn Elaine gegen vier Uhr am Nachmittag nach Hause kam, kochten sie gemeinsam oder werkelten im Garten herum – eine ganz neue Erfahrung für Elaine, die sich nie um mehr als zwei oder drei Zimmerpflanzen gekümmert hatte. Sie lernte Rolfs Nachbarn kennen und trank mit der Nachbarsfrau ein Bier in deren Garten, während Rolf den Rasen mähte. Später dann verschwand Rolf ins Wasserballtraining oder in den Französisch-Kurs, und Elaine ging im Dorf spazieren. Sie begegnete Thea, mit der sie sich darüber unterhielt, was man im Dorf unternehmen konnte, und so fand Elaine heraus, dass es freitags abends einen Lauftreff gab, im Wald. Dort ging sie hin und joggte zwischen den anderen jungen Frauen des Dorfes eine Stunde auf Pfaden und Kieswegen durch den Hosterwald. Danach hatte Elaine drei Telefonnummern in der Tasche von Frauen, bei denen sie bei Gelegenheit auf einen Kaffee vorbeischauen sollte. Rolf nahm das erfreut zur Kenntnis. Abends im Bett steckten sie ihre Nasen in Bücher und trieben die Erforschung ihrer Körper voran. Rolf konnte nicht genug von Elaine bekommen und kaum erwarten, bis sie sich ihm zuwandte und sie sich Freuden ergaben, von denen er die letzten Jahre geglaubt hatte, sie für immer ad acta gelegt zu haben. Und einmal saßen sie einfach nur auf der Couch und knutschten wie zwei verliebte Teenager, mitten am Tag, bei geöffneter Terrassentür.

NOVEMBER 2004, RIVA DEL GARDA

Jerome sitzt auf einer Mauer, wirft kleine Steine ins Wasser
und schaut auf die glatte Oberfläche des Sees, auf der die Kie-
sel konzentrische Kreise hinterlassen. Es ist früh am Morgen und kalt. Dunst liegt über dem Wasser, man kann kaum
den nächsten Ort erkennen oder die Berge. Sie sind verdeckt
durch dichten Nebel. Jeromes einzige Gesellschaft am Ufer,
so früh am Morgen, sind die Enten, denen die kühle Seeluft
nichts anzuhaben scheint und die nach den Steinen tauchen,
die er geworfen hat, in der Hoffnung, es seien Brotkrumen.
Es ist so kalt, dass Jeromes Atem in kleinen Wolken vor seinem Gesicht aufsteigt.

Gerade in der letzten Nacht hat Jerome wieder von Anni und
Hendriks weißblonden Haaren geträumt. Beim Aufwachen
war ihm schlecht gewesen, aber erbrochen hat er sich nicht.
In den letzten Wochen seit Mitte Oktober ist er zum einzigen
Übernachtungsgast von Luciano geworden. Er hat viel Zeit
zum Nachdenken. Ab Herbst bleiben die Touristen aus, hat
Luciano schon mehrmals erwähnt, und sein Blick ist dabei
nervös geworden, als wolle er sagen: Was soll ich im Winter
mit dir machen, mein Junge?

Aber gesagt hat Luciano noch nichts darüber. Jerome versteht
mittlerweile alles, was die Menschen um ihn herum sprechen.
Nicht jedes einzelne Wort, und beim Sprechen macht er selbst
viele Fehler, aber er ist in der Lage, jegliche Unterhaltung problemlos auf Italienisch zu führen, die ihm im Alltag begegnet.

Sein Zimmer – seine Kammer – hat er gemütlicher gestaltet, Poster aufgehängt, einen kleinen Tisch mit Stuhl von Luciano bekommen, an dem er lernen kann, und eine Kiste, in der er seine Kleider aufbewahrt. Eine Jacke hat er sich kaufen müssen, neben einigen anderen Kleidungsstücken, da es auch am Gardasee nun langsam empfindlich kalt wird, vor allem in den Nächten.

Diesen Tag verbringt Jerome wie alle anderen Tage ab neun Uhr in der Bar. Zuvor hat er gefrühstückt, ein Hörnchen und einen Espresso, und wie jeden Morgen hat er versucht, seine schwarzen Locken mit einem grobzackigen Kamm zu bändigen. Aber sie sind widerspenstig, die Haare, und der Wirbel an seinem Hinterkopf, der immer genau eine Lockensträhne in die Höhe stehen lässt, erinnert ihn jeden Morgen an seinen Vater, der zeitlebens das gleiche Problem hat.

In der Bar ist nicht mehr viel los. Die Gäste sind vorwiegend Italiener, die während der Saison am Gardasee arbeiten und im Herbst in ihre Heimat zurückkehren – in die Po-Ebene, ins Friaul, nach Sardinien, zu ihren Familien. Sie trinken am Morgen Espresso und essen süße Hörnchen, und ab zwölf Uhr kommen bereits die ersten Feierabendgäste, trinken Rotwein, essen Erdnüsse und beschließen den Tag mit einem Grappa. Gegen Abend schauen die Männer Fußball – irgendein Spiel läuft immer.

»Am fünfzehnten November schließe ich, mein Junge«, sagt Luciano an diesem Abend, nachdem die letzten Gäste gegangen sind und er wie üblich, die filterlose Zigarette im Mund-

winkel, Jerome beim Aufräumen zuschaut. Draußen prasselt
Regen auf das Kopfsteinpflaster.

»Welche Pläne hast du?«, fragt der alte Mann weiter.

Jerome zuckt mit den Schultern.

»Ich schließe bis kurz vor Ostern«, fährt Luciano fort.

Jerome schaut auf: »Du schließt ganz? Auch die Pension?«

»Ja. Ich gehe über Winter zu meinem Bruder nach Pieve.«

Jerome hält in seiner Bewegung inne.

»Willst du mich auf die Straße setzen?«

Der alte Mann zieht die Augenbrauen hoch.

»Das Haus hat keine Heizung. Ich stelle am fünfzehnten November den Strom ab. Doch ich kann dich jemandem vorstellen – «, er hält inne, zögert kurz, schnalzt mit der Zunge,
»Jemandem, der Arbeit hat. Andere Arbeit.«

»Welche Arbeit?«

»Innenausbau. Er bezahlt wenig, noch weniger als ich. In
einer Kolonne.«

»Kolonne?«

»Ja. Eine Kolonne – sie ziehen in den Wintermonaten um
den ganzen Gardasee herum und renovieren die Hotels, die
diesem Mann gehören.«

»Ist es seriös?«

Luciano lacht.

»Er bezahlt vielleicht vier oder fünf Euro für die Stunde, mit
Unterkunft. Seine Frau ist Russin.«

Jerome schaut den Alten an.

»In Ordnung. Sag mir, wo ich hingehen muss.«

Am nächsten Morgen bringt Luciano Jerome zu einem prächtigen Hotel jenseits der Hauptstraße, in Richtung Landesinnerem, in einen Teil von Riva, wo keine Einheimischen wohnen, sondern nur Touristen. Schon von außen springt einem der Luxus der Anlage ins Auge, das Hotel hat sicher vier oder mehr Sterne und liegt in einer Gegend mit vielen anderen, erstklassigen Hotels. An diesem grauen Novembertag sieht es verlassen aus, fast wie eine Filmkulisse.

»Wir gehen hinten rein«, sagt Luciano und zieht Jerome über den Parkplatz, an leeren Swimmingpools und verlassenen Terrassen vorbei. An Fenstern entlang, die augenscheinlich zur Küche gehören, hin zu einer Tür, neben der große, graue Mülltonnen stehen. Palmen rascheln im Wind. Luciano zieht den Mantelkragen hoch, als er an die Stahltür klopft.

Ein junger Mann öffnet, sicher nicht viel älter als Jerome. Luciano sagt etwas auf Italienisch zu ihm, aber der Kerl schüttelt den Kopf, er versteht Luciano nicht. Das wird Jerome im Folgenden noch oft erleben: Kollegen, die ihn nicht verstehen, weil sie noch weniger Italienisch können als er selbst. Aus Kroatien kommen sie, oder Rumänien, aber auch Algerier und Tunesier und sogar einige Schwarzafrikaner sind dabei.

Der Junge, der ihnen die Tür geöffnet hat, führt sie durch Flure zu einem Aufzug. Sie fahren hinauf in die vierte Etage, gehen erneut durch einen mit Teppich ausgelegten Flur und klopfen am Ende an eine Tür, auf der in goldenen Buchstaben steht: Privato – Privat.

Der Padrone, wie Jerome ihn später nennen wird, ist ein gepflegter Mann in den Vierzigern, schlank, mittelgroß, in Jeans, Hemd und Krawatte. Sein volles, schwarzes Haar glänzt. Freundlich begrüßt er Luciano und Jerome mit Handschlag, dann setzen sie sich an einen großen Holztisch, um den zwölf Stühle stehen. Kaffee steht bereit. Es handelt sich offensichtlich um eine Suite des Hotels, vermutet Jerome, mit Sitzecken, üppiger Blumendekoration und Kronleuchtern an der Decke. An den Wänden hängen Drucke von modernen Künstlern, und von den riesigen Panoramafenstern aus kann man in der Ferne im Nebel den Gardasee erahnen.

»Luciano, wie kann ich Ihnen helfen?«, sagt der Padrone.

Luciano seufzt. Dann sagt er: »Er ist ein guter Junge«, er deutet auf Jerome, »aber er hat keine Papiere.«

»Seit wann arbeitet er für dich?«

»Seit Juli. Vier Monate.«

»Er spricht Italienisch?«

Jerome, der jedes Wort verstanden hat, nickt eifrig. Auch wenn ihm die Situation etwas unheimlich ist und der Padrone ihm durch sein sicheres und gepflegtes Auftreten Respekt einflößt, will er doch zeigen, dass er willig ist zu arbeiten.

Der Padrone wendet sich ihm zu.

»Woher kommst du?«

»Deutschland«, sagt Jerome und räuspert sich.

»Deutschland?«, die Verwunderung ist im Blick des Mannes zu erkennen, »Hast du etwas angestellt in deiner Heimat?«

Jerome schüttelt den Kopf.

Luciano sagt: »Er ist ein guter Junge. Immer pünktlich, nie war er krank. Er macht keinen Ärger.«

Der Padrone nickt.

»Du bist noch jung.«

»Ich bin sechzehn.«

»Sechzehn? Sucht man dich nicht?«

»Nein. Ich habe dafür gesorgt.«

»Du hast dafür gesorgt?«, der Padrone lacht, »das gefällt mir, der Ausdruck, du hast dafür gesorgt!«

»Es stimmt, es wird nicht nach ihm gesucht«, sagt Luciano.

»Du hattest noch nie Kontakt mit den Carabinieri oder der italienischen Fremdenpolizei?«

Wieder schüttelt Jerome den Kopf.

»Nun gut. Ich vermute, du kennst dich auf Baustellen noch nicht aus. Trockenbau, Innenausbau, streichen, tapezieren, Wände abreißen und wieder aufbauen. Zementsäcke schleppen und so weiter. Das wirst du lernen.«

Lucianos Gesicht hellt sich auf. Jerome ist erleichtert.

»Du musst mir nur deinen deutschen Ausweis geben. Wenn du dich gut anstellst, bekommst du ihn wieder.«

Jerome schaut fragend zu Luciano. Der zuckt mit den Schultern.

»Ist normal«, sagt er.

»Und kein Konto bei der Bank. Alles geht über Bargeld. Einverstanden?«

Jerome nickt.

»Morgen kannst du anfangen. Unten ist noch ein Schlafplatz
frei.«

Als Jerome und Luciano in die kühle Novemberluft hinaus-
treten, klopft der alte dem jungen Mann auf die Schulter.

»Mach dir keine Gedanken. Der Padrone ist kein schlechter
Kerl. Wenn du fleißig bist, wird es dir gut gehen«, dann lacht
er und schaut ihm direkt in die Augen: »Willkommen in Italien, mein Junge. Wer über Winter bleibt, bleibt für immer.«

Am nächsten Morgen schenkt Luciano ihm zum Abschied
fünfzig Euro, eine große Tüte Amarettini, die er so liebt, und
eine Telefonnummer.

»Von meinem Bruder in Pieve. Wenn du in Not gerätst,
kannst du anrufen. Aber nur dann«, sagt Luciano, »Ich will
nicht, dass du Ärger machst. Nirgendwo. Machst du Ärger,
bekomme ich Probleme, verstanden?«

Jerome nickt. Sie umarmen sich, Jerome murmelt ein »Mille
grazie« in Lucianos Ohr. Er schultert seinen Rucksack und
die beiden großen Plastiktüten, in die er alle seine Habseligkeiten gepackt hat. Er verschwindet im Nebel, der über der
Altstadt liegt.

MAI 2017, HIRZWEILER

Schon früh am Morgen hörte Elaine Rolf im Garten hantieren. Als sie aus dem Schlafzimmerfenster blickte, sah sie, wie Rolf in einer Ecke des Gartens aus großen, viereckigen Steinen einen Kreis legte. Dann trug er ein Metallgestell aus drei langen Stangen zu dem Kreis und stellte es darüber auf. Schließlich hängte er zwischen die drei Stangen einen Grillrost, der frei schwingen konnte. Offensichtlich handelte es sich um eine Grillstelle, die er da aufbaute.

Elaine spürte eine Welle der Freude. Grillfeuer – das weckte Erinnerungen an ihre Kindheit. Zwar hatten sie nie auf einem solchen Gestell gegrillt, sondern auf einem eigens dafür gebauten Außenofen, aber der Duft des Holzfeuers würde der gleiche sein.

Rolf verschwand aus Elaines Blickfeld und kehrte nach einer Weile mit einem großen Weidenkorb zurück, der mit Holzscheiten gefüllt war. Den Korb stellte er neben die Grillstelle und ging ins Haus zurück.

Es war kurz nach acht Uhr.

»Elaine!«, rief er von unten, »möchtest du mit mir einkaufen fahren?«

»Gib mir fünf Minuten!«, rief sie zurück und huschte ins Bad. Im Spiegel betrachtete sie ihr Gesicht. Sie dachte: Ich bin vierunddreißig Jahre alt und werde heute Abend die Tochter des Mannes kennenlernen, den ich als meinen Partner ausgewählt habe. Ich bin nervös bis in die Fingerspitzen, obwohl

– oder gerade weil? – sie nur neun Jahre jünger ist als ich.

Sie spritzte sich Wasser ins Gesicht und zog sich Jeans und Bluse an. Sie war keine Freundin des aufwendigen Schminkens schon am frühen Morgen – das hatte sie sich seit ihrer Rückkehr aus Hamburg schnell abgewöhnt.

Auch Rolf war seit den frühen Morgenstunden nervös. Er schloss es aus seinen umherschweifenden Gedanken, in denen er sich alle möglichen Szenarien ausmalte: würden sich die Damen gut verstehen, auf den ersten oder zweiten Blick, oder würden sie umeinander herumschleichen wie Katzen, sich anfauchen und froh sein, wenn der Abend vorüber war? Er kannte seine Tochter Anni nur zu gut. Sie hatte durch eigene Anstrengungen innerhalb kürzester Zeit ein intellektuelles Niveau und einen Lebensstil erreicht, von dem auch Linda immer geträumt hatte. Erst glänzende Noten an der Uni, dann Arbeit und Wohnung in Paris. Vermutlich würde Anni ihre Karriere in diesem Tempo fortsetzen, wenn kein Mann dazwischen funkte. Und so wirkte Anni manchmal arrogant, was sie vielleicht auch war. Überlegen in Aussehen und Intelligenz, hatte sie sich schon mehrfach negativ über Menschen geäußert, die mit einer einfacheren Lebensart zufrieden waren. Vor allem mit der dörflichen Kultur kam sie nicht gut klar. Sie betrachtete die Menschen im Dorf, insbesondere ihre hier lebenden Altersgenossen, häufig mit mühsam zurückgehaltener Herablassung. Schwatzhafte Zurückgebliebene, hatte sie einmal gesagt. Wie sie auf Elaine reagieren würde, konnte er nicht wirklich vorhersagen. Er spürte nur, dass ihm wichtig war, dass die beiden sich kennenlernten. Und sich nicht die Augen auskratzten.

Rolf und Elaine fuhren in den nahegelegenen Supermarkt und kauften ortsübliches Grillgut – weiße Bratwürste und Schwenkbraten. Dazu Salat und Baguette.

Zwischen den Kühlregalen trafen sie Hendrik.

»Grillt ihr heute?«, fragte dieser mit breitem Grinsen. Er hatte die blonden Haare mit Gel zurück gestrichen, was seltsam ungepflegt aussah und seine sowieso schon großen Augen noch größer wirken ließ.

Rolf nickte und stemmte die Hände in die Hüften. »Ja, Anni kommt heute.«

Henrik schaute interessiert. »Habt ihr noch Plätze frei?«

»Nein, heute leider nicht. Familientreffen, sozusagen«, meinte Rolf, »aber nächstes Mal kannst du kommen!«

»Alles klar! Macht's gut!«

Als Hendrik Richtung Getränkeabteilung verschwunden war, sagte Elaine: »Ihr mögt euch nicht. Vielmehr, du magst ihn nicht. Oder?«

Rolf ging weiter und brummte.

»Man sieht es an deiner Körperhaltung. Du machst dich dann so – fest.«

»Fest?«

»Ja, als wärst du kurz vor einer Schlägerei.«

»Ich?«, er lachte, »ich hatte noch nie eine Schlägerei, mach dir keine Sorgen!«

Damit war für Rolf das Thema erledigt. Elaine dachte noch

ein wenig länger über Hendrik nach, spürte, dass sie ihn nicht mochte, er ihr aber nicht wichtig genug war, um diese Überlegungen zu vertiefen.

»Vielleicht putzen wir noch das Kinderzimmer, bevor Anni heute Abend kommt?«, sagte sie, als sie im Auto saßen.

»Oh, ja!«, sagte Rolf. Über seinen Grillvorbereitungen hatte er das Putzen fast vergessen.

Gegen sechzehn Uhr war alles bereit. Sie setzten sich in Rolfs Golf und fuhren los. Das Wetter spielte mit, es war über zwanzig Grad, das Grillen im Garten würde sicher schön. Irgendwie freute sich Elaine nun, Rolf so zu sehen: Auf eine besondere Art freudig aufgeregt. Wie er erzählte, sah er Anni nur alle paar Monate. Zu besonderen Anlässen kam sie ins Dorf – an Weihnachten, Ostern, Lindas Todestag und Rolfs Geburtstag. Die anderen Male fuhr er zu ihr nach Paris und übernachtete dort jeweils in einem ihrer Wohnung nahe gelegenen Hotel. Er mochte die Stadt im Gesamten nicht, wie er meinte, aber das Viertel, in dem Anni wohnte, begeisterte ihn jedes Mal mit seiner Multikulturalität und dem damit einhergehenden Sprachengewirr. Es gab dort ein Antiquariat und einen großen Buchladen, die er bei jedem seiner Aufenthalte besuchte und in denen er sich stundenlang verlieren konnte. Und dass seine Tochter seine Leidenschaft für das geschriebene Wort teilte und in der Verlagsbranche tätig war, erfüllte ihn ganz offensichtlich mit Stolz. Elaine kraulte vom Beifahrersitz aus seinen Nacken und sein dichtes Haar, das an einigen Stellen noch schwarz war, an anderen grau.

»Das hat aber schon lang keine mehr gemacht!«, lachte er.

Ihr fiel ein, dass sie noch keine Fotos gesehen hatte, keines von Rolf in jüngeren Jahren, keine Fotos seiner Kinder, und auch kein Bild von Linda. Das werden wir nachholen müssen, dachte Elaine, denn das – seine Vergangenheit – ist auch Teil seiner Welt.

»An was denkst du?«, fragte er, während er den Wagen gelassen auf die richtige Abfahrt lenkte.

»Ich bin ein wenig nervös«, sagte sie.

Er nahm ihre Hand.

»Ich auch.«

Mit sechs Minuten Verspätung fuhr der Zug im Bahnhof ein. Elaine und Rolf standen Arm in Arm auf dem Bahnsteig, aber Rolf löste sich von ihr, als sich die automatischen Türen der Waggons mit einem Zischen öffneten.

Menschen strömten heraus, und irgendwann auch eine kleine, junge, blonde Frau, die einen Trolley hinter sich her zog und auf Rolf zuschritt. Sie trug ein helles, sehr elegant aussehendes Kostüm und Pumps, die sicher teuer gewesen waren.

»Papa!«, rief sie strahlend, die Betonung auf der zweiten Silbe, französisch hörte es sich an. Die beiden umarmten sich.

Elaine hielt sich im Hintergrund. Anni war zierlich, sehr schmal und kantig, die langen, blonden Haare zu einem losen Dutt aufgesteckt, und auf den ersten Blick konnte Elaine keine Ähnlichkeit zwischen Rolf und ihr feststellen. Als Rolf und Anni die Umarmung lösten, bemerkte Elaine, dass hinter Anni noch eine Person stand, ebenfalls eine junge Frau, deren Blick erwartungsvoll zwischen Rolf und Anni hin und her ging. Diese andere junge Dame schien im gleichen Alter wie Anni zu sein, unterschied sich aber vom Typ her deutlich von ihr. Sie trug weite Jeans und ein schwarzes T-Shirt, hatte kurze, braune Haare und war von eher kräftiger Statur.

Anni blickte Rolf an, dann Elaine, die einen Schritt zu ihnen getreten war.

»Das ist Elaine«, sagte Rolf und zog Elaine an seine Seite. Anni streckte die Hand nach ihr aus und begrüßte sie mit einem sehr festen Händedruck.

»Schön, Sie kennenzulernen«, sagte Anni.

»Schön, dich kennenzulernen. Können wir uns duzen?«, fragte Elaine, und Anni lachte.

»Aber natürlich«, antwortete sie. Plötzlich war die Ähnlichkeit mit Rolf zu erkennen, ihre geschwungenen Lippen, die Form der Augen, die Art ihres Lächelns.

Wie bezaubernd, dachte Elaine.

Auch die junge Frau mit den kurzen Haaren war einen Schritt vorgetreten. Anni drehte sich zu ihr um, tauschte einen Blick mit ihr, und sagte, wieder zu Rolf und Elaine gewandt:

»Und das ist Jill. Sie versteht ein wenig Deutsch, wenn Ihr

langsam redet. Sie spricht gut englisch, und natürlich französisch.«

Sie schüttelten Hände.

»Fahren wir?«, fragte Anni, »Wir haben einen Bärenhunger, Jill und ich. Wir grillen, oder?«

Sie gab ihrem Vater einen Klaps auf den Arm, der daraufhin nickte und ihr den Trolley abnahm. Zu viert gingen sie zum Parkplatz, Rolf und Elaine vorne, Jill und Anni dahinter. Sie plapperten in schnellem Französisch vor sich hin. Offensichtlich erzählte Anni Jill die notwendigen historischen Fakten über Saarbrücken. Elaine verstand fast alles, hatte sie doch in ihrer Kindheit einige Jahre in Frankreich verbracht. Rolf verstand, trotz Französisch-Kurs, so gut wie nichts. Seine Augenbrauen waren in die Höhe geschossen, als er Jill die Hand geschüttelt und dabei bemerkt hatte, dass in Jills rechtem Ohr so viele kleine Silberkreolen steckten, dass er sie auf die Schnelle nicht hatte zählen können. Dort waren sie geblieben, seine Augenbrauen, oben, und verursachten ein leichtes Runzeln auf seiner Stirn, das aber nur Elaine bemerkte.

»Sie hat noch nie eine Freundin mitgebracht«, zischte er, während sie zum Auto gingen. Er redete so leise, dass Elaine ihn den Satz zweimal wiederholen lassen musste, bis sie verstanden hatte.

»Was flüstert Ihr da vorne?«, rief Anni, »Man flüstert nicht, wenn man Gäste hat!«

In Hirzweiler angekommen, verschwanden die beiden jungen Damen im oberen Stockwerk, um sich einzurichten. In der Küche rührte Elaine die Salatsoße an. Rolf packte das Fleisch aus und legte es in eine Glasschale.

»Ist alles in Ordnung?«, fragte Elaine. Rolf war während der Fahrt recht wortkarg gewesen.

»Mein Französisch ist nicht das Beste«, sagte er und warf die Plastikverpackung, aus der er das Fleisch entnommen hatte, in den Müll.

»Das weiß ich ja«, sagte Elaine. Sie erinnerte sich gut an ihren ersten gemeinsamen Abend in Rolfs Bibliothek, als er ihr aus einer französischen Ausgabe von »Der Name der Rose« vorgelesen hatte. »Aber ich meine, ist sonst alles in Ordnung?« Prüfend sah sie ihn an. Er zuckte mit den Schultern und sagte nichts.

»Ist Jill ihre Freundin?«, fragte Elaine. Wieder zuckte er mit den Schultern und nahm die Schale mit dem Fleisch in die Hand.

»Ich muss draußen Feuer machen«, sagte er.

Elaine seufzte. Ich bin wohl nicht die einzige Überraschung, die heute vorgestellt wird, dachte sie.

Rolfs Stimmung lockerte sich, als das Feuer brannte und sie um die Grillstelle herum saßen. Anni hatte ihr Kostüm gegen eine lockere Baumwollhose, Bluse und Flip-Flops ausgetauscht und hielt, wie Elaine, ein Glas Prosecco in der Hand. Jill war in Rolfs Achtung gestiegen, seit sie mit einer Flasche Bier neben ihm saß und versuchte, mit ihm Konversation zu betreiben, und zwar über die Qualität des deutschen Bieres im Allgemeinen. Ihr Deutsch war mindestens so radebrechend wie Rolfs Französisch, aber sie versuchte es mit Händen und Füßen. Sie war eine charmante, wenn auch sehr kernige junge Dame, ganz anders als Anni und ganz anders als Elaine. Sie hatte die Schuhe ausgezogen und steckte ihre Füße in den frisch gemähten, kurzen Rasen. Rolf hatte den Impuls, es ihr gleich zu tun, tat es aber nicht. In einer kurzen Gesprächspause zählte er die Kreolen in Jills linkem Ohr. Es waren fünf.

»Sagt mal«, sagte er in eine kurze Stille hinein. Er blinzelte, in der einen Hand die Bierflasche, die andere Hand auf seinem Knie, »sagt mal, seid ihr ein Pärchen?«

Er schaute Anni an, deren Mund sich zu einem belustigten Lächeln verzog.

»Ja, Papa, das hast du ganz richtig erkannt.«

Anni übersetzte für Jill. Sie lächelte ebenfalls und prostete Rolf zu.

»Mais oui«, sagte sie.

»Hätte ich es früher erwähnen sollen?«, sagte Anni, »ich dachte, es ist eine gute Gelegenheit, dass wir uns alle endlich kennenlernen!«

Sie stupste Elaine mit dem Ellenbogen an. Diese nickte und versuchte, nicht loszulachen. Rolfs erstauntes, ernstes, beherrschtes Gesicht war einmalig. So hatte sie ihn noch nie gesehen – als Vater, streng und verwundert zugleich, ja, er gab sich Mühe, die Tatsache zu verdauen, dass seine Tochter offensichtlich lesbisch war.

Tatsächlich dachte er: Das hätte ich mir denken können, sie hat noch nie einen Freund mit nach Hause gebracht, nie über Männer geredet, schon vor zehn Jahren nicht, in ihrem Zimmer hingen damals immer nur Poster von Janet Jackson und Melissa Etheridge, und zum Abitur hat sie sich die Haare raspelkurz rasiert, noch kürzer als Jills Haar jetzt, so dass ihre Kopfhaut durch die Stoppeln geschienen und sie ausgesehen hatte wie eine Krebskranke nach der Chemotherapie. Und er dachte: So viel zum Thema Enkelkinder. Jerome irgendwo in der Welt, kein Mensch weiß, wo genau und was er treibt, und meine Tochter: Zusammen mit einer burschikosen Französin namens Jill.

»Elaine ist vierunddreißig«, sagte er stattdessen.

Elaine hielt sich weiter schmunzelnd die Hand vor den Mund, als sie sah, wie Anni nun verwundert die Augenbrauen hochzog, als sie den Altersunterschied ausgerechnet hatte, und diese Neuigkeit dann Jill übersetzte.

»J'ai compris«, sagte diese, ich habe verstanden, »c'est une soirée des révélations!«, das ist ein Abend der Offenbarungen. Elaine lachte, stand auf und ging zu Rolf. Umfasste von hinten seine Schultern, beugte sich zu ihm herab und rieb ihre Wange an der seinen.

»Meinst du nicht, du könntest jetzt das Fleisch auf diesen Rost legen? Wir Mädels haben wirklich unglaublichen Hunger!«

Später, zum Essen, saßen sie zu viert drinnen um den Esszimmertische herum. Es gab jede Menge zu erzählen – es galt, sich kennenzulernen. Anni nahm als erstes Elaine unter die Lupe und übersetzte deren Schilderungen für Jill simultan ins Französische.

Woher kommst du? Welchen Beruf hast du? Du studierst? Wo und wie habt ihr euch kennengelernt?

Rolf saß daneben und stellte fest, dass Anni sich ebenso neugierig und aufgeschlossen verhielt wie die Menschen in Hirzweiler und somit ihre Herkunft nicht verleugnen konnte. Sie zeigte sich von ihrer geschmeidigen, lockeren Seite und war gut gelaunt. Das freute ihn natürlich. Elaine erzählte ihre offizielle Version – sie sei in Hamburg verheiratet gewesen, habe sich getrennt und sei nach Saarbrücken gezogen, um sich beruflich umzuorientieren. Davon war kein Wort gelogen. Des weiteren, dass sie und Rolf sich tatsächlich durch Hugo und dessen junge Freundin Sybille kennengelernt und sich Tage später durch einen glücklichen Zufall in einer Buchhandlung wiedergetroffen hatten.

Anni fragte: »Und was findest du ausgerechnet an meinem alten Herrn?«

»Das erzähle ich dir, wenn er mal nicht zuhört«, antwortete Elaine mit einem Augenzwinkern.

Jill schilderte auf Französisch, wie Anni und sie zusammengefunden hatten: Jill war Annis Frisörin, und Anni ihre Kundin in einem kleinen Friseursalon in direkter Nähe zum Gare de l'Est. Jeden Morgen ging Anni auf dem Weg zur Arbeit von ihrer Wohnung in der Impasse Boutron an dem Friseursalon vorbei, um mit der Metro vom Gare de l'Est ins Büro nach Orly zu fahren. Jill hatte ihr einige Male die Haare geschnitten, Anni war zur Stammkundin geworden und der Friseursalon irgendwann zu dem Ort, an dem sie abends nach der Arbeit auf einen Aperol vorbeischaute.

»Sie hat sich lange geziert, bis sie mich zum ersten Mal mit nach Hause genommen hat«, sagte Jill, »aber eines Abends war es so weit.«

»Seither wohnt Jill quasi bei mir«, sagte Anni.

»In deiner 30-Quadratmeter-Wohnung in der Impasse Boutron? Ist das nicht zu klein?«, fragte Rolf.

»Nein. Zur Zeit läuft alles prima. Und wenn ich anfange, ihr auf die Nerven zu gehen, suchen wir uns eine größere Wohnung!«, sagte Anni. Jill lachte.

Beim Digestif – Anni hatte eine Flasche Armagnac mitgebracht – kamen sie auf die Vergangenheit zu sprechen und auf die Personen, die nicht mit ihnen am Tisch saßen.

»Ich möchte Jill gerne Bilder von Jerome zeigen. Wenn das für dich in Ordnung ist«, sagte Anni zu Rolf. Als er nicht sofort antwortete, schob sie nach: »Du hast Elaine doch von ihm erzählt? Und von Mamas Unfall?«

Er nickte. Im Gegensatz zu Jill und Anni, die, wie sie erzählt hatten, nun bereits seit über einem halben Jahr zusammen wohnten, hatten er und Elaine im Gesamten erst wenige

Tage und Nächte miteinander verbracht. Wir legen tatsächlich ein ganz schönes Tempo vor, dachte er, vielleicht liegt es daran, dass Elaine bald für einige Zeit zurück nach Hamburg muss, oder vielleicht doch an meinem Alter.

Jedenfalls war er nun froh, Elaine bereits alle wichtigen Fakten präsentiert zu haben.

»Ich möchte auch gerne Bilder sehen von Jerome. Und von Linda, wenn es Euch nichts ausmacht«, sagte Elaine und legte Rolf eine Hand auf den Arm.

»Jetzt?«, fragte dieser. Die Damen nickten. Rolf stand auf, um im Keller zu verschwinden.

»Seit Mamas Tod hat er alle Fotos von der Familie, die es im Haus gab, in einer Kiste in den Keller verbannt«, sagte Anni und zog entschuldigend die Schultern hoch.

Sie räumten zu dritt den Tisch ab, Elaine, Jill und Anni. Und dann kam auch schon Rolf aus dem Keller zurück, eine große Kiste aus Pappe in den Händen. Er stellte sie auf den freigeräumten Tisch.

»So«, sagte er, »wer als erstes heult, geht morgen früh Brötchen kaufen.«

Am nächsten Morgen erwachte Elaine mit stechenden Kopfschmerzen. Die Sonne schien taghell ins Schlafzimmer, und Katze Kate lag zusammengerollt zu ihrer Linken. Aus den Geräuschen, die aus dem unteren Stockwerk zu hier hoch drangen, konnte sie schließen, dass alle anderen bereits wach waren und frühstückten. Jill hatte am Abend zuvor als erste Tränen vergossen, beim Anblick von Fotos, die Anni und Jerome als Kinder zeigten. Elaine hatte erst geheult, als sie Rolfs und Lindas Hochzeitsfoto in die Hände bekommen hatte. Warum, wusste sie selbst nicht genau. Vielleicht, weil Linda so ganz anders ausgesehen hatte als sie selbst, vielleicht auch, weil Rolf so ganz anders ausgesehen hatte als heute. Sie fragte sich, ob sie ihn damals ebenso attraktiv gefunden hätte. Und ja, selbstverständlich, hatte sie Rolfs Gesicht betrachtet, als er die Fotos in die Hand genommen hatte, die ihn und seine Frau zeigten. Sein Blick war weich geworden, und Elaine hatte sich gefragt, an was er wohl denken mochte. Eifersucht auf die Vergangenheit, das ist das Letzte, was ich zur Zeit gebrauchen kann.

Nun kraulte sie die Katze, die wie ein kleiner Motor anfing zu schnurren. Die Kopfschmerzen führte sie auf den Armagnac zurück. Die Flasche war am Ende des Abends leer gewesen. Sie genoss trotz Kopfschmerzen die Wärme im Bett. Sie verspürte keinerlei Impuls aufzustehen und sich zu den anderen zu gesellen.

Da kam Rolf durch die Tür, ein Tablett in den Händen, auf dem eine dampfende Tasse Kaffee stand und auf einem Teller ein Brötchen mit Brombeermarmelade lag. Er lächelte sie fragend an – irgendwie verstand er, dass sie eigentlich gerade lieber alleine sein wollte. Sie richtete sich auf und er stellte ihr das Tablett auf die Knie. Strich ihr mit der Hand eine Haarsträhne hinter das Ohr.

»Alles ganz schön viel«, sagte er und setzte sich neben sie auf die Bettkante.

Sie nickte.

»Für uns alle, denke ich«, sagte sie.

»Es ist gleich elf Uhr. Jill und Anni möchten noch mit mir zusammen auf den Friedhof. Möchtest du mitkommen?«

Sie schüttelte den Kopf. »Ich werde gern mit dir bald zu Lindas Grab gehen, wenn dir das wichtig ist. Aber nicht jetzt. Ich habe übelste Kopfschmerzen.«

Er nickte. »Die Kopfschmerztabletten sind im Badezimmerschrank, oberste Schublade. Um ein Uhr muss ich Jill und Anni nach Saarbrücken zum Bahnhof fahren.«

»Ich kann sie mitnehmen, ich muss heute Nachmittag mal wieder in die WG.«

»Heute Nachmittag schon?« Er sah enttäuscht aus.

»Ja. Habe ich Sybille versprochen. Ich glaube auch, ich muss mal ein wenig nachdenken. Noch etwas für die Uni vorbereiten, Wäsche machen, Post durchsehen.«

Rolf nickte. »Gut. Wir gehen jetzt zum Friedhof. In einer Stunde sind wir wieder da.«

Elaine strich über seine Haare und küsste ihn auf die Wange. »Vielen Dank für das Frühstück.«

Als Rolf Elaines kleinem, schwarzen Wagen nachsah, wie dieser auf Höhe der Bäckerei zur Hauptstraße hin abbog, spürte er eine Leere in seinem Bauch, die nichts mit Hunger zu tun hatte.

Von einer auf die andere Sekunde war es wieder still im Haus, Jill und Anni auf dem Weg nach Paris, Elaine unterwegs in ihre WG. Am Mittwoch würde Elaine wiederkommen, hatte sie gesagt. Zum Abschied hatten sie sich fest umarmt.

Mittwoch, das war eine Ewigkeit hin.

Im Haus saß die Katze auf dem Esszimmertisch. Rolf hatte keine Energie, sie weg zu scheuchen.

Und jetzt?, dachte er, was mache ich? Schwimmen gehen? Den Rasen mähen?

Als erstes räumte er die Kiste mit den Fotos wieder weg. Diese stand noch im Esszimmer. Dieses Mal stellte er sie aber nicht in den Abstellraum im Keller, sondern in die Bibliothek, direkt neben das Klavier. Nach einigem Zögern nahm er ein Foto heraus, das sie zu viert zeigte: Linda, Anni, Jerome und er, in der Schweiz, in irgendeiner Klamm beim Wandern, im Hintergrund ein Wasserfall und sie alle vier im Vordergrund in Wanderkleidung. Jerome war acht, Anni drei Jahre alt gewesen. Sie waren zu dieser Stelle gefahren, weil es dort eine seltene Bergmoosart zu bestaunen gab, die Linda untersuchen wollte. Rolf hatte sich damals aufgeregt, dass Linda mit den Kindern in diese Klamm hatte steigen wollen. Es war ein rutschiger, felsiger Weg gewesen, nur ein Holzzaun sicherte den Weg vor steilem, abfallenden Gelände, es ging Dutzende Meter hinunter bis zu dem reißenden Tobel, dessen Wasser laut rauschte und einen zwang, die Stimme zu erheben, ja, sich fast anzubrüllen. Aber Linda hatte sich durchgesetzt wie immer: Er solle Anni bei der Hand nehmen, da würde schon nichts passieren, so trittsicher, wie er sei. Trotzdem war ihm mulmig gewesen und er erinnerte sich noch an den Wanderer, der das Foto von ihnen gemacht hatte. Der Wanderer hatte sich während des Fotografierens auf den Holzzaun gestützt, und Rolf hatte jede Sekunde damit gerechnet, dass der dünne Holzbalken brechen würde. Aber nichts war passiert, und Linda hatte ihre Moosproben eingepackt, um sie später zu Hause zu mikroskopieren und weiter zu züchten. Eine beträchtliche Fläche des Wintergartens war in jenen Jahren von großen, flachen Anzuchtbeeten bedeckt, in denen sie Farne und Moose und manchmal auch andere Pflanzen züchtete und untersuchte.

Rolf legte das Foto auf das Klavier.

Vielleicht werde ich doch das ein oder andere Bild einrahmen und aufhängen, dachte er.

Später ging er tatsächlich schwimmen – das Wetter zwang ihn fast dazu. Der Himmel war wolkenlos, die Temperatur angenehm, und außerdem rief gegen drei Uhr Hellmann an und fragte, ob Rolf Lust habe, mit ins Schwimmbad zu kommen.

»Hendrik und Hans-Werner gehen auch mit«, sagte Hellmann, »wir schwimmen Tandem auf zwei Bahnen, wer zuerst die sechzig knackt.«

»Das bist eindeutig du. Du hast die sechzig schon letzten Samstag geknackt, wenn du dich erinnerst!«

Hellmann lachte. »Rede keinen Unsinn. Wetten, wir schaffen es in weniger als dreißig Minuten!«

Das wäre auf den Fünfundzwanzigmeter-Bahnen kein Hexenwerk, sagte Rolf. Zehn Minuten später stand Hellmann vor der Tür, um ihn abzuholen.

JULI 2006, GARDASEE

Jerome sitzt einige Tage nach seinem achtzehnten Geburtstag auf einem großen Stein im Schatten von Olivenbäumen und lässt seinen Blick über den See schweifen, der weit unter ihm am Fuße der Hügel in der Sonne glänzt. Tiefblau wie ein Lapislazuli. Schweiß tropft Jeromes Schläfen herab, und er trinkt in großen Schlucken aus einer Wasserflasche.

Sein Fahrrad – ein altes, gebrauchtes Mountainbike, an dessen Rahmen die Farbe fast nicht mehr zu erkennen ist – liegt in der trockenen, sonnenverbrannten Wiese neben ihm. Er hat es geerbt von einem Kollegen aus der Arbeitskolonne, einem Schwarzafrikaner, der vor einigen Wochen nach Norden weiter gezogen ist – grobes Ziel: Skandinavien. Jerome bezweifelt, dass der Mann es bis dorthin schaffen wird, bis nach Dänemark, Schweden oder gar Norwegen, aber er hatte ihm stets Mut zugesprochen, denn: Wer nicht wagt, der nicht gewinnt – einer der wenigen Sprüche, die Jerome von seinem Vater übernommen hat. Und nun sitzt er selbst da, in der italienischen Frühabendsonne, und betrachtet die Landschaft und sein Leben der letzten beiden Jahre.

Es gibt keinen Ort am Ufer des Gardasees, den er noch nicht gesehen hat. Entweder mit der Arbeiterkolonne oder durch Ausflüge mit dem Fahrrad. Die Arbeit auf den Baustellen ist körperlich anstrengend und beginnt in der Früh um fünf Uhr in der Morgendämmerung. Jerome kann es meist nicht abwarten, bis endlich Feierabend ist – in der Regel zwölf Stunden später, um fünf Uhr am Nachmittag. Nicht wegen der Arbeit oder der Hitze, sondern weil er noch etwas anderes vorhat: Dann schwingt er sich auf das alte Fahrrad und erkundet die Umgebung. Er flieht – ja, er flieht vor der Langeweile und vor den Eskapaden seiner Kollegen. Denn entweder sitzen sie nach Arbeitsende in der Unterkunft herum und vertreiben sich die Zeit mit Zigaretten und Kartenspiel, manchmal auch Alkohol, oder sie ziehen um die Häuser, um Mädchen aufzureißen. Letzteres wird vom Vorarbeiter, einem dicken, kleinen Sizilianer, nicht gerne gesehen, da diese Ausflüge immer die Gefahr mit sich bringen, aufzufallen. Und auffallen, das ist nicht gut, wenn man für den einflussreichsten und wohlhabendsten Hotelbesitzer der Gegend arbeitet, und das auch noch illegal. Mehr als einmal in den letzten beiden Jahren hat Jerome erlebt, wie Kollegen, die es mit dem Spaß übertrieben hatten, plötzlich nicht mehr da waren: entlassen und am nächsten Tag von der italienischen Fremdenpolizei verhaftet. Davor hat Jerome Angst, denn auch wenn er Deutscher ist, so ist er doch nirgendwo gemeldet, und seine Papiere befinden sich immer noch in Riva del Garda im Büro des Padrone. Ein Mädchen, das ihm irgendein Risiko wert gewesen wäre, hat er noch nicht getroffen. Harmlose Schmusereien und Gefummel mit jungen Touristinnen am Kiesstrand des Sees in der Dunkelheit, ein Eis beim Spazierengehen am Tag, Hand in Hand mit einer jungen Engländerin, ja, aber nichts, was soweit geführt hätte, dass er seinen Nachnamen offenbart hätte. Touristinnen kommen und gehen. Jerome bleibt.

Er weiß nicht, ob und wie sich seine Lage durch das Erreichen der Volljährigkeit ändert, aber er denkt darüber nach, wie er sich informieren könnte. Als EU-Bürger, so hat er mitbekommen, darf er offiziell im Lande sein, solange er keine Ansprüche an den Staat stellt. Würden die Behörden ihn nach Deutschland melden, wenn er sich offiziell niederlassen würde? Wird er, trotz seiner regelmäßigen Anrufe in Deutschland bei seinen Eltern, doch noch irgendwie polizeilich gesucht? Er weiß es nicht.

In jedem Fall muss ich etwas ändern, denkt er, denn mit dieser Art Arbeit komme ich auf keinen grünen Zweig.

Ebenso hat er allerdings erlebt, wie der Vorarbeiter und auch im Hintergrund der Padrone sich um Kollegen kümmern, die krank werden oder einen Unfall haben. Sie sorgen für die Kranken und Verletzten – wer sich verletzt, sich erkältet oder aus einem anderen gesundheitlichen Grund nicht arbeiten kann, wird in der jeweiligen Unterkunft verpflegt oder nach Riva in das große Hotel gebracht, bis er wieder gesund ist. Bei Bedarf wird ein Arzt herbeigerufen. Verletzt sich jemand schwer bei der Arbeit, sei es ein gebrochener Arm, tiefe Schnittwunden oder ähnliches, wird derjenige in ein privates Krankenhaus gebracht. Der Padrone kommt für alle Kosten auf, denn die Arbeiter sind nicht krankenversichert. Trotzdem findet Jerome es erstaunlich, wie diese Welt tatsächlich funktioniert, am italienischen Staat vorbei, unter den Augen der Öffentlichkeit – denn sie sind als Bautrupps durchaus tagsüber für alle sichtbar, für Touristen und Einheimische, wenn sie Häuser verputzen, Schwimmbäder neu fliesen, Dächer eindecken. Man kann es wohl einen »Deal« nennen, den der Padrone mit den verschiedenen Behörden hat: Ich kümmere mich um die Illegalen, solange sie für mich arbeiten und sie keinen Ärger machen. Machen sie Ärger, melde ich sie euch, und dann könnt ihr mit ihnen verfahren, wie es die Gesetze vorschreiben. Noch nie sind sie als Bautrupp polizeilich kontrolliert worden. Nicht unbedingt die schlechteste Lösung, denkt Jerome oft. Er selbst ist froh, in den zwei Jahren noch nie ernsthaft krank gewesen zu sein. Im ersten Winter auf den Baustellen war er häufig erkältet gewesen, mit Halsschmerzen und Schnupfen. An die feuchte, neblige Luft am See in den frühen Morgenstunden und die körperlich oft schwere Arbeit hat er sich erst gewöhnen müssen. Auch spürt er manchmal Schmerzen in seiner Schulter, die wohl noch von dem Fahrradunfall vor zwei Jahren herrühren. Aber die Schmerzen behindern ihn nicht ernsthaft, sie sind nicht stark. Er spart von seinem Lohn, was möglich ist. Aber viel ist es nicht, denn für die Verpflegung müssen sie zum Großteil selbst aufkommen. Eine Russin kocht für sie am Nachmittag, aber das ist die einzige Mahlzeit, die frei zur Verfügung gestellt wird. Auch Kleidung, Zigaretten und Getränke verschlingen eine Menge Geld in dieser Touristenregion, wo alles teuer ist außer Espresso und Wasser. Jerome will nicht herumlaufen wie ein armer Kerl. Er will nicht, dass man ihm ansieht, in welcher Lage er ist. Jeden Tag rasiert er sich und zieht am Abend frische Kleidung an. Seine schwarzen Locken fallen ihm bis in die Stirn, seine Haut ist so dunkel wie die des sizilianischen Vorarbeiters. Er kann sich gefahrlos außerhalb der Unterkünfte und jenseits der Arbeit bewegen, man sieht ihm seine Illegalität nicht an, er ist auch bei seinen Fahrradausflügen noch nie kontrolliert worden, noch nie in Kontakt mit der lokalen Polizei gekommen. Er macht keinen Unsinn. Somit ist er ein geschätzter Arbeiter. Vieles hat er gelernt – er könnte mit seinen Händen ein ganzes Haus bauen, vom ersten Stein bis zum Verlegen der Wasserrohre und dem Innenausbau.

Seine Liebe aber gilt dem Holz, wie schon in früheren Jahren. Er spürt eine immer stärkere Liebe zu dem natürlichen Material, malt sich in Gedanken aus, was er daraus alles machen könnte, und drängt sich bei jeder Arbeit vor, die mit Holz zu tun hat: Abschleifen von Türen, Einbau von Holzfensterbänken, Polieren von Intarsien und dem Verlegen von Parkett. Talent hat er damit, sagt der sizilianische Vorarbeiter.

Ja, das Holz, und die frische Luft, wenn er mit dem Fahrrad unterwegs ist, das sind Jeromes Leidenschaften geworden. Er fährt auf diesem alten Mountainbike seines Kollegen die Wein- und Olivenberge hinauf und hinunter, auf Pfaden, manchmal über das freie Gelände, oft auf Asphalt. Es ist schon das dritte Fahrrad seit seinem Aufbruch von Zuhause und er ist ganz zufrieden damit. Aber eigentlich würde er sich liebend gerne eines dieser neuen Mountainbikes kaufen, ein Specialized Stumpjumper oder etwas Ähnliches, das Neueste auf dem Markt. Er sieht es oft in verschiedenen Ausführungen, wenn andere Mountainbiker an ihm vorüber rauschen. Oder in den Ortschaften um den See, sicher angekettet mit mehreren Panzer- und Bügelschlössern, während ihre Besitzer die touristischen Attraktionen der Altstädte besuchen. Sich ein solches Rad zu leisten, davon kann er nur träumen, das wird mit dieser Arbeit in der Kolonne niemals möglich sein. Von einem roten Fahrrad träumt er, rot und glänzend, und einem rot-weiß gepunkteten Helm wie der von Michael Rasmussen im Jahr zuvor, als dieser die Bergwertung der Tour de France gewann. Auch in diesem Sommer hängt Jerome vor dem Fernseher und verfolgt die Fortschritte seines Idols bei der Tour de France, wenn er nicht gerade selbst auf dem Fahrrad sitzt.

Entschlossen packt Jerome die Wasserflasche zurück in den Rucksack und steigt auf. Durch Olivenhaine und Weinberge fährt er wieder abwärts Richtung See. Er befindet sich im Hinterland von Bardolino, wird in der Ortsmitte wieder auf die Gardesana stoßen und zurückfahren bis Peschiera zum Campingplatz. Dort sind sie im Augenblick untergebracht, in Mobilhomes, kleinen Campinghäusern. Am Tag ist es ihre Aufgabe, Holzbungalows in einem neuen Teil des Campingplatzes aufzubauen, keine sehr schwere Aufgabe.

Bei allem, was in Jerome vorgeht, denkt er wenig an zu Hause. Natürlich, es war gerade sein achtzehnter Geburtstag. Hier weiß es niemand, aber zu Hause in Hirzweiler werden sie an ihn gedacht haben, sie werden sicher traurig und wütend sein. Sie werden ihn vermissen. Doch es ist keine Alternative zurück nach Deutschland zu gehen. Hier am See hat er Arbeit, Freunde, Freiheit. Zuhause stünde er als Verlierer da, ohne Ausbildung, ohne Schulabschluss, zurück im Elternhaus. Das würde er nicht aushalten.

Während er auf die stark befahrene Gardesana einbiegt – es ist Juli, der italienische Ferienmonat schlechthin – denkt er an seine kleine Schwester Anni, die mittlerweile vierzehn Jahre alt ist. Und er fragt sich, wie es vor zwei Jahren wohl weiterging mit seinen Eltern. Das fragt er sich oft. Aus seinen Telefonaten mit Zuhause weiß er, dass alle noch unter einem Dach wohnen, denn manchmal hebt seine Mutter, manchmal sein Vater das Telefon ab. Wie die Geschichte mit Hendrik und seiner Mutter wohl weiter gegangen ist, ob sie überhaupt weitergegangen ist oder eine einmalige Sache war, auch darüber denkt er ab und zu nach. Jerome spürt noch die Wut, die ihn damals packte – gar nicht so sehr auf seine Mutter, vielmehr auf seinen Vater, der die Familie und vor allem Anni nicht vor Hendrik schützen konnte. Eine Unmöglichkeit von Hendrik, aus irgendeinem perversen Grund Herr über alle Frauen der Familie Naumann werden zu wollen, oder ist es Zufall gewesen, die Sache im Freibad vor vielen Jahren mit Anni, als sie noch Kinder waren? Hatte Jerome sich doch getäuscht? Manchmal ist er sich nicht mehr sicher, was er wirklich gesehen und was er geträumt hat. Aber Hendrik mit seiner Mutter an seinem Geburtstagsfest im Carport, das ist keine Halluzination gewesen und noch heute überlegt er manchmal, seinen Vater in einem Telefongespräch zu fragen, ob er davon weiß.

Um acht Uhr kommt er am Campingpark an. Seine Kollegen grillen italienische Würstchen und kochen Pasta, alle sind gut gelaunt. Im kleinen Fernseher, den der Algerier auf die Veranda gestellt hat, läuft das Finale der heutigen Tour-de-France-Etappe in der Wiederholung. Wieder hat Rasmussen die Bergetappe gewonnen.

Am nächsten Tag nimmt Jerome all seinen Mut zusammen und spricht nach der Arbeit mit dem sizilianischen Vorarbeiter über seine Zukunft. Der sitzt mit einer Zigarette im Mundwinkel auf der Veranda des Mobilehomes, vor sich auf dem Tisch ein Stapel Unterlagen und ein Mobiltelefon. Die Gelegenheit ist günstig, der Rest der Kolonne ist zum Schwimmen an den See gegangen.

»Was muss ich tun, wenn ich aussteigen möchte?«, fragt Jerome so freundlich wie möglich. Der Vorabeiter ist ihm wohlgesonnen, aber manchmal launisch. Heute ist er gut gelaunt, denn sein Mund verzieht sich sofort zu einem Grinsen.

»Ich habe schon lange auf diese Frage gewartet«, antwortet er, »und die Antwort ist einfach.«

Jerome sieht ihn gespannt an.

»Denn ich vermute, du möchtest nicht die Leiter hinaufsteigen.«

Das versteht Jerome nicht sofort, obwohl sein Italienisch nahezu perfekt ist.

»Die Leiter hinaufsteigen?«, fragt er.

»Du bist eigentlich zu schlau und zu fleißig für die Kolonne. Es wäre eine Schande, dich länger hier zu verschwenden.«

Der Vorarbeiter nickt bedächtig und blickt Jerome direkt in die Augen. »Aber ich glaube auch, du bist zu ehrlich, um – um die Leiter hinauf zu steigen.«

Jetzt versteht Jerome. Offenbar will der Vorarbeiter wissen, ob er in der internen Organisation des Padrone aufsteigen möchte. An diese Möglichkeit hat er nicht gedacht, keine einzige Sekunde lang, und verwundert zieht er die Schultern hoch.

»Daran habe ich nicht gedacht«, sagt er wahrheitsgemäß.

»Das glaube ich dir. Deshalb – wenn du die Kolonne verlassen möchtest, steht es dir frei zu gehen, wann und wohin du willst. Wir werden dir keine Steine in den Weg legen.«

Erleichtert atmet Jerome auf.

»Und meine Papiere?«

»Bekommst du wieder zurück. Du weißt aber, dass du dann keine Unterstützung mehr von uns bekommst, in keiner Weise. Du musst für dich selbst sorgen. Wir werden dich nicht kennen, wenn wir dich sehen, und sei es halb verhungert in der Gosse oder verletzt an irgendeinem Straßenrand.«

»Weißt du, was ich machen muss, um mich offiziell hier in Italien anzumelden?«

»Machst du Witze? Du bist Deutscher. Das sollte kein Problem für dich sein. Du kannst hier frei herumlaufen und dir Arbeit suchen. Du hast eine Menge von uns gelernt. Vergiss das nicht.«

Jerome nickt. Das hört sich leichter und einfacher an, als er befürchtet hat.

»Muss ich selbst zum Padrone?«, fragt er.

Der Vorabeiter schüttelt den Kopf. »Am Wochenende kommt er hier herunter nach Peschiera und schaut sich die Holzbungalows an. Bis dahin kannst du bleiben. Ich kann sofort mit ihm telefonieren und ihm sagen, dass er deine Papiere mitbringen soll. Kein Problem.«

»Ja. Das wäre gut.«

»Diese Woche bekommst du dann noch deinen Lohn. Ich hoffe, du hast gespart. Mach bloß keinen Ärger später. Komm nicht auf dumme Gedanken.«

Der Vorarbeiter drückt seine Zigarette aus.

»Aber das glaube ich von dir nicht. Sag den anderen nicht, dass du gehen willst. Du bist ein guter Kerl.«

Am Abend in seinem Bett überlegt Jerome, was er nun machen will. Das war einfach – er hätte nicht gedacht, dass sie ihn so leicht gehen lassen würden. Aber ja, selbst den Schwarzafrikaner, der ihm das Fahrrad hinterlassen hat, haben sie ziehen lassen. Sicher wissen sie, dass es nur Ärger gibt, wenn einer gegen seinen eigenen Willen bei ihnen arbeiten muss, und diesen Ärger wollen sie sich sparen. Es stehen genug neue Arbeiter in den Startlöchern, sie müssen nur hingehen und sie von der Straße holen. Aber wo wird er hingehen? Was wird er unternehmen? Wo wird er unterkommen, und wie wird er sein Geld verdienen? Er weiß es noch nicht. Konkrete Gedanken hat er sich darüber noch nicht gemacht, aber er hat noch einige Tage Zeit, dies zu tun. Vielleicht werde ich erst einmal nach Brescia gehen, oder nach Verona, oder nach Mantua. Städte gibt es genug, zwar nicht direkt am See, aber doch nicht weit entfernt.

JUNI 2017, HIRZWEILER UND SAARBRÜCKEN

Was erwartet man von einer Beziehung, die plötzlich wie ein prächtiger Apfelbaum mit vielen roten, glänzenden Äpfeln an den Ästen vor einem steht? Man isst die Äpfel einen nach dem anderen, bedächtig, nie alle auf einmal. Man erwartet vernünftigerweise Zufriedenheit und milde Sättigung und ergibt sich im besten Falle in eine erwartungsfreie Bescheidenheit, insbesondere dann, wenn man weiß, dass es in naher Zukunft eine Zeit der Trennung geben wird.

Auf keinen Fall begibt man sich in einen Rausch, der nach wenigen Wochen wie in einer Explosion leicht entzündlichen Schwarzpulvers alle Energie in einem Sekundenbruchteil entladen würde, um mit nichts als einem Rest schwarzer Asche zu überdauern. Nein, dazu waren Rolf und Elaine tatsächlich zu vernünftig. Zwei Punkte spielten für Elaine eine wesentliche Rolle: Die eigenen Pläne und die eigene Person nicht aufgeben. Sie fand immer Zeit, auch etwas für ihr Studium zu tun. Sie ging ab und zu mit Rolf schwimmen, sah ihm gerne zu, behielt aber für sich das Joggen bei. Und sie genoss die Tatsache, dass die Chemie zwischen ihnen stimmte. Sie suchte keine Fehler an Rolf, sie ließ ihn bleiben, wie er war, auch wenn es Dinge gab, die sie nicht verstand oder begrüßte. Im Gesamten machte sie sich wenig Gedanken über den weiteren Verlauf ihrer Beziehung. Sie war einfach da, bei ihm.

Und am elften Juni würde sie zurück nach Hamburg fahren,

bis mindestens Mitte September, wegen Scheidungs- und Gerichtsterminen.

Für Rolf bedeutete Zufriedenheit ein Gefühl der gebenden und nehmenden Zärtlichkeit, des unausgesprochenen Verständnisses. Intuitiv passten viele Gewohnheiten und Interessen Elaines täglich aufs Neue zu den seinen, wie bei einem Puzzle. Das überraschte ihn sehr. Ging er schwimmen, kam sie mit und saß lesend am Ufer oder auf der Schwimmbadwiese. Sie liebte die Natur. Nur selten, an ganz warmen Tagen, ging sie mit ins Wasser. Elaine joggte oder walkte mit Andrea, Hellmanns Tochter, durch die Wälder um Hirzweiler, wenn er am Spätnachmittag noch etwas für die Schule arbeiten musste. Sie aßen häufig Sushi und mochten beide gerne griechischen Salat mit Schafskäse und schwarzen – keinesfalls grünen – Oliven. Sie mussten die Kleinigkeiten des Alltags nicht ausdiskutieren, es geschah einfach. Elaine war bei ihm im Dorf von Mittwoch bis Sonntag – oder Rolf fuhr tageweise nach Saarbrücken. Sie verbrachten Zeit hier, und sie verbrachten Zeit dort. Zwei Leben hatten sie, bewegten sich in zwei Welten.

Elaine führte mühelos und beschwingt ihr Studium fort. In der Schule war Rolf gut gelaunt und seinen Schülerinnen und Schülern sowie den Kolleginnen und Kollegen zugewandt. Er wich von alten Wegen ab und baute neue Elemente in seinen Unterricht ein, was Margarete, die Direktorin, wunderte, aber erfreute.

Wie selbstverständlich gingen sie in Hirzweiler dann und wann zum Friedhof an Lindas Grab, und wie selbstverständlich begleitete Elaine Rolf zum Geburtstag seiner Schwester in Mainzweiler zu Kaffee und Kuchen. An einem Sonntag briet Elaine an Rolfs Seite Würstchen am Sommerfest der CDU, versuchte sogar voll guten Willens mit Hendrik zu plaudern, und an einem anderen Tag kochten sie gemeinsam für Hugo und Sybille in Elaines Saarbrücker WG.

Rolf saß mit Elaine in der Stadt in Studentencafés oder auf einer Wiese am Ufer der Saar, von jungen Leuten umgeben und fühlte sich energetisch wie lange nicht mehr. Er korrigierte Elaines Hausarbeiten und massierte ihren Nacken, wenn sie verspannt war. Unter seinen Händen schnurrte sie wie eine Katze, ja, seine Hände, warm und trocken, die waren für Elaine ein Wunder an sich.

Selten sprachen sie über Elaines Vergangenheit, und selten über Jerome und Linda, denn sie verstanden gegenseitig, dass die Momente, in denen diese Themen angesprochen werden konnten, besondere Momente waren.

Rolf fühlte sich von Elaine angenommen, wie er war, mit seinen Gewohnheiten, seinen Interessen, seinen Fähigkeiten. Lange hatte ihm niemand mehr bei der Gartenarbeit geholfen oder ihm beim Schwimmen zugeschaut. Mähte er den Rasen, stellte Elaine Bier in den Kühlschrank. Sie weckte ihn nicht, wenn sie am Nachmittag früher als geplant von der Universität nach Hause kam und sie ihn beim Mittagsschlaf auf der Couch überraschte. Sie ließ die Finger von seinem Sudoku und kaufte ihm Vanilleeis, wenn es aufgebraucht war. Sie sagte ihm, welche Hemden ihr an ihm am besten gefielen, und er zog diese an. Umgekehrt konnte er sie an einem Abend überreden, in ihrem grünen Kleid mit ihm ins Kino zu gehen – ohne Unterwäsche darunter. An der Kinokasse kicherten sie wie Teenager, als sie sich Karten für die letzte Reihe kauften. Vom Film bekamen sie fast nichts mit, da Rolfs Finger in ihrem Schoß verschwanden. Das war, für beide, eine sehr verwegene, nie zuvor dagewesene und äußerst erregende Erfahrung.

Für Elaine bedeutete Zufriedenheit in erster Linie, sich nicht verstellen zu müssen. Sie lachte laut, wenn sie etwas lustig fand, und heulte, wenn etwas sie traurig machte oder berührte – vorbehaltlos und meist, wenn es um Themen aus der Vergangenheit ging. Sie redete Rolf seine letzten Vorurteile gegenüber Homosexuellen aus und schimpfte mit ihm, als er den Satz sagte: »Vielleicht kommt für Anni doch noch der richtige Mann.«

Sie schminkte sich selten, versuchte nicht, schlauer zu wirken, als sie sowieso schon war und ließ ihren kernigen Aspekten, die sie während der Zeit mit Jules immer unterdrückt hatte, freien Lauf. Einmal gab sie sich Rolf nach der Gartenarbeit hin, ungeduscht, verschwitzt, mit schmutzigen Knien und noch Erde an den Händen, was ihm zu gefallen schien, denn dieses Mal vergaß er sich ganz, im Wohnzimmer, in einer unmöglichen Position, laut und mitten am Tag. Danach mussten sie Couch und Teppich von der Erde reinigen.

Zufrieden war sie, ja. Sie telefonierte mit ihrem Vater und versprach, ihn im Herbst zu besuchen. Einige Male saß sie in Rolfs Bibliothek am Klavier und klimperte auf den Tasten herum. Ihre Finger erinnerten sich an Melodien und Übungen, an die sie seit fast zwanzig Jahren nicht mehr gedacht hatte, aber sie brachte noch nicht viel zustande. Irgendwann vielleicht, dachte sie.

Einige wenige Male stritten sie. An dem Abend, als sie für Hugo und Sybille in der WG kochten, ging es um das Thema Verhütung. In der Küche – Rolf nahm gerade das Kartoffelgratin aus dem Backofen und Elaine richtete den Gulasch an. »Wie sie wohl verhüten?«, sagte Elaine gedankenlos vor sich hin. Sie meinte Hugo und Sybille. Sybille hatte gerade in trauter Runde verlauten lassen, sie hege keinen Kinderwunsch, nicht jetzt und auch nicht in hundert Jahren – sie war nun mal erst Mitte zwanzig.

Rolf schaute Elaine fest an, den Topflappen in der Hand.

»Frauen in eurem Alter müssten das doch im Griff haben«, sagte er.

Elaine hatte zweimal geschluckt, sich umgedreht und ihm dann abends im Bett die Sache mit ihren verklebten Eierstöcken erklärt.

»Nur damit du es weißt, ich habe die Verhütung ärztlich attestiert auf Lebenszeit im Griff. Aber danke, dass wir darüber geredet haben.«

Rolf hatte sie schweigend angesehen.

»Willst du nichts dazu sagen?«

»Ich wüsste nicht, dass ich zu diesem Thema jemals etwas hätte sagen müssen.«

Damit meinte er natürlich Linda, die in dieser Hinsicht wie in vielerlei anderer Hinsicht seine Meinung zu diesem Thema nie eingefordert, sondern solche Dinge für sich geregelt hatte, ohne dass er etwas davon mitbekommen hatte. Reden über diese Themen, diese Frauensachen, diese intimen Details, das war ungewohntes, unangenehmes Terrain für ihn. Es gab ihm einen Stich, dass er Elaine offensichtlich mit einer unbedachten Bemerkung verletzt hatte, er wusste aber nichts anderes, als sie zu umarmen. Sie ließ es geschehen, sagte jedoch mit spitzem Unterton: »Und von solchen wie Dir sollen die Kinder über die Liebe aufgeklärt werden.«

»Ich bin kein Biologielehrer, erstens«, hatte er etwas harsch zurückgegeben, »und zweitens geht es in der Schule nicht um Liebe, sondern um biologische Tatsachen.«

»Liebe ist also keine Tatsache?«

»Nein …nein, vielleicht …«, er war ins Schleudern gekommen, »aber was hat das mit deinen verklebten Eierstöcken zu tun?«

Sie rollte mit den Augen, drehte sich um und steckte die Nase in ein Buch. »Da reden wir im September drüber, vielleicht.«

Ein weiteres Mal stritten sie über das Regelwerk der katholischen Kirche. Es war kein richtiger Streit, denn dazu war Elaine das Thema nicht wichtig genug – und das war eigentlich schon der Kern des Ganzen.

»Ich bin froh, wenn du endlich geschieden bist«, sagte Rolf an einem ihrer letzten gemeinsamen Abende.

Sie hatte von ihrem Käsebrot aufgeschaut.

»Warum?«

»Weil – weil ich mich dann besser fühle«, sagte er.

»Besser?«

»Ja«, er lächelte schief, »noch besser!«

Elaine schüttelte den Kopf.

»Fühlst du dich schlecht, weil ich auf dem Papier noch verheiratet bin?«

»Ich fühle mich nicht schlecht. Aber eben besser, wenn du nicht mehr verheiratet bist. Weißt du, ich bin ziemlich katholisch, und irgendwie …wäre es besser, du wärest schon geschieden.«

»Aber selbst das ist doch schon eine Unmöglichkeit in eurem Verein, oder?«

»In unserem Verein?«

»In dem katholischen Verein, dem du angehörst.«

Er wusste, dass sie weder evangelisch noch katholisch oder sonst wie getauft war. Ganz im Stillen hoffte, er, dass sie Gott irgendwann finden würde, alleine, auf ihre eigene Art. Er war immer froh gewesen, einen Halt zu haben, in die Kirche gehen zu können, die Rituale zu kennen, die ihm Sicherheit und Trost gaben, wenn er sie brauchte.

»Na ja«, sagte er, »wenn du es so sehen willst. Scheidung ist ja auch nicht gerade ein goldener Weg.«

Elaine sprang auf, der Teller schepperte.

»Du meinst also, ich hätte bei diesem egoistischen, gefühlskalten, karrieregeilen Kapitalisten bleiben sollen?«

Jetzt schaute er sie mit großen Augen an.

»Nein! Natürlich nicht!«

»Also was willst du mir damit sagen?«

Er machte eine beschwichtigende Geste.

»Gar nichts. Nur, dass ich mich freue, wenn du im September wieder zu mir kommst und du endlich alle nervigen Gerichtstermine hinter dir hast, vor denen du dich so fürchtest.«

Sie seufzte und setzte sich wieder hin.

»Du hast ja leicht reden«, sagte sie und wollte hinzufügen: »du Witwer!«, schluckte es aber unter, da sie Linda auf keinen Fall in solchen Diskussionen einbeziehen wollte.

Ein Wunder war, aus ihrer beider Sicht, ihr körperliches Einvernehmen. Darüber redeten sie höchstens in flapsig daherkommenden Nebensätzen. Es war ein Wunder, das hatte ihrer beider Lebenserfahrung sie gelehrt, und ob es dabei bleiben würde, stand in den Sternen. Mehr gab es darüber nicht zu sagen.

Das Wochenende von Elaines Abreise verbrachte Rolf mit ihr in der WG in Saarbrücken. Er stellte ihre Topfpflanze in seinen Wagen. Er würde sich um sie kümmern. Elaine war etwas nervös und kopflos. Rolf strukturierte ihre Bemühungen, ihre Sachen zu packen und das Zimmer so zu gestalten, dass die Untermieterin, die bereits am folgenden Montag einziehen würde, genügend Platz hätte, ihre eigenen Sachen zu verstauen. Rolf nahm auch jene Bücher und Papiere von der Uni mit, die Elaine nicht unbedingt benötigte.

»Warum gibst du das Zimmer nicht ganz auf?«, fragte er, »Du kannst im September zu mir ziehen, wenn du möchtest.«

»Und was, wenn du es ohne mich nicht aushältst bis September und dir eine andere suchst?«, antwortete Elaine schnippisch. Ihr fiel der Abschied schwer, sie wollte es aber nicht zeigen.

»Du spinnst ja. Ich kann immer noch nachkommen, am 30. Juni beginnen die Sommerferien,«

»Nein. Du weißt, ich muss – «

»Du musst da alleine durch.«

Sie nickte. Und so verlief ihr Abschied in aller Frühe am nächsten Morgen eher unspektakulär. Elaines kleines, schwarzes Auto vollgepackt bis oben hin, standen sie an der Straße und hielten sich.

»Du rufst mich an, bitte«, flüsterte er in ihr Ohr.

»Ich versuche es. Du weißt, ich soll die Kontakte zwischen hier und Hamburg nicht zu offensichtlich betreiben. Aus Sicherheitsgründen. Und in der Kur danach — «

»Darfst du nicht telefonieren. Ich weiß.«

»Und du lässt dir etwas einfallen mit Jerome. Ich würde ihn gerne irgendwann kennenlernen.«

»Ich gehe wieder auf die Suche«, sagte er, »aber versprechen kann ich nichts.«

Sie drückten sich, atmeten in den Nacken des jeweils anderen, sogen noch einmal den Duft ein, mit geschlossenen Augen. Spürten gegenseitig ihren Herzschlag. Aber sie küssten sich nicht – das hatten sie in der Nacht ausgiebig getan. Irgendwann wandte Elaine sich ab, sprang ins Auto und fuhr los, ohne sich noch einmal umzudrehen.

Erst als sie außer Sicht war, presste Rolf seine Hand vor den Mund, verlor schließlich die Fassung und ließ den Tränen freien Lauf.

Erst als er außer Sicht war und sie mit dem Auto auf die Autobahn auffuhr, ließ Elaine einen lang gezogenen, schmerzerfüllten Schrei aus sich heraus, in dem schon eine Ahnung der Sehnsucht lag, die sie während der nächsten Tage, Wochen und Monate noch oft spüren sollte.

JULI 2006, GARDASEE

Bepackt mit all seinen Habseligkeiten bricht Jerome an einem
Montagmorgen im Juli 2006 mit dem Fahrrad vom Cam-
pingplatz in Peschiera nach Brescia auf. In der Tasche seine
Ausweispapiere – der Padrone hat sie ihm ausgehändigt.

Bis Brescia sind es knapp fünfzig Kilometer zu fahren, keine
Berge dazwischen, das wird er in kaum mehr als zwei Stunden hinter sich bringen.

Natürlich herrscht viel Verkehr. Es ist Ende Juli, es sind italienische Sommerferien und die Straßen verstopft. Mit dem
Fahrrad ist er beinahe schneller als die sich auf der Gardesana
langsam vorwärts schiebende Blechlawine. Vorbei an unzähligen Hotels, Pizzerien, Feinkostläden und Supermärkten fährt
Jerome an diesem Morgen in die Tageshitze hinein. Seit er
das Rauchen wieder aufgegeben hat – eigentlich nur aus fi-
nanziellen Gründen – geht sein Atem wieder freier, auch heute, trotz Autoabgasen. Romantisches Italien, das ist etwas, das
sich vorwiegend in den Köpfen der Touristen abspielt, oder
das man zumindest im Hochsommer fern abseits der Wege
in Olivenhainen und Weinbergen suchen muss.

Im Internetcafé in Peschiera hat Jerome vor zwei Tagen seine
Entscheidung getroffen. In eine Stadt will er, dort sieht er die
besten Chancen, eine Arbeit zu finden. Mantua, ebenfalls in der
Nähe von Peschiera, sagt ihm nichts, außerdem hat die Stadt
nur 50.000 Einwohner. Verona kennt er, dort hat er mit der
Kolonne einen Wohnkomplex des Padrone renoviert, aber er

vermutet, dass die Stadt im Sommer noch mehr von Touristen überfüllt ist als die anderen. Und so bleibt von seinen drei ausgewählten Städten in der Nähe nur Bresica, mit knapp 200.000 Einwohnern die drittgrößte italienische Industrieregion.

Vor Desenzano verlässt er die Gardesana und radelt weiter entlang auf der Hauptstraße Richtung Westen. Natur gibt es nicht viel zu sehen, es geht vorbei an Gewerbe- und Industriegebieten, an unzähligen, riesigen Werbeplakaten in bunten Farben für alle möglichen Arten der Dienstleistung. Er hält Ausschau nach den Worten Carpenteria, Tischlerei, und Falegnameria, Schreinerei, denn das ist sein Wunsch – eine Arbeit mit dem Werkstoff Holz zu finden. Zunächst wird ihn sein Weg allerdings in die Stadt führen. Als erstes muss er sich eine Unterkunft suchen.

In seinen Taschen stecken nicht nur sein deutscher Ausweis, sondern auch seine gesamten Ersparnisse. Knapp dreitausend Euro sind in den zwei Jahren in der Kolonne des Padrone zusammen gekommen, darauf ist er stolz. Das Geld wird ihn einige Zeit über Wasser halten, falls er nicht sofort eine Arbeit findet.

Aber er hat keine weiteren Papiere dabei. Immer noch hat er keine Krankenversicherung, kein Konto, kein Handy. Zeugnisse von seiner deutschen Schule mitzunehmen, daran hat er vor zwei Jahren nicht im Entferntesten gedacht. Immerhin wäre es der Hauptschulabschluss gewesen. Daran hat er die letzten Wochen herumgegrübelt – wie das hier in Italien wohl funktioniert mit einer Ausbildung.

Er erreicht das Stadtgebiet von Brescia. Vorbei an historischen Gebäuden, prächtigen Stadtvillen, Einkaufszentren, über vierspurige Straßen. Später wird er ihre Namen kennen: Die Straße des 20. Septembers, die Via dei Mille, über den Corso Guiseppe Garibaldi. Es herrscht dichter Stadtverkehr. Es ist die zweite italienische Großstadt nach Verona, die Jerome zu Gesicht bekommt. Dagegen war Riva del Garda ein Provinznest.

In der Via Milano wird es ruhiger, und da es gegen Mittag ist, wehen ihm aus Imbissen und kleinen Bars Essensdüfte entgegen. Ein indischer Feinkostladen, Tabakläden, kleine arabische Supermärkte und jüdische Bäckereien, eine Tankstelle und eine Apotheke ziehen nacheinander vorbei. Asia-Shops, Shisha-Bars, afrikanische Friseure. Die Gehwege voller Menschen unterschiedlicher Nationalitäten. Hier gefällt es ihm, ein bunter Mix von Leuten, wie in der Arbeiterkolonne. Trotzdem dauert es eine Weile, bis er tatsächlich absteigt und sein Fahrrad schiebt. Denn die plötzliche Freiheit ist ungewohnt – die Freiheit anzuhalten und den Ort zu wählen, an dem er verweilen will. Überhaupt ist ihm noch gar nicht richtig zu Bewusstsein gekommen, dass er von nun an sein Schicksal selbst in der Hand hat, zum ersten Mal seit zwei Jahren. Kein italienischer Vorarbeiter, der seinen Aufenthaltsort bestimmt und ihm in einer Mehrbettunterkunft eine Schlafstelle zuweist, kein Padrone mehr, der ihn zur nächsten Baustelle schickt und ihm täglich Lohn dafür zahlt.

Als er an einem kleinen Hotel vorbeikommt, entscheidet er sich spontan, nach einem Zimmer zu fragen. Es ist die erste ihm ins Auge fallende, ansprechende Unterkunft entlang seines Weges, seit er in der Via Milano unterwegs ist. An einer Steinmauer weist ein grün blinkender Schriftzug auf das Hotel hin. Entschlossen schiebt er sein Fahrrad durch einen steinernen Torbogen in einen gepflasterten Innenhof. Gepflegt sieht es dort aus, überraschenderweise, ganz im Gegensatz zum übrigen etwas heruntergekommenen Straßenbild der Via Milano.

Das könnte teuer werden, denkt er noch, bevor er sein Fahrrad im Hof parkt und durch eine Glastür ein altes Steinhaus betritt. »Albergo dall' era Maria«, steht auf einem goldenen Schild in geschwungener Schrift, und tatsächlich beginnt hier, in dieser Herberge, für Jerome die »Ära Maria«.

Hinter dem Empfangstresen steht eine junge Frau, vielleicht einige Jahre älter als Jerome, vielleicht auch gleich alt, fast ein Mädchen ist sie noch.

Aber nein, kein Mädchen.

Es ist die schönste Frau, die Jerome je in seinem Leben gesehen hat.

Sie wird ihn zwei Jahre seines Lebens kosten, aber das weiß er noch nicht, jetzt, in diesem Moment, als sie von ihrem PC-Bildschirm aufschaut und sich ihre Blicke zum ersten Mal treffen. Dann mustert sie ihn, von oben bis unten. Jerome wird sich schlagartig seines Erscheinungsbildes bewusst. Zwar pflegt er sich so gut er kann, was aber nicht darüber hinwegtäuscht, dass seine Kleidung abgetragen und ausgebleicht ist. Seine Haare sind sauber, stehen jedoch ungekämmt und vom Fahrtwind zerzaust in dicken Locken von seinem Kopf ab.

Die junge Frau hingegen hat lange, glänzend schwarze Haare, wie sie nur eine Italienerin haben kann, tiefbraune Augen, eine bronzefarbene Haut wie aus einem Modeprospekt und einen geschwungenen Mund, wie er ihn noch bei keiner anderen gesehen hat.

Mit einem leichten Lächeln sagt sie zu Jerome, der mit riesigem Rucksack, Brustbeutel und Zeltsack regungslos vor dem Tresen steht:

»No randagi!«

Obwohl er seit Monaten nachts in Italienisch träumt und Deutsch nur in den kurzen Telefonanrufen mit zu Hause spricht, muss er kurz überlegen, was sie damit sagten will:

Keine Streuner.

»Non siamo un rifugio degli animali!«, setzt sie hinzu, Wir sind kein Tierheim.

Da muss er lachen. Vermutlich, weil sie lächelt und ihm aus ihren Augen eine Welle der Sympathie entgegenschlägt. Vielleicht ist er der erste Streuner, der mit seinen alten Turnschuhen diesen glänzenden Marmorboden betritt.

Auf Italienisch und mit großen Gesten erklärt er ihr, er sei auf der Durchreise, mit dem Fahrrad, denn er mache in den

Ferien eine Radtour durch Italien. Er setzt ein strahlendes Lächeln auf und spricht so akzentfrei wie möglich.

Sie heißt tatsächlich Maria. So steht es auf dem kleinen, goldenen Anstecker, den sie am Revers ihres dunkelblauen Blazers trägt. Darunter trägt sie eine weiße Bluse, deren Knopfleiste sich verlockend wölbt, als sie nach einem Anmeldeformular greift.

»Das war eine Scherz, mit Tierheim«, sagt sie in fast perfektem Deutsch.

Sie hat kapiert, dass er Deutscher ist, noch bevor er seinen deutschen Ausweis vor sie auf den Tresen legt.

Jeromes Gehirn schaltet spätestens in der Sekunde ab, als ihr blumiger Duft ihm in die Nase steigt. Im allerletzten Moment, als er den Anmeldeschein des Hotels ausfüllt, schreibt er seinen Nachnamen absichtlich falsch: Neumann statt Naumann. Er ist immer noch skeptisch, ob von Italien aus automatisch Daten mit der deutschen Polizei ausgetauscht werden, und er weiß, dass ein falscher Buchstabe den entscheidenden Unterschied machen kann. Maria bemerkt nichts davon, nur flüchtig schaut sie auf die Papiere, denn ihr Blick wiederum hat sich in Jeromes schwarzen Locken verfangen.

Sie führt ihn über Treppen zu einem kleinen Einzelzimmer, in dem alles in Weiß erstrahlt: Die Möbel, der Anstrich der Wände, die Bettwäsche. Es duftet frisch und sauber. Ein Vorhang flattert im warmen Wind. Die Terrassentür, die auf einen winzigen Balkon führt, steht offen.

»Gut?«, fragt sie.

Jerome nickt. Sehr gut.

»Mit Frühstück von sieben bis neun«, sagt sie. Dann wendet sie sich ab. Ihr Haar weht, als sie sich umdreht, und ein Hauch ihres Duftes nach Jasmin und frischen Orangen bleibt im Zimmer, als sie die Tür hinter sich schließt.

Jerome wühlt in seinem Rucksack nach seinem besten T-Shirt. Dann lässt er Wasser in das Waschbecken im kleinen, aber edlen Badezimmer laufen, zieht sich aus und wirft seine Hose ins Becken. Unter der Dusche lässt er heißes Wasser über sich strömen und verbraucht die ganze Seife, die das Hotel den Gästen im Zimmer zur Verfügung stellt. Nach der Dusche wäscht er seine Hose, geht mit einem Handtuch um den Hüften zu dem kleinen Balkon und hängt die Hose dort zum Trocknen auf. Der Blick geht über die Dächer von Brescia: rostrot, ockerbraun und grau. Eine flimmernde Hitze liegt über der Stadt. Gerüche vermischen sich, Gerüche von Essen, Abgasen und sanitären Anlagen. Aber im Hotelzimmer ist es schön kühl, offenbar gibt es eine Klimaanlage.

Jerome legt sich in die weißen, sauberen Laken und fragt sich, ob er wohl irgendeine Chance bei einer Frau wie Maria hat. Darüber schläft er ein, zum ersten Mal seit zwei Jahren alleine in einem Zimmer, und er schläft bis zum frühen Abend.

Als er erwacht, ist seine Hose auf dem Balkon getrocknet. Jerome ist entspannt und ausgeschlafen wie lange nicht mehr. Ja, er wird hier in diesem Albergo Urlaub machen, beschließt er, mindestens eine Woche. Die letzten Jahre hatte er weder Ferien noch Urlaub, nur freie Sonntage. Er zieht sich an, bürstet die widerspenstigen Haare und verstaut sein Geld, bis auf 100 Euro, im Zimmertresor. Er will Kleider kaufen gehen.

Unten an der Rezeption ist Maria nicht zu sehen. Stattdessen steht ein Mann mittleren Alters hinter dem Tresen, der Jerome freundlich grüßt. Er gibt den Zimmerschlüssel ab und bekommt dafür einen Zettel mit dem Hotelcode, falls er nach 22 Uhr zum Hotel zurückkommt.

Draußen, im Innenhof, ist es immer noch heiß, die Sonne blendet. Und in einer schattigen Ecke des Innenhofes sieht er Maria, die gerade auf einen Motorroller steigt. Ihre Arbeitskleidung hat sie gegen Shorts und T-Shirt eingetauscht, doch noch immer sieht sie elegant und edel aus.

»Ciao!«, ruft sie ihm zu. Er winkt zurück. »Was hast du vor?«, fragt sie auf italienisch.

Er zuckt mit den Schultern: »Die Stadt anschauen?«

Sie lacht. Perlweiße Zähne.

»Komm mit mir!«, sie winkt ihn herbei.

Ohne zu zögern geht er zu ihr hin und setzt sich hinter sie auf den Roller. Ihre weichen Haare werden während der Fahrt in sein Gesicht wehen und jede seiner Zellen in Schwingung bringen. Sie startet den Motor, und Jerome verschwindet mit ihr aus dem Innenhof des Hotels.

Verschwindet mit Maria und versinkt in ihrem Anblick und in ihren Berührungen für die nächsten drei Wochen. Sie beginnen eine Liebschaft, noch am gleichen Abend. Über einem Teller asiatischer Nudeln in einem Bistro küssen sie sich zum ersten Mal mit fettglänzenden Lippen, unter den Augen der chinesischen oder thailändischen oder vietnamesischen Köchin, die auf einer offenen Herdstelle Gemüse im Wok brät. Jerome und Maria verschlingen zuerst die Nudeln und dann sich gegenseitig. Sie küssen sich, wie sich nur junge Menschen in der Öffentlichkeit wagen zu küssen.

Mit roten Wangen verlassen sie bald das Bistro und tauchen unter im frühen Abend und in der Nacht der italienischen Stadt, als gäbe es nur sie beide auf der Welt.

Aus der einen Woche, die Jerome im Hotel bleiben wollte, werden drei Wochen. Jede freie Sekunde verbringen sie zusammen, oft in Jeromes Hotelzimmer, oft auch draußen, in der Stadt, mit Marias Clique. Maria ist erfahrener als er selbst im Umgang mit der körperlichen Liebe, aber Jerome erweist sich als offen und lernfähig. Er kann nicht genug davon bekommen, ihren bronzefarbenen Rücken zu streicheln, ihre dunkelbraunen Brustwarzen zu lecken und Maria zu riechen, würzig und blumig zugleich. Darüber vergisst er seine Situation und seine Pläne. Am Morgen, wenn Maria arbeiten muss, schläft er bis in den späten Vormittag hinein und geht, wenn es seine Laune erlaubt, halbherzig auf Arbeitssuche. Eine Lehre als Schreiner zu finden – diese Idee hat er auf unbestimmte Zeit verschoben. Stattdessen sucht er sich einen Aushilfsjob in einem Supermarkt in der Nähe des Hotels, der von den Zeiten zu Marias Arbeitszeiten und zu seiner neu entstandenen Trägheit passt. Schlecht bezahlt und nur wenige Stunden am Tag.

Er gibt Unmengen von Geld aus. Für Maria ist er nicht Jerome Naumann, der mittellose Junge, der vor zwei Jahren mit 500 gestohlenen Euro in der Tasche von zu Hause abgehauen ist und danach illegal in mafiösen Strukturen auf Baustellen gearbeitet hat. Nein, für Maria ist er Jerome Neumann, der aus wohlhabendem Elternhaus kommt, bald ein Ingenieurstudium beginnen wird und während der Sommerferien frei und unbeschwert eine Fahrradtour durch Italien macht.

Maria kommt tatsächlich aus wohlhabendem Hause, ihrem Vater gehören drei Hotels in Brescia. Ihre Kleidung ist teuer, sie ist schlau und gepflegt und genießt das Leben. Cocktails hier, Kino da. Kleidung, Schmuck, Kosmetik und Schuhe shoppen, Shisha-Rauchen. An freien Tagen Sonnenbaden im Acqua Brescia, dem teuersten Spaßbad in der Umgebung, 27 Euro kostet ein Nachmittag. Benzin für den Roller, und manchmal auch eine kleine Partypille, um nachts in der Disco länger durchzuhalten.

Jerome passt sich schrittweise ihrem Lebensstil an, seinen Kleidungsstil natürlich als erstes. Er kauft sich Jeans und Hemden teurer italienischer Marken, deren Namen er noch nie gehört hat. Espandrilles für sechzig Euro. In einer Parfumeria besorgt er sich ein edles Herrenparfüm. Er will ebenso gut duften wie Maria, und ebenso gut wie die anderen Jungs aus ihrer Clique. Während ausgedehnter Einkaufstouren in Brescias Innenstadt erwirbt er Ohrringe und ein Armband für Maria, die sie von dem Tag an immer trägt. Das erfüllt ihn mit Stolz.

Obwohl er weiß, dass es nicht auf Dauer gut gehen kann, bringt er es nicht über sich, Maria die Wahrheit zu sagen. Zu schön ist sie, zu verführerisch, zu intensiv, als dass er ein Risiko eingehen möchte, sie zu verlieren. Von den dreitausend Euro, die er gespart hatte, werden am Ende der drei Wochen nur noch fünfhundert übrig sein – alleine die Hotelübernachtungen werden die Hälfte seiner gesamten Ersparnisse verschlingen. Dass er sich jemals ein neues Fahrrad kaufen wollte, ein rotes Mountainbike, hat er vergessen.

Und dann, kurz bevor sein Geld gänzlich zur Neige geht, geschieht etwas, das ihn in die Tiefe reißt.

Vielleicht ist es einer seiner üblichen Albträume, die ihn manchmal heimsuchen. Von Anni, von Hendrik und von seiner Mutter. Vielleicht war es eine Partypille zu viel, oder eine falsche Sorte, oder auch der Joint, den sie dazu geraucht haben. Vielleicht all das zusammen.

Als er eines Nachts im Hotel um vier Uhr neben Maria aufwacht, dröhnt sein Kopf, und die Bilder darin überschlagen sich. Er weiß weder, wo er ist, noch wer er ist. Auch das Gesicht seiner Mutter und Annis Gesicht als kleines Mädchen verschwimmen miteinander. Und er, er hat Schmerzen, als würde etwas in ihn eindringen. In ihn, oder in jemand anderen? Ist es sein Schmerz, oder der Schmerz eines anderen – einer anderen? Er versucht, sich zu bewegen, aber er ist wie erstarrt, wie eingefroren. Nicht einmal die Finger kann er bewegen. Er beginnt zu schwitzen, und da kommt sie, Hendriks Hand. Die großen, weißen Finger. Selbst auf den Händen hat Hendrik Haare, weißblond. Kalt und fest legt sich die Hand auf Jeromes Brust und drückt ihn in das Bett, drückt so fest zu, dass er kaum Luft bekommt. Jerome beginnt zu keuchen. In diesem Moment wird eine Person neben ihm wach – Maria. Jerome hört ihre Stimme, aber er versteht ihre Worte nicht. Sie sind in einer anderen Sprache. Er versteht plötzlich wieder nur Deutsch. Hendrik kommt näher auf ihn zu, drückt fester. Jerome hört ihn flüstern, zischend und bedrohlich: »Wenn du einer Menschenseele erzählst, was du gerade gesehen hast, bringe ich dich um.«

Plötzlich weiß Jerome wieder, was Wahrheit ist und was nicht. Jahrelang hat er darüber nachgedacht, ob er sich die Ereignisse damals eingebildet hat. Anni drei Jahre alt, er selbst acht Jahre alt. Und Hendrik im Schwimmbad. Jetzt weiß er wieder, dass seine Erinnerung ihn nicht täuscht, nie getäuscht hat, und er weiß wieder, wer er ist, Jerome Naumann, kurz davor, den Boden unter den Füßen zu verlieren. In seiner Halluzination lässt Hendrik ihn los, Jerome kann sich wieder bewegen, springt auf, schlägt und tritt nach Hendrik – der in Wirklichkeit nicht da ist, nur in Jeromes Kopf – und trifft ihn an der Schläfe. Blut spritzt. Jetzt – jetzt! – ist Jerome stark genug, sich zu wehren. Er ist keine acht Jahre mehr alt, auch keine sechzehn, sondern erwachsen, achtzehn, volljährig, stark durch die Arbeit der letzten beiden Jahre und selbstbewusst durch die Liebschaft mit Maria.

Maria, ja, sie redet auf ihn ein, schreit ihn an, als er sich da so im Hotelzimmer mit den Schatten prügelt. Sie versucht, ihn am Arm zu halten, bevor er einen Spiegel zertrümmert, und da trifft seine Faust Maria in die Magengrube.

Schlagartig ist er wieder klar. Maria liegt zusammengekrümmt auf dem Boden und stöhnt.

»Maria! Entschuldige!«, ruft er auf italienisch. Auch die Sprache ist plötzlich wieder da. Scham durchzuckt ihn, Unverständnis. Schuldgefühle. Was hat er getan? Er beugt sich zu ihr hinunter und streicht ihr die Haare aus dem Gesicht. Schweißgeruch steigt ihm in die Nase, sein eigener Schweiß, bitter vor Wut und Angst.

In diesem Augenblick fliegt die Tür des Hotelzimmers auf. Der Nachtportier stürmt herein, fluchend und Beschimpfungen ausspuckend. Erst eilt er zu Maria, die immer noch halb bewusstlos und ächzend vor Schmerz am Boden liegt und ihre Hände auf den Bauch presst. Dann funkelt er Jerome an. Jerome will etwas sagen – dass es keine Absicht war, sondern eine Art Unfall. Aber schon hat der Nachtportier ihn am Arm gepackt und zerrt ihn, so wie er ist, aus dem Zimmer, die Treppe hinunter, und wirft ihn die Tür hinaus. Dort lässt der Portier ihn im Innenhof stehen, schließt die Tür hinter sich ab. Jerome steht wie betäubt in der Unterhose und mit nackten Füßen auf dem Kopfsteinpflaster.

»Merda, merda!«, ruft er wütend. Wütend auf sich selbst.

Er muss fast eine Viertelstunde warten, bis sein Rucksack und sein alter Zeltsack aus der Tür geflogen kommen. Der Nachtportier hat Jeromes Sachen zusammengerafft und in den Rucksack gestopft.

»Und hier«, ruft der Portier, »hier sind deine letzten Scheine! Jetzt verschwinde, sonst rufe ich die Polizei!«

Einige Fünfzigeuroscheine flattern Jerome entgegen. Wieder versucht er, dem Portier zu erklären, dass er Maria nicht schlagen wollte. Aber dieser ruft erneut:

»Verschwinde! Hau ab! Sonst rufe ich die Polizei!«

Die Tür wird vor seiner Nase zugeschlagen.

Und da zieht er Hose und Shirt aus dem Rucksack, zieht sich an, steigt auf sein Fahrrad und verschwindet in der Nacht.

Drei Tage später – drei Tage! – sitzt Jerome am Morgen hinter einer Hecke am Rande des Gewerbegebietes von Brescia. Zwischen Büschen, nicht sichtbar von der Straße aus, hat er sein Zelt aufgeschlagen. Dunst liegt über der Stadt. Schwül ist es schon am Morgen, es riecht nach Kloake. Er kaut auf einem Hamburger aus einem Schnellrestaurant in der Nähe. Dort wäscht und rasiert er sich so gut es geht und trinkt Wasser aus der Leitung. Er fragt sich, wie lange das gut gehen wird. Bald wird er den Ort wechseln müssen, schon haben ihn an diesem Morgen einige Mitarbeiter komisch angeschaut.

Den Job im Supermarkt hat er aufgegeben. Er ist einfach nicht mehr hingegangen. Auch ins Hotel ist er nicht mehr zurück, obwohl noch einige seiner Sachen fehlen. Das teure Herrenparfüm. Die teuren Schuhe. Eine Lederjacke. Aber er traut sich nicht mehr zurück, hat Angst sogar vor Maria, Angst vor seinem eigenen schlechten Gewissen. Geschlagen hat er sie, unabsichtlich. Er hat noch nie jemanden geschlagen, es war das erste Mal. Selbst in seinen Träumen hat er sich vor drei Tagen das erste Mal gewehrt. Es ist ein seltsames Gefühl, das ihm nicht gefällt und ihn ängstlich und unruhig macht.

Wieder und wieder denkt er an Anni in ihrem neongrünen Badeanzug, vor vielen Jahren. Vor elf, zwölf oder dreizehn Jahren. Und wieder und wieder denkt er an seine Mutter Linda, der er damals schon davon erzählen wollte: Hendrik ist komisch, er macht komische Sachen, er schaut komisch, er berührt Anni auf eine Art und Weise, die komisch ist. Ja, schon als Achtjähriger hatte er versucht, seiner Mutter davon zu erzählen, und danach immer mal wieder. Sie hatte nicht zugehört, keine Zeit gehabt, er weiß es nicht mehr. Nur an eine Situation erinnert er sich klar, er muss fast schon zehn Jahre alt gewesen sein, es war kurz vor seiner Kommunion:

Am Küchentisch, bei den Hausaufgaben, nachmittags. Seine Mutter Linda neben ihm, ebenfalls über Bücher gebeugt. Sie bereitete etwas für die Uni vor. Und Jerome: Hausaufgaben in Sachunterricht, Aufklärung, menschliche Körper vor ihm auf dem Arbeitsblatt, die Skizze von Mädchen und Jungen, und bei den Mädchen: zwei Eingänge. Sie sollten als Hausaufgabe die Körperteile beschriften. Er erinnert sich an seine Überraschung, schon am Morgen im Unterricht. Bei Männern kennt er sich aus, klar, seit frühester Kindheit steht er mit seinem Vater morgens in der Dusche und in den Sammelumkleiden im Schwimmbad. Aber bei Mädchen kennt er sich mit seinen neun Jahren nicht gut aus, trotz Schwester, trotz Mutter. Und er erinnert sich an die Sache mit Hendrik und ist erstaunt und fragt seine Mutter in kindlicher Neugier: »Steckt man den Mädchen eigentlich den Finger in den Po beim Abputzen?«

Seine Mutter schaut von ihrem Buch auf. Mit verwundertem Blick.

»Nein. Wie kommst du darauf?«

»Und der Penis, wo gehört der hin, beim Babymachen?«

Seine Mutter bekommt rote Wangen, was Jerome nicht wundert. Längst hat er gemerkt, dass Erwachsene rote Ohren bekommen, wenn man sie die einfachsten Dinge fragt.

»Weißt du«, antwortet seine Mutter, »das lernt ihr doch gerade in der Schule, oder?«

Jerome nickt und kratzt sich mit dem Bleistift hinterm Ohr. In diesem Augenblick klingelt das Telefon.

Seine Mutter springt auf, nimmt den Hörer ab, und ihr Gesicht beginnt zu strahlen, kaum dass sie sich den Hörer ans Ohr hält.

»Hendrik! Ja!«, sagt sie ins Telefon, »Ich hatte angerufen. Wir wollten dich und Alice zur Kommunion einladen. Ja, von Jerome. Im April.«

Jerome durchzuckt ein ungutes Gefühl. Eigentlich mag er Hendrik nicht an seinem Fest dabei haben. Nun hat seine Mutter Linda ihn eingeladen.

Kaum hat sie aufgelegt, kommt sein Vater nach Hause.

»Erkläre deinem Sohn, was es mit diesem Arbeitsblatt auf sich hat«, sagt Linda zu Rolf, klappt ihre Bücher zusammen und verschwindet nach oben in ihr Arbeitszimmer.

»Na dann«, sagt Rolf, nimmt sich ein Glas Wasser aus der Küche und setzt sich neben Jerome. Rolf erklärt so strukturiert und emotionslos, dass Jerome sich im Anschluss nicht mehr traut, Fragen zu stellen. Am Ende sind die Arbeitsblätter beschriftet, der biologische Vorgang ist erklärt, und das ist es, worauf es ankommt.

In vielen Momenten danach, erinnert sich Jerome, hat er daran gedacht, von Hendrik und Anni zu erzählen. Aber er hat es nicht getan. Kurz nach seiner Kommunion war seine Großmutter väterlicherseits gestorben. Kurz danach hatte der Großvater von der anderen Seite, Lindas Vater, einen Schlaganfall, der ihn ans Bett fesselte. Seine Eltern waren also mit anderen Dingen beschäftigt. Das war auch in Ordnung, denn Jerome passte auf Anni auf, ließ sie nicht mehr aus den Augen.

Ließ sie nie wieder mit Hendrik alleine, nie wieder alleine auf der Wiese im Freibad zurück. Bis in die Pubertät hinein, ja, bis zu seinem Verschwinden an seinem sechzehnten Geburtstag war es ihm am liebsten, wenn Anni in seiner Nähe war, in Sichtweite, was natürlich etwas seltsam anmutete. In diesem Fall jedoch durchaus verständlich.

Zweihundert Euro hat Jerome an diesem Morgen in den Büschen im Gewerbegebiet von Brescia noch in der Tasche. Er wird versuchen, in der Stadt Arbeit zu finden. Lange Zeit wird ihm jedoch nicht mehr gelingen, als sich von Aushilfsjob zu Aushilfsjob zu hangeln. Ihm fehlt die erforderliche Motivation, das notwendige Selbstbewusstsein, um sich in Schreinereien, Tischlereien oder in der holzverarbeitenden Produktion vorzustellen. Es gibt einige davon in Brescia, aber er schafft es nicht. Zu groß ist seine Angst vor Ablehnung – und dann? Müsste er den Tatsachen ins Auge blicken. Dazu hat er lange Zeit keine Kraft. Er lebt von Tag zu Tag und denkt häufig an zu Hause. Wie wäre es, zurückzugehen? Sich einfach in den Zug zu setzen und heimzukehren. Niemand hält ihn in Italien, außer seine Hilflosigkeit und seine Trägheit. Anni würde sich bestimmt freuen. Seine Eltern hingegen – freuen würden sie sich sicherlich, vielleicht für einige wenige Tage. Dann würde es unangenehm werden, er kann sich die Ungeduld seiner Mutter schon vorstellen: »Wie alt bist du, Jerome? Du hast keinen ordentlichen Schulabschluss, keine Ausbildung. Du bist 19 Jahre alt und liegst uns auf der

Tasche!« Er könnte ihnen nicht erklären, warum er gegangen ist. Immer noch nicht. Er macht sich selbst Vorwürfe, dass er sich aus dem Staub gemacht hat, ohne jemandem von Hendriks Gefährlichkeit zu berichten. Hat ein beißend schlechtes Gewissen. Auch aus diesem Grund ruft er fast ein ganzes Jahr nicht zu Hause an.

Seine wahren Talente – die Arbeit mit Holz – wird er monatelang keinem zeigen können. Am Ende wird er wieder so abgerissen aussehen wie zu Beginn seiner Zeit in Brescia. Oft wird er an Maria denken und an ihre bronzefarbene Haut. Oft wird er sich fragen, wie er sich an Hendrik rächen könnte, und ebenso häufig wird er an Anni denken und an seine Eltern. Vor allem an seine Mutter, die es mit Hendrik treiben musste, ausgerechnet mit Hendrik und ausgerechnet an seinem sechzehnten Geburtstag.

Jerome wird eine Art Campingplatz in Brescia finden, einer Schrebergarten-Siedlung ähnlich, und dort sein Zelt aufschlagen. Er wird bescheiden leben, sich von Mädchen fernhalten und sich mit diversen Aushilfsjobs gerade so über Wasser halten. Schon ein Schlauchwechsel an seinem Fahrrad wird zu einer Investition werden, die er sich kaum leisten kann. Fast zwei Jahre wir er auf diese Art vor sich hin leben, sogar im Winter, und sich nach einem warmen Bett sehnen.

HERBST 2008, BRESCIA

Im Herbst 2008, als die Nächte in Italien wieder kälter werden, wohnt Jerome immer noch in seinem Zelt in der Schrebergartensiedlung im Stadtgebiet von Brescia. Es gibt beheizte, sanitäre Anlagen und ein Gebäude mit Küche und Aufenthaltsräumen. Er muss nicht viel zahlen für die kleine Ecke, in der er das Zelt aufgeschlagen hat. Im Gesamten kommt er mit zweihundert Euro im Monat durch, wenn keine besonderen Ausgaben hinzu kommen. Er hat einen Aushilfsjob an einer Tankstelle in der Nähe und arbeitet an zwei Tagen in der Woche in einem Schnellrestaurant. Freunde hat er gefunden, lässt sie aber nicht zu nahe an sich heran. Seit es wieder kühler geworden ist und der Touristenstrom langsam versiegt, hat er wieder mit dem Radfahren begonnen. Wenn er Zeit dazu hat, fährt er weite Strecken, manchmal bis Sirmione oder Salo am Gardasee – fünfzig Kilometer hin, fünfzig Kilometer zurück an einem Tag. Hat er Geld übrig, kauft er sich Radkleidung und schielt im Fahrradladen dabei nach den neuesten Radmodellen.

Lange Zeit beobachtet er in der Schrebergartensiedlung die anderen kleinen Grundstücke, auf denen Ferienhäuser stehen. Die kleinen Häuser sind sehr unterschiedlich, manche mit gepflegten Gärten, neuen Anstrichen und Vorhängen in den Fenstern. Aus Holz oder Stein gebaut. Einige sehen verlassen aus. Die Besitzer haben Ende Oktober fast alle ihre Hütten winterfest gemacht. Reiche Leute sind das nicht, die hier ihre

Freizeit verbringen, sondern mittelständische, italienische Familien aus der Gegend. Wer Geld hat, verbringt den Sommer in anderen Gegenden Italiens.

Ein Haus – eher eine Hütte – hat den ganzen Sommer über leer gestanden. Nie war einer da, um den Rasen auf dem winzigen Grundstück zu mähen oder die Hecke zu schneiden. Auch die Hütte selbst sieht nicht gepflegt aus. Sie ist aus grauem Holz, das längst hätte gestrichen werden.

An einem Abend, als die Temperatur gegen null Grad geht und der Atem in Wolken aus dem Mund steigt, bricht Jerome in diese Hütte ein. Still ist es auf dem gesamten Platz, in der Ferne bellen Hunde, und es riecht nach nasser Wiese und Pflanzen, die sich bald dem Winter werden ergeben müssen.

Es ist kein wirklicher Einbruch. Jerome muss sich nur etwas fester gegen die Holztür lehnen, und sie springt mit einem lauten Knacken auf. Er hält den Atem an, aber alles ist wieder still. Vorsichtig drückt er die Tür weiter auf und tritt im Halbdunkel in die Hütte.

Das Innere besteht aus einem Raum, und Jerome fragt sich sofort, wieso er so dumm war und nicht viel früher auf diese Idee gekommen ist.

Es riecht modrig und nach abgestandener Luft. Natürlich, hier war seit vielen Monaten niemand mehr. Aber es gibt eine Couch, eine winzige Küchenzeile, einen Tisch mit zwei Stühlen. Ein Regal mit Büchern darin. Jerome geht zum Wasserhahn und dreht ihn auf. Nach einigen Sekunden gurgelt Wasser heraus. Neben der Spüle sieht er einen Schalter und drückt darauf. Nichts passiert. Suchend sieht er sich im Raum um und entdeckt oben neben der Eingangstür einen Sicherungskasten. Er öffnet ihn, die Metalltür quietscht, dann legt er die Hauptsicherung um. Und plötzlich erstrahlt eine Lampe neben der Couch, der kleine Kühlschrank fängt an zu brummen, und in einer Ecke blinken zwei rote Lichter auf – ein elektrischer Heizkörper, der sich gerade in Gang setzt. Sofort löscht Jerome das Licht, lässt aber die anderen Geräte laufen. Setzt sich auf die Couch, die Ellenbogen auf den Knien und das Kinn in die Hände gestützt, und lauscht dem Summen der elektrischen Geräte.

Schon nach einer Woche in der Hütte kann sich Jerome nicht mehr vorstellen, wie er jemals bei dieser Kälte im Zelt hat schlafen können. Das Zelt lässt er als Tarnung aufgebaut neben der dichten Hecke des nächstgelegenen Grundstückes stehen. In der Hütte verbringt er von nun an seine freien Abende und Nächte. Ihm ist klar, dass es irgendwann Probleme geben könnte wegen der Elektrizität und des Wassers, die er verbraucht, aber für den Augenblick nimmt er diese Befürchtungen in Kauf und genießt die Wärme des kleinen, elektrischen Heizkörpers. Je früher es abends dunkel wird, je kälter und ungemütlicher es draußen wird, umso mehr Zeit verbringt er in der Hütte mit dem Lesen der vorhandenen Bücher. Und mit Kochen. Gekocht hat er in der Kolonne schon gerne, doch hier tut er es nur für sich selbst, kocht das gesamte italienische Kochbuch durch, das er in dem Regal gefunden hat. In kurzer Zeit nimmt er einige Kilo zu, geht weiter seinen Aushilfsjobs in der Tankstelle und im Schnellrestaurant nach und unternimmt mindestens einmal pro Woche längere Fahrradtouren, zusätzlich zu den alltäglichen Wegen, die er ebenfalls mit dem Rad zurücklegt, bei Kälte, bei Regen, bei Wind.

Mitte Dezember fällt Schnee. Weihnachten verbringt Jerome bei der Arbeit im Schnellrestaurant mit drei oder vier anderen Kollegen und Kolleginnen, die ebenfalls keine Familie zum Feiern haben. Silvester, nachts, bei Minustemperaturen, steht er in der Stadtmitte auf der Piazza della Vittoria in der Menge und betrachtet das Feuerwerk. An seiner Hand eine Kollegin aus dem Schnellrestaurant, mit der er eine halbherzige Verbindung eingegangen ist. Tage später wird er diese Verbindung wieder lösen, da er es selbst nicht gerecht findet, mit ihr zu schlafen und dabei an Marias Körper zu denken. Er erzählt diesem Mädchen nichts über seine Vergangenheit, sie treffen sich einige Male in ihrem kleinen Einzimmer-Appartement, dessen Küche sogar kleiner ist als Jeromes in der Hütte.

Jerome hat Maria nie wieder gesehen. Er meidet die Gegend, in der sie wohnt, und meidet die Via Milano, in der die »Albergo della era Maria« liegt, obwohl er gar nicht weiß, ob sie dort noch arbeitet.

Bücher aus dem kleinen Regal in der Hütte liest er – Romane –, von denen er noch nie gehört hat und die ihn an die Grenzen seines Intellekts und darüber hinaus bringen. Italo Calvino, Luciano De Cresenzo und Umberto Eco heißen die Autoren. Umberto Ecos »Der Name der Rose« liest er fasziniert und ungläubig in mehreren Nächten – wie kann man solch eine Geschichte schreiben? Wie kann sich ein einziger Mensch alleine so etwas ausdenken, so viele Kenntnisse haben über die Zeit des Mittelalters? Jerome liest es von Herzen, nicht ahnend, dass sein eigener Vater im entfernten Hirzweiler gerade das gleiche Buch liest, wenn auch in deutscher Sprache. Jerome liest, denkt und träumt fast ausschließlich in Italienisch. Das Mittelalter beginnt Jerome zu faszinieren, das Urtümliche, die Kargheit, das Einfache und Beschwerliche. Wenige Tage nach der Lektüre von »Der Name der Rose« kauft er sich das erste eigene Buch in seinem Leben, »Die Säulen der Erde« von Ken Follet. Das Schicksal des Steinmetzes Tom Builder geht ihm nahe und irgendwie lenkt das Buch seinen Blick nach draußen, in die Umgebung, in der Jerome nun seit gut vier Jahren lebt: Italien mit seinen unzähligen historischen Bauten. Als Nächstes liest er »Sakrileg« von Dan Brown. Mit anderen Augen und mit anderen Gedanken betrachtet er nun die alten Kirchen und Gebäude, die er auf seinen Radtouren passiert, vielmehr: genau genommen betrachtet er sie zum ersten Mal eingehend, steigt sogar von seinem Fahrrad ab, um in sie hinein zu gehen und sich den Gerüchen und der Stille im Innern hinzugeben, nur für einige Minuten. Oft setzt er sich in alte Kirchenbänke und legt seine Hände auf das dunkle Eichenholz. Betrachtet Heiligenfiguren, Kreuze und die alten, mit Intarsien verzierten Kirchenportale. Auch die historischen Ortskerne der Dörfer rund um den Gardasee, Malcesine, Sirmione, Salo mit ihren verschlungenen, kopfsteingepflasterten Gassen strahlen plötzlich etwas auf ihn aus, das er in Gedanken mit den Worten Wärme, Zuversicht und Tiefe in Verbindung bringt, trotz des kalten Windes, der in diesen Wintermonaten zwischen den Häusern weht. Warum, weiß er auch nicht. Es ist, als wäre durch das Lesen und die Kenntnis um die Historie der Schauplätze – der Schauplätze seines Lebens – noch eine Dimension hinzugekommen. Was hat die neue Welt erfunden, was die Alten nicht schon besser konnten?

Und er liest unorganisiert und beliebig, geht sogar in eine öffentliche Bibliothek, die Biblioteca Communale Sereno an der Traversa Dodicessima Villagio Sereno, und kämpft sich durch einen Band über die Geschichte der Architektur.

Auf das Anmeldeformular der Bibliothek schreibt er immer noch: Jerome Neumann. Nicht Naumann.

Seine nächtlichen Albträume werden mit den Wochen zu Schatten, die nur noch selten Platz in seinem Kopf finden. Er wird ruhiger, vergisst aber nicht, dass er Maria geschlagen hat, als er die Dämonen seiner Vergangenheit – oder besser gesagt, den Dämon – in einem Albtraum hatte niederringen wollen. Von Drogen jeglicher Art, Marihuana und Pillen, selbst von Alkohol, hält er sich fern.

So vergeht der Winter, vergehen die ersten Monate des Jahres 2009, bis in den April. Jerome ist zwanzig geworden im letzten Sommer. Anfang April fasst Jerome sich ein Herz, geht zu einer Telefonzelle in der Nähe des Bahnhofs und ruft zu Hause in Deutschland an. Er hat sich lange nicht gemeldet. Anni geht ans Telefon. Es ist früh am Morgen. Jerome ist sich nicht sicher, ob vielleicht sogar Osterferien sind.

»Naumann?«

Ihre helle Stimme hat mit den Jahren an Kraft gewonnen.

Sofort schießen Jerome die Tränen in die Augen. Ein Gewitter an Gefühlen blitzt durch seinen Körper: Scham, Sehnsucht, in erster Linie. Schlechtes Gewissen, Traurigkeit.

»Gib mir Papa!«, befiehlt er so gefasst wie möglich in den Hörer hinein. Sechzehn ist Anni jetzt.

»Jerome!«, ruft sie, »Jerome!«, ihre Stimme schrill und beinahe panisch.

Die Stimme seines Vaters Rolf schon im Hintergrund.

»Gib mir Papa!«, wiederholt er lauter, als er eigentlich will.

Da hört er die Stimme seines Vaters am Ohr, es macht den Eindruck, als hätte dieser Anni den Hörer aus der Hand gerissen.

»Jerome?«

»Ja«, antwortet er.

Auf der Straße fährt ein Krankenwagen vorbei. Wenn er jetzt die Sirene einschaltet, denkt Jerome, weiß mein Vater, in welchem Land ich bin. Oder zumindest, dass ich nicht in Deutschland bin.

Doch der Krankenwagen fährt ohne Blaulicht und Sirene vorbei.

»Papa«, sagt Jerome.

»Ja?«

Die Stimme seines Vaters klingt rau, aber unaufgeregt. Ruhig, abwartend.

»Ich habe lange nicht angerufen«, sagt Jerome.

»Wie geht es dir?«

»Es geht mir gut. Macht euch keine Gedanken.«

»Gedanken machen wir uns. Vor allem deine Mutter. Willst du mit ihr sprechen?«

»Nein. Hör zu. Sucht mich bitte nicht mehr. Sucht ihr mich noch?«

Kurzes Schweigen. Nur Atem. An diesem Tag sind sie beide gefasst, beide beherrscht. Keiner regt sich auf, keiner wird laut, sein Vater löchert ihn nicht mit Fragen. Er schweigt.

Nach Sekunden der Stille – nur das Atmen von Vater und Sohn – sagt Rolf: »Wir suchen dich nicht mehr. Die Polizei sucht dich nicht mehr. Seit deinem achtzehnten Geburtstag ist dein Name aus allen Dateien herausgenommen worden.«

Die Stimme seines Vaters wird rauer, fast bricht sie.

Jerome atmet auf.

»Ich baue mir eine Existenz auf«, sagt Jerome ohne zu wissen, welche Bedeutung das Wort »bauen« dabei noch haben wird.

Sein Vater schweigt. Nein, er lauscht.

»Ich werde mich dazu irgendwo niederlassen müssen. Behördlich.«

An diesem Wort – »behördlich« – hat Jerome überlegen müssen, zu sehr hat er sich an die italienische Sprache gewöhnt, und sein deutscher Wortschatz ist im Wesentlichen der eines Sechzehnjährigen geblieben. Viele deutsche Worte wollen ihm schon nicht mehr einfallen. Er hofft, dass er noch akzentfrei spricht.

Er fügt hinzu: »Sag Mutter nichts davon. Sag ihr nur, dass es mir gut geht.«

»Meldest du dich wieder regelmäßig bei uns?«, fragt sein Vater.

»Ja«, antwortet Jerome. Er spürt es, ja, er kann in nächster Zeit, im Frühling, im Sommer, hin und wieder zu Hause anrufen. Noch denkt er: »zu Hause«. Später wird er denken: »in Deutschland«.

»Kommst du irgendwann wieder nach Hause?«

In dieser Frage liegt alle Hoffnung seines Vaters, zurückgehaltene Hoffnung und Sehnsucht und Liebe, die in dieser einen Frage herausbricht.

»Irgendwann«, sagt Jerome, »vielleicht.«

Und er legt auf.

Anfang Mai kommt der Bagger.

Es ist ein Samstagmorgen gegen sieben Uhr. Der Tag ist bereits hell, die Sonne hat schon lange ihren Weg über den Horizont gefunden. Das satte Grün der Büsche und Bäume blinzelt zwischen den Häusern und Hütten der Schrebergartensiedlung hindurch. Noch ist nichts von Sonne und Hitze verbrannt, noch sind Wiesen, Hecken und Blumen grün und blühend. Es liegt ein Duft in der Luft, fast wie Parfum, blumiges, leichtes, süßes Frühlingsparfum.

Jerome liegt noch schlafend in der Hütte auf der Couch, in eine dünne Decke gewickelt.

Am Abend zuvor hat er im Schnellrestaurant gearbeitet bis um ein Uhr in der Nacht, ist mit dem Fahrrad die fünf Kilometer bis zur Hütte zurückgefahren und dort auf der Couch mit einem Buch auf der Nase eingeschlafen. Titel: Handbuch Holzwerken. Seine Träume, seine Ziele, brechen sich langsam wieder einen Weg in sein Leben. Die Arbeit mit Holz, der Kauf eines neuen Fahrrades, an beides denkt er oft.

Zwar fürchtet er, dass sein Eindringen in die Hütte jetzt im Frühsommer auffliegen wird. Die italienischen Eigentümer der anderen Häuser und Grundstücke kommen mit voranschreitendem Frühling tröpfchenweise über die Wochenenden in ihre Schrebergärten, um alles für den Sommer vorzubereiten. Sie streichen, putzen, schneiden Hecken, pflanzen an. Irgendwann wird Jerome auffallen, obwohl sein Zelt immer noch als Tarnung am gleichen Platz steht.

Aber mit einem Bagger rechnet er im Leben nicht.

Vom Motorengeräusch geweckt, verharrt Jerome in seiner Position. Er wagt es nicht, sich zu bewegen. Das Geräusch kann er zunächst nicht einordnen. Es ist ganz nah, erstirbt dann, und Sekunden später wird die Tür der Hütte aufgerissen.

Ein Mann um die fünfzig in grauer Arbeitskleidung. Dichtes,

graues Haar, mittelgroß, kräftig. Nicht sonderlich muskulös, eher wohlgenährt. Zuerst schaut sich der Mann in der Hütte um. Er kräuselt die Stirn. Jerome bewegt sich nicht. Der Blick des Mannes geht durch den Raum: Das gespülte Geschirr auf der Arbeitsplatte. Die Bügel mit Jeromes Radtrikot, das er vor zwei Tagen zum Trocknen aufgehängt hat. Das Holzregal, das vor Büchern nun fast überquillt – Jerome hat einige Bücher hinzugekauft. Die benutzten Gläser und leeren Flaschen auf dem Tisch – Wasser und Limonade. Stapel von Kleidern auf dem Boden. Und dazwischen: Jeromes Gesicht, das zu Tode erschrocken unter der Decke hervorschaut.

Fast sieht es aus, als schüttele sich der Mann in seiner Überraschung. Als glaube er, Jerome sei eine Halluzination, die er einfach weg schütteln könnte.

Die beiden Männer schauen sich an.

»Buon giorno«, sagt da der Fremde, »mi chiamo Guiseppe.«

Jerome richtet sich auf, lässt die Decke sinken. In seiner Unterwäsche steht er da.

»Buon giorno, Signore. Mi chiamo Jerome.«

Dann fragt der Mann – Guiseppe – in tiefstem lombardischen Italienisch, dem lokalen Dialekt:

»Was machst du hier, junger Mann?«

Jerome sinkt zurück auf die Couch. Plötzlich ist er des Lügens müde. Oder vielleicht ist es auch der Schock, so plötzlich entdeckt worden zu sein. Oder ist es Guiseppes Gesicht, ein offenes, freundliches, verschmitztes Gesicht, das bereits ahnen lässt, welch guter Kerl dieser Guiseppe ist?

Jerome erzählt ihm alles: Von seiner Herkunft, von Deutschland. Die Gründe seiner Flucht – in groben Zügen. Dass er mit einem rumänischen LKW-Fahrer über die Alpen und danach von Brixen aus mit einem gestohlenen Fahrrad bis nach Riva del Garda gefahren ist. Von der Arbeit in der Bar bei Luciano, von der Arbeit in der Kolonne, der Sache mit Maria, den Pillen, dem Kiffen, dem Alkohol, dem Albtraum, von seinen Dämonen. Dann von den fast zwei Jahren im Zelt und seinem Eindringen in die Hütte im letzten November. Es sprudelt nur so aus ihm heraus, fast vergisst er zu atmen.

Er spricht lange. Guiseppe hat sich auf einen Stuhl gesetzt und hört schweigend zu. Während er zum Ende seiner Geschichte kommt, steht Jerome auf und geht zu dem Bücherregal. Er nimmt ein Buch heraus – »Der Name der Rose« – und zieht zwischen den Seiten einen Stapel Geldscheine heraus. Über zweitausend Euro hat er schon wieder gespart. Er legt die Scheine vor Guiseppe auf den Tisch.

»Für Strom und Wasser und Wohnen«, sagt er, »das ist mein gesamtes Geld. Eigentlich spare ich auf ein Fahrrad.«

Guiseppe, betäubt von Jeromes Ehrlichkeit und dem Inhalt seiner Schilderungen, starrt auf die Geldscheine und schüttelt sich nach einer Weile erneut – wie um in die Gegenwart zurückzukehren.

»Junge«, sagt Guiseppe, »so viel Wasser und Strom kannst du überhaupt nicht verbraucht haben in den paar Monaten. Und die Hütte …«, er macht eine ausholende Geste mit dem Arm, »die Hütte wollte ich sowieso gerade abreißen!«

Guiseppe und Jerome arbeiten zusammen. Sie räumen die Hütte aus, Jerome packt seine Habseligkeiten, sein Zelt, seinen Rucksack, die restlichen Lebensmittel. Sie schalten den Strom ab, lassen die Wasserleitung leer laufen. Jerome sitzt am Nachmittag neben Guiseppe im Bagger, als die Schaufel sich in das Holz gräbt und die Hütte auseinander reißt.

»Sie ist viel zu klein. Wir bauen eine neue, größere. Hier war ich schon ewig nicht mehr mit der Familie«, erzählt Guiseppe, »nur zwischendurch mal mit – egal«, er lacht verschmitzt, »aber auch das ist schon Jahre her.«

Dass Guiseppe ein Schwerenöter ist, der nichts anbrennen lässt, wird Jerome noch oft genug erfahren.

Am Spätnachmittag ist von der Hütte nur noch ein Holzhaufen übrig. Sie stehen davor, beide die Hände in die Hüften gestemmt. Jerome überragt Guiseppe um einige Zentimeter, er hat eine stattliche Statur, muskulös, stark, gewachsen durch das gute Essen, das er sich in der letzten Zeit selbst in der Hütte gekocht hat.

»Den Haufen holen wir morgen ab«, sagt Guiseppe.

»Wir?«, fragt Jerome.

»Natürlich. Wo willst du denn die Nacht verbringen? Ich nehme dich mit zu meiner Familie, und morgen hilfst du mir. Du musst deine Schulden abarbeiten!«

Wieder lacht Guiseppe.

Und so machen sie es. Guiseppe wohnt in einem eigenen,

kleinen Haus in einem ruhigen Vorort Brescias, in Mandolossa, westlich vom Zentrum: sandsteinfarbene Reihenhäuser, in den Achtzigern gebaut, vor jedem Haus zwei Parkplätze, italienischer Mittelstand. Als sie das Haus betreten, schlägt ihnen Essensduft entgegen – es gibt eine kräftige Fleischsuppe, genau das richtige nach einem arbeitsreichen Tag.

Anna, Guiseppes Frau, empfängt Guiseppe mit einem Murren und Jerome mit überraschtem, aber herzlichen Blick. Aus braunen, sanften Augen schaut sie zu ihm hinauf, als sie seine Hand schüttelt. Sie reicht ihm nur bis zur Schulter.

»Ich habe ihn in der Hütte gefunden. Er ist Deutscher. Er kann in Sandros Zimmer wohnen, bis er was Eigenes gefunden hat«, erklärt Guiseppe. Anna stellt keine Fragen, sie ist eine stille Frau. Ohne zu zögern stellt sie ihnen in der kleinen Küche die Suppenteller vor die Nase.

Kurze Zeit später kommt ein junger Mann in die Küche und wird Jerome vorgestellt. Es ist Bruno, der jüngste Sohn der Familie, Mitte zwanzig. Er wohnt noch zu Hause.

»Ein Deutscher?«, fragt Bruno, als er sich vor seinen Teller an den Tisch setzt, »war nicht Opa mal längere Zeit in Deutschland?«

Guiseppe nickt. »Aber er hier kommt aus einer anderen Gegend. Opa war im Norden, in Kiel. Als Gastarbeiter. Hat ihm dort nicht gefallen. Zu kalt. Und die deutschen Frauen – madonna!«, sagt Guiseppe, während er die Suppe schlürft, »die deutschen Frauen sind auch kalt, hat Opa immer gesagt«, er zwinkert seiner Frau zu. Diese lächelt.

Eine normale italienische Familie, denkt Jerome. Was für ein unbeschreibliches Glück. Und er denkt plötzlich an seine eigene Familie. Ob wir jemals wieder auf diese Art zusammensitzen werden? Ob sie – Vater Rolf, Mutter Linda und Schwester Anni – in Hirzweiler auch so zusammensitzen?

Aber schon hat er keine Zeit, weiter darüber nachzudenken. »Dein Fahrrad kommt in die Garage, und Bruno zeigt dir dein Zimmer«, befiehlt Guiseppe. Bruno steht ohne zu Zögern auf.

Am nächsten Tag räumen sie das Grundstück in der Schrebergartensiedlung. Gegen Abend ist alles flach und sauber. Die Frühlingssonne scheint intensiv auf sie herab und verschafft Guiseppe einen leichten Sonnenbrand und Schweißflecken unter den Achseln.

»Morgen geht es gleich weiter. Das Holz für die neue Hütte liegt schon in der Firma«, sagt Guiseppe, »hast du Zeit? Du hast starke Arme.«

Jerome nickt. Wie könnte er nein sagen? Seine nächste Schicht in der Tankstelle ist am Dienstag Morgen, seine nächste Schicht im Schnellrestaurant am Dienstag Abend. Er erklärt das Guiseppe, und der antwortet: »Deine Jobs gehen vor. Aber wenn du Zeit hast, hilfst du mir.«

In den nächsten Tagen stellt sich heraus, welche Fähigkeiten und Kenntnisse Guiseppe hat. Er macht nicht viele Worte, sondern er arbeitet, rechnet im Kopf Maße aus, notiert sie mit einem Bleistiftstummel auf Zetteln, die er hierhin und dorthin legt und am Ende suchen muss. Eine Kreissäge hat er zum Grundstück geschafft, Stichsägen und andere Werkzeuge. Die neue Hütte baut er nach eigenem Bauplan, aus großen Balken und Brettern, die er mit einem kleinen Lastwagen herbeischafft. Nicht aus einem Bausatz wie viele andere der kleineren Hütten in der Schrebergartensiedlung. Tatsächlich wird Guiseppes neue Hütte viel größer werden als die vorherige, sogar mit ausgebautem Dachstuhl. Jerome schaut zu, hält Bretter fest, trägt Werkzeuge herbei und wieder zurück, führt Messungen durch, setzt Markierungen aufs Holz, schraubt, hämmert, bohrt. Folgt Guiseppes Anweisungen aufs Wort. Mehrere Tage lang geht das so – seine Schichten in der Tankstelle hat Jerome abgesagt und arbeitet nur noch abends im Schnellrestaurant. Davor kommt er in den Genuss von Annas selbstgekochtem Essen. An Abenden, an denen Jerome nicht im Schnellrestaurant arbeitet, steigt er nach dem Abendessen auf sein Fahrrad und verschwindet für mehrere Stunden, bis die Dunkelheit hereinbricht.

Guiseppe beobachtet ihn während der gemeinsamen Arbeit und darüber hinaus. Er sieht, dass Jerome morgens beizeiten einsatzbereit ist, dass er auch bei Regen arbeiten kann, dass er keinen Alkohol trinkt, seine Sachen wäscht und keine Dummheiten macht. Dass er stark und freundlich und offen ist, wissbegierig, lernfähig und sogar am Abend noch Fahrrad fahren geht, wo andere in seinem Alter rauchend auf der

Piazza della Loggia stehen und den Mädchen nachschauen.

Nach drei Wochen intensiver Arbeit ist die neue Hütte fertig: Mit eigener Küche, einem Schlafzimmer im Erdgeschoss, eines im Speicher, und einem großen Wohnzimmer. Einen Kamin will Guiseppe noch einbauen, die Elektrik muss verlegt werden, aber im Großen und Ganzen ist es eine stattliche Hütte aus hellem Holz, die sie da hingestellt haben. Wieder stehen die beiden Männer, Guiseppe und Jerome, mit in die Hüfte gestemmten Händen da und betrachten ihr Werk.

»Du hast gut gearbeitet«, sagt Guiseppe und blickt Jerome von der Seite aus an.

»Es hat Spaß gemacht«, erwidert dieser.

»Bezahlen kann ich dir nichts«, fährt Guiseppe fort, und es entsteht eine kleine, angespannte Pause.

»Kein Problem«, sagt Jerome.

»Aber eines kann ich dir sagen«, und nun ist in Guiseppes Stimme schon die Aufregung zu hören, ein leichtes, glucksendes Lachen, das er gerade so unterdrücken kann, »du wärest ein echter Gewinn für die Firma meines Bruders!«

Jerome blickt Guiseppe an.

»Die Firma deines Bruders?«

»Ja. Holzverarbeitung. Was denkst du, wo die Balken und Bretter herkommen? Und von wem ich den Bagger geliehen habe?«

»Dein Bruder hat eine Holzverarbeitungsfirma?«

Jerome kann es kaum glauben.

»Ja. In Concesio, zehn Kilometer von hier. Ich habe schon mit ihm gesprochen. Zwei Wochen Probezeit, dann stellt er dich ein. Vorausgesetzt, du machst weiter wie bisher. Ordentlich, pünktlich. So wie ihr das macht, ihr Deutschen!«

Guiseppe lacht. Jerome lacht auch. Kein Scherz, sondern Wirklichkeit. Eine Arbeit mit Holz! Er lacht und umarmt Guiseppe und klopft auf seinen Schultern herum. Er könnte schreien vor Glück.

2009 – 2012, BRESCIA

Jerome arbeitet drei Jahre für die Falegnameria Lombardi und wohnt in dieser Zeit bei Guiseppe in Mandolossa. Er muss keine Miete zahlen, nur einen Zuschuss zum Essen. Dafür hilft er am Wochenende Guiseppe bei allem, was es zu erledigen gilt, und manchmal kocht er für die ganze Familie: Guiseppe, Anna, Bruno und dessen Freundin Carolina mit kleinem Sohn.

Er arbeitet offiziell angemeldet in der Firma. »Schreinergehilfe« ist er nun, für 800 Euro im Monat mit Krankenversicherung und Girokonto. Auch einen Wohnsitz meldet er an: Guiseppes Adresse, in der Via Sale, 25064 Mandolossa, BS. Und einmal im Monat telefoniert er mit seiner Familie, kurz und knapp, aber zuversichtlich. Er sagt, dass es ihm gut geht. Er sagt nicht, wo er ist. Aber er erzählt, dass er eine Arbeit und Freunde hat. Er erfährt, dass Anni in das Deutsch-Französische Gymnasium nach Saarbrücken wechseln will, dass sie gut in der Schule ist – sehr gut sogar. Dass Anni einen Freund hat aus ihrem Jahrgang, Daniel heißt er. Jerome erinnert sich vage an einen Jungen mit diesem Namen. Dass seine Mutter begonnen hat, eine Doktorarbeit zu schreiben. »Über was?«, fragt er seinen Vater. »Über Moose und Flechten, über was sonst?«, und sie lachen. Sie lachen!

In der großen Holzverarbeitungsfirma fühlt Jerome sich wohl. Nicht glücklich – er ahnt, dass es noch etwas anderes geben muss in seinem Leben, später – aber für den Moment ist er zufrieden. Morgens fährt er die fast zehn Kilometer mit dem Fahrrad zur Arbeit, von Mandolossa nach Concesio, egal bei welchem Wetter, auch im Winter. Das ist nicht immer schön, nicht nur wegen des Wetters, sondern auch weil jede Menge Autoverkehr ist und die Fahrer wenig Rücksicht nehmen.

In der Firma setzt Jerome eine Staubmaske auf und macht, was sein Vorarbeiter ihm aufträgt. Es ist keine Arbeit mit kleinen, filigranen Werkzeugen, die er da ausführt. Keine Kunst. Es ist alles andere als romantisch. Die Produktionshalle gleicht einem Sägewerk. Holz wird geliefert, zugeschnitten, mit Maschinen in allen Variationen. Es gibt Bretter in allen Größen und Sägespäne in Massen. Die Maschinen schleifen und hobeln und fräsen und müssen mit Holz gefüttert werden. Weil er so ordentlich arbeitet und einen guten Blick für das Holz hat, arbeitet Jerome nach einiger Zeit im Warenausgang, in der Qualitätskontrolle. Er prüft mit Händen und Augen, ob die produzierten Bretter, Balken und Platten in Ordnung sind und sortiert Mangelware aus. Des öfteren gibt es Diskussionen mit dem Chef, Guiseppes Bruder, denn Jerome arbeitet sehr genau. Kleinste Risse in Brettern und Balken bemängelt er – »Die kannst du nicht verbauen, der Kunde wird sich beschweren!«, und am Ende gibt ihm sein Chef meistens recht.

Er lernt die verschiedensten Holzarten kennen – viele hat er natürlich vorher schon gekannt. Eiche, Tanne, Kiefer, Kirsch. Manchmal laufen auch Sonderanfertigungen aus Mahagoni oder Olive über das Band, kleine Stücke, spezielle Wünsche der Kunden. Fensterbänke aus Walnuss und Regale aus

Ahorn oder Robinie. Die Holzarten duften unterschiedlich und fühlen sich unterschiedlich an – für Jerome jeden Tag eine Freude, diese Gerüche einzusaugen, durch die Staubmaske, und mit seinen Händen über das Material zu streichen. Daraus machen sich seine Kollegen einen Spaß: »Such dir ein Mädchen, dann brauchst du kein totes Holz mehr!«, rufen sie durch die Halle. Aber Jerome lächelt nur. Für ihn ist das Holz nicht tot, sondern es lebt und fühlt sich warm an – tatsächlich fast so warm wie Marias Rücken, an welchen er aber ansonsten nur noch ganz selten denkt.

Einige Male verarbeiten sie Eichenholz zu riesigen Balken, die von firmeneigenen Lastwagen abgeholt werden und auf die die angestellten Zimmerleute aufsteigen. »Für Kirchen«, sagt der Vorarbeiter, »Es gibt Gelder von der EU für die Renovierung der Dachstühle.«

Jerome nickt und denkt an das Buch, das er vor einiger Zeit gelesen hat, »Die Säulen der Erde« von Ken Follet. Nun ist er kein Steinmetz geworden, sondern einer, der Balken herstellt zur Renovierung der Kirchen, die einer wie Tom Builder vor Jahrhunderten erbaut hat. Das erfüllt ihn irgendwie mit Stolz. Es dauert nicht lange, da fragt er seinen Chef, ob er mit den Eichenbalken mitfahren darf. »Ich möchte sehen, wie sie eingebaut werden«, sagt er. Sein Chef reagiert zunächst genervt und mit Unverständnis, dann entschließt er sich doch, Jerome mitfahren zu lassen.

Jerome ist 23 Jahre alt. Es ist September 2011, als Jerome zum ersten Mal in seinem Leben in das kleine Dorf Pieve kommt.

JULI 2008, HIRZWEILER

Daniels braun gebrannter, durchtrainierter Jungenkörper erregt die sechzehnjährige Anni in keiner Sekunde, wie er da so neben ihr auf dem Badetuch sitzt, noch glitzernd vom Wasser, und ihr die Chipstüte hinhält.

»Danke«, sagt sie und greift hinein. Der salzige Geschmack der Chips erinnert Anni an das Meer im Sommer letzten Jahres, an die Sprachreise zum Atlantik, und an Ludivines Lachen. Dort wäre Anni jetzt gerne: auf einem Badetuch am weitläufigen, wilden Strand der Ile de Ré am Atlantik. Neben Ludivine auf einer Badematte aus Bambus, beide Mädchen mit nassen Haaren, beide mit Salzwasser auf der Haut, die in der Sonne langsam trocknet. Aber mehr als Telefongespräche, Briefe und E-Mails wird es zwischen Anni und Ludivine dieses Jahr nicht geben, ein paar schöne Worte aus der Ferne, ab und zu ein Foto, ein geschriebenes oder gesprochenes »Je t'embrasse!«, was alles heißen kann, ein gehauchter Wangenkuss oder eine leidenschaftliche Umarmung.

Stattdessen sitzt Anni im Illinger Schwimmbad auf der vertrockneten Wiese neben Daniel, der sich in diesem Sommer ausgerechnet sie ausgesucht hat als Ziel seines Interesses.

Anni ist gerade sechzehn geworden, Daniel ist ein halbes Jahr älter als sie. Die anderen Jugendlichen in ihrer Clique sind aus dem gleichen Jahrgang. Sportlich sind sie, fast jeder von ihnen ist im Schwimmverein und hat von Rolf das Schwimmen gelernt, Mädchen wie Jungen. Neben dem Schwimmen gehen sie noch anderen Hobbys nach: Basketball, Reiten, Instrumente lernen. Sie sind die besten ihres Jahrganges, eine Clique voller strebsamer und meist vernünftiger junger Leute.

Eine der Vernünftigsten ist Anni. Sie hat bei ihren Eltern bereits im Frühjahr durchgesetzt, dass sie nach den Sommerferien vom Illinger Gymnasium nach Saarbrücken in das Deutsch-Französische Gymnasium wechseln darf. Sprachen, vor allem Französisch, sind ihre Leidenschaft. Während ihr Vater Bedenken äußerte, hat Anni im Gesicht ihrer Mutter sofort erkannt, dass diese den Schulwechsel unterstützen wird. Und so wird sie die letzten Schuljahre im Deutsch-Französischen Gymnasium hinter sich bringen.

Doch noch sind Sommerferien, und Daniel nervt. Schon wieder kitzelt er sie am Rücken und fährt mit dem Zeigefinger unter den Verschluss ihres blauen Bikini-Oberteils.

Sie schlägt nach ihm, mit gereiztem Blick, und die Chips fallen in Krümeln auf das Badetuch.

»Okay, okay!«, sagt Daniel und hebt entschuldigend beide Hände. Seine weißen Zähne blitzen auf, als er lacht. Er ist ein hübscher, lustiger Junge. Keines der anderen Mädchen kann verstehen, warum Anni nicht mit ihm zusammen sein will.

»Ich bin nun mal nicht in ihn verknallt!«, teilt sie ihren Freundinnen immer wieder mit, wenn sie in einer Gruppe Mädchen zusammenstehen und sich mit hochgerecktem Kinn die Haare über die Schulter werfen. Annis blondes Haar ist halblang, sie klemmt es hinter die Ohren, und mit ihren großen, ausdrucksstarken Augen, den geschwungenen Lippen und ihrem schlanken, muskulösen Körper ist sie eine der Strahlendsten. Nur logisch, dass Daniel auf sie abfährt. Andere Jungs aus ihrem Jahrgang versuchen es gar nicht erst bei ihr. Sie gilt als unbezwingbar.

Anni steht vom Badetuch auf, geht zur Außendusche – der Chipskrümel wegen – und lässt den kalten Strahl auf sich herab prasseln, bis sie Gänsehaut bekommt. Dann geht sie zum Becken, steigt auf einen gesperrten Block und springt elegant wie ein Pfeil ins Wasser, unter den Augen ihres Vaters Rolf, der wie meist auf der Bademeisterbank unter dem gelben Sonnenschirm sitzt. Anni weiß, dass ihr Vater jetzt die Stirn runzelt – denn das Springen von den Blöcken ist bei diesem Betrieb nicht gestattet – aber sie weiß auch, dass er nicht mit ihr schimpfen wird, nicht einmal erwähnen wird er es, denn er kritisiert sie nie. Seit Jerome, ihr Bruder, vor vier Jahren verschwunden ist, hat ihr Vater nicht mehr mit ihr geschimpft.

Gegen Abend, kurz vor Schließung des Schwimmbades, sitzen Anni, Daniel und drei weitere Jugendliche aus ihrer Clique in Badekleidung auf der Terrasse des Freibadcafés und trinken Cola und Malzbier. Es ist fast acht Uhr am Abend, die Sonne steht schon tief, und noch immer ist es heiß und die Luft riecht nach Pommes. Einige Menschen sind noch im Wasser, andere auf der Liegewiese, und viele packen ihre

Sachen zusammen, um das Schwimmbad zu verlassen. Die Aufbrechenden gehen seitlich den Weg an der Terrasse des Freibadcafés vorbei zum Ausgang.

Darunter ist auch Hendrik, ein Freund von Annis Vater, mit seiner Frau Alice. Anni hat ihn den ganzen Tag im Schwimmbad noch nicht bemerkt, obwohl sie ihn gut kennt – seit Jahren, denn er ist wirklich ein guter Freund ihres Vaters. Aber insbesondere kennt sie ihn seit einem Erlebnis vor wenigen Wochen. Hendrik trägt schwarze Shorts. Sein nackter Oberkörper schimmert rot vor Sonnenbrand, die blonden Haare sind ausgebleicht. Seine Frau Alice geht einen Meter hinter ihm, eine dicke Sonnenbrille auf der Nase, die kurzen, schwarzen Haare noch nass vom Wasser.

Hendrik schaut zu Anni hinüber und ihre Blicke treffen sich. Ihr wird plötzlich kalt, so kalt, dass die kleinen, blonden Härchen an ihren Unterarmen und Beinen und in ihrem Nacken sich aufstellen. Schnell greift Anni nach Daniels Hand, der sie überrascht anschaut und dann den Druck ihrer Hand erwidert. Sie schaut Daniel an und lässt sogar zu, dass er ihr eine Haarsträhne aus dem Gesicht streicht.

Aber nur, bis Hendrik vorüber ist. Dann zieht Anni die ihre unter Daniels Hand hervor, streckt und räuspert sich und greift nach ihrer Cola. Ihre Freundinnen spaßen über andere Dinge, die Jungs lachen über ihre eigenen Scherze, und niemand außer Daniel hat ihre Aufregung bemerkt. Sie bekommt nicht mit, was ihre Freunde reden, ihr Blick geht starr zum Schwimmerbecken, wo ihr Vater gerade aus dem Wasser steigt. Gleich wird er zu ihr kommen und sie mit nach Hause nehmen. Sie kann es kaum erwarten.

Auf dem Nachhauseweg im Auto reden Anni und ihr Vater Rolf nicht viel. Rolf ist entspannt von dem langen Tag im Schwimmbad. Anni stellt sich müde, gähnt einige Male.

Im Radio läuft ein Song von James Taylor. Rolf summt mit und scheint in Gedanken versunken.

Einige Sekunden – oder nur Millisekunden? – denkt Anni darüber nach, ob sie ihrem Vater erzählen soll, was vor wenigen Wochen zwischen ihr und Hendrik geschehen ist. Aber ein Seitenblick auf den Vater lässt sie die Idee sofort wieder verwerfen. Er sieht gerade so zufrieden aus. Seine Stirn ist glatt, er lächelt sogar leicht und summt weiter zu der Musik, die im Radio läuft. Selten sieht er so entspannt aus – selten, seit ihr Bruder vor vier Jahren verschwunden ist. Und ganz unerwartet wird Anni traurig, denn sie vermisst Jerome, jeden Tag vermisst sie ihn, ihren großen Bruder, der bis zu ihrem zwölften Lebensjahr immer auf sie aufgepasst hat, fast nie von ihrer Seite gewichen ist, daran kann sie sich noch gut erinnern, immer hatte er ein Auge auf sie und sie vor den großen Jungs beschützt.

Und genau das konnte Jerome vor einigen Wochen – vor drei Wochen, um genau zu sein, zu Beginn der Sommerferien – nicht mehr: sie beschützen.

Obwohl im Grunde nichts geschehen ist. Aber was ist nichts? Oder ist doch etwas geschehen? Etwas Kleines, etwas Großes, etwas Weltbewegendes?

Weltbewegend war Annis Plan nicht an jenem Freitagnachmittag, das weiß sie selbst. Sie ist eine von Millionen Mädchen im jugendlichen Alter, das seine Sexualität entdeckt. Lange schon hat sie gemerkt, dass männliche Körper sie nicht faszinieren, in ihr kein Kribbeln verursachen, sie nicht den Atem anhalten lassen. Mit elf oder zwölf wusste sie das schon. Als ihre Freundinnen über Jungs zu kichern begannen, waren die Jungs für Anni gute Freunde geblieben. Sie sah keinen Sinn darin, die Köpfe mit anderen Mädchen zusammenzustecken und über Kerle zu kichern, und auch nicht darin, sie zu ärgern oder auf dem Schulhof kleine Kieselsteine nach ihnen zu werfen.

Nein, Anni fing an zu kichern, wenn ihre junge Sportlehrerin etwas zu ihr sagte. Sie wurde nervös, wenn diese Lehrerin sie ansprach und versank in ihrer Gegenwart in peinlich berührter Schüchternheit, während sie gegenüber anderen, männlichen Lehrern immer eine große Klappe an den Tag legte. Ja, sie hatte Freundinnen, Mädchen, mit denen sie spielte und sich traf, freundschaftlich, aber irgendetwas war immer anders. Mit den Jahren hatte Anni kapiert, dass Mädchen und Frauen sie reizten, dass sie sie anziehend fand, und je mehr ihr eine gefiel, desto zurückhaltender war Anni. Nicht so im Beisein von Jungs, und gerne, ja, unbeschwert verbrachte sie viel Zeit mit Jerome und seinen Kumpels, bis dieser verschwand.

Das erste Mädchen, mit dem Anni die Zurückhaltung verloren hatte, war eben Ludivine in den Sprachferien im letzten Jahr. Sie war die Tochter von Annis Gastfamilie. Anni hatte Ludivine gesehen und sie hatten sich angeschaut und es war sofort klar gewesen, dass da etwas zwischen ihnen vor sich ging. Ludivine war sechzehn, Anni gerade fünfzehn geworden. Sie küssten sich bereits am zweiten Tag nach Annis Ankunft in St. Marie auf der Ile de Ré.

Das war natürlich zum Problem geworden, als Anni nach Hause zurück musste. Sie hatte noch geheult, als ihr Vater sie im letzten Sommer vom Bahnhof abgeholt hatte. Er hatte ewig an ihr herumgefragt, was denn – um Himmels Willen – vorgefallen sei in Frankreich. Sie hatte weder ihm und erst recht nicht ihrer Mutter etwas von der ihr bewusst gewordenen Neigung zu Frauen erzählt – natürlich nicht. Sie musste erst selbst darüber nachdenken und brauchte bis nach Weihnachten, um sich einzugestehen, dass das vermutlich so bleiben würde – sie, Anni Naumann, war lesbisch.

Ihre Freundinnen hingegen gingen die ersten Beziehungen mit Jungs ein. Es gab und gibt kein anderes Thema mehr. Es geht darum, wer wen zuerst küsst, wer seine Hände wohin wandern lässt, welcher Junge am mutigsten ist und welches Mädchen am freigiebigsten. Wer wie weit geht, wer was wagt. Einige andere Mädchen ihres Jahrgangs hatten bereits das erste Mal Sex, und es scheint Anni, als würden sich die übrigen Mädchen in ihrer Clique auf nichts anderes vorbereiten als auf die eigene Entjungferung. Insbesondere ihre zwei besten Freundinnen, Anouk und Lena, sind mit Eifer bei der Sache. Zu dritt in Annis Zimmer haben sie vor den Ferien küssen geübt, mit und ohne Zunge. Anouk und Lena fanden es aufregend und lustig, Anni fand es peinlich und unfair gegenüber Ludivine, mit der sie jede Woche mindestens einmal telefoniert. Auch üben sie, Knutschflecken zu machen, an ihren eigenen Unterarmen, und Anni muss zugeben, dass es keine schwierige Sache ist.

So kamen sie vor vier Wochen auch auf das Thema Entjungferung zu sprechen. Zu dritt saßen sie wieder in Annis Zimmer, ihre Mutter war nicht zu Hause und ihr Vater Rolf bereitete im Garten das Feuer für den Grill vor. Da kam Lena auf die Idee, in Sachen Entjungferung selbst nachzuhelfen, damit die vielfach gefürchteten Schmerzen beim ersten Mal erträglich seien. Anni hatte entnervt den Kopf geschüttelt und gesagt: »Was für ein Unsinn, wie willst du denn da nachhelfen?« Lena und Anouk hatten sie fast ausgelacht, Anni hatte rote Backen bekommen und stumm zugehört, was man mit dicken Filzstiften, geschlossenen Flaschenhälsen und auch Deo-Dosen alles anstellen konnte. Die Mädchen hatten irgendwo darüber gelesen oder von älteren Schwestern davon gehört. Anni hatte geschluckt und sich jeglichen Kommentars enthalten. Und dann kam die Idee:

»Wir machen es alle drei! Jede für sich. Aber, lasst uns nicht so lange warten, sagen wir, bis übermorgen!«, hatte Lena gesagt. Anouk hatte begeistert genickt.

»Jede auf eine andere Art. Dann können wir uns gegenseitig

berichten!«, sagte Anouk. Die beiden kicherten und schauten Anni an, die immer noch stumm und erstaunt auf ihrem Bett saß. Bei allem Bisherigen war sie dabei gewesen. Also antwortete sie, als Anouk sie fragte: »Was ist, Anni, machst du mit?«, mit einem einfachen, selbstverständlich klingenden »Ja.«

Sie sprachen ab, wer mit welchem Gegenstand ausprobieren würde, sich selbst zu entjungfern. Anni schreckte vor künstlichem Material zurück und entschied sich rasch für die Möhren, die Lena vorschlug.

Das alles wäre vielleicht eine Sache gewesen, in der Anni gerne gelogen hätte: »Ja, ich habe es gemacht. Ja, es hat weh getan, aber nur kurz, und jetzt ist es erledigt!«

Doch gerade weil sie nicht gerne log, aber auch nicht aus dem Rahmen fallen wollte, fasste sie ins Auge, den Plan tatsächlich in die Tat umzusetzen. Sie hatte Angst davor, aufzufallen. Angst davor, dass die Freundinnen fragten, ob sie nicht vorbereitet sein wolle für das erste Mal ihres Lebens, vielleicht doch mit Daniel, der um sie herumschlich wie ein rolliger Kater. Angst davor, dass sie entdeckten, dass sie lesbisch war, sie dafür auslachten und meiden würden. Sie wollte selbst bestimmen, wann sie der Welt von ihrer Neigung erzählen würde. Sie wollte nicht entdeckt werden.

Und so hatte Anni sich am Samstag vor drei Wochen auf den Weg gemacht in den Garten ihres Onkels, der zu der Zeit an der italienischen Riviera in Urlaub war.

Genau an diesen Moment erinnert sich Anni, im Auto neben ihrem Vater auf dem Heimweg vom Freibad, an den Duft des Gartens, an den dichten, würzigen Gemüsegartenduft in gewittriger Sommerschwüle. Und an den Duft von Karottenkraut.

In diesem Garten gab es alles, was das Herz begehrte. Anders als ihr Vater, der sich in erster Linie für Blumen und Sträucher interessierte, und anders als ihre Mutter, die sich fast ausschließlich für Sukkulenten, Moose und Farne interessierte, war ihr Onkel leidenschaftlicher Obst- und Gemüsegärtner. In seinem Garten wuchsen auf jedem Quadratzentimeter essbare Pflanzen, von Mangold, Kopfsalat und Rucola über Zucchini und Tomaten bis hin natürlich zu allem, was in der Erde wuchs: Mairüben, Kartoffeln, Radieschen und Karotten. Eingerahmt zwischen Brombeer- und Himbeerhecken lag der Garten, fast so groß wie ein halbes Fußballfeld und mit Büschen durchsetzt, hinter dem Haus des Onkels, welches wiederum am Dorfrand lag. Von einem Feldweg aus konnte man durch ein Tor in der Hecke in den Garten gelangen, und diesen Weg wählte auch Anni, denn im Haus war niemand. Es war ein bewölkter Tag Ende Juni. Schwül war es und gewittrig, man schwitzte und hoffte auf Regen. Annis Eltern waren beschäftigt – ihre Mutter Linda zu Hause mit ihrer Doktorarbeit, und ihr Vater Rolf war mit dem Auto unterwegs, in irgendeiner deutschen Stadt, vielleicht dieses Mal Karlsruhe oder Mannheim oder auch Frankfurt. Regelmäßig tat ihr Vater das, verschwand mit dem Auto den ganzen Tag und suchte nach Jerome. Sie hatten sich daran gewöhnt, dass er oft nicht da war.

Anni ging also in den Garten auf der Suche nach einer für ihr Vorhaben geeigneten Karotte. Unsicher stand sie dann vor den Hochbeeten, in denen die Karotten wuchsen, dahinter fünf oder sechs Reihen Bohnenstangen, grün berankt und bald bereit zur Ernte. Und sie saugte den Duft der Pflanzen in sich hinein, den Duft des Karottenkrautes und natürlich den Duft der im gleichen Hochbeet wachsenden Erdbeeren. Sie streckte sich, um einige Erdbeeren zu pflücken und zu essen. Die nackten Beine schauten aus ihrer weißen, kurzen Hose heraus und ihr Trägertop klebte vor Hitze an ihrem Rücken. Rote Backen hatte sie sowieso, denn nach wie vor fand sie dieses Unterfangen höchst fraglich und peinlich, am meisten vor ihr selbst.

Ich nehme einfach eine oder zwei Karotten mit nach Hause, dachte sie, wasche sie und erzähle Anouk und Lena, ich hätte mitgemacht.

Sie hielt nicht viel davon, mit Gemüse an sich selbst herum zu experimentieren. Zumal sie sich sicher war, dass es in ihrem Fall nicht notwendig wäre. Sie hatte nicht vor, mit einem Jungen zusammenzukommen, nicht an diesem Tag und auch in den nächsten Jahren nicht.

Aber sicher konnte man nicht sein. Ihr graute davor, vor Anouk und Lena dazustehen wie eine, die sich nicht traute. Sie kannten sich gut, und die beiden würden bemerken, wenn sie log.

Anni ließ die Finger durch das Karottenkraut gleiten. Schließlich zog sie eine Karotte heraus, klopfte die Erde ab und betrachtete sie. Sie war zu groß, eindeutig, also zog sie noch eine heraus und säuberte sie ebenfalls. Was hat der Onkel da für ein Riesengemüse, dachte sie, und hätte die Karotte lieber einfach nur gegessen.

Plötzlich hörte sie ein Geräusch aus Richtung des Tores, durch das sie in den Garten gelangt war. Erschrocken zuckte sie zusammen. Zuerst sah sie den Hund: einen kleinen, dünnen Mischling mit kurzem Fell. Dann dahinter einen Mann mit blonden Haaren – eindeutig Hendrik. Was hat der hier zu suchen?, dachte sie und fühlte sich ertappt.

Er erblickte sie sofort, legte ein Grinsen auf und näherte sich ihr. Der Hund war schon bei ihr angekommen und sprang an ihren nackten Beinen hoch.

»Na«, sagte Hendrik, »heute alleine unterwegs?«

Er schwitzte im Gesicht, sein helles Hemd allerdings sah frisch gebügelt und trocken aus.

»Ich hole etwas fürs Abendessen. Mein Onkel weiß Bescheid.«

»Aha. Dein Onkel ist an der Riviera, nicht wahr?«

Nun war er fast bei ihr angekommen. Sie nickte und hielt die beiden Karotten versteckt hinter ihrem Rücken. Es sind nur

Karotten, dachte sie, Karotten, die man essen kann.

Aber auf ihrer Stirn stand etwas anderes, das spürte sie. Sie schwitzte noch mehr als zuvor und ihre Wangen glühten.

Ausgerechnet Hendrik, der Freund ihres Vaters, den sie am wenigsten mochte. Selbst wenn Hendrik derjenige war, der stets am freundlichsten zu ihr war.

»Was gibt es denn zum Abendessen? Zeig mal!«

Und als sie zögerte, kam er einen weiteren Schritt auf sie zu, bis er ganz dicht vor ihr stand – sie konnte ihn riechen, sein After Shave oder sein Shampoo. Er griff nach ihrem Arm und zog ihn nach vorne, mit einem unerwartet festen Griff, so dass die Karotten zwischen ihren Füßen auf den Boden fielen.

»Oh!«, sagte er, »das sind aber schöne Exemplare!«

Mit durchdringendem Blick sah er sie an und ließ ihren Arm nicht los.

»Die schmecken sicher guuuut«, sagte er.

Anni starrte ihn an.

Plötzlich lag Hendriks andere Hand auf ihrer Hüfte. Griff ordentlich zu. Dann Hendriks Rechte auf ihrer Brust.

Anni erstarrte.

Ich muss etwas machen, dachte sie, ich muss weglaufen, ich muss schreien –

Aber nichts von alledem tat sie. Sie konnte nicht.

»Wie wäre es stattdessen damit?«, flüsterte er und drückte seine Hüfte gegen ihren Bauch – Hendrik war nicht viel größer als sie, nur einige Zentimeter. Sie spürte seine Härte an ihrem Bauch. Schlagartig wurde ihr schlecht.

Im Augenwinkel sah sie den Hund, der wie ein Zuschauer neben ihnen saß. Ist es das erste Mal, dass der Hund bei so etwas zuschaut?, dachte sie.

Und als Hendrik sich mit seinem Mund der nackten Stelle unter ihrem Schlüsselbein näherte, vermutlich, um sie zu küssen, tat sie das Einzige, was ihr in diesem Moment einfiel. Sie griff durch den Stoff nach seinem harten Glied, griff nach dessen Spitze und drückte so fest zu, wie es ihre Muskeln erlaubten. Und das war nicht wenig, sie war durchtrainiert, sie schwamm jede Woche über vier Kilometer.

Hendrik schrie auf, ließ von ihr ab und schreckte zurück. Sein Gesicht schmerzverzerrt. Der Hund fing an zu bellen, und Anni gab Vollgas. Flink huschte sie über die Gartenwege zum Tor und lief nach Hause, so schnell sie konnte.

Zuhause legte sie sich auf ihr Bett, lag dort über eine Stunde fast bewegungslos, wie erstarrt, bis sie anfing, vor Kälte und Erleichterung zu zittern. Draußen zuckten die ersten Blitze aus den grauen Wolken. Es donnerte. Sie sprang auf und lief ins Bad, riss sich die Kleider vom Leib und duschte, bis ihre Mutter aus dem Arbeitszimmer rief: »Sag mal, stell das Wasser ab, die anderen Leute auf der Welt wollen auch noch duschen!«

Ja, so war das gewesen vor drei Wochen. Die Sache mit der Entjungferung hat sie ad acta gelegt. Die ersten Tage nach dem Vorfall mit Hendrik hatte sie eine Erkältung vorge-täuscht. Seither lässt sie sich auf Verabredungen mit Daniel ein, der mit ihr scherzt und sie neckt, ihr aber noch nie ernst-haft oder unangenehm körperlich nahe gekommen ist. Mit ihm fühlt sie sich sicher.

Sicher fühlt sie sich auch im Auto neben ihrem Vater, der sie gerade mit aus dem Freibad nach Hause nimmt. Sie wird ihm nichts von der Sache mit Hendrik erzählen, auch ihrer Mut-ter nicht. Schließlich ist nichts passiert − nichts, dass man beweisen kann, und vor allem will Anni eines nicht: Ihrem Vater noch einen Freund wegnehmen, wo doch schon sein Sohn und ihr Bruder, Jerome, nicht mehr da ist. Sie will ihren Eltern weiteres Leid ersparen.

In der neuen Schule, denkt sie sich, im deutsch-französischen Gymnasium, wird sie sich outen. Das beschließt sie, als sie und ihr Vater zu Hause ankommen. Mutter Linda hat Salat vorbereitet, und ihr Vater geht in den Garten, um das Grill-feuer anzuzünden. Anni nimmt ihre Schwimmtasche und hängt die nassen Badesachen auf die Wäscheleine im Garten. »Das ist ja Karottensalat!«, sagt Anni wenig später am Tisch mit einem Ausdruck des Ekels im Gesicht, und schon ist die gute Stimmung im Hause Naumann wieder dahin. Aber Anni kann nichts daran ändern, denn seit der Sache mit Hen-drik im Garten kann sie keine Karotten und auch deren Kraut nicht mehr ertragen, ihr wird sofort übel davon.

SEPTEMBER 2017, HIRZWEILER

Rolf sitzt, wie seit einiger Zeit wieder häufiger, auf seinem Gartenstuhl auf der Terrasse. Es ist Sonntagnachmittag und spätsommerlich, die Sonne scheint tief in den Garten, genau auf die kleine Yucca-Palme und den Elefantenfuß, die er während der kalten Monate in den Wintergarten wird stellen müssen. Thea ist übers Wochenende zu einem Meditations – Seminar in die Camargue gefahren, folglich ist kein warmes Abendessen zu erwarten. Am Morgen war Rolf im Freibad, bei angenehmen zwanzig Grad und wechselnder Bewölkung. Es war das letzte Mal in diesem Jahr, die Freibadsaison ist zu Ende. Traditionsgemäß hat Rolf mit der Badeaufsicht und der Kassiererin um die Mittagszeit noch ein Bier getrunken, Hellmann war auch dabei.

Mit seinen Gedanken war und ist Rolf jedoch bei Elaine. Er hofft, wie er da auf der Terrasse sitzt, dass sie, Elaine, seine Geliebte und Angebetete, wiederkommen wird. Er weiß, dass ihre Scheidung durch ist, schon seit einigen Wochen. Das war der erste Stein im Weg, den sie in Hamburg hatte ausräumen wollen. Dann der Prozess gegen die gewalttätigen Schlepper, auch der Teil ist gut gelaufen. Da haben sie zum letzten Mal telefoniert, er und Elaine, bevor sie ihre Kur antrat, Ende Juli. Elaine hat zwischendurch ihren Hausrat, ihre Besitztümer, aus dem Haus in Hamburg genommen und irgendwo in der Stadt einlagern lassen. Sie hat seine Hilfe nicht annehmen wollen – er hätte in den Ferien zu ihr kommen können. Das irritierte ihn, und noch viel mehr irritierte ihn die seltsame Regelung, seit sie in Scharbeutz in Kur ist: Keine Kontakte nach außen, sondern Konzentration auf das Wesentliche, auf die Therapie, die ihr helfen soll, die traumatischen Erlebnisse mit der fremden Frau, den Schleppern und mit Jules zu verarbeiten, sowie wieder zu sich selbst zu finden. Sie melde sich, wenn alles vorüber sei, Anfang oder Mitte September, wie auch immer, er könne darauf vertrauen. Aber es fällt ihm schwer, er ist es nicht gewohnt, von einer Frau, die er liebt – liebt? – getrennt zu sein, in solch einer Situation war er nie länger als vierzehn Tage am Stück, länger waren Lindas berufliche Reisen nie gewesen.

Er vermisst Elaine, nicht in jeder Sekunde, aber in allen wesentlichen Momenten des Tages. Verdammt schnell hatte er sich an sie gewöhnt, nur einige Wochen war sie bei ihm, und schon Teil seines Alltags und seiner freien Stunden geworden, Teil von ihm. Ganz tief in ihm pocht eine Angst, dass sie sich nie wieder melden wird, dass sie nie zurück kommen, ihm nie wieder ihre Hand auf seine Schulter legen wird. Er vermisst das Rascheln ihrer Papiere und das Klappern der Tastatur. Das Geräusch ihres Wagens, wenn sie vor der Haustür parkt und zu ihm nach Hause kommt. Elaines Summen, wenn sie sich Brombeermarmelade auf ein Brötchen streicht. Das Geräusch der Rotweingläser, wenn sie diese auf den Wohnzimmertisch stellt. Wie sie sich ihre Haare hinter das Ohr klemmt, auf ihn zu kommt, ein Buch in der Hand, und fröhlich verkündet: »Schau mal, was ich bei deinen Schätzen gefunden habe«, denn ihre Schätze, das sind die Bücher in seiner Bibliothek.

Wie er sich danach sehnt, mit ihr einen Winter, vielleicht sogar Weihnachten, in seinem Haus zu verbringen, ihrer beider Füße in Wollsocken, sie vielleicht mit einem leichten Schnupfen, draußen Schnee, er macht Feuer im Kamin und setzt sich zu ihr, sie lesen oder schauen fern, die Katze in der Nähe, bis ihre Hand irgendwann unter sein Hemd wandert und an seinen Brustwarzen zu zupfen beginnt.

Ja, natürlich, das vermisst er auch, all das, was sie in den wenigen Wochen ihres direkten Zusammenseins getan haben, um die Erforschung ihrer beider Körper voranzutreiben.

Er fühlte sich bei und in ihr zu Hause, zwischen ihren Schenkeln und in ihrem Mund ebenso wie in den langen Gesprächen mit ihr, wenn sie spazieren gingen. Ihr Hüften, die er an sich pressen durfte, ihre Brustwarzen und ihre Klitoris, die er mit seinen Lippen umschließen durfte, »Aber nicht saugen!«, hat sie mehr als einmal gesagt, und mehr als einmal war er mit seinem Kopf zwischen ihren Beinen aufgetaucht und sie hatten beide gelacht.

Am Göttlichsten aber war es, wenn sie ihn ritt, eine Hand auf seiner Brust, und sagte: »Entspann Dich. Mach die Augen zu und denk an etwas Schönes.«

»Ich sehe das Schönste der Welt«, sagte er und blickte sie fest an.

Seine Kraft hat ihn nie verlassen. Elaine hatte ein feines Gespür für die richtigen Momente – nicht sofort nach der

Schule, nicht nachdem sie ausgegangen und spät nach Hause gekommen waren, und keine Verrenkungen im Auto oder in der Badewanne. Rolf war seinem Körper dankbar, dass er ihm und ihr, dieses Glück erlaubte. War die ganze Schwimmerei doch für etwas gut, obwohl er nie in dieser Absicht trainiert hatte.

Elaine und er hatten sogar einmal darüber gesprochen. Na ja, es war kein richtiges Gespräch gewesen, eher ein Sich-geheimnisvoll-etwas-Zuflüstern, auf dem Geburtstag seiner Schwester in Mainzweiler, zwischen Erdbeerrolle, Schwarz-wälder und Donauwelle. »Ich hatte noch nie so viel Sex wie mit dir«, flüsterte sie in sein Ohr. Er weiß nicht mehr, ob er bis über beide Ohren errötete oder sich nur so fühlte. Er schaute sie fragend an.

Sie zuckte mit den Schultern: »Hatte nie das Bedürfnis.«

Mit einem lauten Klappern stellte er seine Tasse ab, so dass alle alten Damen zu ihnen herüberblickten.

»Ich auch nicht«, sagte er mit Nachdruck, ziemlich laut, so dass die alten Damen ihn anschauten.

»Wirklich?«

»Wenn ich es dir sage.«

Fast war er beleidigt gewesen. Was dachte sie wohl? Rolf Naumann, der Schürzenjäger von Hirzweiler?

Nachts, im Bett, hatte sie ihn erneut gefragt: »Stimmt das auch?«

Da hatte er ihr Gesicht zwischen beide Hände genommen und sie geküsst. »Hör auf dein Bauchgefühl. Wärst du eine

Sekunde mit mir zusammen, wenn ich dich anlügen würde?«
Sie hatte gegrinst und ihre Hand auf ihren Bauch gelegt.
»Hörst du, was er sagt? Mein Bauch?«
»Nein.«
»Er flüstert. Er flüstert: Ich liebe dich.«
Fast wären Rolf die Tränen in die Augen gestiegen. Er löschte
das Licht und robbte im Dunkeln auf sie. Liebte sie wie beim
ersten Mal.

Das alles, das alles hat sich innerhalb weniger Wochen abge-
spielt, und während er auf der Terrasse sitzt und dem Abend
lauscht, hofft er, dass sie wiederkommt.

An einem Mittwoch überschlugen sich die Ereignisse – oder begannen, sich zu überschlagen. Nach Wochen der Ruhe, der Langeweile, des Nachdenkens und des Grübelns kamen die Dinge in Gang, und wie so oft musste Rolf selbst erst einmal nichts dafür tun.

Es begann, wie üblich, mit einem Telefonklingeln. Es war am Nachmittag. Gerade hatte er im Kleiderschrank herumgewühlt auf der Suche nach seinem alten Fotoapparat. Er wusste, dass er ihn hinter seinen Hemden versteckt hatte, als Linda vor Jahren den Keller aufgeräumt hatte. Der Apparat war aus den Siebzigern. Ob es dafür noch Filme gab, war ihm unbekannt, aber er wollte es versuchen.

Als das Telefon klingelte, sprang er die Stufen zum Wohnzimmer hinunter und griff zum Hörer, wie immer in der Hoffnung, es sei Elaine.

»Naumann?«

»Papa.«

Es war Anni. Es knackte in der Leitung.

»Wo bist du denn?«, fragte er.

»Ich bin in Dieppe. In der Normandie. Wir machen hier Aufnahmen für ein Buchcover – einen Krimi – , das tut aber nichts zur Sache.«

»So?«

»Hör mal zu. Was hast du heute noch vor?«

»Nichts weiter – ich, äh, wollte den Kleiderschrank aufräumen.«

»Also keine Termine außer Haus?«

Anni klang streng und aufgeregt, eigentlich wie immer, eigentlich wie Linda, aber heute klang sie noch ein wenig aufgeregter als sonst.

»Nein. Keine Termine außer Haus. Könntest du mir sagen, wieso – «

»Ist doch super. Bleib in der Wohnung. Die nächsten, sagen wir, drei oder vier Stunden.«

»Hatte ich sowieso vor, hier regnet es aus Eimern.«

»Hat deine Freundin sich gemeldet?«

»Nein, wieso? Geht es um sie?«, Rolf strich sich über die Stirn. Das war verwirrend. Anni rückte sonst immer recht schnell mit der Sprache heraus.

»Nein. Ich wollte das nur wissen. Ob sie bei dir ist.«

»Nein, sie meldet sich, wenn ihre Kur vorüber ist.«

»Also super. Ich muss Schluss machen, hier geht es gleich weiter. Aber mach, was ich gesagt habe, bleib in der Nähe des Telefons.«

Sie legte auf. Klack.

In der Nähe des Telefons? Rolf spürte ein Kribbeln im Nacken, kratzte sich und ging zur Kaffeemaschine. Kredenzte sich einen Espresso und setzte sich an den Esszimmertisch. Versuchte, die Zeitung zu lesen und schielte hin und wieder zu dem kleinen, schwarzen Apparat. Dass er oben, im Schlafzimmer, nach seinem Fotoapparat hatte suchen wollen, hatte er vergessen. Die Katze sprang von der Couch, machte aber einen Bogen um ihn. Sie mochte keine nervösen Menschen.

Nach einigen Minuten stand er wieder auf und schaltete das Radio ein, weil er die Stille nicht ertrug. Hatte sich gerade wieder hingesetzt, als das Telefon tatsächlich klingelte. Als er abhob, sah er noch im Augenwinkel die vielen Zahlen auf dem Display. 00 … –

»Naumann?«

Es knackte wieder in der Leitung und rauschte ein wenig.

Dann –

Dann –

Nach unendlichen zwei oder drei Sekunden:

»Papa.«

Rolf musste sich setzen. Es war über zwei Jahre her, dass er Jeromes Stimme gehört hatte.

So saß er da, auf der Couch, die Ellenbogen auf den Knien, den Hörer ans Ohr gepresst. Er schloss die Augen, um ganz bei der Stimme zu sein, die da aus dem Telefon kam. »Papa«, dieses Wort hatte er von Jerome ewig nicht gehört.

»Ja. Jerome«, sagte Rolf mit rauer Stimme.

»Ich hätte viel früher anrufen sollen«, sagte Jerome. Dann wieder dieses Schweigen, dieses leise Rauschen, und irgendwo im Hintergrund glaubte Rolf auf Jeromes Seite des Telefons Stimmen zu hören, die sich in einer Sprache unterhielten, die Rolf zwar bekannt vorkam, die er aber nicht verstand. Italienisch, blitzte es Rolf durch den Kopf.

»Das hättest du tun können«, sagte Rolf, und nach kurzem Nachdenken: »Schließlich ist deine Mutter gestorben.«

Er hörte Jerome seufzen, oder schluchzen, und plötzlich begannen auch Rolfs Schultern zu zucken.

»Warum bist du weggegangen?«, fragte Rolf, »Warum bist du weggegangen und nie wiedergekommen?«

Wieder ein Schweigen. Aber er legte nicht auf, Jerome legte nicht auf, er war noch da, sein Atem ganz dicht an Rolfs Ohr. Etwas war heute anders. Rolf spürte das.

»Ich bin in Italien«, sagte Jerome, »in Italien. Die ganzen Jahre.«

Jetzt war deutlich zu hören, dass es ein Schluchzen war, ja, dass sein Sohn am anderen Ende der Leitung weinte, sein kleiner Junge, in Italien? – und aufgeweicht von allen Ereignissen der letzten beiden Jahre und Monate gelang es Rolf kaum, selbst die Fassung zu bewahren und nicht auf der Stelle laut loszuheulen.

»In Italien?«

»Ja. Hör zu. Können wir uns sehen?«

Jetzt sprang Rolf auf von seiner Couch.

»Sehen? Ob wir uns sehen können? Natürlich. Sofort.«

»Nicht sofort. In drei Wochen, in deinen Herbstferien.«

Natürlich. In den Herbstferien.

»Natürlich.«

»Ich bin hier seit vielen Jahren, Papa. Mir geht es gut. Uns geht es gut.«

»Euch? Wo in Italien bist du?«

»In San Benedetto di Po. Du kannst auf einer Karte schauen.«

»San Benedetto di …? Und …wie geht es dir?«

»Mir geht es gut. Meiner Frau geht es auch gut. Wir haben

eine Schreinerei. Und du bist Opa geworden.«

Rolfs Kopf zersprang fast vor Freude und Erleichterung angesichts dieser Neuigkeiten. »Ich bin Opa geworden? Ich bin Opa geworden?«

»Ja, vor zwei Wochen. Er heißt Luca.«

»Ein Junge? Ich habe einen Enkel?«

»Ja.« Jetzt lachte Jerome.

Eine Weile wieder nur das Rauschen.

»Willst du mir sagen, warum es heute ist, dass du anrufst?«

»Weil Chiara – meine Frau, mir sonst keine Ruhe mehr lässt. Weil es an der Zeit ist.«

»Hat Anni das gewusst?«

»Dass ich anrufen will – ja. Alles andere ist ebenso neu für sie.«

Rolf seufzte laut. Setzte sich wieder. Wusste nicht, was er sagen sollte.

»Anni hat gesagt, du hast eine Freundin«, sagte Jerome.

»Ja«, sagte Rolf und lachte, »es ist verrückt, aber ich habe eine Freundin.«

Jerome schwieg, vielleicht wollte er etwas dazu sagen, meinte aber dann:

»Hast du etwas zum Schreiben? Schreib meine Adresse auf, und die Telefonnummer. Und komm in der ersten Woche deiner Ferien. Bring deine Freundin mit. Wie ich höre, ist sie in meinem Alter.«

Rolf schrieb die Adresse auf und die Telefonnummer. Dann verabschiedeten sie sich mit der Aussicht, kurz vor den Ferien noch einmal zu telefonieren, um die Reise zu besprechen.

Als er aufgelegt hatte, konnte Rolf es nicht fassen. Er war erschöpft und glücklich zugleich, wollte sofort Anni anrufen, aber die ging nicht ans Telefon. Er wollte in die Welt hinauslaufen und schreien: »In Italien! Er ist in Italien!«, er wollte sich vor Freude betrinken und feiern, am besten mit Elaine, aber die war ja nicht da, nur die Katze saß zu seinen Füßen und schaute ihn verwundert an, ihn, Rolf Naumann, immer noch 59 Jahre alt, Vater von zwei erwachsenen Kindern, die sich irgendwo in Europa herumtrieben, aber dieses Mal wusste er von beiden ganz genau, wo.

Nachdem er sich eine Weile besonnen hatte und ihm klar wurde, dass er keinem Traum erlegen war – er hatte oft genug geträumt, dass Jerome zurückkäme – begann er zu telefonieren.

Rief Thea an, die aus der Camargue zurück war und sich sofort auf den Weg zu ihm machte. Ebenso Hellmann, der zuerst glaubte, Rolf nehme ihn auf den Arm. Sogar Hugo erreichte er auf einer Baustelle in Dillingen und auch der stand tatsächlich eine Stunde später vor Rolfs Tür, einen Sixpack Bitburger in der Hand, den er an der Tankstelle besorgt hatte. Margarete, seine Kollegin, konnte leider nicht kommen – Elternabend – versprach aber, dass sie am nächsten Tag in der Pause einen Prosecco auf die Wiederkehr des verlorenen Sohnes trinken würden.

Spät am Abend, als alle seine Freunde wieder gegangen waren – »Was, Jerome ist in Italien?«, hatten sie gesagt, » All die

Jahre? Und eine Schreinere? Wie dein Vater, Rolf?«, und natürlich: »Großvater! Du bist Großvater!« – ja, als alle wieder gegangen waren, telefonierte Rolf doch noch mit Anni.

»All die Jahre habe ich geglaubt, du wüsstest, wo er ist, und würdest es uns nicht verraten.«, sagte er.

»Auch wenn nie eine Nummer auf dem Display erschienen ist, irgendwie habe ich immer gewusst, dass er sich zumindest noch auf unserem Kontinent befindet«, erwiderte sie.

Rolf widerstand der Versuchung, Elaines Handynummern zu wählen. Sie würde sowieso nicht rangehen. Wie sie gesagt hatte, lagen die SIM-Karten und das Handy im Tresor der Kurklinik, auf eigenen Wunsch. Eine Festnetznummer der Klinik hatte er nicht. Sie hatte ihm nicht einmal gesagt, in welcher Klinik sie war.

So schlief er lange nicht ein, aufgewühlt, glücklich und ungeduldig. Erst als die Katze sich mitten auf seine Brust legte und zu schnurren begann, beruhigte sich sein Atem, und irgendwann schlief er ein.

SEPTEMBER 2017, HAMBURG

Elaine hat alles geregelt. Sie steht an den Hamburger Lan-
dungsbrücken und blickt auf die Elbe. Träge und grau zieht
das Wasser vorüber, es nieselt leicht. Sie schaut auf die Bar-
kassen, die gelben, blauen und weißen Ausflugsschiffe, die am
Ufer vor sich hindümpeln. Touristen sind immer da, egal zu
welcher Jahreszeit, egal bei welchem Wetter.
Sie ist frei, geschieden, und so fühlt sie sich auch. Sie kann
hingehen, wohin der Wind sie treibt. Sie hat im Prozess
gegen das Böse ausgesagt. In einem abgeschirmten Raum,
zwei Polizisten hatten sie von einem Hotel aus dorthin be-
gleitet und wieder zurückgebracht. Den Angeklagten musste
sie nicht begegnen. Es ist ihr nichts geschehen. Als einziger
Wermutstropfen bleibt ihre falsche Identität. Das Gericht hat
ihr empfohlen, noch eine Weile im Zeugenschutzprogramm
zu bleiben, bis der Fall bis ins letzte Detail abgeschlossen sein
wird. Wer die junge Mutter getötet hat, war klar geworden.
Man hatte wohl eindeutige Beweise vorlegen können – welche, wusste Elaine nicht. Aber noch steht der Verdacht im
Raum, dass es einen Auftraggeber gegeben haben könnte.
Ihr Kuraufenthalt in Scharbeutz – ihre Rehabilitationsmaß-
nahme, wie die Psychologen es nannten – ist gut gelaufen, sie
hat über Vieles sprechen und sich mit anderen unterhalten
können, die ähnliche Erfahrungen gemacht haben. Einige net-
te Menschen kennengelernt, von denen sie nun Adresse und
Telefonnummer hat, aber die Zeit wird zeigen, wie die Dinge

sich entwickeln. In Scharbeutz konnte sie die weite Landschaft und das Meer genießen, sie war viel und oft am Ufer entlanggelaufen und sogar einige Male schwimmen gewesen. Dabei hatte sie immer an Rolf gedacht. Genau genommen hatte sie während allem, was sie tat, auch immer an Rolf gedacht.

Elaine weiß jetzt, dass sie ihr Studium in Saarbrücken fortsetzen will, und sie weiß, dass sie sich nach Rolf sehnt, nach seinem Duft, nach seiner ruhigen Stimme, seiner Haut und seiner Besonnenheit.

Zum letzten Mal in Hamburg – wie sie hofft – kauft sie sich Pommes an einer Imbissbude in der Nähe des Fischmarktes. Es ist erst elf Uhr am Vormittag, aber ihr Hunger ist unbändig. Das hat mit einer Sache zu tun, die für sie selbst ganz überraschend gekommen ist, ein Wunder, ein Zeichen, eine plötzliche Tatsache: Sie ist nicht mehr alleine mit ihrem Körper, denn in ihrem Bauch wächst ein kleines Wesen heran. Überrascht hatte sie das, und man hätte meinen können, das ändere alles. Aber eigentlich hatte sich nur ihr Hunger verändert, und die Sehnsucht nach Rolf war unbändig geworden. Ja, sie ist schwanger, in der 14. Woche. Beim letzten Bluttest in der Reha-Klinik ist das herausgekommen. Ein Ding der Unmöglichkeit, trotz ihrer beiden verklebten Eierstöcke, die sie vor einigen Jahren diagnostiziert bekommen hat, als es mit Jules nicht voranging mit dem Kinderkriegen. Im Ultraschall in der letzten Woche war von Verklebungen nichts mehr zu sehen. Nur das kleine, menschenähnliche Wesen in ihrer Gebärmutter war gut zu erkennen.

Gleich will Elaine mit der S-Bahn zum Hotel, welches etwas außerhalb liegt, zurückfahren, sich noch etwas ausruhen, und dann gegen 14 Uhr Rolf anrufen. Sie geht davon aus, dass er dann von der Schule zu Hause ist. Seit Beginn ihrer Kur haben sie nicht mehr telefoniert, obwohl ihr das sehr schwer gefallen ist. Sie will ihm sagen, dass sie zu ihm kommen wird, wenn er das möchte. Sonst wird sie nichts sagen, nur das. Alles andere wird sich regeln, braucht Zeit, braucht Gewissheit. Ein letztes Mal schaut sie zum Fluss, wendet sich um und geht die Betonstufen hinunter zur Straße. Sie hofft, dass Rolf sich freuen wird, ihre Stimme zu hören, und dass sie am Telefon in der Lage sein wird, seine Freude zu erkennen. »Darf ich wiederkommen?«, wird sie fragen, und er wird sagen: »Aber natürlich.« Sie schmunzelt bei dem Gedanken, dass er wahrscheinlich genau diese Worte wählen wird.

Sie tritt auf die Straße, um sie zu überqueren.

Und da passiert es. Obwohl die Fußgängerampel grün zeigt, wird Elaine von einem Auto angefahren und in die Luft geschleudert. Sie prallt mit dem Bein auf ein Baustellenschild. Sofort blutet sie heftig aus einer Wunde am Oberschenkel. Sie sieht noch das Blut, als sie zu Boden fällt, und dann verliert sie das Bewusstsein.

SEPTEMBER 2017, HIRZWEILER

Am Tag, nachdem Jerome ihn, Rolf, angerufen hat, schafft Rolf es zum ersten Mal in seiner Berufslaufbahn nicht aus dem Bett. Es ist ein Donnerstag. Nicht wegen des Alkohols, den er am Abend zuvor mit seinen Freunden genossen hat, auch nicht wegen einer Erkältung, die über ihn gekommen wäre, sondern wegen dieses unbeschreiblichen Glücksgefühls, das er in sich behalten und sich von keinem nehmen lassen will. Vor allem nicht von seinen Schülerinnen und Schülern, die er eigentlich mag, die aber heute nichts in seinem Leben verloren haben.

So liefern sich in seinem Kopf das Glück und das schlechte Gewissen ein Duell, welches dieses Mal das Glück gewinnt. Keine noch so starke Grippe, nicht einmal die Geburten der Kinder oder Jeromes Verschwinden, damals, oder auch jegliche durchfeierte Nacht in all den Jahren seines Lebens, hatten ihn davon abhalten können, in die Schule zu fahren. Einzig in der Woche von Lindas Beerdigung hatte er sich bei Margarete abgemeldet, und das tut er auch jetzt, er greift nach dem Telefon, das seit Elaines Fahrt nach Hamburg immer auf seinem Nachttisch liegt, und meldet sich bei der Schulsekretärin ab. Diese nimmt das kommentarlos entgegen, und wie sie in der Schule die Vertretung regeln, ist ihm nicht egal, aber er verdrängt die Gedanken daran.

Bis zu den Herbstferien sind es noch gut zwei Wochen. Rolf kann es kaum erwarten, die Koffer zu packen und nach Italien zu fahren. Dort seinen Sohn und sein Enkelkind zu sehen, sie vielleicht sogar in den Armen zu halten, beide. Er ist wahnsinnig gespannt darauf, wie sie aussehen, sein großer Sohn und das kleine Wesen. Am liebsten möchte er die Zeit vordrehen, natürlich, wer wollte das nicht in seiner Situation. Und gleichzeitig denkt er an Elaine, an die vielen Gespräche, die sie über Jerome geführt haben, und er hofft, dass sie sich bald meldet und vielleicht sogar mitkommen will nach Italien. Die Katze legt sich neben seinen Kopf und kitzelt ihn mit ihrem Fell an den Ohren. Rolf gähnt und streckt sich, jeder seiner Muskeln spannt und entspannt sich, ein großer Frieden und eine große Neugier sind in ihm vereint.

Wenn das Linda noch erlebt hätte, denkt er, aber dann wäre Elaine nicht in seine Welt gekommen, ganz sicher, dann hätte er sie abgewehrt, es niemals so weit kommen lassen, sondern sie ferngehalten von seiner Familie, von seinem Leben, seiner Welt.

Rolf kommt in den Sinn, wie schwierig Jerome als Kind immer schon gewesen war, als Baby, als Kindergartenkind und im Schulalter sowieso. Vor allem Linda hatte immer Schwierigkeiten damit gehabt, dass Jerome irgendwie ein kleines bisschen anders war, als es ihren Erwartungen entsprach. Nicht, dass er »unnormal« gewesen wäre – was ist schon normal? – aber beispielsweise hatte Jerome sehr wenig Interesse am Lesen, was sie, Rolf und Linda, nicht verstanden. Die Welten, die sich durch Bücher öffneten, waren für Jerome schale Fluchten, und das Wissen, das man durch Bücher erlangen

konnte, ging an seinen Interessen vorbei. Statt dessen hatte
er schon als kleines Kind immer ein Werkzeug in der Hand
gehabt, die Augen immer auf Menschen und Dinge gerichtet.
Bücher wollte er weder vorgelesen bekommen noch sie später
selbst lesen, er hatte eine Abneigung gegen das geschriebene
Wort, und die äußerte er lautstark. Seine schulischen Leistun-
gen waren dementsprechend schlecht. Nur die Mathematik
erfreute ihn manchmal und dort brachte er akzeptable Noten nach Hause. Mit Ach und Krach wechselte er nach der
vierten Klasse auf die Realschule. Sein einziges Interesse dort
galt seinen Kumpels und der Bau-AG, in der die Schüler die
Kulissen für die Auftritte der Theater-AG herstellten. Verwundert hatte Rolf auch mitangesehen, wie Jerome sich im
Alter von zwölf Jahren ein Regal für sein Zimmer baute, hoch
konzentriert und geschickt, und sich dabei von nichts aus der
Ruhe bringen ließ, auch nicht von Linda, die mit Schaum vor
dem Mund eine Schimpftirade auf ihn herab prasseln ließ, da
er am nächsten Tag eine Deutscharbeit schreiben würde.
Und nun ist er Schreiner geworden, wie sein Großvater, denkt
Rolf. Und er hat sogar gesagt: Eigene Schreinerei, wir haben
eine eigene Schreinerei. Wie verrückt ist die Welt.
Er selbst, Rolf, hatte im Stillen irgendwann kapituliert, was
Jeromes Schullaufbahn betraf. Das war ihm schwergefallen,
er sah aber keine andere Möglichkeit. Linda hingegen hatte
nichts mehr ersehnt, als einen Sohn großzuziehen, der eine
akademische Laufbahn anstrebte. Trotz all ihrer Bemühungen war das bei Jerome ein hoffnungsloses Unterfangen. Er

war nicht dumm, im Gegenteil, aber nicht an schulischen Belangen interessiert. Alle Bemühungen Rolfs und Lindas, all die pädagogischen Erfahrungen, waren fruchtlos geblieben. Vermutlich hat Linda deshalb so spät noch eine Doktorarbeit geschrieben, um wenigstens einen habilitierten Akademiker in der Familie zu haben – sich selbst, denkt Rolf.

Er selbst hingegen hatte immer versucht, Jerome in den Schwimmverein zu integrieren, was ihm bis zu einem gewissen Maß auch gelungen war. Dort hatte Jerome viele Freunde, konnte sich austoben und war in Rolfs Nähe, was Rolf genoss, denn er liebte seinen Sohn über alle Maßen und hasste laute Auseinandersetzungen nur der Schule wegen. Mehr als einmal hatte er zu Linda gesagt: »Lass ihn, es wird schon was aus ihm werden, nicht jeder muss an die Uni. Du versaust dir mit deinen Wutausbrüchen deine ganze Beziehung mit ihm.« Dann hatte sie ihn immer angeschaut, ernst, und mit den Schultern gezuckt. »Ich kann das nicht«, hatte sie gesagt »ich kann damit nicht aufhören. Er muss doch wenigstens Abitur machen.«

Und dann, ja, war Jerome in dem Sommer verschwunden, in dem genau diese Entscheidung anstand, oder eigentlich schon entschieden war: Oberstufenzweig auf der Gesamtschule, an seiner – Rolfs– Schule, weil er ihn dort unter Kontrolle haben würde. Mathematik, Physik und Englisch als Hauptkurse, das würden sie schon irgendwie durchboxen, und die Nebenfächer auch. Und wenn er es nur mit Vierern schaffen würde, Linda war fest davon überzeugt gewesen, dass die Sache mit dem Abitur irgendwie hinhauen musste. Und als ihr Zugeständnis in den Ferien davor: Campen am Bostalsee mit den Freunden auf eigene Faust, danach ein längerer Familienurlaub in England, wegen der Sprache.

Das war der Plan, aber Jerome hatte sich der Sache entzogen.

Gerade als vor Rolfs innerem Auge wieder die Bilder des Tages aufsteigen, an dem sie feststellten, dass Jerome nicht mit seinen Freunden am Bostalsee, sondern vom Erdboden verschluckt war, kündigt sich das nächste Ereignis an.

Es klingelt, dieses Mal an der Haustür.

Rolf sprang auf und lief die Treppe hinunter. Er hatte keine Idee, wer da bei ihm klingeln könnte an diesem Morgen. Jeder, den er kannte, wusste, dass er vormittags nicht zu Hause war. Im Flur dachte er noch: Vielleicht ist es Elaine. Und da er tatsächlich in einem verwaschenen, gestreiften Schlafanzug die Nacht verbracht hatte, hastete er in sein Arbeitszimmer, um vom dortigen Fenster nach draußen zu spähen.

Vor der Tür stand ein Mann mittleren Alters im schwarzen Anzug. An der Straße vor dem Haus parkte ein großer, schwarzer Wagen. BMW, Audi oder Mercedes, jedenfalls weder der gelbe Kastenwagen der Post noch Theas roter Fiat. Ihn durchzuckte der Gedanke, dass es vielleicht Jules sein könnte, Elaines Ex-Mann.

Seinem Outfit zum Trotz, ging Rolf zur Haustür und öffnete diese mit einem Schwung. Der Mann vor ihm lächelte freundlich und zog eine Plastikkarte aus der Innentasche seines Jacketts.

»Sind sie Herr Rolf Naumann?«
Rolf nickte.
»Können Sie sich ausweisen?«, sagte der Mann und hielt Rolf die Plastikkarte unter die Nase.
»Jonte Jäger«, stand darauf. Ebenfalls abgebildet das Logo einer Bundesbehörde – Rolf konnte auf die Schnelle nicht erkennen, von welcher – und ein Foto des Mannes, der vor ihm stand.
»Was führt Sie zu mir, Herr Jäger?«
»Sie müssen sich zuerst ausweisen. Dann kann ich Ihnen sagen, um was es geht.«
Rolf schaute verwundert, trat dann aber einen Schritt zurück, um den Fremden in den Flur zu lassen.
»Einen Moment.«
Rolf verschwand in seinem Arbeitszimmer und zog sein Portemonnaie aus der Schultasche. Ein kühles Kribbeln breitete sich in seinem Nacken und in seinen Händen aus. Alle Gedanken an Jerome und seine Italienreise in den Herbstferien waren wie kaltgestellt. Rolf hatte plötzlich kein gutes Gefühl, und als er seinen Ausweis in der Hand hielt und sich umdrehte, war es, als träfe eine Bleikugel auf seinen Bauch. Ein ähnliches Gefühl hatte er gehabt, als er von Lindas Unfall erfahren hatte. Elaine,

dachte er, es muss etwas mit Elaine zu tun haben, diese schwarze Limousine vor dem Haus und dieser mysteriöse Bundesbeamte da in meinem Flur. Er wollte sich im Arbeitszimmer einsperren und niemals wieder herauskommen, die Welt nie wieder zu sich lassen, denn welche Nachricht konnte schon so wichtig sein, dass man diesen Jonte Jäger zu ihm schickte?

Aber natürlich ging Rolf zurück in den Flur, in seinem Schlafanzug und mit den strubbligen Haaren, und zeigte Herrn Jäger seinen Ausweis.

Jäger nickte.

»Herr Naumann, es geht um Ihre – nun, um Ihre Bekannte. Elaine Schmidt.«

»Was ist mit ihr?«

»Ich sage es Ihnen gleich, und hören Sie mir bitte zu. Erstens: Sie lebt und es geht ihr, den Umständen entsprechend, gut.«

»Den Umständen entsprechend?«

Rolfs Stimme wurde rau und fast zu einem Flüstern. Sie lebt, dachte er, spürte aber trotzdem, wie die Bleikugel sich von seinem Magen aus auf den Weg in die Speiseröhre machte. Ihm war plötzlich übel. Das heraufsteigende Würgen unterdrückte er, indem er zweimal kräftig schluckte.

»Zweitens: Frau Schmidt hatte einen Unfall«, sagte Jäger.

»Ich muss mich setzen. Kommen Sie«, sagte Rolf.

Sie gingen ins Wohnzimmer und Rolf ließ sich wie ein in sich zusammensinkender Hefeteig in den Sessel fallen. Jäger nahm auf der Couch Platz und faltete die Hände auf den Knien.

»Herr Naumann, Frau Schmidt hatte einen Unfall, aber es geht ihr gut. Es besteht keinerlei Lebensgefahr, falls sie das fürchten.«

Keinerlei Lebensgefahr. Rolf saugte diese Worte in sich auf. Es brauchte einige Sekunden, bis diese Nachricht sich in ihm ausbreitete.

Er atmete aus.

»Welche Art Unfall?«

»Sie wurde angefahren. Sie ist verletzt, aber nicht schwer«, Jäger zuckte mit den Schultern, »Laut meiner Kollegen wissen Sie, dass Frau Schmidt sich in einem Zeugenschutzprogramm befindet?«

Rolf nickte: »Keine Einzelheiten. Aber sie hat mir im Groben berichtet, um was es geht.«

»Hat sie Ihnen ihren Klarnamen genannt?«

»Sie meinen, ihren richtigen Namen? Nein.«

»Gut. Wissen Sie, die Hamburger Kollegen haben gesagt, dass sie Frau Schmidt im Krankenhaus festhalten mussten, da sie sich trotz Verletzung auf den Weg zu Ihnen machen wollte.«

Da konnte Rolf nur staunen. Der Kloß in seiner Speiseröhre war verschwunden, stattdessen schlug sein Herz bis zum Hals – vor Freude.

»Das geht natürlich nicht«, fuhr Jäger fort, »Ihre Verletzung ist nicht gefährlich, aber Frau Schmidt kann zur Zeit nicht laufen. Sie hat eine Oberschenkelverletzung. Außerdem ist wohl noch nicht sicher, ob weiterhin Gefahr besteht von …

hm, Sie wissen schon. Jedenfalls bin ich deshalb hier. Die Kollegen mussten Frau Schmidt versprechen, dass wir Sie möglichst schnell zu ihr bringen.«

»Hat der Unfall denn etwas mit diesen Leuten zu tun?«

Jäger zuckte mit den Schultern. »Das wissen wir noch nicht, wie gesagt. Aber Sie sollten jetzt packen und sich umziehen. Sie wollen doch mitkommen nach Hamburg?«

»Aber natürlich.«

Rolf sprang auf und stieg mit Schwung die Treppe hoch. Denken konnte er nicht. Im Schlafzimmer kramte er die Reisetasche heraus und warf wahllos einige Kleider hinein. Zog Jeans und Hemd an. Wie lange würde er dort oben in Hamburg bleiben? Er warf sein Rasierzeug und die beiden Bücher, die auf seinem Nachttisch lagen, hinterher. Seine Schwimmtasche mit Badehose und Neoprenanzug, für alle Fälle. Die Treppe wieder hinunter. Das Portemonnaie aus dem Arbeitszimmer, die Kreditkarte, sein Notizbuch mit den Telefonnummern aller seiner Freunde und Verwandten. Der Führerschein. Dann in der Küche die Kaffeemaschine ausschalten. Die Katze – , die Schule –,

»Kann ich noch zwei Telefonate führen?«, fragte er.

»Mit wem?«

»Wegen der Katze. Und mit der Schule.«

»Wir haben Ihre Arbeitsstelle bereits informiert. Genaueres dazu erfahren Sie in Hamburg von den Kollegen.«

»Und die Katze? Ist die auch schon informiert?«

Jäger verzog keine Miene. »Vorerst sollte niemand so genau

wissen, wo Sie sich aufhalten, Herr Naumann. Wollen Sie die Katze mitnehmen?«

Rolf stutzte. Er sah zu Kate, die es sich unter dem Wohnzimmertisch auf dem Teppich gemütlich gemacht hatte.

»Bis wir wissen, wer Frau Schmidts Unfall verursacht hat, sollten wir auf Nummer sicher gehen.«

»Sie hören sich an wie in einem Krimi!«

Jäger, immer noch auf der Couch, zuckte mit den Schultern. »Willkommen in meiner Welt, Herr Naumann.«

»Dann nehmen wir sie mit. Warten Sie.«

Aus dem Keller förderte Rolf den Transportkorb zutage und sah verwundert zu, wie Jäger die Katze mit sicherem Griff unter dem Tisch hervorzog und sie in den Transportkorb setzte. Sie packten noch Futter und einen Wassernapf ein, dann verließen sie das Haus.

Als sie das Ortsausgangsschild von Hirzweiler passierten – Rolf auf dem Beifahrersitz und die Katze auf der Rückbank – und Richtung Hüttigweiler fuhren, fragte Rolf sich, wann er sein Zuhause wiedersehen würde. Unruhe kribbelte in seinem Bauch. Es war halb elf am Morgen.

»Ist es nicht sehr aufwendig, mich nach Hamburg zu chauffieren?«

»Nein«, antwortete Jäger, »Wie ich weiß, hat Frau Schmidt den Kollegen sehr geholfen. Da ist es an der Zeit, ihr einen Gefallen zu tun. Und außerdem muss ich sowieso in die Richtung – nach Lübeck.«

»Bei welcher Behörde arbeiten Sie eigentlich?«

»Beim Bundesamt für Migration und Flüchtlinge, Standort Lebach.«

»Und Sie befassen sich mit diesen Themen?«

»Menschenhandel? Prostitution? Nur am Rande. Eigentlich eher mit Asylsuchenden. Ich halte um zwanzig Uhr einen Vortrag vor polnischen Kollegen in Lübeck über das deutsche Asylrecht.«

»Um zwanzig Uhr? Schaffen wir das?«

»Das will ich doch hoffen.«

Rolf lehnte sich im Sitz zurück und streckte die Füße aus, soweit dies möglich war. Er war es nicht gewohnt, tatenlos auf dem Beifahrersitz zu verharren. Katze Kate auf der Rückbank miaute.

»Kennen Sie Elaines Klarnamen? Sie hat ihn mir tatsächlich nie verraten.«

»Nein, Herr Naumann. Den kennen nur sehr wenige. Ihr Anwalt, zwei oder drei Hamburger Kollegen sicherlich. Und überhaupt – was fragen Sie mich? Ich kenne Frau Schmidt nur aus dem Portfolio, das mir vorliegt. Ich habe überhaupt keine Ahnung.«

Als sie in Neunkirchen auf die Autobahn fuhren, gab Jäger Gas. »Entschuldigen Sie mich«, sagte er »wenn ich nun etwas schneller fahre. Ich muss mich auf den Verkehr konzentrieren.«

Rolf hielt den Atem an, als Jäger das Gaspedal durchdrückte. Wie ein Pfeil flog die Limousine über die Autobahn – soweit dies möglich war.

»Haben Sie keine Angst, geblitzt zu werden?«

Jäger grinste: »Bundesbehörden werden nicht geblitzt.«

Dann schwiegen sie.

Bei Kaiserslautern fielen Rolf die Augen zu. In seinem Traum sah er Jerome und Anni als Kinder, die Schaukel stand noch im Garten, und beide schaukelten hoch bis in den Himmel. Anni, ungefähr fünf Jahre alt, mit strohblonden, langen Haaren, die um ihr Gesicht wehten wie reifer Weizen auf einer Sommerwiese im Wind. Jerome, vielleicht zehn Jahre alt, seinen ernsten Blick gen Himmel gerichtet, die widerspenstigen, schwarzen Locken zu allen Seiten abstehend. »Sind die beide von dir?«, fragte Thea, die im Traum neben ihm auf der Wiese stand, und er spürte, wie er nickte, stolz und sicher, denn Anni hatte zwar nicht seine Haare, aber sein Gesicht, sein Kinn, seine Augen, seine Augenbrauen, den gleichen Schwung in der Form ihrer Lippen. Und während er Anni eingehend und liebevoll betrachtete – sie schaukelte viel höher als Jerome – sprang Jerome von der Schaukel, flog in den Himmel und verschwand in den Wolken. Rolf sah es nur im Augenwinkel, denn da kam Linda aus dem Haus in den Garten. Sie sah ihn – Rolf – zornig an und sagte: »Hast du wieder nicht aufgepasst!«

Und das, wurde Rolf in der Sekunde klar, als er die Augen wieder aufschlug, ja genau das hatte Linda tatsächlich zu ihm gesagt, als der Schwangerschaftstest bezüglich Anni positiv gewesen war.

Rolf schaute sich um, er saß immer noch neben Jäger im Auto,

die Katze stand immer noch im Transportkorb auf der Rückbank, und er war immer noch auf dem Weg nach Hamburg.
Die Autobahnschilder wiesen bereits den Frankfurter Flughafen aus, das Wetter war freundlich, der Himmel klarte auf.

Trotzdem begannen Rolfs Hände zu zittern, und ehe er sich
versah, erlag er einem Heulkrampf, wie er ihn seit dem Tag
im Kaiserslauterer Klinikum, als Linda tot vor ihm lag, nicht
mehr gehabt hatte. Seine Schultern bebten und Tränen brachen aus ihm heraus, liefen zwischen seinen Händen hindurch
und tropften auf seine Hose. Er spürte Jägers Blick auf sich.
»Brauchen Sie etwas zur Beruhigung?«, fragte dieser.
Rolf antwortete nicht – er konnte nicht.
»Wir haben alles an Bord. Wenn Sie einen Schluck Cognac
möchten, oder eine Beruhigungstablette«, er griff zum Hand-
schuhfach und öffnete dieses, »dann bedienen Sie sich.«
Rolf wandte sich ab.
»Bei Kassel machen wir eine Pause. Dann essen wir etwas
und trinken einen Kaffee. Sie haben sicher auch noch nichts
gefrühstückt.«
Rolf nickte. An Essen wollte er nicht denken, aber die Vor-
stellung einer dampfenden Tasse Kaffee rückte die Wirk-
lichkeit wieder in den Mittelpunkt.
»Und machen Sie sich nicht zu viele Gedanken um Frau
Schmidt. Wie gesagt, ihr Gesundheitszustand ist in keiner
Weise bedrohlich.«
Rolf schniefte und räusperte sich.

»Ich habe vor zwei Jahren meine Frau bei einem Autounfall verloren. Vielleicht liegt es daran.«

Jäger schaute zu ihm hinüber, obwohl er gerade mit 200 km/h mehrere Lastwagen überholte.

»Es ist vollkommen normal, dass die Nerven in gewissen Situationen blank liegen. Das ist ebenfalls einer der Gründe, warum Sie mit mir fahren.«

»Sie wissen um meine Situation? Ich meine, Sie wissen, wie meine Frau gestorben ist?«

Jäger nickte. »Und um das rätselhafte Verschwinden ihres Sohnes wissen wir ebenfalls.«

»Haben Sie über mich auch ein Portfolio?«

»Selbstverständlich. Die Kollegen haben Sie natürlich auf Herz und Nieren geprüft, bevor wir Sie mit einer für uns sehr wichtigen Belastungszeugin zusammenbringen.«

»Und dass mein Sohn gestern nach Jahren der Funkstille angerufen und erzählt hat, wo er sich aufhält, wissen Sie das auch?«

»Oh! Nein. Herzlichen Glückwunsch!«

Mehr erzählte Rolf nicht. Bis Kassel sprachen sie nur wenig. Die Zeit schritt voran. An der Raststätte aßen sie im Stehen ein belegtes Sandwich und tranken einen Kaffee. Jäger erzählte Anekdoten von seiner Arbeit, Rolf von seiner. Die gemeinsame Schnittmenge ihrer Erzählungen waren Migranten, und Rolf fragte sich zwischendurch, ob es nicht doch Sinn machen würde, bis zu seinem 65. Lebensjahr Lehrer zu bleiben, allein um dieser Kinder willen, die jede Unterstützung brauchten.

»Was haben Sie in der Schule erzählt, wo ich bin?«, fragte Rolf, bevor sie weiterfuhren.

»Ich musste nichts erfinden, Sie hatten sich ja heute Morgen selbst schon krank gemeldet.«

»Ja, aber nur für heute.«

»Sie sind jetzt krankgemeldet bis zu den Herbstferien.«

Rolf nickte. Wie das alles vor sich ging, wie die Informationen über ihn gesammelt worden waren, oder wer genau mit der Schule was besprochen hatte, wollte er gar nicht wissen. Er wollte zunächst nur eines: endlich zu Elaine. Und als sie schließlich Hannover passierten und der Stand der Sonne bereits den baldigen Beginn der Dämmerung ankündigte, machten sie nur noch eine kurze Pinkelpause an einer Raststätte und kauften Wasser. Jäger tippte während der Fahrt an seinem Navigationsgerät herum und murmelte vor sich hin. Einmal zuckte Rolf zusammen, als direkt vor ihnen ein Lastwagen zum Überholen ansetzte und Jäger stark bremsen musste. Hinter Soltau gerieten sie in zäh fließenden Verkehr, was Jäger dazu veranlasste, nervös auf dem Lenkrad herum zu trommeln. Dann telefonierte Jäger, offensichtlich mit einem Kollegen, und informierte ihn, dass sie eine Katze an Bord hätten, aber keine Zeit, um diese ins Hotel zu bringen, bevor Jäger Naumann im Krankenhaus abliefern würde. Sonst würde Jäger seinen Anschlusstermin in Lübeck nicht pünktlich schaffen.

Jäger sagte zu Rolf:

»Ein Kollege übernimmt die Katze im Krankenhausfoyer und

bringt sie ins Hotel. Sie, Herr Naumann, können direkt zu Elaine, wenn wir dort ankommen.«

Geübt lenkte Jäger die Limousine durch den Feierabendverkehr in den Hamburger Randgebieten. Bald fuhren sie von der Autobahn ab. Rolf rutschte nervös auf seinem Sitz herum – so lange ohne Bewegung zu sitzen, war ihm ein Gräuel.

»Das Krankenhaus sieht nicht so aus wie ein Krankenhaus. Aber es ist eines. Am besten vergessen Sie sofort, wo wir hier sind«, sagte Jäger, als sie in ein Industriegebiet fuhren, in welchem große Firmengebäude, äußerlich heruntergekommene Kfz-Werkstätten und Ähnliches angesiedelt waren.

»Ich weiß sowieso nicht, wo wir hier sind. Ich war zum letzten Mal vor über zehn Jahren in Hamburg, mit einer Schulklasse, aber an diese Gegend kann ich mich überhaupt nicht erinnern.«

Jäger nickte und bog in eine Einfahrt ein. Auf einem Hinweisschild stand: »Deutsche Post AG, Zentrale Hamburg«. Vor dem Gebäude standen auch einige gelbe Kastenwagen. Es war 19.07 Uhr.

Jäger parkte neben einer Reihe weiterer, ähnlicher schwarzer Wagen und stieg aus. Rolf war noch nicht aus dem Wagen heraus, da kam schon ein junger Streifenbeamter auf sie zugelaufen, sprach mit Jäger und verschwand mit dem Katzentransportkorb und Rolfs Gepäck.

»Der gleiche Kollege bringt Sie später ins Hotel. Entschuldigen Sie bitte die Umstände. Gehen Sie zu dem Eingang da

hinten« – er deutete auf eine große, hell gestrichene Tür an
der Seite des Gebäudes – »Ich muss weiter nach Lübeck.«
Sie schüttelten sich die Hand.
»Vielen Dank«, sagte Rolf.
»Nichts zu danken. Wir sehen uns im Saarland – irgendwann,
da bin ich sicher.« Jäger zwinkerte ihm zu, sprang in den Wagen und fuhr davon.
Rolf fuhr sich durch die Haare, atmete dreimal die kühle Septemberluft ein und aus, dann schritt er auf das Gebäude zu.

Die helle Tür knarrte, als Rolf sie öffnete und das Gebäude
betrat. Sofort schlug ihm der typische Krankenhausgeruch
entgegen. Vor ihm glänzte heller Fliesenboden, grelles Licht
beleuchtete den Empfangsbereich. Hinter einer Scheibe aus
Glas saß eine Dame und sah ihn erwartungsvoll lächelnd an.
Er schritt auf sie zu und zog, schon beinahe routiniert, seinen
Ausweis hervor.
»Zu Elaine Schmidt, bitte«, sagte er.
Die Dame betrachtete seinen Ausweis eingehend, telefonierte kurz, und sagte: »Dr. Schäfer kommt sofort und bringt Sie
zu ihr.«
Und tatsächlich, nur wenige Sekunden später öffnete sich
eine Aufzugstür und ein Mann im weißen Kittel trat heraus.
Mit freundlichem Gesicht und ausgestreckter Hand trat er
auf Rolf zu. Dr. Schäfer war jung, sicher nicht älter als dreißig.

»Willkommen, sind Sie der Vater! Endlich!«

Rolf zuckte zurück. Sehe ich so alt aus?, dachte er, oder hat Elaine erzählt, ich sei ihr Vater?

»Wie bitte?«, fragte er, als er Dr. Schäfer die Hand schüttelte. Dieser bemerkte nichts von seiner Irritation.

»Herr Naumann, kommen Sie bitte mit. Frau Schmidt erwartet Sie – man könnte sagen – sehnsüchtig.«

Der Arzt lief vor ihm her in den Aufzug, Rolf hinterher. Sie fuhren in den dritten Stock. Als der Aufzug sich öffnete, klopfte Rolfs Herz bis zum Hals. Es war ein gepflegtes, offenbar recht neues Krankenhaus, was er beim Anblick des Gebäudes von außen nicht erwartet hatte. Ein langer Flur mit vielen Türen lag vor ihnen. Es war still.

Er hatte Elaine seit über zwei Monaten nicht mehr gesehen.

»Wir sind hier im Krankenhaus für Beamte und Angehörige der Bundesbehörden. Es ist grundsätzlich ein ganz normales Krankenhaus. Hier werden auch Menschen untergebracht, die im Zusammenhang mit polizeilichen Ermittlungen oder richterlichen Verfahren schutzbedürftig sind oder Beamte, die im Einsatz verletzt wurden.«

Der Arzt deutete auf das Ende des Flures. »Frau Schmidt geht es den Umständen entsprechend gut. Dort hinten ist ihr Zimmer. Ich bringe Sie hin.«

Rolf folgte dem Arzt. Es war – er hörte noch einmal genau hin – tatsächlich still auf dem Flur. Keine Beatmungsgeräte oder andere Maschinen waren zu hören. Das beruhigte ihn. Keine Intensivstationen in der Nähe.

Sie erreichten das Zimmer – die Tür war weit geöffnet – und dann – dann,

ja,

dann fiel Rolfs Blick endlich auf das Krankenhausbett, auf die weiße Decke, unter der eines von Elaines Beinen hervorschaute, dick verbunden, hochgestellt, ihr nackter Fuß, und – Elaines Gesicht, das ihn anstrahlte, ja, sie selbst, tatsächlich Elaine, mit ihrem verschmitzten Glitzern in den Augen, voller Freude.

Es gab kein Halten mehr. Rolf stürzte auf sie zu, ließ sich am Rande ihres Bettes nieder und umarmte sie wie einen kostbaren Schatz, vorsichtig, wie etwas sehr Wertvolles, das er verloren und wiedergefunden hatte.

Und so war es auch, so fühlte er sich, er hielt sie in seinen Armen und sie küsste seinen Mund und seine Wangen, über die einige Freudentränen und Tränen der Erleichterung liefen, und ebenso überrascht wie erfreut sah er, dass auch aus ihren Augen Freudentränen kullerten, die er sofort mit seinen Lippen aufnahm, und sie schmeckten wie salzige Perlen.

Sie sprachen erst nichts, sondern beschnupperten sich wie zwei Tiere, die sich lange nicht gesehen hatten. War der andere wirklich der andere? War er, war sie wirklich da? Rolf strich ihr die dunklen Strähnen hinter die Ohren, sie sahen sich an, sie zerwühlte seine Haare und strich seine Augenbrauen glatt.

Rolf bemerkte den Blick des Arztes in seinem Rücken, und als er sich umdrehte, standen der Arzt und zwei Krankenschwestern im Türrahmen und lächelten sie an.

»Na also«, sagte Dr. Schäfer, »geht es Ihnen jetzt gut, Frau Schmidt?«

Elaine nickte.

»In ungefähr einer halben Stunde kommt Kommissar Roth. Bis dorthin lassen wir Sie beide in Ruhe.«

Der Arzt und die Schwestern verschwanden im Flur und schlossen die Tür hinter sich.

Rolf konnte erst nichts sagen. Er musste Elaine immerzu anschauen.

»Haben sie dich endlich hergebracht!«, flüsterte Elaine.

Er nickte.

»Ich habe getobt und die ganze Truppe hier auf den Kopf gestellt, damit sie dich herbringen.«

Er nickte wieder. Er konnte es immer noch nicht glauben, dass er hier war.

»Wie lange liegst du hier schon?«, fragte er.

»Seit gestern Vormittag.«

»Das ist keine lange Zeit.«

»Ich wollte dich anrufen, gestern, da ist dieses Auto über mich gefahren.«

»Was ist passiert?«

»Es ist nur der Oberschenkel. Ich habe einiges an Blut verloren, sie haben mir eine Transfusion gegeben. Es ist nichts, was nicht in wenigen Wochen abheilen wird.«

Sie zögerte.

»Sie glauben, dass es wieder diese Typen waren. Obwohl ich

mir nicht vorstellen kann, wie sie dahinter gekommen sind, wo ich bin«, sie zögerte – »und ich wollte dich unbedingt sehen. Ich muss dich sehen. Ich hätte keine Minute länger ausgehalten ohne dich.«

Sie nahm seine Hand und drückte sie.

»Vielleicht geht es dir ähnlich«, fügte sie hinzu.

Statt zu antworten, küsste er sie. Was sollte er dazu sagen? Sollte er von den Tagen erzählen, an denen er während der Sommerferien im Schwimmbad auf der Bademeisterbank gesessen hatte und von ihr geträumt hatte, von ihrem karamellfarbenen Körper, ihrer Stimme, ihren Augen. Wie er sich vorgestellt hatte, sie säße neben ihm? Oder von der Wanderung mit seinen CDU-Kameraden im August, als er als Schlusslicht der Wandergruppe durch einen verregneten Wald gelaufen war, in Gedanken mit Elaine an der Hand, und sich mit ihr im Geiste über ein Buch unterhielt, das er gerade zu Ende gelesen hatte? Oder als er, sturzbetrunken nach einem Abend mit Freunden, zu Hause eine Martini-Flasche auf dem Herd zerschlagen hatte, weil er ihre Abwesenheit und die Ungewissheit fast nicht mehr ertragen konnte?

Ja, stattdessen küsste er sie, bis sie ihn sanft wegschob.

Sie schaute ihn an.

»Ich muss dir etwas sagen«, sie griff erneut nach seiner Hand und zögerte. »Ich weiß, dass wir in Ruhe reden müssen, und sicher wird sich Einiges in den nächsten Tagen regeln, und außerdem möchte ich natürlich wissen, was bei dir alles passiert ist in der ganzen Zeit – «, sie zögerte erneut und schloss kurz die Augen, »aber ich denke, ich sollte dir zuerst etwas sagen.«

Sie legte eine Hand auf ihren Bauch. Rolf sah sie erwartungsvoll an.

»Ich bin schwanger, Rolf. Im vierten Monat.«

Rolf hörte auf zu atmen. Er forschte in ihrem Blick nach Anzeichen von Ironie, konnte jedoch keine feststellen. Das ist kein Scherz, dachte er, das ist ihr voller Ernst. Es ist die Wahrheit. Eine Tatsache. Sein Atem stockte kurz. Vielleicht stolperte auch sein Herz. Er war viel zu überrascht, um das sicher sagen zu können. Er schlug sich die Hand vor den Mund und wandte sich kurz ab. Musste sich sammeln, nachdenken. Vierter Monat – er hatte keine Zweifel – das musste im Mai gewesen sein – er erinnerte sich an jene Wochen, zwei Monate voll erfüllender Liebe und gedankenloser Freude.

»Ich dachte, du kannst nicht schwanger werden – «, brachte er heraus und sah sie wieder an.

»Das dachte ich auch. Ich habe ja auch ein Attest darüber, falls du dich erinnerst. Die Ärzte meinen aber auch, dass sich diese Verklebungen von selbst lösen können, und dann – «

Jetzt legte er ihr den Finger auf den Mund, sanft.

»Das ist vollkommen egal«, sagte er, »das ist vollkommen egal.«

Er nahm sie in den Arm, sie setzte sich auf, so gut es mit dem fixierten Bein ging, und sie hielten sich, bis es irgendwann an der Zimmertür klopfte.

Kommissar Roth und Dr. Schäfer saßen auf Stühlen an Elaines Bett, Rolf immer noch dicht an ihrer Seite auf ihrer Matratze. Kommissar Roth war ein älterer Herr, der nach Rolfs Ansicht schon viel mehr nach Rente aussah als er selbst: Dichter, weißer Bart, dicker Bauch, ein leichtes Schnaufen, als er sich vorstellte und sich setzte. Aber wache Augen hatte dieser Roth, kleine, verschmitzt dreinblickende, wache Augen. Er hielt ein kleines Notizbuch in der Hand.

»Was machen wir nun mit Ihnen Beiden?«, sagte er zu Rolf und Elaine.

Dr. Schäfer sagte: »In den nächsten 14 Tagen machen wir nichts mit ihnen, zumindest nicht mit ihr, denn so lange wird sie bitte hier bei uns auf der Station bleiben.«

»Warum so lange?«, entfuhr es Elaine. Rolf legte ihr die Hand auf den Arm, die sie sofort abschüttelte. »Mir fehlt nichts, außer dieser Verletzung am Bein. Ich werde sicher in ein paar Tagen wieder laufen können, zumindest an Krücken!«

»Das mag sein«, sagte Dr. Schäfer, »aber wir möchten Sie doch noch ein wenig im Auge behalten. Die Wunde könnte sich entzünden, und wir möchten die Schwangerschaft noch eine Weile beobachten.«

Elaine verdrehte die Augen.

»Es ist sicher keine schlechte Idee, noch eine Zeit hier zu bleiben, Frau Schmidt«, sagte Roth, »bis wir alles in die Wege geleitet haben.«

»Bis wir was in die Wege geleitet haben?«, fragte Elaine. Rolfs Blick ging zwischen den Dreien hin und her. Er hatte das Gefühl, dass in diesem Raum sehr bald Entscheidungen getroffen würden, die auch ihn beträfen. Er war, insgesamt, das gestand er sich ein, vollkommen durch den Wind, das war natürlich, das hatte Tillmann, sein Therapeut, auch nach Lindas Tod gesagt – dass es nur natürlich ist, in gewissen Momenten durch den Wind zu sein. Alles andere wäre unangebracht, unmenschlich.

»Frau Schmidt, wir haben einen Zeugen, der den Unfall zufällig beobachtet hat, und dieser konnte uns den Wagen, der Sie angefahren hat, beschreiben, inklusive Kennzeichen. Ich weiß nicht, wie es passieren konnte, aber der Halter des Wagens steht mit der Gruppierung in Verbindung. Kurz, wir gehen davon aus, dass es ein erneuter Anschlag auf Sie war.«

Elaine wich die Farbe aus dem Gesicht. Damit hatte sie nicht gerechnet. Sie hatte wirklich an einen zufälligen Unfall geglaubt. Jetzt akzeptierte sie Rolfs Hand auf ihrem Arm.

»Und das heißt im Folgenden«, fuhr Roth fort, »dass wir Sie weiterhin schützen müssen. Oder erneut schützen, wenn Sie so wollen.«

»Ich werde nicht noch einmal meinen Vornamen ändern«, entfuhr es ihr, »es ist eine verdammt schwierige Zeit, bis man sich daran gewöhnt hat.«

Roth wedelte mit dem Notizbuch. »Wir sind hier nicht beim Wunschkonzert. Den Vornamen werden sie vielleicht behalten können, aber es geht um Ihre Sicherheit. In allen anderen

Bereichen müssen wir wieder von vorne beginnen.«

Elaine spitzte den Mund und sagte nichts mehr.

»Hätten Sie sie nicht hier in Hamburg besser schützen können?«, fragte Rolf, »wie hat die …wie nennen Sie sie …die Gruppierung sie denn finden können?«

Roth zuckte mit den Schultern. »Frau Schmidt kann Ihnen bei Gelegenheit sicher erzählen, was wir alles angestellt haben, um sie in ihrer Zeit hier in Hamburg, vor dem Prozess, während ihrer Scheidung, während des Prozesses und in ihrer anschließenden Reha-Maßnahme zu schützen.«

»Sie war nicht in einer, sagen wir, öffentlichen Kurklinik. Sie war in Scharbeutz in einer Einrichtung für Bundesbeamte und ihre Angehörigen. So wie dieses Krankenhaus«, erläuterte Dr. Schäfer, »und sie wurde bei allen Unternehmungen außerhalb der Klinik still eskortiert. Die übrige Zeit verbrachte sie in einer sicheren Wohnung in Glashütte.«

»Still eskortiert?«, fragte Rolf.

»Ich hatte immer einen dieser schwarzen Männer auf den Fersen«, sagte Elaine.

»Einen Bodyguard?«

Sie nickte.

»Und was um alles in der Welt kann für diese Gruppierung so wichtig sein, dass sie immer noch hinter Elaine her sind?«, fragte Rolf weiter.

Roth seufzte und dachte kurz nach. »Sie wissen, Herr Naumann, dass Elaine bei der Identifizierung der Männer hilfreich war, die hinter diesem Kind her waren oder wohl immer noch sind und wahrscheinlich die Mutter des Kindes umgebracht haben?«

Rolf nickte. »Aber ich dachte, die Sache wäre mit diesem Prozess erledigt?«

»Ein Teil ist erledigt. Zwei Männer sind hinter Schloss und Riegel wegen der Angriffe auf Frau Schmidt. Die weiteren Sachverhalte werden untersucht. Aber da wir es mit einer wohl größeren Gruppierung zu tun haben, ist es etwas komplizierter.«

»Raus mit der Sprache«, sagte Elaine, »sagen Sie ihm« – sie deutete auf Rolf – »was es mit dem Kind, mit Tamino, auf sich hat. Was Sie mir nach der Kur erzählt haben. Sonst erzähle ich es ihm. Er gehört zu mir und soll wissen, was ich weiß.«

Roth war das nicht recht, das sah man, trotzdem sagte er: »Nun gut. Das Kind, das bei Frau Schmidt im Wohnzimmer auf die Welt gekommen ist, hat ja nun auch einen Vater. Es gibt einen Grund, warum die Gruppierung so sehr an Informationen über dieses Kind, insbesondere über dessen Aufenthaltsort, interessiert ist.«

»Und die sind?«

»Der Vater des Kindes ist vermutlich ein hoher deutscher Politiker.«

Rolf seufzte und sah Elaine an.

»Mehr kann – darf – ich Ihnen zu diesem Thema nicht sagen. Mehr weiß Frau Schmidt auch nicht. Aber Sie können sich denken, welche Implikationen das unter Umständen hat, vor allem, wenn man bedenkt, dass es sich bei der Mutter des

Kindes um eine ausländische Zwangsprostituierte handelte.«
Mehr musste Rolf gar nicht hören. Er konnte die Schlagzeilen in der Zeitung bildhaft vorstellen – »Deutscher Politiker schwängert Zwangsprostituierte« – das würde einen Skandal geben, der sich gewaschen hatte. Insbesondere angesichts der in wenigen Tagen anstehenden Bundestagswahlen.

»Können wir jetzt auf Ihre eigentliche Frage zurückkommen?«, sagte Dr. Schäfer, »Frau Schmidt braucht noch viel Ruhe, und wir sollten langsam ein Ende finden.«

»Gut«, sagte Roth. »Unser Vorschlag von Seiten der Behörde ist folgender: Wir erneuern Ihre Identität. Das übliche Prozedere. Wir stellen Ihnen erneut Mittel zur Verfügung, um einen Neuanfang zu starten. Ich empfehle weiter, dass Sie sich mindestens ein halbes Jahr – mindestens! – ins europäische Ausland begeben. Dieses Vorgehen hat sich in anderen Fällen bewährt. Wir können die Sache hier in Deutschland klären und Sie kommen erst wieder, wenn alles in trockenen Tüchern ist. Sie werden an weiteren Prozessen, sollte es soweit kommen, nicht mehr persönlich teilnehmen müssen.«

»Ins europäische Ausland?«, entfuhr es Elaine.

Roth nickte. »Wie gesagt, wir stellen Ihnen Mittel zur Verfügung. Und wie ist es mit Ihrem Lebensgefährten?« Roth blickte Rolf an. Der zog die Schultern hoch.

»Ich habe gerade erst erfahren, dass Elaine –, dass Frau Schmidt schwanger ist. Wir haben uns über zwei Monate nicht gesehen. Was soll ich dazu sagen?«

»Sie können Sie begleiten«, sagte Roth, »das gleiche Angebot galt damals für ihren, nun, für ihren Ex-Mann. Und mittlerweile haben sich die Umstände verschärft. Versetzen Sie sich in Frau Schmidts Lage. Nicht nur sie, sondern auch das ungeborene Kind bedürfen des Schutzes. Wie gesagt, organisatorisch gesehen würde es uns als Behörde die Sache erleichtern, wenn Sie sie begleiten.«

»Wie würde das beruflich aussehen?«, sagte Rolf.

»Sie können sich denken, dass ich ein Portfolio über Sie gelesen habe. Sie sind Lehrer. Wir können das problemlos regeln.«

»Mindestens ein halbes Jahr? Sie werden eine Vertretung an die Schule schicken?«

Roth nickte.

»Die Vertretung braucht einen Rettungsschwimmerschein. Sonst fällt das ganze restliche Schuljahr der Schwimmunterricht aus.«

Roth notierte.

»Darf ich meine Kontakte behalten? Mit meiner Tochter?«

Roth nickte erneut. »Wir werden uns eine Vita ausdenken, die Sie so wenig wie möglich einschränkt. Sie könnten erzählen, Sie nehmen ein Sabbatjahr, um eine Europareise zu machen. Mit ihrer Freundin – die Tatsache, dass Frau Schmidt und Sie befreundet sind, ist ja schon in Ihrem Umfeld bekannt.«

Rolfs Herz begann zu klopfen. Während Dr. Schäfer, Elaine und Kommissar Roth einige weitere Details besprachen – wie schnell die entsprechenden Unterlagen wie Krankenversicherungskarte und Reisepass besorgt werden könnten, und dass man auch den Mutterpass auf einen neuen Namen würde ausstellen müssen – wirbelten in Rolfs Kopf die einzelnen Teile über die jüngsten Ereignisse durcheinander. Jeromes Anruf, seine Freude und Erleichterung, der geplante Besuch bei Jerome, dann Jägers Auftritt vor seiner Haustür, die Fahrt nach Hamburg, das Wiedersehen mit Elaine und die Neuigkeit, dass sie schwanger war – von ihm! – sowie die Tatsache, dass sie immer noch in Gefahr schwebte, von dieser Gruppierung belästigt zu werden. Das alles innerhalb der letzten vierundzwanzig Stunden. Und seine eigene Zukunft: Würde er, zumindest für eine Zeit, alles andere aufgeben, um an Elaines Seite ein halbes Jahr im europäischen Ausland zu verbringen? Sein Haus, die Schule, der Wasserballclub, die Verpflichtungen in der Partei und im Schwimmverein, alles, der Französischkurs, sein eigener sechzigster Geburtstag im November, ja, sogar an den Weihnachtsgottesdienst in der Kirche im Dorf dachte er, den hatte er noch nie verpasst, noch nie in seinem Leben.

Würde er das wirklich wagen? Würde er seine eigenen Pläne hintanstellen, gerade jetzt, wo er wusste, dass sich Jerome in Italien aufhielt?

Da fiel es ihm wie Schuppen von den Augen.

»Wir fahren nach Italien«, sagte er laut, mitten in das laufende Gespräch der drei anderen hinein.

Sie sahen ihn an.

»Wir fahren nach Italien!«, und dann, zu Elaine: »Jerome hat sich gemeldet. Er wohnt in der Nähe von Mantua. Wir werden ihn besuchen gehen.«

Elaine entfuhr ein überraschtes »Oh!« und ihre Wangen röteten sich vor Aufregung.

Rolf schaute zu Roth.

Dieser schaute verwundert zurück.

»Das nenne ich eine Idee!«, sagte Roth. Elaine nickte ebenfalls. Roth notierte etwas auf seinem Block.

»Das können wir regeln«, sagte Roth, »Italien ist ein gutes Land für ein solches Unterfangen.«

SEPTEMBER 2017, HIRZWEILER

In Rolfs Dorf klopfte Thea sich am Abend des 14. September die Knöchel wund. Sie wollte sich nach seiner Gefühlslage erkundigen, nachdem Jerome am Tag zuvor bei Rolf angerufen hatte und sie am Abend zusammen mit anderen Freunden etwas getrunken hatten.

Es war nach acht Uhr am Abend. Thea wusste, dass er vom Französisch-Kurs dann in der Regel zurück war. Sie klingelte an der Haustür, klopfte, ging um das Haus herum, klopfte gegen die Wintergartenscheibe. Ging wieder zur Straße hin. Seltsam war, dass Rolfs Auto vor der Tür stand. Schließlich fuhr sie in der hereinbrechenden Dämmerung nach Hause. Sie versuchte, ihn anzurufen, aber nur der Anrufbeantworter ging dran.

Vielleicht hat sich Elaine gemeldet, dachte Thea, bevor sie sich anderen Dingen zuwandte und die Sache bis zum nächsten Morgen vergaß.

Am nächsten Morgen allerdings versuchte sie erneut, ihn anzurufen. Um sechs Uhr früh war sie aus dem Schlaf aufgeschreckt und hatte wach gelegen bis um sieben. Sie hatte nach dem Telefon gegriffen und Rolfs Nummer gewählt – Freitagmorgen, ein Schultag, er würde in jedem Fall dran gehen, er wäre in jedem Fall wach und bereit für die Arbeit.

Niemand hob ab.

Vielleicht hat sich Elaine tatsächlich gemeldet, er ist bei ihr in Saarbrücken und fährt von dort aus in die Schule.

Warum hat er kein Handy, dachte sie gegen neun, dann müsste ich jetzt nicht die Nummer dieser Schule im Telefonbuch suchen.

»Ist Herr Naumann zu sprechen?«, fragte Thea in den Hörer, als die Schulsekretärin abhob.

»Nein, leider. Herr Naumann ist vor den Ferien nicht mehr im Haus«, sagte diese.

»Was meinen Sie mit: ist vor den Ferien nicht mehr im Haus?«

»Herr Naumann ist krank. Seine Vertretung hat – »

»In Ordnung. Vielen Dank.«

Thea legte auf.

Gut, dachte sie, wenn er krank gemeldet ist, liegt er vielleicht mit einer Grippe im Bett und hat weder Klingel noch Telefon gehört.

Sie suchte in ihrer Schlüsselschublade nach dem Ersatzschlüssel von Rolfs Haus, den er ihr ziemlich bald nach Lindas Tod in die Hand gedrückt hatte, »falls ich mal einen Schlaganfall bekomme. Meine Patientenverfügung liegt im Schreibtisch, unterste Schublade«, hatte er gesagt.

Sie nahm eine Tüte Hühnersuppe und zwei Zitronen aus der Küche und fuhr erneut zu Rolf.

Aber schon als sie die Haustür aufsperrte und in den Flur trat, spürte sie, dass niemand zu Hause war. Das Haus war leer, ja, Thea spürte sofort, dass kein Lebewesen da war, nicht einmal die Katze. Sie setzte sich auf die Couch und dachte kurz nach. Dann stand sie wieder auf, warf einen Blick in den Kühlschrank und in den Mülleimer.

Lange geplant hatte Rolf seine Abwesenheit nicht, soviel war klar, und sowieso war am Abend zuvor noch keine Rede davon gewesen.

Ich werde nicht die Krankenhäuser abtelefonieren, ich werde nicht darüber nachdenken, ob er wirklich ernsthaft krank ist, nahm sie sich vor.

Zuhause rief sie als erstes Hellmann und dann Anni an. Aber niemand wusste etwas von Rolfs Verbleib.

Rolf glitt lautlos durch das kühle Wasser des Eichbaumsees. Wieder einmal in einem Gewässer, in dem es verboten war zu schwimmen, aber das kümmerte ihn nicht. Am frühen Morgen war hier keine Menschenseele unterwegs. Leichter Dunst lag über dem See, der von Bäumen und Wiesen gesäumt wurde. Am Ufer einige schnatternde Enten. Andere Vögel saßen auf großen, bis ins Wasser reichenden Ästen und verhielten sich still. Schauten auf das menschliche Wesen, welches das Wasser durchschnitt.

Rolf trug seinen Neoprenanzug, denn der nahende Herbst war schon zu spüren. Das Wasser fühlte sich an wie eine Frischzellenkur, insbesondere für seinen Kopf.

Elaine war nur wenige Kilometer entfernt, diese Tatsache beruhigte seinen Atem und seinen Herzschlag. Er hatte sich am Abend zuvor gewundert, dass sich das Hotel, in dem man ihn unterbrachte, so nahe an diesem Industriegebiet und doch so tief in der Natur befand, umgeben von Wiesen, Gärten, Bäumen und Schafen und vor allem in direkter Lage an diesem See, dem Eichbaumsee, der wohl irgendwo weiter westlich in die Elbe überging. Der Katze ging es gut, sein Hotelzimmer war riesig im »Hotel Eichbaum«, und eines der Zimmermädchen hatte sich vorbildlich um Kate gekümmert. Zur Nacht hatte Kate es sich, wie zu Hause, auf seinem Bauch gemütlich gemacht und ihn in den Schlaf geschnurrt. Tief und traumlos hatte er geschlafen, sofort nach dem Aufwachen seinen Neoprenanzug angezogen und sich dann auf den Weg zum See gemacht. Nun schwamm er, in der Nähe des Ufers, vorbei an Schilf und Gräsern.

Nach Italien würden sie fahren, er und Elaine, irgendwie, und er freute sich darauf. Gleichzeitig sorgte er sich um Elaine und das ungeborene Kind. Das alles war natürlich eine Herausforderung, eine Sache, mit der er nicht gerechnet hatte. Er würde sich wieder um Menschen kümmern müssen, und zwar nicht ehrenamtlich oder beruflich, sondern voll und ganz als Mensch, als Mann, als Vater. Das musste sich in seinen Gedanken noch setzen. Das unbeschwerte Genießen und die Leichtigkeit der Liebe würden vermutlich übergehen in ein vorsichtiges, verantwortungsbewusstes Handeln. Tief ängstigte ihn auch die Gruppierung, die Elaine schon so viel Böses angetan hatte. Diese Sache hing über ihm wie eine dunkle Wolke. Kommissar Roth hatte zwar am vorherigen Abend versichert, dass alles dafür getan werden würde, um Elaine und ihn keinen weiteren Gefahrensituationen mehr auszusetzen, aber das hatte ja nun schon einmal nicht geklappt. Auch ganz banale Dinge gingen ihm durch den Kopf. Wie sollte er ein halbes Jahr sein Haus zurücklassen? Wer würde sich um den Garten kümmern? Wer die Grabpflege für Linda übernehmen? Er würde weder ins Wasserballtraining noch in den Französischkurs gehen können. Er würde eine lange Zeit seine Freunde und Geschwister nicht sehen – nun, das waren keine banalen Dinge. Würde er Gelegenheit bekommen, zuhause zu packen? Es hatte sich am Vorabend nicht danach angehört. Würde er Gelegenheit bekommen, sich bei Margarethe dafür zu entschuldigen, dass es in der Schule aufgrund seiner Abwesenheit Schwierigkeiten gäbe? Er kannte die Eltern seiner Schüler, viele würden fragen, wieso mitten im Schuljahr der Klassenlehrer gewechselt wurde. Und sowieso – im Dorf würde es einen riesigen Wirbel verursachen: Rolf Naumann geht auf Tour mit seiner neuen Flamme. Lässt alles zurück, auch Lindas Grab, um mit seiner Freundin durchzubrennen. Erst seit so kurzer Zeit Witwer, und dann mit einer um so viele Jahre jüngeren Frau auf und davon. Rolf sah schon Hendriks neidischen Blick, und bei diesem Gedanken musste er grinsen.

Anni würde er anrufen und sehen dürfen. Das war ihm wichtig gewesen. Für alle Fälle hatte auch er, Rolf, bereits eine Telefonnummer bekommen, um mit der Behörde abzusprechen, was erlaubt war und was nicht. Was durfte er Anni erzählen? Er wusste es noch nicht.

Das einzige, woran er keinen Gedanken verschwendete, war seine Gefühlslage in Bezug auf Elaine und das ungeborene Kind. Darüber musste er nicht nachdenken, sondern spürte es: Es war so gekommen, wie er es erhofft hatte. Elaine hatte ihn mit offenen Armen empfangen. Sie hatte ihn vermisst. Sie hätte es nicht weiter ohne ihn ausgehalten. Sie hatte getobt, damit sie ihn zu ihr brachten. Sie war in seine Arme gefallen wie das letzte Puzzlestück, das zur Vollendung des Bildes fehlte – sie und das ungeborene Kind in ihrem Bauch. Das ließ ihn, trotz aller Widrigkeiten, daran glauben, dass ihre erste Begegnung, damals in der Saarbrücker Kneipe mit Hugo und Sybille, eine Art schicksalhafte Fügung war. Ich fange an zu denken wie Thea, dachte er.

So kraulte er über eine Stunde im Eichbaumsee herum. Am Ende war er fast unterkühlt, trotz Neopren und kräftiger Bewegung. Zitternd und mit blauen Lippen stieg er aus dem Wasser und trocknete sich ab. Ging mit dem Handtuch um die Schultern zurück zum Hotel, um heiß zu duschen und ein üppiges Frühstück zu sich zu nehmen – er hatte Rührei mit Schinken bestellt, eine doppelte Portion.

Drei Tage später, am Sonntag, durfte – und musste – Rolf Thea und Hellmann von seinem Hamburger Hotelzimmer aus anrufen. Die Katze saß zu seinen Füßen, und Kommissar Roth hatte neben ihm auf der Couch Platz genommen.

Lügen musste er nicht – der Kommissar war mit ihm durchgegangen, wie die Geschichte aussehen konnte, die er erzählen durfte. Und daran hielt Rolf sich, keine Frage. Immerhin ist es mir erlaubt, mit ihnen reden, dachte er.

Er erreichte beide sofort nacheinander. Thea war hörbar erleichtert, Hellmann überrascht. Beide schimpften mit ihm, weil er sich so lange nicht gemeldet hatte und einfach spurlos verschwunden war.

Rolf erzählte, dass Elaine einen Unfall gehabt hatte und er kurzfristig nach Hamburg gereist sei, um bei ihr zu sein. Dass

Elaine sich noch eine Weile erholen musste. Und dass er auf die Schule pfiff, endlich ein Sabbatjahr nehmen würde und mit Elaine eine Reise zu Jerome machen würde. Thea und Hellmann waren ja informiert, dass Jerome sich gemeldet hatte und Rolf hinfahren würde – nun eben nicht erst in den Herbstferien, sondern etwas früher.

»Und das Haus? Und die Katze?«, fragte Thea, und das fragte auch Hellmann, mit dem er als zweitem telefonierte.

Die Katze, die er in der Eile des plötzlichen Aufbruchs mitgenommen hatte, würde wieder nach Hirzweiler gebracht werden, von einem von Elaines Bekannten, sagte Rolf. In Wirklichkeit würde Jonte Jäger, der Mann vom Bundesamt, die Katze ins Dorf zurückbringen, und zwar zu Thea. Hellmann bekam den Auftrag, sich um den Garten zu kümmern. Wenigstens einmal im Monat musste bis in den Oktober hinein der Rasen gemäht werden – wenn Hellmann das nicht selbst machen wollte, solle er eine Firma beauftragen. Ebenso der Heckenschnitt und die Grabpflege für Linda. Rolf war bestimmend am Telefon, er hatte sich genau notiert, welche Wünsche er hatte, und er war sicher, dass seine Freunde sich kümmern würden. Ihn vom Französisch-Kurs abmelden. Dem Restaurant, das er für seinen sechzigsten Geburtstag Ende November gebucht hatte, wieder absagen. Einen Ersatz für seine Schichten im Hallenbad finden – »Dann muss halt Hendrik mal wieder ran«, sagte Rolf zu Hellmann. Und einen Ersatz für seine Dienste als Wahlhelfer bei der Bundestagswahl in der Sporthalle in einer Woche. Und einen Ersatz für seinen ehrenamtlichen Einsatz am Weihnachtsmarkt des Dorfes –

»Ja, ja, Rolf. Ich bin ja nicht blöd. Ich sag alles ab, was mir einfällt. Wir werden schon eine Weile klar kommen ohne dich!«, hatte Hellmann gesagt, und dann hinzugefügt: »Aber nur eine Weile, damit wir uns hier nicht falsch verstehen. Wann kommt ihr zurück?«

»Das weiß ich noch nicht«, antwortete Rolf, und auch das war keine Lüge, »aber ich werde mir endlich ein Handy besorgen, dann könnt ihr mich anrufen.«

Thea beauftragte er noch, ihm ein Paket mit einigen Dingen in das Hamburger Hotel am Eichbaumsee zu schicken. Seine komplette Schwimmausrüstung, das rote Fotoalbum aus der Kiste im Keller (mit Fotos aus Jeromes Kindheit, vielleicht würde dessen Frau Chiara sie sehen wollen), seine alte Kameraausrüstung, die er in Italien vielleicht wieder in Betrieb nehmen würde, sowie seinen braunen und seinen schwarzen Ledergürtel. Die hatte er in der Eile vergessen, und mit Gürteln war er wählerisch.

»Gut gemacht«, sagte Roth, der die ganze Zeit stumm neben ihm gesessen hatte, und klopfte ihm auf die Schulter, »aber um Gürtel müssen sie sich keine Sorgen machen. Italien ist das Land des Leders!«

Elaine ging es mit jedem Tag ein wenig besser. Rolf drehte morgens seine Runde im See, dann besuchte er sie im Krankenhaus, verbrachte Stunden dort, aß mit ihr gemeinsam in ihrem Krankenhauszimmer zu Mittag und saß lesend neben ihrem Bett auf einem Stuhl, wenn sie schlief. Denn obwohl es ihr körperlich besser ging, ihr Gesicht leuchtete und ihre Wangen und Lippen in einer rosigen Farbe schimmerten – und obwohl vor allem sie selbst darauf pochte, dass sie so gut wie wiederhergestellt sei und alle Energie der Welt hätte – war sie doch von den Ereignissen ausgelaugt und schlief viel.

Die Scheidung, der Prozess gegen die kriminelle Bande, die Therapien während der Kur, ihre Schwangerschaft, der Unfall und die damit einhergehenden Befürchtungen hatten sie mehr Kraft gekostet, als sie selbst zugeben mochte. Und am meisten – das gab sie allerdings in einem stillen Moment gegenüber Rolf zu – hatte die Sehnsucht nach ihm sie erschöpft, die Sehnsucht nach seiner ruhigen Stimme, seiner puren Anwesenheit, dem Geräusch der Buchseiten, die er umblätterte, nach seinem Räuspern und der Berührung seiner Lippen, wenn er am Morgen zu ihr kam und sie zur Begrüßung küsste. Jetzt war er da, und sie konnte schlafen. Essen und schlafen und Krankengymnastik machen und lesen und schlafen. Seine Hand halten, in sich hineinhören, das erste kaum wahrnehmbare, schmetterlingshafte Flattern des Babys in ihrem Bauch spüren, durch das Fenster die kühler werdende Septemberluft in das Krankenhauszimmer lassen. Rolf nachts vermissen, wenn er in sein Hotel zurückgekehrt war, und sich freuen, wenn er am nächsten Morgen gegen elf Uhr wieder zu ihr kam.

Sie biss die Zähne zusammen, als sie die ersten Male auf Krücken stand und das verletzte Bein belastete. Schmerztabletten bekam sie auch, aber so wenige wie möglich, wegen der Schwangerschaft. Rolf musste fast darauf achten, dass sie sie nahm und nicht wieder heraus spuckte. Wäre es nach ihr gegangen, hätte sie das Krankenhaus schon verlassen und wäre mit Rolf ins Hotel gegangen. Aber davon waren sie noch einige Tage entfernt. Der Verband musste gewechselt werden – die Wunde verheilte gut und entzündete sich nicht, war aber fast fünfzehn Zentimeter lang und gut fünf Zentimeter tief. Mit über zwanzig Stichen hatten die Ärzte daran herumgenäht. Das Verkehrsschild, auf das sie von dem Auto geschleudert worden war, hatte fast ihren ganzen äußeren Oberschenkel aufgerissen, und eine Narbe würde zurückbleiben, soviel war klar. Des Weiteren kam einmal am Tag der Gynäkologe der Klinik vorbei, um nach Elaine zu schauen. Wieso dieses Krankenhaus einen Gynäkologen beschäftigte, war Rolf ein Rätsel, aber er konnte es nicht herausfinden. Der Gynäkologe redete in erster Linie mit Elaine, maß ihren Blutdruck, obwohl das auch zur täglichen Routine der Krankenschwestern gehörte, und verabreichte ihr die Schwangerschaft fördernde Vitamine. An einem Tag schob Rolf Elaine im Rollstuhl in ein Untersuchungszimmer, in dem der Gynäkologe einen Ultraschall an ihr vornahm.

»Möchten Sie das Geschlecht des Kindes wissen, falls ich es schon erkennen kann?«, fragte er, als er Elaines Bauch mit Gel einrieb.

Rolf und Elaine hatten nicht darüber gesprochen, sagten aber im gleichen Augenblick laut und deutlich: »Nein!«, Elaine aus einem diffusen, weit in ihrer Vergangenheit wurzelnden Aberglauben heraus, dies könne Unglück bringen, und Rolf deshalb, sagte er später ganz offen, weil er sich innerlich noch mit dem Gedanken einrichten musste, überhaupt wieder Vater zu werden – denn schließlich wusste er es erst seit wenigen Tagen.

Das ungeborene Kind war im Ultraschallbild ganz deutlich zu erkennen, wie es wie in einer Höhle in Rückenlage eingekuschelt lag, ein Kopf, ein Körper, zwei Beine, zwei Arme. Sogar eine Hand war zu sehen, und es schien, als winke es ihnen beiden zu.

Wahnsinn, dachte Rolf, wie die Technik sich doch entwickelt hat in den letzten beiden Jahrzehnten. Die letzten Ultraschallbilder hatte er Anfang der Neunziger gesehen – von Anni. Aber dabei gewesen war er nicht, sondern Linda hatte ihm das Foto nachmittags gezeigt, als er aus der Schule nach Hause gekommen war. Er erinnerte sich an ein grau-weiß gepixeltes Etwas, das schemenhaft einem kleinen Menschenkörper glich – aber bei weitem nicht so deutlich zu erkennen gewesen war wie hier in diesem Hamburger Krankenhaus.

Der Gynäkologe fuhr noch einige Male mit dem Gerät über Elaines Bauch und sagte dann: »Alles in Ordnung, Frau Schmidt!«

Und, wie alle werdenden Eltern auf der Welt, seufzten Rolf und Elaine erleichtert auf und wurden von einer Wärme umspült, wie sie nur zukünftige Mütter und Väter kennen.

Am 26. September, am elften Tag nach ihrem Wiedersehen, ging Rolf auf Einkaufstour. Langsam rückte der Beginn der saarländischen Herbstferien näher, und ihre Abreise Richtung Gardasee war für den vierten Oktober geplant, in gut einer Woche. Von der Bundestagswahl hatte Rolf nur am Rande etwas mitbekommen, eigentlich nur das Ergebnis in den Nachrichten. Eine Woche zuvor hatte er die Unterlagen zur Briefwahl für die Bundestagswahl ins Hotel geschickt bekommen und gewissenhaft sein Kreuzchen gesetzt. Im Normalfall, zu Hause, hätte er vermutlich den Sonntag als Helfer im Wahllokal gesessen, später bei der Auszählung der Wahlzettel geholfen, den Hochrechnungen gelauscht und anschließend an der Party seiner Partei teilgenommen. Aber es war nicht der Normalfall, sein Leben hatte eine andere Wendung genommen, und die Bundestagswahl war etwas, für das er im Augenblick keine Zeit hatte. Am vergangenen Sonntag, dem Tag der Wahl, hatte er Elaine im Rollstuhl in die Sonne gefahren, ohne an Politik zu denken. Sie konnte zwar schon wieder laufen, mit Krücken, aber es war ihr erster Ausflug an die frische Luft seit über fast zwei Wochen, und im Rollstuhl schob Rolf sie bis zu einer in der Nähe gelegenen Großgärt-

nerei, wo sie zwischen Pflanzen umherwandeln konnten. In dem Gewerbegebiet, in dem das Krankenhaus lag, gab es ansonsten keine fußläufig erreichbaren Grünanlagen.

Und nun, am Dienstag, spazierte er in der Hamburger Innenstadt herum und kaufte Kleider für sich selbst. Zwar war das Paket aus dem Saarland mit seiner Schwimmausrüstung, dem Fotoapparat und den beiden Gürteln im Hotel angekommen. Angesichts der Italienreise, der anstehenden Begegnung mit seinem Sohn und – nicht zuletzt – das alles in Anwesenheit seiner fünfundzwanzig Jahre jüngeren Begleiterin, wollte er sich neu einkleiden. Ist sowieso an der Zeit, dachte er, ich kann mich schon gar nicht mehr wirklich daran erinnern, wann ich das letzte Mal shoppen war. Denn im Vergleich zu vielen seiner Freunde – Hellmann, Hans-Werner, Hugo – hatte Rolf seit vielen Jahren die gleiche Kleidergröße.

Am Abend in Elaines Krankenhauszimmer führte er seine Einkäufe vor. Helle Hemden und dunkle Pullover in schwarz, blau und dunkelgrün, drei Hosen, davon zwei Jeans und eine dunkelgraue Stoffhose. Ein dunkelblaues, elegantes Jackett einer sündhaft teuren italienischen Marke, dazu neue, glänzende Lederschuhe und ein Paar Wanderschuhe. Wo auch immer sie in Italien landen würden, die Gegend dort musste von ihm erkundet werden, zu Fuß, soviel war klar.

Elaine saß amüsiert und begeistert aufrecht im Bett, während er die neuen Kleidungsstücke vorführte. Ihr Erstaunen war nicht gespielt – was Rolf alles konnte, wenn er erst einmal auf die Idee kam, es zu tun, erstaunte sie immer wieder.

»Da muss ich aber auch noch einkaufen gehen! Sonst kann ich mich mit dir da im Süden nicht blicken lassen!«, sagte sie, als er gerade eines der neuen Hemden wieder aufknöpfte, um es auszuziehen, »und außerdem, kommst du mal näher zu mir?«, forderte sie.

Er trat näher an das Bett heran.

»Noch näher.«

Er ging noch einen Schritt vor, bis seine Beine gegen die Bettkante stießen.

»Darf ich das für dich machen?«, fragte Elaine und streckte sich nach den Knöpfen des Hemdes.

Er musste nichts sagen und nicht einmal nicken, vielmehr ließ er sie gewähren, natürlich, und als sie mit ihren zarten Händen über seine Brust und seinen Bauch strich und ihn von schräg unten anblickte, vergaß er beinahe ihre Verletzung und die Tatsache, dass sie sich in einem Krankenhaus befanden.

»Willst du wohl endlich zu mir kommen«, flüsterte sie. Da war plötzlich alles wieder wie im Mai und im Juni, eine Welle der Hitze hüllte sie beide ein. Er legte sich neben sie ins Bett und ließ sie alle Knöpfe öffnen, die sich an seiner Kleidung befanden. Dann kam er zu ihr, langsam und vorsichtig zunächst, wenig später jedoch, als er spürte, dass sie keine Schmerzen hatte und ihn fest gegen sich drückte, drängender und beinahe ungeduldig. Bereits nach einer Minute sank er über ihr zusammen.

Er hatte es gebraucht.

Sie hatten es beide gebraucht.

Danach blieb er neben ihr im Bett unter der Decke liegen und Elaine legte ihren Kopf auf seine Brust. Lauschte seinem Herzschlag. Als die Krankenschwester klopfte, um das Abendessen zu bringen, rief Elaine laut: »Besetzt«, und sie lachten.

Am nächsten Tag kamen Kommissar Roth und Dr. Schneider in Elaines Krankenzimmer, als sie sich gerade gegenseitig die erste Lektion von »Italienisch für Anfänger« vorlasen.

Sie zogen Stühle herbei und setzten sich. Roth raschelte mit einem Stapel Papiere auf seinem Schoß und räusperte sich laut.

»So. Wir haben zwei Wohnungen für Sie gefunden. Eine in Recco, Ligurien, zehn Kilometer von der Küste entfernt. Etwas im Hinterland. Und eine in Peschiera am Gardasee.«

Er stand auf und breitete eine Italienkarte auf Elaines Bett aus.

»Der Vorteil von Recco: dort gibt es im Ort einen Gynäkologen und einen Physiotherapeuten. Es sind nur 10 Kilometer bis zum Meer, und in Recco selbst gibt es wenige Touristen. Genua ist nur einen Katzensprung entfernt.«

»Und Peschiera?«, fragte Elaine. Sie hatte sofort kapiert, dass Peschiera viel näher an Mantua lag, in der Lombardei. Und Mantua, so hatte ihr Rolf bereits erklärt, lag wiederum nahe bei San Benedetto di Po, wo Jerome mit seiner Familie wohnte.

»Peschiera liegt direkt am See, wie Sie sehen. Einen Gynäkologen gibt es in Peschiera direkt nicht, aber in Desenzano
del Garda, das ist keine große Entfernung. Eine empfehlens-
werte Klinik zur Entbindung gibt es allerdings dann nur in
Mantua. Das sind schon so einige Kilometer.«

»Sie gehen fest davon aus, dass wir mindestens so lange in
Italien werden bleiben müssen?«, fragte Rolf.

Roth nickte. »Ein halbes Jahr, soviel ist klar.«

Elaine und Rolf betrachteten die Karte.

Schließlich sagte Elaine: »Willst du lieber im Gardasee
schwimmen oder im Mittelmeer?«

Rolf sah sie an. »Im Gardasee«, und damit war die Entscheidung für Peschiera gefallen. Natürlich, das wussten sie beide,
wegen der Nähe zu Jerome und San Benedetto di Po.

»Gut«, sagte Roth, »nächster Punkt: Der Wagen. Sie, Herr
Naumann, kommen gleich mit mir nach unten. Wir haben
einen VW Touran aufgetrieben, einen Diesel. Wir stellen ihn
Ihnen zur Verfügung, bis sie zurückkommen. Sie können sich
in den nächsten Tagen mit dem Wagen vertraut machen.«

»Warum fliegen wir nicht?«, fragte Rolf.

Der Kommissar schüttelte den Kopf.

»Zu kompliziert. Wegen der Papiere. Die sind noch etwas
frisch.«

Rolf verstand zwar nicht, was genau der Kommissar damit
meinte, aber er nickte.

»Und nächster Punkt: Wir können keinen Umzugswagen zur
Verfügung stellen. Zu aufwendig. Frau Schmidt, Sie müssen

also überlegen, welche Kisten und Gegenstände unbedingt nach Italien mitgenommen werden müssen. Sie schreiben eine Liste, und ein Kollege fährt ins Lager, um die Dinge abzuholen. Denken Sie daran, ein Touran ist ein großes Auto, aber kein Umzugswagen und kein Kombi. Die Wohnung, in die Sie ziehen, ist voll eingerichtet, wie eine Ferienwohnung. Also keine Haushaltsgegenstände einpacken.«

Elaine nickte.

»Und nun zum wesentlichen Punkt.«

Roth zog einen Umschlag unter den Papieren auf seinem Schoß hervor und überreichte ihn Elaine. Diese zog schon die Augenbrauen hoch, denn sie wusste, was nun kam.

»Ihre neuen Papiere. Personalausweis, Reisepass, Versicherungskarte, neues Bankkonto mit Karte, dieses Mal bei der Deutschen Bank, Kreditkarte. Die neue SIM-Karte für ihr Handy ist unterwegs.«

Elaine öffnete den Umschlag und zog den Personalausweis heraus.

»Elaine Fontana, geboren am 21. März 1980«, las sie vor.

»1980? Diesmal habt ihr mich vier Jahre älter gemacht!«, sie schnaubte.

»Ja«, schmunzelte Roth, »wir dachten, das schadet nichts in eurer Kombination!« Sein Blick ging von Rolf zu Elaine und wieder zurück.

»Und Fontana? Geboren in – Crema? Wo ist das denn?«

Roth zeigte es ihr auf der Italienkarte. Es lag ungefähr fünfzig Kilometer westlich von Mantua.

»Fontana ist in der Lombardei ein geläufiger Familienname. Er bedeutet Springbrunnen. Ein für die Italiener positiv besetzter Name. Sie sind in Crema geboren, dann mit ihren Eltern nach Deutschland ausgewandert und später in Deutschland eingebürgert worden. Jetzt fahren sie mit ihrem Freund in die Heimat ihrer Eltern, auf den Spuren der Vergangenheit.«

Roth schaute zu Rolf und fuhr fort:

»Sie, Herr Naumann, können ihre Identität eins zu eins behalten. Sie bekommen sechzig Prozent ihres Gehaltes wie gewohnt ausgezahlt. Sehen sie es als Krankengeld. Sollte es länger als ein halbes Jahr dauern, müssen wir uns über diesen Punkt noch einmal unterhalten.«

Rolf nickte ergeben.

»Die Vertretung an Ihrer Schule übernimmt eine junge Lehrerin, die schon Erfahrung hat mit Schwimmunterricht. Das war Ihnen ja wichtig.«

Es ist tatsächlich doch wie in einem Wunschkonzert, dachte Rolf, und plötzlich durchströmte ihn eine nie da gewesene Vorfreude und Neugier auf die bevorstehende Reise.

»Frau Schmidt bekommt weiterhin dieses Übergangsgeld. Das sind wie bisher ungefähr 400 Euro im Monat. Die Wohnung in Peschiera wird von uns bezahlt. Auch hier – wenn es länger als ein halbes Jahr dauert, müssen wir uns etwas überlegen. Und wie ich höre, zahlt ihr Ex-Mann Ihnen einen gewissen Betrag. Also finanziell dürften Sie über die Runden kommen.«

Roth raffte die Papiere auf seinem Schoß zusammen und fügte abschließend hinzu: »Die Italien-Karte können Sie behalten.«

Nun kam Dr. Schneider zu Wort. Er hatte alle möglichen Bedenken – die Wunde könnte sich immer noch entzünden, die Fäden müssten noch eine Weile drin bleiben und in Italien müssten sich Rolf und Elaine als erstes um die entsprechenden Ärzte kümmern, zum Verbandswechsel und zur Überwachung der Schwangerschaft. Wenn in dieser Woche bis zur Abfahrt gesundheitlich noch irgendetwas dazwischen käme, würde er Elaine nicht entlassen. Dann überreichte er ihr einen neuen Therapieplan für die verbleibenden Tage. Schmerzmittel sollten ganz abgesetzt werden, und Bewegung war angesagt. Zweimal täglich Physiotherapie. Ziel war es, Elaine innerhalb einer Woche in die Lage zu versetzen, ohne Krücken auszukommen.

Das würde kein Problem werden, denn sie hatte schon heimlich geübt.

2011, GARDASEE

Das kleine Dorf Pieve liegt auf dem Gipfel eines Steilhanges. Es thront 348 Meter über dem Wasserspiegel des Gardasees. Aus der Ferne sieht es aus wie ein Flecken aus dem Himmel herabgefallener Häuser, die sich lauschig an die Felsen schmiegen. Man fragt sich, wie die Häuser dorthin gekommen sind, und man fragt sich, wie man von unten wohl dorthin gelangt. Tatsächlich gibt es von der Uferstraße Gardesana eine Abzweigung, die hinaufführt. Erst in den 1920er Jahren wurde sie fertiggestellt, die Strada della Forra, die sich wie eine Schlange durch die enge und tiefe Schlucht des Brasa windet, über schwindelerregende Serpentinen, durch grob in den Fels geschlagene Tunnel. Die Fahrer, die nach oben wollen, müssen Künstler sein, oder verrückte Touristen, oder Einheimische, für die diese Straße lebensnotwendig ist.

Jerome steht hoch oben in Pieve unter blauem Himmel, mit der Nase im Wind. Fünf Minuten Pause, bevor die Arbeit beginnt: Das Abladen der Eichenbalken für das Dach der Kirche. Vom Vorplatz der Kirche, zu der Jerome mit seinem Kollegen gekommen ist, hat man einen unbeschreiblichen Ausblick auf den See und den Monte Baldo am gegenüberliegenden Ufer. Der Gipfel des Monte Baldo, mit einer Höhe von 2218 Metern, wird in einigen Tagen schneebedeckt sein. Wie ein Wächter liegt er dort.

An der Mauer des Kirchplatzes, hinter der es mehrere hundert Meter in die Tiefe geht, genießt Jerome in tiefen Atemzügen die frische Luft, die nach See und Himmel gleichzeitig duftet: Anders als Brescia, das die meiste Zeit im Dunst der städtischen Abgase versinkt, und anders als die hügeligen Landschaften, die Jerome mit seinem Fahrrad durchfahren hat. Hier, in Pieve, ist es bergig, beinahe alpin, die Luft klar. Das gefällt Jerome. Ein wenig ist es wie in seinen ersten Tagen in Italien vor fünf Jahren: Brixen, Südtirol, Salurn. Jedenfalls muss er daran denken, wie er so an der Mauer steht: Wie viel Glück habe ich gehabt. Wie naiv war ich damals, wie unbefangen. Und wir leer war mein Kopf. Wie gefangen mein Herz.

Denn um sein Herz ist es ihm, nach all den Jahren, schon viel leichter geworden.

»Jerome!«, hört er seinen Kollegen rufen, »was bist du hier zum Gucken? Komm endlich her!«

Und er wendet sich vom See ab, zieht unterwegs die Arbeitshandschuhe über und geht mit festen Schritten zum Kollegen, um ihm beim Abladen der Eichenbalken zu helfen. Um die Kirche herum herrscht reges Treiben. Handwerker aller Arten sind unterwegs: Maler, Gerüstbauer, Zimmerleute. Der Rauch ihrer Zigaretten liegt in der Luft. Das Gerüst, welches gebaut wird, reicht schon fast bis zum Dach.

Das hat Jerome noch nie gemacht: Vom Lastwagen aus mit dem Kran Balken abgeladen. Er will es auch eigentlich nicht. Aber sein Kollege sagt: »Wenn du schon mal dabei bist, zeige ich dir das.« Der Kollege selbst steht vor der Kirche und winkt mit den Armen. Jerome am Hebel. Balken mit dem Kran aufnehmen. Herumschwenken – vorsichtig. Dann absetzen. Am Anfang etwas ruckartig das Schwenken, etwas holprig das Ablegen. Sein Kollege gibt Kommandos, Jerome ist konzentriert und schwitzt. Allein die Tatsache, dass sie mit diesem Lastwagen den Berg hinaufgekommen sind! Jerome hat immer noch keinen Führerschein.

Als der Kollege auf die Ladefläche springt, um die letzten Balken in Position für den Kran zu bringen, fällt Jerome im Augenwinkel auf, dass eine Person aus der Kirche getreten ist und, im Schatten des Portals an die Mauer gelehnt, zu ihm herüberschaut. Eine junge Frau. Er wendet ihr die Augen zu, und ihre Blicke treffen sich.

Eine junge Frau, in Arbeitshose und kariertem Hemd, mit verschränkten Armen, kurzen Haaren, gespitzten Lippen, skeptischem Blick. Sie schaut ihn an. Sie schaut ihm zu, wie er da in der Fahrerkabine sitzt und den Hebel des Aufsatzkranes bedient. Wie er die restlichen Eichenbalken ablädt, einer nach dem anderen, dann den Motor ausschaltet, sich mit der Hand über die Stirn fährt und aus dem Fahrerhaus springt. Die junge Frau ist wieder in der Kirche verschwunden.

»Geh du rein und lass den Schein unterschreiben!«, ruft sein Kollege und hält ihm den Zettel hin, während er sich eine Zigarette anzündet.

Das ist das einzige, was noch erledigt werden muss: Eine Unterschrift auf den Lieferschein, dann geht es zurück nach Brescia.

Mit dem Papier in der Hand tritt Jerome in die Kirche. Zunächst müssen sich seine Augen an das schwache Licht im Innenraum gewöhnen. Dann fällt sein Blick recht schnell auf einen, der wie ein Pfarrer aussieht, und zu dem geht er hin und hält ihm den Lieferschein vor die Nase. Sie wechseln einige Worte. Jerome lässt seinen Blick durch das Kirchenschiff schweifen und saugt die Luft ein, die dezent nach Weihrauch duftet – wie in jeder katholischen Kirche, die er bisher betreten hat. Wie zu Hause. Wie früher.

Da ertönt aus der Sakristei – die Tür steht offen – ein unchristlicher Fluch auf italienisch:

»Porca miseria!«, heiliges Schweine-Elend, und weiter: »welcher Vollidiot hat diese Kratzer in die Bank gemacht!«

Es ist eine Frauenstimme.

Der Pfarrer eilt schleunigst zur Sakristei, und Jerome eilt ihm nach – aus Neugier.

Und in der Sakristei: Die junge Frau von vorhin, auf dem Boden kniend vor einer hölzernen Bank. Der Pfarrer und Jerome sehen zuerst nur ihren Hintern. Die Frau flucht vor sich hin und wendet sich ihnen zu: »Haben Sie das gesehen, Signore, da haben Ihre Kinder ganz schön Schabernack getrieben!«, sagt sie zu dem Pfarrer. Der Pfarrer bückt sich, Jerome bückt sich, und sie sehen es auch: kleine Hakenkreuze und Penisse, in die alte, schwere Eichenbank geschnitzt.

Der Pfarrer murmelt ärgerliche Worte. Jerome schaut nur.

»Die Bank ist fast dreihundert Jahre alt!«, sagt die Frau, »Wissen Sie, wer sie angefertigt hat?«

Beide, Pfarrer und Jerome, schütteln den Kopf.

Ungläubig stößt die Frau Luft zwischen den Zähnen hervor.

»Giacomo Lucchini, natürlich!«, sie hält inne, »Seid ihr nicht aus der Gegend?«

Wieder schütteln sie den Kopf.

»Sie wissen doch, ich bin erst seit einem halben Jahr hier. Ich komme aus dem Friaul, das wissen Sie doch, Signorina Lorenzo!«

Sie nickt dem Pfarrer zu. Dann schaut sie Jerome an. Und ihm wird klar: ihn hat sie gemeint. Woher kommst du, will sie wissen.

»Ich komme aus …Brescia«, bringt er hervor. Beinahe gerät er ins Stottern.

Warum gerät er ins Stottern?

Wegen ihrer Augen, vielleicht. Ihrem Blick, gerade heraus. Ihrem Fluchen, vorhin. Und wegen der Sägespäne auf ihrer Arbeitskleidung.

Es staubt ein wenig, als sie ihm die Hand reicht:

»Chiara«, sagt sie, »ich bin Chiara. Und du?«

»Jerome«, sagt er.

»Schschscherome?«, fragt sie, »nicht Dscherome?«

»Ja«, lacht er, »mit schschsch!«

Der Blick des Pfarrers geht zwischen ihnen hin und her.

»Jerome, wo bleibst du?«, schallt es da durch die Kirche, »hast du den verdammten Lieferschein?«

Sein ungeduldiger Kollege ist offenbar fertig mit seiner Zigarette.

»Ich komme!«, ruft Jerome zurück, und zu Chiara, viel leiser:
»Ich komme wieder!«

Zehn Tage braucht Jerome, um zu überlegen, wie er wieder
nach Pieve fahren kann. Er wälzt seine Gedanken im Kopf
hin und her: Was hat sie gesagt? Chiara. Wie hat der Pfarrer
sie genannt? Signorina Lorenzo.
Sie heißt Chiara Lorenzo.
An Guiseppes Computer gibt er den Namen ein und findet
einige Frauen mit diesem Namen. Aber nicht die Richtige.
Nicht – seine Chiara.
Signorina. Sie ist also nicht verheiratet.
Soll er Guiseppe bitten, ihn hinauf zu fahren? Bis zum Gardasee, und dann die Strada della Forra hinauf? Siebzig Kilometer eine Strecke? Oder Bruno, Guiseppes Sohn, dass er ihn
mit seinem Roller hinfährt?
Kommt nicht in Frage. Selbständig muss er sein, kraft-
voll. Das ahnt er: dass Chiara sich einen kraftvollen Mann
wünscht. Keinen Jungen, der sich von irgendjemanden zu ihr
bringen lassen muss.
Auch die Busverbindungen geht er an Guiseppes Computer
durch. Drei Stunden ungefähr würde die Fahrt mit dem Bus
dauern. Mit dreimaligem Umsteigen.
Und ob er sie dort überhaupt treffen wird? Ob sie tatsächlich
in Pieve wohnt? Nur weil sie den Pfarrer kennt, muss es nicht

heißen, dass sie in diesem Dorf wohnt, denn im Tremosine, der Gemeinde, gibt es noch eine Reihe weiterer Dörfer, wie Guiseppe ihm erklärt hat, als er so begeistert von seinem Ausflug zurückgekommen war.

Bleibt eines: Sein Fahrrad.

Siebzig Kilometer schrecken ihn nicht. Aber die Strada della Forra, die schreckt ihn etwas. Die Steigung, die Serpentinen, die ihn überholenden und entgegenkommenden Fahrzeuge, die Enge.

Trotzdem wagt er es. An einem Samstag Ende September packt er es an.

Gegen halb sechs ist er wach und schnürt sein Bündel. Genügend Wasser, etwas Obst. Es wird ein heißer Tag werden, das ist schon in der Morgendämmerung zu spüren. In seinen Rucksack stopft er Wechselkleidung, er will Chiara – sollte er sie finden – nicht im verschwitzten Radtrikot gegenüber treten.

Und Geld nimmt er mit, hart erarbeitetes und gespartes Geld, zweihundert Euro, denn er plant, über Nacht in einem Hotel zu bleiben. Dass er an einem Tag die Strecke nicht wieder zurückfahren will, davon geht er aus.

Tatsächlich kommt er erstaunlich wenig außer Puste. Störend sind die ersten Stunden auf der stark befahrenen Straße zwischen Brescia und Salo: vorbei an Prevalle und Gavardo. Keine reizvolle Gegend in Abgasen und auf heißem Asphalt. Wenig romantisch.

Endlich am See angekommen, setzt er sich in Salo an die

Uferpromenade und trinkt einen Espresso. Lässt sich von dem Gefühl durchströmen, ein Tourist zu sein. Boote auf dem Wasser, das Geräusch der flatternden und schlagenden Segel weht bis zu ihm.

Die Septembersonne scheint heiß auf Jeromes Knie.

Dann geht es weiter.

Die Gardesana zwischen Salo und Campione ist er schon oft gefahren. An manchen Stellen ist sie für ihn als Radfahrer gefährlich bei starkem Verkehr, aber schon ist zu spüren, dass die italienischen Sommerferien seit einigen Wochen vorüber sind und die Touristenströme abebben. Stets hat man Blick auf den See, auf das dunkelblaue, große Wasser, welches im Sommer das Land kühlt und im Winter erwärmt. Vorbei an Hotels und Häusern, von Palmen und mediterranen Gewächsen umgeben, Olivenbäume hier und da, Zitronenbäume, wehende Fahnen, Schilder mit »in affito«, zu vermieten, und »stanza disponibile«, Zimmer frei.

Kurz denkt Jerome tatsächlich an seine Heimat, an das kleine, saarländische Dorf. An seinen Vater, der vermutlich schon einmal quer durch den See geschwommen wäre, hätte er je die Gelegenheit dazu gehabt.

Ob sie noch zusammen in Urlaub fahren, seit ich weg bin?, fragt er sich, und wenn ja, wohin? Anni ist jetzt neunzehn und wird sicher nicht mehr mit den Alten auf die Berge steigen. Vielleicht fahren sie alleine, Mutter und Vater, denkt er, aber irgendwie kann er sich das nicht recht vorstellen.

Zeit und Strecke vergehen schnell. Schon naht die Mittagsstunde, schon naht Campione, von wo aus die Strada della Forra abzweigt, und ausgerechnet in der Mittagshitze kämpft Jerome sich dann die enge Asphaltstraße hoch. Die Sonne knallt gegen den Berg. Zunächst liegt die Straße zwischen blanken Felsen und Geröll, welches mit abenteuerlich gespannten Drahtnetzen an den Abhängen gehalten wird, und erst später im Schatten der Schlucht. Manchmal ist die Straße so eng, dass er von den Autos nicht überholt werden kann. Manchmal muss er absteigen und sich gegen den Felsen drücken, um Platz zu machen. Er fragt sich, warum die Tunnel nur so eng und so grob in den Fels gehauen wurden. Vielleicht, damit nicht ein jeder nach oben kann? Keine großen Touristenbusse. Keine ängstlichen Menschen. Mehrere Male hält Jerome an und lässt die Landschaft auf sich wirken. Es gibt Einbuchtungen, die dafür vorgesehen sind, und an einem Flecken stürzt der Fluss Brasa aus dem Berg in die Schlucht hinein. Jerome steht eine Weile am sprühenden Wasserfall und atmet gierig die feuchte, würzige Luft ein.

Und dann – ist er da. Oben.

Der Hauptplatz von Pieve: Eine Pizzeria, eine Bar. Eine Bank, ein Brunnen, rote Sonnenschirme auf dem Platz und Tische und Stühle. Ein Souvenirladen. Mäßiges Touristentreiben, keine Menschenmassen, aber auch noch keine herbstliche Stille.

Jerome steigt ab, durchgeschwitzt, und trinkt und trinkt aus seiner Wasserflasche. Er schaut auf die Uhr: halb zwei. Siebeneinhalb Stunden war er unterwegs.

Was soll's, denkt er und trinkt die Flasche leer.

Kleidung wechseln werde ich nicht.

Gespannt schiebt er sein Fahrrad über das Kopfsteinpflaster durch die schattigen Gassen in Richtung Kirche. Um die Kirche herum ist es tatsächlich ruhig – es ist Samstag, es ist heiß, es ist Mittagszeit, kein vernünftiger Italiener würde um diese Zeit arbeiten.

Und doch hat Jerome so ein Gefühl. Er stellt das Fahrrad vor der Kirche ab und versucht, das Portal zu öffnen. Es ist nicht abgeschlossen. Er betritt das Kirchenschiff, nimmt den Fahrradhelm ab und geht nach vorne bis zum Altar. Schaut hinauf zum Kruzifix und lächelt.

Denn schon hört er es: das leise Rascheln und Schaben, das nur von einem verursacht werden kann: Schleifpapier, mit welchem gerade Holz geschliffen wird.

Als erstes sieht Jerome wieder Chiaras Hintern in ihrer Arbeitshose. Eine Weile bleibt er im Türrahmen der Sakristei stehen und betrachtet sie, mit dem Fahrradhelm in der Hand. Chiara hat ihn nicht hereinkommen gehört. Sie kniet wie beim letzten Mal vor zehn Tagen halb unter der alten Eichenbank und versucht offensichtlich, die vandalistischen Schnitzereien, die Hakenkreuze und Penisse, abzuschleifen.

Mit dem Helm klopft er sachte an den Türrahmen, und Chiara dreht sich in ihrer Überraschung blitzartig zu ihm um.

Als sie ihn erkennt, werden ihre Augen groß.

»Mia cara«, sagt Jerome, und lässt das »cara«, welches »liebe« heißt, etwas verschwommen klingen. So dass nicht klar wird, ob er »Mia Chiara«, meine Chiara, oder »Mia cara«, meine Liebe, sagt.

Chiara lächelt.

»Sei un burlone!«, sagt sie, »Du bist ein Witzbold!«

Sofort jedoch ist klar, dass sie sich freut wie eine Schneekönigin, wie eine regina delle nevi. Dass sie beinahe nicht überrascht ist – so als hätte sie ihn erwartet.

Und dann, nach einem Blick auf seine Kleidung und den Helm: »Du bist doch nicht etwa mit dem Fahrrad gekommen?«

Er nickt stolz. Seine Augen funkeln.

»Den ganzen Weg aus Brescia?«

»Über die Strada della Forra.«

»Wow!«, sagt sie.

»Komm her, ich helfe Dir«, erwidert Jerome und greift nach dem Schleifpapier, das sie in der Hand hält.

»Aber – pass auf! – du bist doch Lastwagenfahrer! Das ist eine Eichenbank aus –«

»Ich bin kein Lastwagenfahrer«, sagt er, »ich bin Schreiner.«

Und schon knien sie nebeneinander, die Oberkörper verdreht und die Köpfe unter der Bank.

Jerome riecht nach Schweiß, Chiara nach Holzspäne.

Sie teilen die Arbeit, und im Laufe des Tages teilen sie noch vieles Weitere: die große Pizza Prosciutto unter den roten

Sonnenschirmen am Dorfplatz. Die Rechnung. Danach den atemberaubenden Ausblick von der Kirchenmauer aus auf den Gardasee. Und Wissen – ja, sie teilen ihr Wissen über die Arbeit und über das Restaurieren von Holz. Jeromes Kenntnisse sind, was das pure Handwerk betrifft, noch eher theoretischer Natur. In der Fabrik, in der er arbeitet, wird der größte Teil der Arbeit mit Maschinen erledigt. Chiara hingegen ist Tochter eines Restaurators mit einer kleinen Holzwerkstatt in Pieve. Von ihm lernt sie das Handwerk. Nicht immer sei es konfliktfrei, vom eigenen Vater zu lernen, meint sie. Das kann Jerome sich gut vorstellen. Chiara hat schon zahlreiche Kirchenbänke restauriert, alte Möbel und Fensterläden. Jetzt hat die Gemeinde endlich Geld von der EU bekommen, um das Innenleben der Piever Kirche zu restaurieren. Das Entfernen der Hakenkreuze und Phallussymbole von der Holzbank in der Sakristei ist für Chiara nur der Anfang.
Dieser Nachmittag in Pieve ist von vielem Anderen nur der Anfang.

Jerome und Chiara sitzen auf der Kirchenmauer und teilen: den Blick auf den See. Den Wind, der um ihre Nasen und durch ihre Haare weht. Geschichten, Erlebnisse, Lachen. Jerome spürt keine Schüchternheit, keine Befangenheit. Immer noch trägt er sein Radtrikot, der Schweiß ist schon lange in der Brise, die offenbar ständig durch Pieve weht, getrocknet. Keine einzige Lüge erzählt Jerome, sondern buchstabiert Chiara gar seinen deutschen Nachnamen und erklärt, woher er kommt. Nicht die genauen Umstände, aber dennoch die Wahrheit.

»Un tedesco …«, murmelt sie in einem Augenblick, als sie kurz schweigen und ihre Blicke über den See schweifen, »ein Deutscher …«

Als würde sie schon vorausdenken. Vorausplanen: Ein Deutscher? Werde ich einen Deutschen heiraten? Werden meine Eltern das akzeptieren? Wo doch beide Großväter Probleme im Krieg mit den Deutschen hatten und man in ihrer Familie immer schlecht über die deutschen Touristen spricht?

Diese Fragen sind jedoch, im Hier und Jetzt, noch weit entfernt.

Chiara fragt nicht: Wann fährst du zurück nach Brescia?, oder: Fährst du heute noch zurück?

Zuerst gehen sie wieder in die Kirche und beenden die Arbeit für diesen Tag. Die Schnitzereien und Kritzeleien der Jugendlichen sind von der schweren Bank verschwunden. Sie packen die Werkzeuge zusammen und stellen den Werkzeugkasten in eine Ecke.

»Morgen wird lackiert«, sagt Chiara.

»Am Sonntag?«

»Nach der Messe. Das mache ich in meiner Freizeit«, antwortet sie, »und jetzt komm!«

Er folgt ihr aus der Kirche. Draußen steht die Sonne schon schräg, es muss bereits gegen halb sieben am Abend sein. Haben sie so lange auf der Kirchenmauer gesessen und die Zeit weggeplaudert?

Fast vergisst er sein Fahrrad, das immer noch vor der Kirche steht.

So gehen sie einen kleinen Weg hinauf, Chiara links und er rechts, sein Fahrrad schiebend. Vorbei an einem winzigen Friedhof, durch enge Gassen. Schmale, kleine Häuser mit Geranien und Lavendel in bunten Töpfen davor. Die Fenster vieler Häuser stehen offen, es dringen Lachen und Gespräche und das Klappern von Kochtöpfen zu ihnen heraus. Vor einem mehrstöckigen, hell getünchten Haus, das aussieht wie ein ehemaliges municipio, ein Rathaus, bleibt Chiara stehen. Ein Schild prangt über dem Eingang: Ostello di Paulo.

»Hier kannst du günstig übernachten, wenn du willst«, sagt Chiara, »das ist die Herberge meines Onkels«, und verschmitzt fügt sie hinzu: »Das Kruzifix im Speisesaal, das habe ich gemacht.«

Jerome spitzt irritiert den Mund. In einer Herberge soll er übernachten? Klingt nicht so, als würde Chiara den Abend mit ihm verbringen – oder gar die Nacht.

Aber warum sollte er nicht hier übernachten? Ist nicht schon mehr geschehen, als er hatte hoffen dürfen? Sie hat den ganzen Nachmittag mit ihm geteilt.

Und das Laken wird sie nicht mit ihm teilen, nicht in dieser Nacht, und in vielen darauffolgenden Nächten auch nicht. Selbst als sie einmal später, viele Monate später, zusammen mit Chiaras Eltern im Winter ein Wochenende am Meer verbringen, in einem Ferienhaus, werden sie getrennt schlafen. Denn Chiara und ihre Eltern sind sehr katholisch.

Vor dem Ostello verabschiedet sie sich von ihm. Tritt an ihn heran und gibt ihm einen Kuss auf die Wange. Ein Hauch ihres Duftes findet den Weg zu seiner Nase.

»Vielleicht hast du morgen früh noch Zeit, in die Messe zu kommen, bevor du nach Brescia zurück fährst. Um neun geht's los.«

»Ich werde da sein!«, ruft er ihr nach, denn schon ist sie halb hinter der nächsten Ecke verschwunden.

Seit drei Jahren hat Jerome mit keiner Frau mehr geschlafen. Er hat es nicht wesentlich vermisst. Bei gewissen Grundbedürfnissen hat er mit sich selbst vorlieb genommen und ist ansonsten keine Liebschaften eingegangen.

Drei Jahre, überlegt er da so im Mehrbettzimmer der Herberge, welches er mit fünf älteren Wanderern teilt, drei Jahre ist in meinem Alter eine lange Zeit.

Eine verdammt lange Zeit.

In dieser Nacht verlangt es ihn nach einer Frau wie sonst noch in keiner Nacht. Unruhig wälzt er sich hin und her, kann kaum schlafen, sein Puls hält ihn hoch. Er träumt von Chiaras Lippen, und von ihren – vielleicht – weichen, vollen Brüsten, die er unter dem Arbeitshemd nur hat erahnen können. Und von ihrem Hintern träumt er, den hat er ja gesehen, wie er sich gegen den festen Stoff der Arbeitshose drängte, als Chiara sich unter die Kirchenbank beugte. Sie ist kein schlankes Gazellenmädchen, denkt er, sie ist eine feste, kleine Frucht.

An solche Dinge denkt er in dieser Nacht, ebenso wie in vielen folgenden Nächten, die da noch kommen werden, bis er endlich zu ihr darf, und sein Stöhnen in der Mitte der Nacht, als die Wanderer in den anderen Betten des Mehrbettzimmers längst eingeschlafen sind, klingt befreit und sehnsuchtsvoll zugleich.

2017, HAMBURG – PESCHIERA

Der Himmel zeigte sich am Morgen ihrer Abfahrt in Hamburg stahlblau. Der erste Reif lag auf dem Land, als Rolf und Elaine vom Parkplatz des Hamburger Krankenhauses losfuhren. Unsicher lächelten sie sich an – jetzt war es tatsächlich soweit, eine Fahrt in einen neuen Lebensabschnitt, eine Veränderung der Umstände. Für Elaine schon nichts Neues mehr, sie war flexibel geworden, aber Rolf, ja, für ihn war das schon so eine Sache. Alles – alles! – fühlte sich ungewohnt an.

Eine Reise mit einer schwangeren und auf Grund einer Verletzung noch eingeschränkt beweglichen Frau stellte für Rolf natürlich eine besondere Herausforderung dar. Vor allem Elaines Ungeduld mit sich selbst und ihr Unwille, seine Hilfe annehmen zu wollen, setzten sein Nervenkostüm spätestens ab der ersten Pause hinter Hannover unter Anspannung. Für Elaine war es die erste Schwangerschaft, ja, aber für Rolf war es die dritte, und ihm hätte weiß Gott wer erzählen können, dass diese Grundgereiztheit Elaines nicht von der Schwangerschaft herrührte, sondern von irgendwelchen anderen Faktoren, doch für ihn war es weder frauenfeindliches Denken noch sonst wie einer tiefgründigen Rechtfertigung bedürfend, für ihn war klar: Sie ist schwanger, sie hat Stimmungsschwankungen. Mit diesem Gedanken konnte er sie während der Fahrt einigermaßen ertragen.

Elaine wiederum hatte ein fürchterlich schlechtes Gewissen wegen der Lage, in die sie Rolf gebracht hatte. Sie sah nicht

seine Freude über die gemeinsame Reise, sondern nur seine
Sorge darüber, wann und ob er in seine Heimat zurückkehren könnte, obwohl er nichts in die Richtung erwähnte. Sie
ärgerte sich, dass sie Rolf aus seinem gewohnten Leben her-
ausgerissen hatte. Entwurzelt. Das fand sie ganz schrecklich.
Schade war es ihr auch um sie selbst: Sie spürte, wie sehr sie
sich doch den ganzen Sommer über gewünscht hatte, nach
Hirzweiler zurückzukehren. In das Dorf, in dem sie so viel
Ruhe gespürt hatte. Wo auch sie würde Wurzeln schlagen
können.

All diese Gedanken aber waren ein Missverständnis, begrün-
det in Rolfs Schweigsamkeit während des Fahrens. Vor Rolf
lag eine ungewohnt lange Autofahrt. Sein Fokus lag auf der
heilen Ankunft in Peschiera, auf sonst nichts. Er dachte nicht
an sein Dorf und nur im Hintergrund an Jerome. Er konzentrierte sich auf die Straße. Sonstige Gedanken hatten in
seinem Kopf keinen Platz. Elaine war bei ihm, das genügte.

So verbrachten sie viele Stunden auf der Autobahn, der
Wagen vollgepackt bis oben hin, sprachen kurze Sätze oder
schwiegen oder hörten Musik. Ja, die meiste Zeit hörten sie
Musik oder Kriminalhörspiele, die Rolf zuvor besorgt hatte.
Sie fuhren nach Süden, in einer fast geraden Linie, an Bad
Klosterlausitz vorbei, Magdeburg, Nürnberg. Alle zwei Stun-
den machten sie eine Pause, und einmal schlief Rolf eine hal-
be Stunde im Auto, während Elaine in der Nähe spazieren
ging. Sie ließ das Auto während ihres Spazierganges in der
Grünanlage der Autobahnraststätte keine Sekunde aus den

Augen. Irgendwie hatte sie die Befürchtung, jemand könnte ihnen gefolgt sein und Rolf könnte etwas angetan werden. Was für ein irrer Gedanke, dachte sie selbst, aber trotzdem blickte sie immer wieder zu dem Auto, in dem Rolf schlief. Einhundert Kilometer vor München war der Tag auf deutschen Autobahnen zu Ende. Das hatten sie im Vorfeld so festgelegt, eine Hotelübernachtung in einem kleinen bayrischen Dorf. Insbesondere Dr. Schneider war der Ansicht gewesen, dass achthundert Kilometer Fahrstrecke an einem Tag genug seien für Elaine. Rolf war tatsächlich erleichtert, als er gegen Abend den Wagen auf den Parkplatz des Hotels lenkte. Eine so weite Strecke war er alleine seit ewigen Zeiten nicht mehr gefahren, nach Paris zu Anni fuhr er mit der Bahn, und bei Urlaubsreisen mit Linda hatte diese stets darauf bestanden, dass sie sich am Steuer abwechselten. Das hatte er immer gerne angenommen. Aber Elaine durfte und konnte wegen der Beinverletzung noch nicht fahren.

Nach einem zweckmäßigen Abendessen im Hotelrestaurant fiel Elaine in die weiße, gestärkte Bettwäsche des Hotelzimmers, ohne sich das Zimmer genauer anzuschauen. Rolf stellte die kleinen Reisetaschen auf den Boden und betrachtete Elaine eingehend.

»Bist du müde?«, fragte er leise.

»Müde nicht. Aber irgendwie müssen sich meine Muskeln entspannen, das lange Sitzen, die Nervösität –«, sie sah ihn an, »dir geht es sicher ähnlich.«

»Richtig«, sagte er.

Sie ist schwanger, dachte er, sie hat einen Verband am Oberschenkel, sie ist von der Reise erschöpft, sie war den ganzen Tag über schon gereizt, ich lasse sie in Ruhe, sie ist wieder an meiner Seite, und wenn ich mich nicht allzu dumm anstelle, wird sie auch bei mir bleiben, also übe ich mich in Geduld. Aber andererseits hatte er die ganzen letzten Monate schon Geduld bewiesen, bis auf ein einziges Mal im Krankenhaus, das sie aufgrund der mangelnden Privatsphäre nicht wiederholt hatten. Das war nun aber auch schon einige Tage her.

Deshalb fügte er hinzu: »Aber müde bin ich nicht.«

»Willst du noch etwas spazieren gehen?«, fragte Elaine, streckte und reckte sich im Bett, so dass ihr Pullover über ihre Hüfte rutschte und ein Stück Haut freigab.

Er setzte sich zu ihr und legte seine Hand auf ihre nackte Haut.

»Spazieren gehen?«, wiederholte er. Sie lächelte ihr verschmitztes Lächeln. »Spazieren gehen? Ich war oft genug spazieren.«

Elaine wollte wohl noch etwas sagen, aber schon lag sein Zeigefinger auf ihren Lippen. Dann zog er ihr die Schuhe aus, die Socken, den Pullover. Die Hose streifte er sanft von ihren Beinen. Ungeduldig entledigte er sich seiner eigenen Kleidung, legte sich zu Elaine und ließ seine Hände in Ruhe überall dort entlangwandern, wovon er so oft geträumt hatte. Streichelte über ihre karamellfarbene Haut, über ihren Nabel, ihre Hüften, zurück zu ihren Schultern. Besah sich alles ganz genau. Vergrub sein Gesicht zwischen Schulter und Hals, spürte ihren Puls an seinen Lippen. Sie schnurrte unter seinen Händen und wollte zügig zur Sache kommen, aber er ließ sich Zeit und schob sie mehr als einmal auf die Laken zurück. Es würde ihre erste gemeinsame Nacht seit langer Zeit sein, und sie hatten keinen Grund zur Eile.

Alle Gedanken an Jerome und das bevorstehende Wiedersehen, alle Anspannung aufgrund der langen Autofahrt verschwanden aus Rolfs Kopf, während sie sich küssten und Rolf seinen Finger unter Elaines Slip schob.

Elaine war überrascht, als er sie nach einer Weile bestimmend in eine Position schob, in der sie sich tatsächlich voll und ganz entspannen konnte – im Liegen, auf der Seite, er in ihrem Rücken. Und so arbeitete er sich langsam vorwärts, in sie hinein und um sie herum. Sie spürte an der Art seiner Bewegungen und seines Atmens, dass er ihr alles gab, wonach sie sich die letzten Monate – oder Jahre? – gesehnt hatte. Alles, was er die letzten Monate – oder Jahre? – für sie aufgespart hatte.

Viel später in der Nacht, als Elaine tief und fest schlief, verließ Rolf das Hotel und ging tatsächlich in der Dunkelheit spazieren.

Natürlich musste er an Jerome denken. Jetzt, in der Nacht, in den stillen Straßen dieses bayrischen Dorfes, war Platz dafür. Nur wenige Tage trennten Rolf von Jerome, aber er war ungeduldiger als all die Jahre zuvor, da er nun wusste, dass er ihn bald wiedersehen würde. Wie wird er aussehen, dachte er, werde ich ihn sofort erkennen? Was werden wir reden? Werden wir uns umarmen? Er schaute mit Zuversicht auf die nächsten Wochen. Mit der gleichen Zuversicht, die ihn trotz aller Schicksalsschläge nie verlassen hatte.

Am nächsten Morgen erwachte Rolf durch das Kitzeln von Elaines Haaren an seinem Kinn. Sie lag mit dem Kopf auf seiner Brust, streichelte an seinen Händen herum und war bereits hellwach. Draußen schien die Sonne.
»Jetzt gehen wir frühstücken«, sagte sie, »und dann fahren wir los. Ich will endlich diesen Gardasee zu Gesicht bekommen!«

Aufgrund seiner zahlreichen Lebensjahre, oder vielleicht auch aus einer generell gottergebenen, duldsamen Einstellung gegenüber der Natur begegnete Rolf dem Wetter in all seinen Facetten mit Gleichmut.
Es nieselte, seit sie die Grenze zu Italien in den Alpen am Brennerpass überquert hatten. Er und Elaine sahen keine Berge, keine Gipfel, keinen blauen Himmel, wie Jerome sie gesehen hatte bei seiner Fahrt vor Jahren. Sie sahen nicht die leuchtenden Farben der Weinberge, orange, gelb, grün, sondern nur grauen Dunst. Oder vielleicht waren es die Wolken selbst, durch die sie fuhren. Am frühen Nachmittag, bei

Trient, begann es stark zu regnen und Elaine zu seufzen. Sie
hatte sich Italien – wo sie zuvor noch nie gewesen war – anders vorgestellt: schräg einfallendes Sonnenlicht auf sandfarbenen Häusern mit rostroten Ziegeldächern, Luft voller
würziger Düfte nach Lavendel, Oliven und wildem Thymian
und voll schwirrendem Blütenstaub. Es war aber nun einmal
Herbst und nicht Frühling. Auch die Italiener selbst, auf die
sie an Rastplätzen und Tankstellen trafen, präsentierten sich
bei diesem Wetter schlecht gelaunt und mürrisch.

Den Gardasee sahen Rolf und Elaine erst, als sie auf der Suche nach der Ortsmitte von Peschiera am Ufer entlang fuhren:
Grau und aufgewühlt im Nebel. So in etwa fühlte sich Rolf
auch nach der anstrengenden Autofahrt, nur noch einen oder
zwei Tage vom Wiedersehen mit seinem Sohn entfernt. Aufgeregt und erschöpft zugleich. Grau und aufgewühlt. Elaine
zog die dünne Jacke enger um sich und drehte auf den letzten
Metern die Heizung im Wagen auf: Sie hatte am Morgen
keine Socken angezogen und kalte Füße. Das Navigationsgerät führte sie in die historische Altstadt.

Als das Auto über das grobe Kopfsteinpflaster holperte und
sie in den engen Gassen nach Straßenschildern und Haus-
nummern spähten, legte sich dann doch ein entzücktes Lächeln auf Elaines Gesicht.

Da waren sie, die sandfarbenen und hellgelb und hellbraun
getünchten Häuser, die Elaine sich vorgestellt hatte, mit hölzernen Fensterläden, grünen, braunen und blauen. Historisch,
südländisch, italienisch. Auch aus grobem Stein gab es Häu-

ser, kleine Balkone mit Blumenkästen daran, Läden, Bäckereien, Messingschilder an Arztpraxen und Anwaltskanzleien. Es regnete noch immer stark, das Wasser lief in Rinnen und Pfützen zusammen, aber es war zu erahnen, wie das Leben hier bei schönem Wetter aussehen konnte. Der Regen roch anders als zu Hause. Es roch nach Wasser rundherum. Kein Wunder – die Altstadt von Peschiera liegt von zwei Kanälen des Flusses Mincio umflossen direkt am Hafen der kleinen Stadt am See.

Das eiserne Tor, welches offensichtlich in einen Innenhof führte, war verschlossen. Neben der steinernen Einfassung des Torbogens prangten Straßenbezeichnung und Hausnummer – »Via Rocca, 11«. Rolf stand im Regen davor und läutete drei Mal. So hatte man es ihm gesagt. Wie in einem Spionagethriller.

Und wie in einem Spionagethriller sprang das Tor mit einem Summen auf. Eine Frauenstimme schallte aus dem Hof heraus. Sie rief etwas Italienisches, das Rolf nicht verstand, und so winkte er Elaine herbei, die im Auto gewartet hatte und sich nun mühsam aus dem Sitz quälte.

Eine grell geschminkte Italienerin in Rolfs Alter kam zu ihnen an das Tor und rief, nun verständlicher: »Signore Naumann i Signora Fontana?«

Sie nickten. Die Dame plapperte munter weiter und winkte

Rolf und Elaine hinter sich her. Der Innenhof war nur wenige Quadratmeter groß. Vielleicht würde das Auto hineinpassen, das würde Rolf ausprobieren müssen. Sie stiegen eine steinerne Treppe hinauf. Rolf wollte Elaine stützen, aber diese winkte genervt ab. Die italienische Dame, die ihren Namen nicht genannt hatte, klapperte mit den Schlüsseln. Durch eine Haustür aus dunkelgrün lackiertem Holz ging es in die Wohnung. Da fasste Elaine nach Rolfs Hand. Sie war aufgeregt – hier würden sie wohnen, für sicher einige Wochen, vielleicht länger. Gespannt hielt sie den Atem an.

Die Wohnung öffnete sich in einem Raum vor ihnen. Man sah rechts von der Tür eine Küchenzeile, einen Esstisch, weiter drinnen eine Couch, einen Kamin.

Einen Kamin. Elaines Herz hüpfte.

Man sah durch Fenster, die bis zum Boden reichten, auf eine kleine Terrasse, und, als sie einige Schritte in den Raum gegangen waren, durch ebendiese Fenster einen Schimmer von Blaugrau: Wasser. Rolf trat näher ans Fenster und stellte fest, dass man Blick auf einen Kanal hatte, an dessen Ufer kleine Boote festgemacht waren.

Blick auf Wasser. Rolfs Herz hüpfte.

Die italienische Dame wedelte mit den Händen zu einer weiteren Treppe und stieg mit ihnen beiden hoch. Die Treppe war eng und steil. Elaine fragte sich, wie sie im weiteren Verlauf ihrer Schwangerschaft wohl dort hinauf gelangen würde. Die obere Etage bestand aus dem Schlafzimmer – Bett und Schrank, und einem winzigen Bad mit Dusche.

»Tutto bene?«, sagte die Frau, und beide nickten. Die Betten waren mit Wäsche mit Blumenmuster bezogen, es roch nach einer Mischung aus Reinigungsmitteln und Holz, und im Gesamten, ja, im Gesamten gefiel die Wohnung ihnen beiden sehr.

Wieder im Wohnbereich, hielt die Dame ihnen eine Broschüre hin, die in verschiedenen Sprachen verfasst war, auch in Deutsch. In dieser standen weitere Informationen: Waschmaschine im Keller, keine Wäsche auf der Terrasse trocknen, Rauchen und Tiere in der Wohnung nicht erlaubt, eine Telefonnummer für den Notfall, und so weiter und so fort.

Mit Händen und Füßen erklärte die Dame, dass sie in einem Haus gegenüber wohne und jederzeit für sie erreichbar sei. Dass sie gegen Abend vorbeischauen würde, um etwaige Fragen zu klären – »Dottore, dottore«, sagte sie und zeigte auf Elaines Bein, und dass Rolf gerne ausprobieren könne, ob das große deutsche Auto in den Hof passe. Zum Schluss öffnete sie den Kühlschrank: dieser war mit dem Notwendigsten gefüllt, und in einer Obstschale auf der Anrichte lagen Bananen und Äpfel.

»E mi chiamo Signora Benedetti!«, sagte sie schließlich beim Hinausgehen.

Als die Tür hinter der Signora zufiel, umarmten sich Rolf und Elaine und seufzten beide. Nun konnte ihre gemeinsame Zeit beginnen.

Elaine und Rolf brauchten zwei Tage, um sich so einzurichten, dass sie bereit für einen Besuch bei Jerome waren.

Es hätte sich wie Urlaub anfühlen können, und in manchen
Momenten war es so – die italienischen Dolci zum Frühstück,
die frische Pasta in der Trattoria zwei Häuser weiter, der erste
Abendspaziergang am See, welcher weiterhin im Nieselregen
lag und mal sanft, mal aufgewühlt gegen das Ufer schlug. Bei
ihrem ersten Spaziergang hielt Rolf den Schirm, Elaine hatte
sich bei ihm untergehakt, und hätte es andere Spaziergänger gegeben, wäre diesen nicht aufgefallen, dass sie Deutsche
waren: Elaine mit ihrem fast schwarzen Pagenkopf, Rolf mit
seinen kurzen schwarz-grau melierten Haaren.

Am Tage aber waren sie beschäftigt mit den Arztbesuchen.
Der ihnen empfohlene deutschsprachige Gynäkologe hatte
seine Praxis in Desenzano, zehn Kilometer entfernt, und fast
den gesamten Vormittag verbrachten sie damit, Elaines Auf-
nahmebogen auszufüllen. Nachmittags hockten sie dann in
der Arztpraxis des Hausarztes, welcher den Verband an ihrem
Oberschenkel wechselte. Dort war viel los, das Wartezimmer
saß voll mit erkälteten Italienern, und mit wippenden Knien
und italienischen Zeitschriften in der Hand saßen Rolf und
Elaine nebeneinander und schauten aus dem Fenster dem
tröpfelnden Regen zu.

Zu Rolfs großer Erleichterung war mit Elaine alles in Ordnung. Sie hatte die lange Fahrt gut überstanden. Offensichtlich machte man in Italien keine so große Geschichte aus
einer Schwangerschaft, denn der Gynäkologe hatte sie erst

wieder für Ende Oktober bestellt, und auch der Hausarzt meinte, in spätestens einer Woche könne man den Verband ganz abnehmen, vielleicht sogar die Fäden ziehen und ein einfaches, großes Pflaster auf ihren Oberschenkel kleben.

Am frühen Abend, während Elaine sich in der Wohnung ausruhte, ging Rolf zu einer nahe gelegenen Kirche, deren Geläut ihn schon am Abend zuvor neugierig gemacht hatte. In der Chiesa di San Martino Vescovo warf er sein gesamtes Kleingeld in den Opferstock und zündete fünf Kerzen an: eine für Elaine, eine für das ungeborene Kind, zwei weitere für Jerome und dessen Sohn Luca, seinen Enkelsohn. Und eine fünfte für seine verstorbene Frau Linda, denn diese, das spürte er, blickte sicher in manchen Momenten vom Himmel auf ihn herunter und wunderte sich über den Lauf der Dinge.

Später am Abend streckte er am steinigen Ufer des Sees den rechten Fuß ins Wasser. Es dämmerte schon und nieselte immer noch. Aber er musste es tun. Er konnte nicht in der Nähe eines so großen Wassers sein, ohne es zu berühren. Ohne sich ihm zu ergeben. Denn als er feststellte, dass das Wasser sich wärmer anfühlte als die Luft, entledigte er sich seiner Kleidung bis auf die Badehose, legte die Kleidung unter den aufgespannten Regenschirm auf das Handtuch, das er mitgebracht hatte, und suchte sich zwischen den Steinen den Weg in das sanfte Wasser. Denn so war dieser See, er spürte es sofort: Groß, aber sanft. Er ließ sich von seiner Kraft und vom Wasser bis an die Hafenmauer tragen, den Blick im unbekannten, dunklen Gewässer nach vorne gerichtet. Dann schwamm er auf dem Rücken zurück, um sich herum und über ihm nur das Grau des Himmels und der Duft des Wassers. Es nieselte auf sein Gesicht. Der Tag wird kommen, an dem die Sonne scheint, dachte er, drehte sich um und schwamm noch eine halbe Stunde in Ufernähe auf und ab, um sich aufzuwärmen.

2017, PESCHIERA — SAN BENEDETTO PO

»Heute ist soweit«, sagte Elaine beim Frühstück zu Rolf.. Es war kaum zu glauben, aber draußen waren zum ersten Mal seit ihrer Anreise zwischen hohen Wolken Flecken blauen Himmels zu sehen. Sie biss in eines der süßen Cantuccini, ein Mandelgebäck, in das sie sich sofort verliebt hatte. Auf dem Tisch zwei große Tassen Milchkaffee. Rolf kaute an einem Stück Weißbrot mit Butter herum und tat unbeteiligt. Sein Blick auf einer italienischen Tageszeitung, deren Überschriften er überflog. Auch in dieser Zeitung gab es ein Sudoku, wie zu Hause, aber es war viel zu leicht für ihn, er hatte es bereits nach zwei Minuten gelöst.

Er schaute auf.

»Geht es dir denn gut? Gut genug für einen eventuellen Ausflug?«, fragte er.

»Ja! Was ist los mit dir! Ruf ihn endlich an!«

Und das tat er dann, mit einem Funkeln in den Augen, nachdem er betont gelassen noch einen Schluck Kaffee getrunken und seine Serviette zusammengefaltet hatte.

Elaine hörte ihn im Schlafzimmer in seinem Koffer kramen – vermutlich suchte er das Notizbuch mit Jeromes Telefonnummer. Dann kam er wieder herunter und ging zum Telefon, das neben dem Eingang auf einem kleinen Regal an der Garderobe stand. Sie hörte ihn tippen, fluchen, tippen, und dann schließlich in den Hörer murmeln.

Als er wieder zurück zu ihr an den Frühstückstisch kam, standen seine Augen voller Tränen.

»Wir können sofort los. Er ist zu Hause. Seine Frau fängt dann schon an, das Mittagessen vorzubereiten.«

Sie schauten sich an.

»Er freut sich riesig, sagt er«, fügte Rolf hinzu.

Elaine sprang auf, zuckte kurz, weil sie ihren Oberschenkel für eine Sekunde vergessen hatte, und sagte:

»Ich dusche. Ich bin in fünf Minuten fertig. Gib schon mal die Adresse ins Navigationsgerät ein.«

Rolf nickte.

Und als sie sah, wie seine Hände vor Aufregung zitterten, trat sie zu ihm und umarmte ihn. Hielt ihn eine Weile fest.

»Ich kann das Auto fahren. Der Arzt hat gesagt, das ist kein Problem mehr«, flüsterte sie in sein Ohr.

Erneut nickte er, und Elaine verschwand nach oben ins Badezimmer.

Im Auto sprachen sie fast nichts. Rolf schreckte einmal auf, als Elaine in einer der engen Gassen fast das Werbeschild einer Eisdiele rammte, aber dann, ab der Hauptstraße, schaute er nur noch aus dem Fenster und trommelte mit den Fingern auf seinem Knie herum.

Knapp siebzig Kilometer und eine Stunde Fahrt trennten ihn von seinem Sohn.

Er war Elaine dankbar, dass sie schwieg. So konnte er in Ruhe atmen, Bilder in seinen Gedanken aufsteigen und wieder weiterziehen lassen, der Traurigkeit nachspüren, dass Linda dies nicht mehr miterleben konnte, und seine eigene Ungeduld im Griff behalten. Es hatte in seinem Leben viele aufwühlende Erlebnisse gegeben, aber diese hier, die Fahrt zu seinem Sohn, war eindeutig eine der aufregendsten.

Was war er in all den Jahren in der Gegend herumgefahren, um Jerome zu suchen und ihn doch nicht zu finden? Welche Ängste hatten er und Linda ausgestanden? Wie tief hatte seine Wut seine Trauer an Lindas Beerdigung überschattet, seine Wut auf Jerome, welcher nicht zu der Beerdigung gekommen war, nicht einmal zu der Beerdigung der eigenen Mutter? Obwohl er doch davon erfahren haben musste, auf irgendeine Art? Oder hatte er es nicht rechtzeitig erfahren? Hatte Jerome in dieser Zeit überhaupt mit seiner Schwester Anni telefoniert? Rolf war sich mit einem Mal nicht mehr sicher. Er hörte auf, mit seinen Fingern auf dem Knie herum zu trommeln und legte die Hand stattdessen auf Elaines Bein. Ihre Wärme beruhigte ihn.

Die Landschaft wurde flach. Keine Hügel, keine Berge, nur weite Felder mit Gemüse und Solaranlagen.

Beim Verlassen der Autobahn fragte ihn Elaine einmal, ob sie noch eine Pause machen sollte. Rolf schüttelte den Kopf und kurbelte die Fensterscheibe herunter. Milde Luft wehte ihm entgegen. Der Himmel war klar und die Oktobersonne wärmte auf angenehme Art.

Als sie das Ortsschild von San Benedetto passierten, sog Rolf jeden Eindruck in sich ein. Hier, in diesem Dorf, wohnte sein Sohn. Hier war er zu Hause. Seit vielen Jahren. Ein kleines, italienisches Örtchen mit vielen ein- oder zweistöckigen Häusern in allen möglichen Pastellfarben und vielleicht achttausend Einwohnern. Letzteres hatte er noch zu Hause in Hirzweiler, vor mehr als vier Wochen, im Internet gelesen.

Elaine bog zweimal ab, bis sie sich in einem ruhigen Wohngebiet befanden, und hielt schließlich vor einem kleinen, weißen Haus, dessen Garten von einem weißen Zaun umschlossen bis an den Bürgersteig heranreichte. Ein großer, einstöckiger Anbau mit Flachdach und Garagentoren ließ auf eine Werkstatt schließen. Am Zaun prangte ein Schild mit geschwungener Schrift: »Carpenteria della mano – Arte e Legno« (Schreinern mit der Hand – Kunst und Holz).

»Hier ist es«, sagte sie.

Rolf hatte die Autotür geöffnet, bevor Elaine den Zündschlüssel abgezogen hatte.

Der Anblick des Klingelschildes ließ Rolf innehalten. »Naumann«, stand da. Rolfs Nachname, und natürlich somit auch der Nachname seines Sohnes. Hier, so weit von seinem deutschen Heimatdorf entfernt. Das wurde Rolf so schlagartig klar, dass es ihn tief in seinem Inneren traf.

Ich verliere die Fassung, noch bevor ich ihn zu Gesicht bekommen habe, dachte er und strich sich mit dem Handrücken über die Wangen.

Elaine sagte nichts. Es war einer der Momente, in denen es galt, in den Hintergrund zu treten. Raum zu lassen für eine Begegnung, die Rolf so lange Jahre herbeigesehnt hatte.

Nach drei oder vier tiefen Atemzügen drückte er auf den Klingelknopf.

Im Haus ertönte Hundegebell, und die Stimme einer Frau rief »Jerome!«, wobei sie den Namen etwas anders aussprach, als Rolf es immer tat, mit einem italienischen »dsch« statt des stimmhaften, saarländischen »sch«.

Dann öffnete sich die Tür mit einem Ruck und Jerome stand vor ihnen.

Wahnsinn, war Elaines erster Gedanke, Jerome und Rolf: gleiche Körperhaltung, beide in Jeans und hellblauem Hemd, beide mit nahezu identischen Kurzhaarschnitt.

Die Männer schauten sich an, blickten sich in die Augen, sicher zehn Sekunden lang. Zehn lange Sekunden. Eins – zwei – drei – vier – fünf – sechs – sieben …

Rolf streckte die Hand nach dem jungen Mann aus, der genauso aussah, wie er sich selbst als jungen Mann in Erinnerung hatte. Vielleicht der Sohn ein wenig besser noch. Größer. Stärker.

Rolf berührte Jerome an der Schulter, um zu spüren, dass er wirklich da war.

Dann fielen sie einander in die Arme und drückten sich mit festem Griff.

Jerome hat die gleichen Haare wie sein Vater, dachte Elaine, nur der Scheitel ist auf der anderen Seite. Der Wirbel aber ist an der gleichen Stelle. Stets gab es eine kleine Haarsträhne, die an Rolfs Hinterkopf abstand, und bei Jerome war es ebenso.

Elaine schluchzte vor Rührung. Die beiden Männer heulten längst. Im Hintergrund, im Flur des Hauses, erschien eine kleine Frau mit Baby auf dem einen Arm und einem Taschentuch in der anderen Hand, das sie sich vor den Mund presste. Rolf sagte Worte, die im Schluchzen untergingen und die man nicht verstehen konnte. Jerome war vollkommen aufgelöst und nicht in der Lage zu sprechen.

Schließlich trat Elaine einen Schritt vor und strich Rolf über den Rücken, wodurch er sich halb zu ihr umdrehte und sie mit in die Umarmung einschloss.

»Das ist Elaine«, sagte Rolf, wischte sich Tränen aus dem Gesicht, hielt sich die Hand vor den Mund, schöpfte Atem.

»Ich freue mich sehr«, sagte Elaine und reichte Jerome die Hand. Er hatte einen sehr kräftigen Händedruck.

»Und das«, sagte Jerome mit noch zitternder Stimme, »das sind Chiara, meine Frau, und unser Sohn Luca.«

Er trat einen Schritt zur Seite, so dass Chiara zu ihnen kommen konnte. Sie strahlte.

»Sie spricht kein Deutsch«, sagte Jerome.

Auch in Jeromes Worten lag ein starker italienischer Akzent.

Nachdem sich alle gebührend die Hände geschüttelt, die Schultern geklopft und in einer deutsch-italienischen Sprachmischung begrüßt hatten, hatte Rolf plötzlich das Baby auf dem Arm: Luca, seinen Enkel. Sie alle standen immer noch auf der Türschwelle zu Jeromes Haus. Der kleine Luca blickte mit großen, braunen Augen zu seinem Großvater auf und entlockte Rolf weitere Tränen der Rührung. Automatisch begann Rolf zu wippen und konnte seinen Blick einige Sekunden lang nicht von dem Kleinen lösen.

Ich habe seit – er überlegte – seit mehr als zwanzig Jahren keinen Säugling mehr auf dem Arm gehalten. Und, dachte er, ich sollte mich bald wieder daran gewöhnen.

Denn das letzte Mal, als er ein Kind gehalten hatte, war es die kleine Tochter seiner Schwester gewesen, seine Nichte, und diese machte, wie Rolf wusste, gerade in Karlsruhe ihren Bachelor in Materialwissenschaften.

Elaine schmolz naturgemäß dahin, zeigte ein strahlendes, breites Lächeln, während sie einen Meter zurücktrat. In vollen Zügen genoss sie das Bild, das sich ihr bot: Ihr Mann (so nannte sie Rolf in Gedanken, nicht Freund, nicht Lebensgefährte, nicht Schatz, nicht Geliebten) in dieser Haltung vor ihr mit dem Kind auf dem Arm. Ein Schwung von Hormonen rauschte durch ihre Adern und ihr Herz sprang freudig auf und ab.

»Lasst uns hineingehen«, sagte Jerome, der wieder gefasst wirkte, »vielleicht wollt ihr einen Kaffee trinken.«

In schwierigen Momenten sorgen in der Regel die Frauen dafür, dass am Tisch eine unverfängliche Unterhaltung zustande kommt. So war es auch dieses Mal, trotz Sprachbarrieren. Chiara sprach doch einige Wörter Deutsch, und Elaine beherrschte schon einige italienische Vokabeln mehr als Rolf. Vor allem das Sprechen fiel ihr leichter. Was nicht verstanden oder ausgedrückt werden konnte, übersetzte Jerome, und so hatten sie sich innerhalb weniger Minuten über das genaue Alter des kleinen Luca (acht Wochen) und den ungefähren Ablauf der Geburt (per Kaiserschnitt) unterhalten.

Zwischen zwei Schlucken Cappuccino räusperte sich Rolf, legte Elaine die Hand auf den Unterarm und sagte: »Wir werden sicher noch viel besprechen wollen. Aber eines möchte ich vorwegnehmen.«

Alle schauten ihn an, außer dem kleinen Luca, der auf Chiaras Arm eingeschlafen war.

»Wenn alles gut läuft, werden wir ebenfalls bald Eltern.«

Es sind die ersten, denen ich es erzähle, dachte Rolf, und schaute weiter in Jeromes Gesicht. Nach einem regungslosen Moment zeigte sich Freude auf dem Gesicht seines Sohnes, vielleicht sogar ein Anflug von Belustigung.

»Nicht im Ernst?«, gluckste Jerome los, »ich bekomme noch ein … oder eine – ?«

»Das wissen wir noch nicht«, warf Elaine ein, »das wollen wir nicht wissen. Ein Halbgeschwister, ja.«

Jerome übersetzte für Chiara, ohne den Blick von seinem Vater zu abzuwenden. Chiara brach in einen freudigen Wortschwall aus, an Elaine gerichtet, aber Elaine konnte nur lachen und nicken – die Worte, so schnell gesprochen, verstand sie nicht.

Jerome sprang auf, klopfte dem Vater auf die Schulter. »Wann? Wann ist es soweit?«

Er schaute zu Elaine. Sie war im Gesamten um die Hüften runder als zuvor, aber wenn man sie nicht kannte, war sie nicht eindeutig als Schwangere zu erkennen.

»Im März«, sagte Elaine.

»Das müssen wir«, rief Jerome, »wie sagt man, das müssen wir begießen!«

Und schon stand einige Sekunden später eine Flasche Limoncello auf dem Tisch, zwei Gläser dazu, nur für die Männer, die Frauen durften keinen Likör trinken, denn die eine stillte noch, die andere war schwanger.

Nach einer Weile verschwand Chiara in der Küche, um das Mittagessen vorzubereiten. Elaine folgte ihr, um zu helfen.

Jerome und Rolf saßen einander gegenüber am Tisch, und plötzlich herrschte Stille. Beide drehten die halb vollen Likörgläser zwischen ihren Fingern, es war bereits das zweite oder dritte.

»Bevor du fragst«, begann Jerome, »will ich dir sagen, dass das alles mit dir am Wenigsten zu tun hat.«

Rolf runzelte die Stirn. Ein Schauer überlief ihn. Natürlich wollte er Jeromes Geschichte hören, seine Gedanken kennenlernen, die Gründe für das Verlassen seiner Heimat erfahren. Jetzt schien es bald soweit zu sein, aber: wollte er es wirklich wissen? Eine schöne Geschichte würde es nicht werden, das war ihm klar.

»Und ich will in Ruhe mit dir darüber reden. Ohne die Frauen dabei«, er nickte in Richtung Küche, »denn auch Chiara weiß nur die Hälfte davon. Anni übrigens auch nicht, falls du auf die Idee kommst, wir steckten seit Jahren unter einer Decke.« Das hatte Rolf tatsächlich oft angenommen – dass es irgendeine Verbindung zwischen Anni und Jerome gab, die über die sporadischen Telefonanrufe seitens Jeromes hinausging.

»Der einzige Mensch auf der ganzen Welt, mit dem ich jemals ohne Vorbehalte über die ganzen Dinge gesprochen habe, ist mein alter Lehrmeister in Pieve, am Lago.«

»Am Lago?

»Am Gardasee, im Tremosine. Dort habe ich letzten Endes meine Ausbildung gemacht. Aber er – Maurilio – ist im letzten Jahr verstorben. Er war übrigens Chiaras Vater.«

»Chiaras Vater?«, sagte Rolf und trank den Likör aus. Jerome tat es ihm gleich und schenkte sofort nach.

»Ja. Ich habe zuerst Chiara kennengelernt und dann bei ihrem Vater eine Ausbildung begonnen. Er war ein guter Lehrmeister.«

Dieser Satz traf Rolf ins Herz. Es schmerzte.

»Das ist schön, dass du einen guten Lehrmeister hattest.« Jerome nickte.

»Also lass uns nach dem Essen in die Werkstatt gehen – ich vermute, du willst die Werkstatt sowieso sehen.«

Rolf war einverstanden.

»Und nun erzähle ich dir lieber, wie ich zu dieser tollen Frau gekommen bin. Und du erzählst mir, wie um alles in der Welt du zu dieser tollen Frau gekommen bist!«, sagte Jerome und lachte.

Das taten sie dann auch, bis das Essen aufgetragen wurde. Die Frauen waren erfreut, dass über sie gesprochen wurde, und im weiteren Verlauf des Mittagessens, welches aus vier Gängen bestand, unterhielten die vier Erwachsenen sich wie zwei Paare, die sich gerade im Urlaub kennengelernt hatten.

Rolf bemerkte zwischendurch seine Unbefangenheit im Umgang mit Jerome. Es gab keinen Groll, keine gegenseitigen Vorwürfe – das würde sicher später noch kommen – , und es gab nicht diese typische Sohn-Vater-Distanz zwischen ihnen. Viele lange Jahre hatten sie ohne einander verbracht, und trotz der sechzehn Jahre, die er Jerome auf – und erzogen hatte, schien dieser ein ganz anderer Mensch geworden zu sein, den er, Rolf, nun erst einmal neu kennenlernen musste. Und wollte. Nur in Jeromes Mimik und seiner Art, die Suppe zu schlürfen, erkannte Rolf den oft zornigen Jungen, der Jerome damals gewesen war.

Es gab gemischte Antipasti: schwarze Oliven, Thunfischhappen und marinierte Paprika, die leicht nach Zitrone schmeckten. Dazu knackiges Weißbrot. Der zweite Gang bestand aus einer Pasta alla Crema, und hätte Chiara sie nicht vorgewarnt, dass es noch einen dritten Gang – die Hauptspeise, oder, wie sie sagte, das »secondo« gäbe, hätten Rolf und Elaine sich sicherlich an den Nudeln satt gegessen. So widmeten sie sich im Anschluss an die Pasta den kleinen Saltimbocci, Schweinefleischröllchen mit Käse und Basilikum gefüllt, die so zart waren, dass sie fast auf der Zunge zergingen.

Ich muss kochen lernen, dachte Elaine, denn Kochen gehörte nicht zu ihren Stärken.

Ich muss besser kochen lernen, dachte auch Rolf, denn die wenigen Gerichte, die er bisher beherrschte, bestanden im Wesentlichen aus Eintöpfen, Kartoffeln und Eierspeisen jeglicher Art.

Sie lobten die Köchin, klopften sich die Bäuche und beschlossen, zwischen Hauptgang und Nachtisch eine Pause einzulegen. Eine Pause, in der die Frauen die Füße hoch legen konnten, zusammen mit dem kleinen Luca, und die Männer die Werkstatt besichtigen würden.

Rolfs Blick fiel auf die zahlreichen Möbel und unterschiedlichen Gegenstände aus Holz, kaum dass sie die Werkstatt betreten hatten. Die Sonne, die durch die Oberlichter schien, ließ den Staub in der Luft flimmern. Innerhalb weniger Sekunden wurde Rolf klar, dass er eine Werkstatt vor Augen hatte, in der die Werkstücke vorwiegend mit der Hand und nicht mit Maschinen bearbeitet wurden. Regale voller Holzstücke, hoch bis zu den Oberlichtern. Wände, an denen Werkzeuge hingen: Feilen, Bohrer, Raspeln, Bürsten jeglicher Art, Hammer aus Metall und aus Holz, Zangen, Rollen mit Schleifpapier in allen Variationen. In offenen Metallschränken Hunderte von Dosen mit verschiedenen Sorten Beizen und Lasuren. Es roch nach Holz, nach Ölen und Lacken.

Jerome führte ihn zu einem antik aussehenden Schreibtisch aus hellbraunem Holz.

»Das ist ein Sekretär aus Olive. Er ist über 100 Jahre alt. Daran arbeite ich gerade.«

Zärtlich strich er mit der Hand über die glatte Oberfläche.

»Und dort hinten –«, er zeigte zu einer abgetrennten Ecke der Werkstatt, »stehen die Dinge, mit denen wir hauptsächlich arbeiten.«

Sie gingen einen Schritt näher an die großen, nebeneinander aufgereihten Holzplatten, und Rolf erkannte, dass es Türen waren. Haustüren, wie man sie hier in den historischen Zentren der Gegend überall sah. Wie Bücher in einem Regal standen sie nebeneinander.

»Wir restaurieren sie. Die Leute sind auf den Geschmack gekommen. Auch die Fensterläden.«

Rolf sah ihn an.

»Die Geschäfte laufen blendend. Wir haben einen Angestellten und einen Schüler.«

»Es riecht wie früher bei deinem Großvater in der Werkstatt«, sagte Rolf.

»Ja! Daran denke ich oft. Es ist auch sehr ähnlich. Wir nutzen Maschinen nur zum Schleifen, Fräsen und Sägen, alles andere geht mit der Hand.«

»Und das da hinten?«, fragte Rolf, der einen Gegenstand entdeckt hatte, der nun überhaupt nicht in diese Werkstatt zu passen schien.

»Das da hinten?«, fragte Jerome.

»Ja, es scheint mir nicht aus Holz zu sein.«

Jerome lachte.

»Nein, stimmt! Daran ist nichts aus Holz!«

Sie traten näher.

»Das ist mein Fahrrad«, sagte Jerome stolz, »ein Specialized Stumpjumper. Nicht das neueste Modell. Aber es hat mir schon einige Male das Leben gerettet.«

Der Rahmen des Rades war rot. Es hatte dicke Reifen, in denen getrockneter Schlamm klebte, und weder Gepäckträger noch Lampen.

»Das Leben gerettet?«

»Ja. Ich habe Jahre gebraucht, um genug Geld dafür zusammenzusparen. Das war jahrelang mein Ziel. Und heute: wenn es mir nicht gut geht, steige ich auf das Fahrrad. So habe ich auch Chiara kennengelernt. Ich bin immer mit dem Fahrrad zu ihr nach Pieve hochgefahren.«

»Ich dachte, ihr habt gemeinsam eine Ausbildung gemacht?«

»Ja, in Brescia, wo ich gewohnt habe. Blockunterricht in der Berufsschule. Aber Chiara wohnte lange bei ihren Eltern in Pieve. Auf dieser Hochebene, im Tremosine, mit Blick auf den

Lago. Ich bin ihr gefolgt, sozusagen. Mit dem Fahrrad. Von Brescia, 70 Kilometer, 900 Höhenmeter hinauf, eine Strecke.« Die Zahlen sagten Rolf wenig. Was das betraf, konnte er nur die Distanzen beim Schwimmen einschätzen, und Höhenmeter gab es da nicht. Er wusste nur, dass sie damals als Familie, die Kinder noch klein, ein einziges Mal fünfundzwanzig Kilometer mit dem Fahrrad gefahren waren, von Hirzweiler bis an den Bostalsee, und auch das nur unter großen Protesten von Linda. Anni war damals vielleicht zwei Jahre alt gewesen und er hatte sie in einem Anhänger hinter sich hergezogen, Jerome war mit seinen sieben Jahren stets voraus gefahren. Ja, der Junge war immer schon gerne Fahrrad gefahren.

»Im Frühjahr nehme ich am Bike Festival teil, in Riva.«

»Bike Festival?«, fragte Rolf. Seine Stirn lag in Falten aufgrund der vielen neuen Informationen, die er nach dem ausgiebigen Mittagessen aufnehmen musste.

»Am Marathon. Aber nur an der mittleren Runde. Mountainbike-Marathon.«

»Mountainbike?«

»Ja. Das hier ist ein Mountainbike. Kein Rennrad.«

Jerome klopfte seinem alten Herren auf die Schulter.

»Und du, schwimmst du noch viel?«

»Aber natürlich. Nicht weniger als früher.«

»Lass mich vermuten, eher mehr als früher?«

Rolf nickte.

»Ich schwimme gerne in freien Gewässern«, sagte er und strich sich über die Haare.

»Das wolltest du damals immer schon machen. In einen Bergsee springen, in den Rhein, in die Mosel … Mutter hat dich immer davon abgehalten.«

Rolf schaute auf.

»Ja!«, sagte er, »daran erinnerst du dich?«

»Natürlich. Ich erinnere mich an die Sache am Plansee, als du abseits des ausgewiesenen Areals ins Wasser springen wolltest. Während einer Wanderung. Von einem Felsen aus.«

Rolf lachte.

»Deine Mutter ist wirklich wütend geworden! Sie hat einen ganzen Tag nicht mehr mit mir geredet!«

»Sie fand das gefährlich. In unbekanntes Wasser zu springen.«

Rolf seufzte und setzte sich auf eine Holzbank.

»Sie ist staubig, die Bank«, sagte Jerome.

»Das ist mir egal.«

Jerome setzte sich daneben.

Sie schwiegen einen Moment.

»Und du bist also jedes Wochenende zu deiner Chiara den Berg hinauf geradelt?«, sagte Rolf. Seine Stimme wurde rau. Er räusperte sich.

»Ja.«

»Weißt du … manchmal würde ich gern den ganzen Rhein hinauf bis zur Quelle schwimmen, nur um noch ein einziges Mal deine Mutter zu sehen.«

Jerome schwieg. Rolf schluckte drei Mal. Dann sah er seinen Sohn an, direkt in dessen Augen, und seine eigenen waren schon wieder mit Tränen gefüllt.

»Warum warst du nicht auf ihrer verdammten Beerdigung?«, presste Rolf heraus und stupste Jerome mit der geschlossenen Faust an dessen Schulter, »warum bist du nicht wenigstens zu dieser bescheuerten Beerdigung gekommen?«

Auch Jerome musste schlucken. Er senkte den Blick und sagte:

»Ich erzähle es dir von Anfang an.«

SOMMER 1996, HIRZWEILER

Jerome ist acht Jahre alt, als der Tag kommt, an dem alles schiefläuft. Es ist kurz vor den Sommerferien.

Als er aus der Schule nach Hause kommt, herrscht dicke Luft. Anni, drei Jahre alt, sitzt auf ihrem Hochstuhl am Küchentisch und plärrt. Sein Vater, Rolf, ist ebenfalls zu Hause. Missmutig rührt dieser in einem Topf herum, der auf dem Herd steht. Jerome setzt sich wortlos an den Tisch dazu.

Seine Mutter rauscht die Treppe aus der ersten Etage herunter. Jerome sieht an ihrer Kleidung und ihrer Art, sich zu bewegen, dass sie gleich zur Arbeit an die Universität fahren wird. »Ach, Jerome!«, sagt sie, als sie ihn erblickt, »Wie war es in der Schule? Ihr müsst heute Nachmittag beide mit eurem Vater ins Schwimmbad!«

Jerome rümpft die Nase, als sein Vater ihm einen Teller Kartoffelsuppe vor die Nase stellt. Wieso ist sein Vater überhaupt schon aus der Schule zu Hause? Und wieso ist Anni schon da?, denkt Jerome.

»Anni hat Bindehautentzündung. Oder vielmehr, der Kindergarten glaubt, sie hat Bindehautentzündung. Vielleicht hat sie auch nur Heuschnupfen«, sagt sein Vater, als dieser seinen fragenden Blick sieht, »deshalb bin ich schon hier.«

»Und Oma?« – denn normalerweise ist es Oma, die an zwei Tagen in der Woche für sie kocht.

»Oma hat die Sommergrippe mit Fieber und allem Drum und Dran«, sagt Linda und schiebt sich ein Stück Brot in den

Mund. »Ich habe Seminar um 14 Uhr. Ich muss jetzt los.«
Flüchtig küsst seine Mutter ihn, Rolf und Anni. Dann geht
sie.
Aha, denkt Jerome. Deshalb Schwimmbad.
Sein Vater leitet den Jugendkurs von 15 bis 16 Uhr im Frei-
bad. Und bevor er diesen ausfallen lässt, muss erst die Welt
untergehen.
»Und wenn sie doch Bindehautentzündung hat?«, fragt Jero-
me.
Rolf, der mittlerweile bei seinen Kindern am Tisch sitzt und
versucht, Anni dazu zu bringen, von der Suppe zu essen, sagt:
»Sie darf eben nicht ins Wasser. Du musst auf sie aufpassen.
Ihr könnt ja schaukeln und Eis essen.«
Jerome runzelt die Stirn. Ins Schwimmbad, ohne ins Wasser
zu gehen?

Und so kommt es, dass Anni und Jerome auf einem orange-
nen Badetuch auf der Freibadwiese sitzen, beide ein Eis in
der Hand, während ihr Vater auf Bahn eins und zwei einer
Gruppe von Jugendlichen Delphinschwimmen beibringt. Sie
sitzen nur wenige Dutzend Meter von ihm entfernt. Es sind
viele Leute da, die Jerome kennt. Es ist ein sonniger, heißer
Tag. Vor allem viele seiner Freunde sind hinten im Nichtschwimmerbecken, mit ihren Wasserpistolen und Bällen.
Zweimal hat Christian ihm bereits zugewinkt, um ihn herbei-

zurufen, aber Jerome hat nur mit den Schultern gezuckt. Anni darf nicht ins Wasser, und Jerome deshalb auch nicht. Und schaukeln will er mit seiner Schwester nicht. Nicht, wenn seine Freunde zuschauen.

Auch Erwachsene sind einige da, die er kennt. Jerome fragt sich, warum sein Vater nicht einen von ihnen gebeten hat, auf Anni aufzupassen. Er sieht den Bademeister, einen älteren Herren, ein guter Freund seines Vaters. Vielleicht könnte Anni einfach neben ihm auf der Bank sitzen. Und ein paar Badetücher weiter sitzen Hendrik und Alica, die nun wirklich gute Freunde ihrer Eltern sind. Auf beinahe jedem Familienfest sind die beiden dabei. Alica liegt auf dem Bauch in der Sonne und schläft. Hendrik liegt, auf die Ellenbogen gestützt, daneben und schaut in der Gegend herum. Hendrik hat auch schon »Hallo!« gesagt, als sie ihr Handtuch ausgebreitet hatten.

Soll ich ihn fragen, ob er kurz auf Anni aufpassen kann?, denkt Jerome. Er schaut wieder zu seinen Freunden, und dieses Mal ist es sogar Michael, der winkt. Michael ist einer der Klassenbesten, der sich normalerweise nicht um Jerome schert und nie mit ihm in der Pause spricht. Und nun winkt ausgerechnet Michael.

Jerome schaut Anni an, deren Mund vom gelben Fruchteis ganz verklebt ist.

»Anni. Ich gehe kurz ins Wasser. Nur kurz. Du bleibst hier sitzen, in Ordnung?«

Anni schaut zu ihm auf. »Papa hat gesagt, du darfst nicht«, antwortet sie mit ihrer kindlichen Stimme.

»Nur kurz. Und der Mann da hinten, den kennst du« – er zeigt auf Hendrik, »und die Frau auch. Alica und Hendrik. Die kennst du doch, oder?«

Anni nickt.

»Sie schauen nach dir. Bleib einfach hier sitzen. Wenn was ist, kommst du zu mir oder gehst zu Papa. Ich gehe nur zehn Minuten ins Wasser.«

Anni nickt erneut.

»Versprochen?«

»Versprochen«, sagt sie.

Jerome springt auf und geht die drei, vier Schritte bis zu Hendrik, der ihn freundlich anlächelt.

»Kannst du nach ihr gucken?«, fragt Jerome, »ich will nur kurz in Wasser. Ich komme gleich wieder.«

Hendrik nickt. »Kein Problem! Lass dir Zeit!«

Und erleichtert verschwindet Jerome in Richtung Nichtschwimmerbecken. Geht absichtlich nahe an den Umkleidekabinen und den Toiletten vorbei, hinter seines Vaters Rücken, so dass dieser ihn nicht sehen kann.

Im Wasser vergisst Jerome eine Weile, dass Anni oben an der Wiese alleine auf dem Handtuch sitzt. Er spielt Ball mit Michael und Christian. Jerome wirft besser als er fängt. Fangen muss er noch üben, hier im Nichtschwimmerbecken ist aber alles kein Problem. Er lacht und wirft und freut sich.

Nach einer Weile schaut er zur Wiese hin, zu seiner Schwester. Aber seine Schwester ist nicht zu sehen, nur das orangene Badetuch ist als Fleck auf der grünen Wiese zu erkennen.

Jerome erschrickt und schaut sich um. Der Ball, den Christian gerade geworfen hat, landet an Jeromes Stirn. Christian und Michael lachen. Jerome springt aus dem Wasser. Im Nichtschwimmerbecken ist Anni nicht, ihr Badeanzug ist neongrün, er sieht ihn nirgends. Dann rennt er zur Schaukel, auch dort ist Anni nicht. Er läuft zum Badetuch und sieht, dass Hendrik auch nicht da ist. Auf deren Handtuch liegt immer noch Alica und schläft.

Vielleicht sind sie noch ein Eis kaufen, denkt Jerome, oder zur Toilette. Das hat er komplett vergessen, dass Anni noch nicht alleine zur Toilette kann.

Und er rennt zu den Toilettenanlagen. Schaut und ruft zuerst bei den Frauen, entdeckt Anni aber nirgendwo.

Dann auf der Herrentoilette. Es gibt mehrere Kabinen, nur bei einer ist die Tür geschlossen, aber nicht abgesperrt. Jerome klopft und drückt die Klinke herunter und reißt die Tür auf.

Da steht sie, Anni, der neongrüne Badeanzug in den Kniekehlen, und neben ihr Hendrik, in der Hocke, der gerade seinen Finger aus Annis Po zieht. Hendrik starrt ihn an.

»Hab Kaka gemacht. Hat mich abgeputzt«, sagt Anni und deutet auf Hendrik. Sie lacht.

Hendrik starrt weiter Jerome an und steht schnell auf.

»Genauso ist es. Sie musste zur Toilette.«

Anni zieht an ihrem Badeanzug, bis sie es selbst schafft, die Träger über ihre kleinen Schultern zu schieben.

»Jetzt musst du deine Hände waschen«, sagt sie zu Hendrik

und stolziert fröhlich vor Jerome aus dem Toilettengebäude heraus in Richtung ihres Liegeplatzes.

Jerome ist ebenfalls wie erstarrt. Er folgt seiner Schwester zum Handtuch. Dort angekommen, setzen Bruder und Schwester sich zunächst nebeneinander. Hendrik kommt wenig später an ihnen vorbei, geht zu seiner schlafenden Frau und nimmt neben Alica Platz.

Als Jerome auf die große Schwimmbaduhr schaut, sieht er, dass es schon viertel vor vier ist. Sein Vater wird gleich fertig sein.

»Wollen wir schaukeln gehen?«, fragt er Anni, und sie nickt begeistert.

Jerome kann nicht glauben, was er an diesem Tag gesehen hat. Oder hat er sich versehen? Hat er falsch hingeschaut? Hat er etwas gesehen, das so nicht passiert ist?

Aber er ist sich sicher: Hendrik hat seinen Finger in Annis Po gesteckt. Warum?, denkt er. Er überlegt und überlegt, aber er kann sich nicht vorstellen, dass man Mädchen auf diese Weise abputzen muss. Das hat er noch nie gesehen. Und vor allem: Hendriks erschrockener Blick, als Jerome die Tür aufriss. Und noch viel mehr: Dieses seltsame Gefühl in Jeromes Bauch, das ihm sagt, dass hier irgendetwas überhaupt nicht richtig ist.

Er muss selbst noch darüber nachdenken. Er will nichts Falsches sagen. Deshalb sagt er überhaupt nichts, nicht beim

Abendessen, als die Mutter wieder von der Uni zurück ist. Nicht beim Zähneputzen, als sie Anni und ihn zur Eile mahnt. Nicht am nächsten Morgen, als Rolf ihnen die Frühstücksbrote schmiert und auch an keinem anderen Tag. Stattdessen bleibt er in Annis Nähe, stets in Annis Nähe, und wacht über sie.

2017, SAN BENEDETTO PO

Es war mit Worten nicht zu erklären, wie sich Rolf in dieser Sekunde nach Jeromes Ausführungen fühlte. Es stiegen Gefühle in ihm hoch, die er so nicht kannte: blinde, stechende Wut, die ihm fast die Sicht raubte, gepaart mit einer unendlichen Scham darüber, als Vater versagt zu haben, ja, Anni nicht in jeder Sekunde ihres bisherigen Lebens beschützt zu haben. Die Bilder, die vor seinem inneren Auge Gestalt annahmen, waren Bilder, die er nicht sehen wollte. Bilder, die ihn nie wieder loslassen würden. Bilder, wie kein Vater sie jemals sehen will. Annis kleiner Körper und Hendriks große, weiße Hände. Die Angst: Was wohl noch alles geschehen war?

Ob so etwas nur einmal passiert war oder mehrere Male, würde er Anni fragen müssen, doch er spürte jetzt schon eine Ungewissheit darüber, ob es ihm jemals gelingen würde, seine Tochter darauf anzusprechen.

Bewegungslos saß er neben Jerome, der seinen Vater ansah und verstand, was dieser fühlte. Er hatte damals als großer Bruder oft ähnlich gefühlt. Jetzt endlich hatte er es seinem Vater gesagt, was er so lange in sich getragen hatte, und Jerome wusste, dass es seinen Vater in diesem Moment fast aus dem Leben riss. Wie Jerome so da saß und sah, wie das Gesicht seines Vaters, ja, dessen ganzer Körper zu Stein wurde. E zweifelte jedoch keinen Augenblick daran, das Richtige getan zu haben. Reden mussten sie, reden, vielleicht auch irgendwann mit Anni, dann würden sie Ruhe finden, und jetzt, hier und heute, war der richtige Augenblick für einen Anfang, denn sie hatten beide, Vater und Sohn, doch eine Sicherheit um sich, die sie nicht fallen lassen würde. Die Sicherheit ihrer Frauen, Elaine und Chiara.

In Rolfs Kopf jedoch stiegen weitere Erinnerungen und Bilder hoch, von denen sein Sohn nichts ahnte, und welche Rolf selbst jahrelang nicht mehr präsent gehabt hatte: Das Gesicht irgendeiner aufgeregten, jungen Mutter im Hallenbad, die sich bei ihm und Hellmann über Hendrik beschwert hatte, vor mehr als zwanzig Jahren. Das Gesicht der Mutter, und das Gesicht des Mädchens, das nichts sagen wollte. An ihre Namen konnte sich Rolf nicht mehr erinnern, aber an den fast hysterischen Wortschwall der Mutter und an das Schweigen des Kindes. Ja, im Hallenbad, im Winter, vor vielen Jahren. Er, Rolf, als Schwimmlehrer, fast vierzig Jahre alt, und Hellmann, der an diesem Tag als Bademeister eingesprungen war. Diese Mutter beschwerte sich über Hendrik: Was dieser in der Damenumkleide zu suchen habe? Und in der Dusche? Warum er dort hindurch ging, und nicht den Weg durch die Herrenumkleide in die Schwimmhalle nahm, wenn er seine Badeschlappen in der Halle vergessen hatte? Gerade dann, wenn die kleinen Mädchen sich duschten und umzogen?

Hellmann und Rolf hatten mit den Schultern gezuckt. Wohl hatten sie Hendrik darauf angesprochen. Dieser hatte lapidar geantwortet: Ich war spät dran. In der Eile bin ich einfach dort durch gegangen. Ohne nachzudenken.

Sie hatten nie wieder darüber gesprochen, aber Rolf wusste, dass Hellmann Hendrik noch mindestens einmal danach die

Leviten gelesen hatte. Damit war die Sache für Rolf erledigt gewesen.

Und dann, ja, war ihm manches Mal Hendriks Anwesenheit im Freibad aufgefallen. Insbesondere an Nachmittagen in den Sommerferien. Jeder erwachsene Mann, der im Schwimmbad im Sommer bei gutem Wetter seine Bahnen abreißen wollte, ging am frühen Morgen oder am frühen Abend ins Bad. Hendrik jedoch nicht. Er hatte gegen 15 Uhr Feierabend und kam oft direkt von der Arbeit ins Schwimmbad. Fast immer war er da, wenn Rolf in den Ferien die Nachmittagsdienste als Bademeister schob oder einen Kurs übernommen hatte. Rolf hatte ihn nie darauf angesprochen, jeder durfte schließlich in das Schwimmbad kommen, wann er wollte. Aber eine Weile hatte er Hendrik im Auge gehabt, eine Weile nur, bis Hendrik damals die Sache mit der Thailänderin im Schwimmbadcafé angefangen hatte. An, in und mit ihr hatte Hendrik sich ordentlich ausgetobt, wie er bei jeder Gelegenheit ausposaunt hatte. Jeder hatte es gewusst, Hans-Werner, Ewald, Hellmann, Rolf. Niemand hatte Hendriks Frau von der Affäre ihres Mannes mit der Thailänderin erzählt, auch Rolf nicht. Sie alle hatten belustigt und auch neugierig Hendriks Ausführungen gelauscht, denn sie waren alle um die vierzig, hatten kleine Kinder, und in den eigenen Ehen herrschte im Bett meist Flaute.

So saß er da, Rolf. Im Kopf blickte er Jahre zurück. Im wahren Hier und Jetzt war er bewegungslos, wie eingefroren, auf der Holzbank neben seinem Sohn. In Schockstarre. Hendriks

Finger in Annis Po, das sah er vor sich, obwohl er es sich nicht vorstellen wollte. Übelkeit stieg in ihm auf.

»Und abgesehen davon«, sagte Jerome, »gibt es da noch etwas, was ich dir sagen wollte.«

Rolf starrte ihn entgeistert an. Noch etwas? Was noch?

»Mutter hatte Sex mit Hendrik am Abend meines 16. Geburtstages.«

Rolf hatte das Gefühl, nicht mehr aufnahmefähig zu sein. Nicht mehr reden und denken zu können. Die berühmte Bleikugel traf ihn mitten in den Magen.

»Was meinst du damit?«, presste er heraus.

»Wie ich es sage. Mutter hatte Sex mit …«

»Wann soll das gewesen sein?«

»Am Abend meines 16. Geburtstages! Deshalb bin ich am Morgen danach weggefahren. Das war der Tropfen, der das Fass zum Überlaufen brachte.«

»Woher weißt du, was sie getan haben?«

»Ich habe es gesehen«, antwortete Jerome.

Einige Sekunden herrschte Stille. In Rolfs Kopf fielen Puzzleteile ineinander, sehr viele Puzzleteile, blitzartig strömten die Bilder durch seinen Kopf, wie Schlagzeilen, nur als Bilder. Prasselten auf seine Gehirnzellen herab.

Linda im Gespräch mit Hendrik. Lindas aufgekratztes Lachen. Lindas guter Wille gegenüber Hendrik, auch später noch. Sie schlug sich in Diskussionen auf seine Seite. Sie lächelte ihn an. Gemeinsame Wanderungen mit mehreren

Ehepaaren – Hendrik und Linda vorneweg. Ausflüge mit dem Schwimmverein – Hendrik und Linda unterhalten sich über Lindas Doktorarbeit, obwohl Hendriks Horizont ansonsten nur bis zum nächsten Kartoffelfeld reichte.

Und dann, in Rolfs Kopf: Sein 16jähriger Junge, der ihn – den Vater – schonen wollte oder es nicht wagte, Hendriks Taten auszusprechen. Das, was Hendrik mit Anni gemacht hatte, vor über zwanzig Jahren, als sie noch so klein war, und das, was Hendrik vor knapp fünfzehn Jahren gemacht hatte, mit Linda, während Rolf am Feuer gesessen und sich mit seinen Freunden unterhalten hatte.

»Ich möchte gerne wissen«, sagte Jerome, »ich möchte gerne wissen, ob du von ihrer Liebschaft gewusst hast.«

»Liebschaft?«, Rolf spuckte das Wort fast auf den Boden, »Nein, ich habe davon überhaupt nichts gewusst. Ehrlich gesagt –«

»Hör zu. Das, was ich erzählt habe, sind nicht die einzigen Erinnerungen, die ich an Hendrik habe. Es sind aber die einzigen, bei denen ich mir sicher bin, dass sie tatsächlich so geschehen sind. Das Gedächtnis spielt einem so manchen Streich in den Jahren. Ich habe Erinnerungen, dass Hendrik auch mir näher kommen wollte. Aber ich kann es nicht mehr festmachen an Zeitpunkten oder Orten. Es ist ewig her.«

»Hast du mit Anni je darüber geredet?«

»Nein. Das heißt, ich habe es versucht. In zwei Telefonaten habe ich mich voran getastet. Habe versucht ihr zu entlocken, ob sie sich an irgendetwas in diesem Zusammenhang erinnert.«

»Und was ist dabei herausgekommen?«

»Sie hat erwähnt, dass er ein ekelhafter Kerl ist und sich ihr einmal aufdringlich genähert hat.«

Rolf sprang auf und begann unruhig in der Werkstatt umherzugehen. Viel zu lange hatte er im Sitzen zugehört.

»Da sei sie aber schon fast sechzehn gewesen«, fuhr Jerome fort, »mehr hat sie nicht erzählt. Ich wollte nicht allzu sehr nachbohren.«

Rolf nickte. Seine Stirn lag in Falten.

»Weißt du, junger Mann«, seine Stimme klang nun scharf, eine Lehrerstimme, »weißt du, dass du es hättest sagen müssen? Damals? Irgendjemandem? Weißt du, dass du möglicherweise Dinge hättest verhindern können?«

Nun sprang auch Jerome auf. Diesen Vorwurf hatte er sich selbst schon oft genug gemacht, und die Wut schoss seine Kehle hoch.

»Weißt du, was ich die letzten Jahre durchgemacht habe? Wie ich gelebt habe? Wie ich hierhergekommen bin? Ich war ein Kind. Der Vater, das warst du!«

»Ich kann nichts verhindern, von dem ich nichts weiß!«

»Jahrelang war ich mir nicht sicher, was ich geträumt oder wirklich erlebt habe! Jahrelang nicht! Erst mit den Jahren ist mir Vieles klar geworden!«

Sie standen voreinander, beide die Fäuste in die Hüften gestützt. Beide unter Anspannung.

»Du warst immer mit deinem Wasser beschäftigt! Mit deinem Wasserball und den Schwimmkursen und der Schule – «

»Und du hast den Mund nie aufgemacht!«

Jetzt war es so weit, Rolf war laut geworden, so wie früher, wenn Jerome die für ihn vorgesehenen Wege nicht eingeschlagen und stattdessen auf Durchzug geschaltet hatte.

»Du hast nicht mit uns geredet, weder über diese Dinge, noch über andere Sachen! Lieber bist du weggelaufen!«

»Ihr habt nicht zugehört!«

Sie schnaubten beide.

Das führt zu nichts, dachte Rolf.

»Hast du Mutter jemals zugehört? Hat es dir Spaß gemacht, ihr zuzuhören?«, blaffte Jerome.

Es war tatsächlich nicht immer eine Freude gewesen, Linda zuzuhören. Nicht immer.

»Lass deine Mutter aus dem Spiel!«

»Nein. Denn –«

»Was?«

Jerome seufzte. Die Spannung wich plötzlich aus seinem Körper. Er ging zurück zu der Holzbank und ließ sich erschöpft darauf sinken. Dann rieb er sich mit der Hand die Stirn und legte die andere Hand auf seinen Mund – so wie Rolf es selbst tat, wenn er kurz davor war, die Fassung zu verlieren. Jerome begann zu schluchzen, bis der ganze 30jährige Mann vor Heulen bebte.

Rolf schaute ihn irritiert an, immer noch die Fäuste in den Hüften. Fast wäre er ihm an den Kragen gegangen. Wie vor vielen Jahren, so war es häufig gewesen, Jerome plötzlich in irgendeiner Wut oder Trauer gefangen, Rolf daneben oder davor, ratlos, und wie früher fragte Rolf: »Warum heulst du denn jetzt?«

Wobei, in dieser Situation gab es sicherlich ausreichend Gründe zu heulen.

Mit tränennassen Augen blickte Jerome ihn dieses Mal jedoch an, verkroch sich nicht in sein Inneres, sondern begann zu reden: »Vor fast drei Jahren, ungefähr eine Woche vor ihrem Unfall, habe ich mit ihr telefoniert.«

Rolf musste diesen Satz eine Weile auf sich wirken lassen. Die Fäuste lösten sich.

»Eine Woche vor ihrem Unfall?«

»Ich habe ihr am Telefon gesagt, warum ich damals weggegangen bin. Ich habe ihr von Anni erzählt, damals im Schwimmbad, und ich habe ihr erzählt, dass ich sie – Mutter – mit Hendrik gesehen habe. Dass ich deshalb weggegangen bin.«

Rolf musste sich setzen.

Linda hatte es gewusst. Hatte mit Jerome telefoniert. Und ihm, Rolf, nichts davon erzählt.

Er versuchte sich an die Woche vor ihrem Unfall zu erinnern. November 2015. Oder war der Unfall schon Ende Oktober gewesen? Was diese Zeit betraf, hatte Rolf Schwierigkeiten. Damals hatte er wie eine Maschine funktioniert und außerhalb der absolut notwendigen Tätigkeiten seine Zeit im Krankenhaus an Lindas Seite verbracht. An die Woche vor dem Unfall konnte er sich kaum erinnern. Er wusste noch, dass Linda sehr beschäftigt mit der Vorbereitung eines Vortrages für die Fortbildung gewesen war und sich ständig mit dem Kollegen, der mit ihr fahren würde, abstimmen musste. Wenn überhaupt jemals, so hatte Rolf immer den Verdacht gehegt, zwischen Linda und diesem Kollegen könnte eine Sache laufen, denn der Kollege teilte ihre wissenschaftlichen Interessen und war äußerst attraktiv gewesen. Er erinnerte sich an den Tag, als Linda sich verabschiedet hatte, um loszufahren zur Fortbildung an den Bodensee. Der Kollege saß schon im Wagen vor dem Haus, als Linda ihm, Rolf, einen flüchtigen Kuss und eine doch ungewohnt innige Umarmung hatte zukommen lassen. Sie hatten sich eine Sekunde in die Augen geblickt, seine grün und ihre strahlend blau. Er hatte gesagt: »Viel Spaß!«, und sie hatte mit der Augenbraue gezuckt und erwidert: »Ebenfalls.«

Das war der letzte Wortwechsel mit seiner Frau gewesen, und darin hatte nichts Ungewöhnliches gelegen.

Rolf würde länger darüber nachdenken müssen, ob sich Linda in der Woche vor ihrer Abfahrt ungewöhnlich verhalten hatte.

»Als ich dann zufällig Ende November Anni anrief, lag Mutter bereits im Koma. Anni sagte, sie habe einen Autounfall gehabt.«

»Ja.«

»Ich hatte ein unheimlich schlechtes Gewissen«, sagte Jerome. Jerome räusperte sich.

»Schlechtes Gewissen?«

»Anni sagte, dass nicht klar sei, ob sie es überleben wird oder nicht.«

»Ja.«

»Ich habe mich einfach weiter hier verkrochen. Du kannst Chiara fragen, wir wohnten damals schon zusammen. Ich war nicht in der Lage, irgendetwas zu tun. Ich dachte…«, Jerome zögerte.

»Was dachtest du?«

»Ich dachte …vielleicht hat sie es wegen mir getan.«

»Was getan wegen dir?«

»Der Unfall. Vielleicht war es Absicht. Weil sie nun wusste, dass ich wegen ihr und Hendrik letztlich –«

»Nein!«, rief Rolf, »Das hast du nicht wirklich gedacht? Dass sie sich umgebracht hat? Sie hat sich nicht umgebracht!« Jetzt fasste er seinen Sohn fest an der Schulter, schüttelte ihn. »Ich habe den Polizeibericht gelesen! So etwas hätte sie nie getan! Es war dieser bescheuerte andere Autofahrer, der in sie hineingerast ist! Du hättest das Auto sehen sollen!«

Jerome schaute auf.

»Du hättest deine Mutter sehen sollen, wie sie dort lag, im Krankenhaus. Auf diese Art bringt man sich nicht um. Sie hätte außerdem nie einen anderen mit hineingezogen. Ihr Kollege lag genauso da, auf dieser verdammten Intensivstation! Es war ein Unfall.«

Und da sank Jerome in Rolfs Arme und sie atmeten so lange in den Nacken des anderen, bis ihre Herzen fast gleich schlugen.

Schon als die Männer wieder aus der Werkstatt herauskamen und mit festen Schritten über den Hof auf das Haus zu kamen, wusste Elaine, dass zwischen den beiden nun alles ausgesprochen war. Vielleicht nicht jedes kleine Detail, aber im Groben. Rolf sah entschlossen aus, Jerome noch verwirrt, doch Geschwindigkeit und Art ihrer Schritte ähnelten sich so sehr, dass ihre Silhouetten nicht voneinander zu unterscheiden gewesen wären. Chiara und Elaine standen am Fenster, Elaine hielt den kleinen Luca in den Armen.

»Santa porca miseria!«, zischte Chiara, und Elaine musste fast lächeln aufgrund der kernigen Worte, die Jeromes Frau da von sich gab: Heiliges Schweineelend!

Und da waren sie auch schon beide bei ihnen in der Küche. Rolf klang gehetzt.

»Ich muss nach Hause. Nicht für lange«, sagte er.

»Und ich fahre mit!«, sagte Jerome.

Chiara schaute verwirrt. Sie verstand die Worte nicht. Jerome übersetzte es ihr, woraufhin sie einen Redeschwall auf ihn herab prasseln ließ, dem Elaine nicht folgen konnte. Aber was mochte Chiara wohl sagen? Natürlich sagte sie: Was willst du machen? Du willst in dein Dorf fahren, nach Deutschland, mit deinem Vater, zum ersten Mal seit vierundzwanzig Jahren, und zwar ohne mich, deine Ehefrau, die ich gerade ein Kind von dir geboren habe?

So etwas in der Art sagte Chiara zu Jerome, der beruhigend eine Hand auf ihre Schulter legte und leise auf sie einredete.

»Willst du mir sagen, was damals geschehen ist?«, fragte Elaine.

Rolf sagte einen einzigen Satz. Sie spürte sofort, dass in diesem Augenblick nicht mehr aus ihm herauszuholen sein würde. Er sagte: »Hendrik hat sich vor über zwanzig Jahren an Anni vergangen.«

Alle Gedanken, die Elaine sofort durch den Kopf schossen, behielt sie für sich. Einer ihrer ersten Gedanken war: Das ist verjährt. Zwanzig Jahre, egal was er meint mit »an ihr vergangen«, das ist verjährt. Aber sie presste die Lippen zusammen, schluckte ihre Gedanken unter, verdrängte die aufsteigenden Bilder in ihrem Kopf und legte ihm ebenfalls die Hand auf die Schulter.

Sie wusste, dass er sofort los fahren wollte. In den Abend hinein, über Nacht und über die Alpen zurück nach Deutschland, ins Saarland, nach Hirzweiler. Er schielte schon nach den Autoschlüsseln.

Und zum ersten Mal in ihrer gemeinsamen Zeit widersprach sie ihm dermaßen vehement, dass alle Beteiligten zusammen zuckten:

»Ihr fahrt nirgendwo hin! Ihr seid betrunken!«

Rolf trat einen Schritt zurück.

»Wir sind nicht betrunken!«

»Wie viele Liköre waren es? Und die Flasche Rotwein beim Essen?«

Beschwichtigend hob Rolf die Hände, als sie mit ausgestrecktem Zeigefinger auf ihn zu ging.

»Du kannst machen, was du willst«, fuhr Elaine fort, »aber mit dem Auto fahrt ihr nirgendwo hin. Nicht als frisch gebackener Papa« – sie schaute zu Jerome, »und als werdender Papa schon erst recht nicht!«

Es sollte nicht das letzte Mal sein, dass Elaine in dieser Art mit ihm sprach, denn irgendwo in ihrem Blut schlummerten die Gene ihrer südländischen Vorfahren, und ihr Mutterinstinkt würde sie ihr Leben lang begleiten. Es war aber eines der wenigen Male, dass sich Rolf ihr fügte.

Er seufzte.

»Vielleicht hast du recht. Vielleicht fahren wir besser morgen früh.«

Jerome nickte.

Rolf und Jerome fuhren nirgendwo hin. Nicht mehr an diesem Tag und auch nicht am nächsten.

Am Abend waren Elaine und Rolf von San Benedetto Po nach Peschiera zurück gefahren. Elaine hatte am Steuer gesessen, ganz überrascht darüber, wie viel Rolf während der gut einstündigen Fahrt mit ihr sprach. Gerechnet hatte sie mit einem schweigsamen, traurigen, in sich versunkenen und innerlich angespannten Rolf.

Angespannt war er, auch traurig, auf eine gewisse Art, aber dennoch schien er das Bedürfnis zu haben, sich Elaine zu öffnen, sie ins Bild zu setzen, Dinge ins rechte Licht zu rücken. Er erzählte Elaine im Wesentlichen all das, was Jerome ihm erzählt hatte: Die Sache mit Hendrik und Anni im

Schwimmbad. Die Sache mit Hendrik und Linda an Jeromes sechzehntem Geburtstag. Und dass Jerome geglaubt hatte, er könne Schuld sein an Lindas Tod – weil er ihr kurze Zeit vor dem Unfall am Telefon von Hendriks Übergriff auf Anni erzählt hatte. Rolf sprach über seine Schuldgefühle als Vater, seine Wut auf Hendrik und seine Ohnmacht, das Geschehene rückgängig machen zu können. Und auch darüber: Dass er nie, niemals, mit solch einer Begründung für Jeromes Verschwinden gerechnet hatte. Er wusste schon nicht mehr, was er all die Jahre eigentlich geglaubt hatte. Vielleicht hatte er damit gerechnet, persönlich als Vater versagt zu haben und von Jerome nun eine Abreibung zu bekommen. Aber auf diese Weise –

So frei wie auf der Rückfahrt von San Benedetto Po nach Peschiera hatte Rolf mit Linda nie über sein Inneres gesprochen. Selbst nicht am Anfang ihrer Ehe. Vielleicht war es die Art und Weise, wie Elaine zuhörte. Erwartungsfrei, unbefangen, ruhig. Sie stellte keine unangenehmen Fragen, in denen Vorwürfe steckten. Selbst als er von Linda und Hendrik berichtete und seinen Gedanken dazu. Fragen, dachte sie, Fragen stellen kann ich später noch.

Als sie gegen halb sieben am Abend auf der kleinen Terrasse der Wohnung in Peschiera saßen, mit Blick auf das Wasser und Elaine aufgrund der dämmrigen Abendkühle in eine Wolldecke gewickelt, schmiedeten sie Pläne über ihr weiteres Vorgehen.

Rolf musste Hellmann anrufen und zuerst mit ihm über Hendrik sprechen. Durch die Blume, zumindest. Als nächstes würden sie sich bei einem deutschen Anwalt erkundigen, welchen Sinn eine Anzeige gegen Hendrik haben würde. Dann: Anni nach Peschiera einladen und behutsam nachfühlen, was sie über Hendrik dachte, und ob es noch Erinnerungen gab. Natürlich sollten auch Anni und Jerome sich endlich treffen, das vielleicht in erster Linie. Jerome verlangte sehr danach.

Bevor sie allerdings irgendwelche Schritte in diese Richtungen unternehmen würden, müssten sie als erstes mit Elaines Betreuer im Zeugenschutzprogramm sprechen und abklären, ob diese ganzen Telefonate und Besuche, Kontakte in die Heimat und Nachforschungen vor dem Hintergrund von Elaines Zeugenschutzprogramm in Ordnung wären.

Aus diesem Grund waren sie ja in erster Linie hier in Italien gelandet: Um Elaine zu schützen.

»Als du mir zum ersten Mal von diesem Zeugenschutzprogramm erzählt hast«, sagte Rolf, »damals, in Saarbrücken, am Staden, da dachte ich: Wo bin ich da bloß hineingeraten?«, er räusperte sich, »und jetzt sieht es wohl so aus, als wärest du ebenfalls in etwas hineingeraten.«

»Ja«, sagte Elaine mit einem schiefen Lächeln, »man könnte sagen: wir sind beide in etwas hineingeraten. Aber weißt du, was: Wir sitzen gemeinsam drin. In diesen Angelegenheiten.«

»In diesem Misthaufen«, sagte Rolf.

Sie sahen sich an.

»Gemeinsam, ja.«

Lange schauten sie sich an, und alleine durch Elaines Blick spürte Rolf, wie sich sein Puls beruhigte.

Später, im Bett, schlief Elaine sofort ein. Rolf lag lange wach und grübelte. Erst gegen drei Uhr in der Nacht fiel er in einen unruhigen Schlaf voller wirrer Träume.

2017, GARDASEE

Um sieben Uhr am nächsten Morgen wählte Rolf die Handynummer des Betreuers des Zeugenschutzprogrammes. Elaine
stand daneben und hielt eine Tasse Tee in der Hand. Sie hatte
Rolf bereits wieder beruhigen müssen, denn gegen sechs Uhr
am Morgen war er plötzlich aufgesprungen, als ihm wieder
eingefallen war, was Jerome am Vortag erzählt hatte und dass
es sich nicht nur um einen bösen Traum gehandelt hatte. Wütend, mit Sätzen auf den Lippen wie: »Nach dem Frühstück
fahre ich los nach Hirzweiler und prügele Hendrik windel-
weich, sobald er mir unter die Augen kommt!«
»Niemanden prügelst du. Weil – niemand wird dich im Knast
besuchen kommen wegen solch einem Unsinn!«, hatte Elaine
gesagt.
Sie trank einen Schluck Tee, Fenchel, schwach und durch-
sichtig.
Ich bin im Kaffee- und Rotweinland und soll weder das eine
noch das andere trinken, dachte sie. Mit der Linken strich
sie sich über das Bäuchlein, das mit jedem Tag in Italien zu
wachsen schien. Schon wurden ihr die ersten Hosen zu eng.
Hilten, Steffen Hilten hieß der Betreuer im Zeugenschutzprogramm, das hatte Kommissar Roth ihnen schon in Hamburg mitgeteilt. Der schien gerade erst sein Büro betreten zu
haben. Es dauerte, bis Hilten ans Telefon ging. Es dauerte,
bis er Elaines Akte im fernen Deutschland aufgerufen hatte.
Und es dauerte, bis Rolf ihm geschildert hatte, was vorgefal-

len war. Nun war Rolf dankbar, dass es in Elaines Akte auch ein Portfolio über ihn gab und er Hilten nicht alles von Anfang an erzählen musste.

Gespannt sah Elaine zu, wie Rolf Hilten am anderen Ende der Leitung lauschte. »Ja, ja«, sagte Rolf mehrmals, »ja, das machen wir. Eine E-Mail? Ja.«

Er suchte nach Stift und Papier.

»Ich notiere. Ja. Zwei bis drei Tage. In Ordnung. Vielen Dank.«

Er legte auf.

»Was hat er gesagt?«, fragte Elaine.

»Er hat gesagt, es sei kein Problem, Hellmann anzurufen oder Anni einzuladen, so lange wir weiter bei der Geschichte bleiben. Also –«

»Die Sache mit dem Sabbatjahr.«

»Genau.«

»Und sie – ich meine Hilten und so weiter – können auch die rechtlichen Fragen klären. Das mit der Verjährungsfrist und der Beweispflicht. Was du gestern Abend erwähnt hast. Ich soll in einer E-Mail alles genau schildern und Hilten schicken, dann dauert es zwei bis drei Tage, bis er uns dazu antworten kann.«

Elaine seufzte. »In Ordnung. Das hört sich gut an. Und jetzt?«

»Jetzt rufe ich Hellmann an.«

Rolf hatte schon die deutsche Vorwahl getippt.

»Hellmann?«

»Guten Morgen. Hier ist Rolf.«

»Rolf! Ha! So früh am Morgen! Seid ihr gut –«

»Hast du einen Augenblick Zeit?«

»Ja. Ich habe bestens Zeit. Bin im Krankenschein.«

»Im Krankenschein? Was hast du?«

»Verdauungsprobleme. Geht vorbei. Schieß los. Was gibt's?«

»Wie geht's meinem Garten?«

»Deinem Garten? Bestens. Ich habe eine Firma –«

»Und Kate? Wie geht's Kate?«

»Was? Wem?«

»Der Katze. Wie geht's der Katze?«

»Ach, die Katze. Sie ist bei Thea. Glaube ich. Ich hab sie länger nicht gesehen. Also die Katze. Thea auch nicht. Und im Übrigen –«

»Kannst du bei Thea mal nachfragen, wie es der Katze geht?«

»Kann ich machen. Deswegen rufst du an? Wegen der Katze?«

»Ja – nein. Gestern habe ich Jerome getroffen.«

»Rolf! Wahnsinn! Wie geht's ihm? Wie sieht er aus?«

»Er sieht tatsächlich fast genauso aus wie ich vor dreißig Jahren.«

»Wahnsinn!«

»Er ist selbstständiger Schreiner, und ich hatte meinen Enkelsohn auf dem Arm.«

Kurz schwiegen sie. Vor Rührung.

Dann schnaufte Hellmann und sagte: »Und, ist alles gut? Warum ist er abgehauen damals, hat er das auch erzählt?«

»Ja.«

»Dann raus damit. Seit fünfzehn Jahren rätseln wir mit dir daran herum, welchen Grund –«

»Es hat mit Hendrik zu tun. Und auch mit Linda.«

Hellmann schwieg. Rolf hielt die Luft an. Er konnte quasi durch den Telefonhörer sehen, wie sein schwerer, kräftiger Kamerad am anderen Ende der Leitung begann, in der Küche herum zu gehen, eine Hand auf der Stirn, und grübelte.

»Aha«, sagte Hellmann nach einer Weile.

»Und es hatte auch etwas zu tun mit Hendrik und Anni«, fügte Rolf hinzu.

Da kam die Reaktion prompt: »Mit Anni? Lass mich rechnen … wenn es etwas mit Anni zu tun hat, dass Jerome weggegangen ist, dann muss Anni höchstens zwölf, dreizehn gewesen sein.«

»Ja. Es gab wohl einen Übergriff. Schon viel früher.«

Rolf spürte, dass er viel mehr nicht sagen musste. Hellmann war ebenso wie er selbst jahrelang Schwimmlehrer und Bademeister gewesen. In diesen Zusammenhängen waren sie beide ständig in der Kinder- und Jugendarbeit des Vereins unterwegs gewesen, hatten Gruppen geleitet, Ferienfreizeiten durchgeführt, gemeinsam Seminare zum Thema »Kindeswohlgefährdung« besucht und vor einigen Jahren selbst als Trainer mit jahrzehntelanger Erfahrung von einem Tag auf den anderen polizeiliche Führungszeugnisse vorlegen müssen – wie alle anderen Trainer und Trainerinnen ab dem Zeitpunkt auch, es war Gesetz geworden. Gerade als Schwimmlehrer, auch in der Schule, stand man als Mann oft im Fokus der elterlichen Aufmerksamkeit und die kleinste falsche Bewegung konnte Misstrauen und Beschuldigungen provozieren. Hellmann war also mit dem Thema vertraut. Das Wort »Übergriff« war für ihn deutlich genug, um den Groschen fallen zu lassen.

»Das darf ja wohl nicht wahr sein«, flüsterte Hellmann in den Hörer.

Und dieses Flüstern bei Hellmann, das war das Gefährliche, das deutete darauf hin, dass dieser wirklich wütend wurde.

»Ja. Das darf nicht wahr sein«, wiederholte Rolf, »aber tu bitte nichts Unüberlegtes. Es ist nämlich so, dass –«

Aber Hellmann fiel ihm ins Wort:

»Weißt du, was ich am liebsten machen würde?«, sagte er, »am liebsten würde ich zu Hendrik fahren, jetzt sofort, und seinen Kopf ins Klo stecken. Dann würde ich ihn verprügeln. Und dann –«

»Hellmann!«

»Ja. Aber weißt du was?«

»Was?«

»Er – ist – überhaupt – nicht – mehr – da – seit – du – in – Italien – bist!«

Hellmann betonte tatsächlich jede einzelne Silbe.

»Und jetzt weiß ich auch, warum!«, fügte er hinzu.

»Was soll das heißen, er ist nicht mehr da?«

»Er ist wie vom Erdboden verschluckt.«

»Mach jetzt keine Witze!«

»Es ist kein Witz. Er war zweimal nicht im Training, ohne sich abzumelden. Er hat seinen Dienst am Tag der Deutschen Einheit am Rostwurststand nicht angetreten, ohne sich abzumelden. Sein Auto steht nicht in der Garage. Ewald und ich haben nachgesehen. Ans Telefon geht er nicht, auch nicht ans Handy.«

»Und Alica?«

Alica, Hendriks Ex-Frau, war zwar aus dem gemeinsamen Haus in Hirzweiler ausgezogen und wohnte in Illingen. Es wäre aber doch der nächste Schritt, sie nach Hendrik zu fragen.

»Alica haben wir natürlich angerufen. Sie weiß nicht, wo er ist.«

»Wart ihr auch in seinem Haus?«

»Ja. Nichts. Alles aufgeräumt.«

Rolf schluckte.

Hellmann auch.

»Denkst du, das hat miteinander zu tun?«, fragte Rolf.

Er hörte Hellmann grübeln.

»Nichts ist unmöglich«, antwortete sein Freund, »Wenn ich mir das so überlege: Hendrik hat vor Jahren Scheiße gebaut. Vielleicht nicht nur einmal. Jerome hat sich aus dem Staub gemacht, vielleicht der einzige, der Hendrik jemals bei einem Übergriff überrascht hat. Du hast keinen Kontakt mit Jerome, niemand weiß, wo Jerome sich aufhält. Dann –«

»Jerome hat Linda davon erzählt, kurz vor ihrem Unfall.«

»Vielleicht hat Linda Hendrik erzählt, was Jerome weiß.«

»Vielleicht.«

»Aber auch so: Hendrik fühlt sich die ganzen Jahre sicher. Jerome ist ja nicht da. Und dann meldet Jerome sich plötzlich bei dir, und du fährst hin. Alles könnte ans Licht kommen. Also die Sache mit Anni. Wäre das nicht Grund genug für Hendrik, abzuhauen?«

»Möglich.«

»Möglich? Rolf! Das ist die wahrscheinlichste Alternative! Nach meinen Berechnungen ist Hendrik seit einer Woche weg!«

»Und seine Arbeitsstelle?«

»Muss ich noch anrufen. Keine Ahnung!«

»Und was machen wir jetzt?«, fragte Rolf.

»Ich melde Hendrik hier als vermisst. Ich rufe seine Arbeitsstelle an. Ich kümmere mich hier um die Sache. Und du –«, er zögerte kurz, »du behältst da unten in Italien die Nerven und massierst deiner Freundin die Füße!«

»Nun ja, da gibt es auch noch eine Neuigkeit.«

»Mit Elaine? Was ist mir ihr? Du hast die Lage doch im Griff?«

Rolf lachte auf.

»Sie ist schwanger«, sagte er.

»Was ist sie?«

»Schwanger! Elaine ist schwanger.«

»Von wem? Von dir? Oder hat sie während ihrer Kur –«

Rolf unterbrach ihn: »Nein, hat sie nicht. Und ja, von mir!«

»Rolf! Ich werd verrückt!«

»Kein Grund, verrückt zu werden.«

»Na dann, erst recht, massier ihr die Füße, und – wann ist es soweit? Darf ich meiner Frau davon erzählen? Darf ich Thea davon erzählen?«

»Wenn du es den Frauen erzählst, kannst du ebenso gut eine Info-Tafel in der Bäckerei aufhängen.«

Rolf sah die Leute im Dorf vor sich: Hochgezogene Augenbrauen, Getuschel, Sätze wie: Stimmt das? Ist er nicht erst seit zwei Jahren Witwer? Wie alt ist er eigentlich? Wird er nicht sechzig diesen November?

»Ich kann das nicht für mich behalten, Rolf«, sagte Hellmann, »ich platze hier gleich vor Freude!«

»Ja, ja. Aber es wäre gut, wenn du es noch etwas für dich behalten könntest. Einfach so. Ich bin selbst im Augenblick ziemlich durch den Wind.«

»Sie ist doch jetzt geschieden, deine Elaine, oder?«

»Ja. Was hat das damit –«

»Du könntest sie doch heiraten?«

Heiraten. Daran hatte Rolf in dem ganzen Trubel noch nicht ein einziges Mal gedacht. Aber jetzt war das Wort durch den Telefonhörer geschwebt – heiraten. Elaine könnte tatsächlich seine Frau werden.

»Wir werden sehen«, sagte er leise, »dazu muss ich erst ihre Meinung einholen.«

»Dann mach's gut!«, Hellmann ließ sein tiefes Lachen noch einmal ertönen, »ich bin stolz auf dich! Auf das Ganze! Dass du überhaupt noch in der Lage bist, einen normalen Satz herauszubringen, bei all den Neuigkeiten! Du musst viel schwimmen gehen, das weißt du.«

»Ja«, erwiderte Rolf, »Aber du auch!«, erwiderte Rolf, »morgen früh melde ich mich wieder!«

Rolf legte auf und sah zu Elaine, die sich mit ihrem Fencheltee auf die Couch zurückgezogen hatte.

Hatte sie alles mitbekommen? Hatte sie von dem Heiratsthema etwas mitbekommen?

2017, GARDASEE

Rolf massierte Elaine tatsächlich die Füße. An diesem wie
an beinahe jedem folgenden Tag ihrer Schwangerschaft. Täglich ging er zur nahe gelegenen Kirche, manchmal alleine,
manchmal war Elaine dabei. Rolf brauchte die kühle Stille, er
brauchte viel Ruhe, um sein inneres Gleichgewicht wieder-
herzustellen und seinen Geist zu ordnen. Elaine gewöhnte
sich schrittweise an den Anblick des gekreuzigten Jesus und
empfand neuerdings eine seltsame Verbundenheit mit der
Heiligen Maria, welche als Holzstatue links neben dem Al-
tarraum auf einem eigenen altarähnlichen Tisch stand. Von
Rolf ließ sie sich die weiteren Heiligenfiguren erklären und
zündete zusammen mit ihm Kerzen an, manchmal sogar eine
für das Baby, welches die ausländische Frau in Elaines Hamburger Wohnung auf die Welt gebracht hatte: Tamino. Elaine
hoffte, dass es dem Jungen gut ging.
Ebenfalls einmal am Tag zog es Rolf zum See. Er schwamm
gerne darin. Auch wenn es kalt war, umfasste das Wasser ihn
sanft und freundlich und spülte viele seiner Sorgen dahin.
Die Sonne strahlte in diesen Oktobertagen ab dem frühen
Nachmittag. In den Stunden davor verbarg sich der See im
Nebel. Wenn dieser abgezogen war, lag der See dunkelblau
und still vor ihnen.
Tage wie aus dem Bilderbuch:
Spiegelte sich der Himmel im See, oder spiegelte der See sich
im Himmel?

Regelmäßig telefonierte Rolf mit Hellmann. Hendrik war nicht aufzufinden. Hellmann hatte ihn als vermisst gemeldet. Das sei gar nicht so einfach gewesen, da Hendrik ein erwachsener Mensch mit freiem Willen war, der seinen Aufenthaltsort selbst bestimmen konnte und es keine Anzeichen für eine Gefährdung gab. »Ich musste diesem Beamten ganz schön Pfeffer geben und mit meinen Kontakten drohen, damit er Hendriks Namen und Kennzeichen wenigstens mal durchlaufen lässt!«, hatte Hellmann am Telefon geschnaubt, und hinzugefügt: »Er liegt in keinem deutschen Krankenhaus und hatte mit dem Wagen keinen Unfall. So viel habe ich herausgefunden.« Wie es weiter gehen würde, hatte Rolf gefragt, und Hellmann hatte versprochen, der örtlichen Polizeidienststelle mehr Druck zu machen. Denn irgendwo musste Hendrik ja sein.

Anni hatte Rolf nach zwei vergeblichen Versuchen in ihrem Büro in Orly erreicht. Rolf lud sie ein, nach Italien zu kommen, und tatsächlich würde sie sich am übernächsten Freitag in Paris in den Flieger setzen und mit Jill ein verlängertes Wochenende am Gardasee verbringen. Schließlich wollte auch sie Jerome so bald wie möglich sehen, und zwar in Ruhe. Jerome und Rolf telefonierten täglich. Die Gespräche waren kurz und knapp – Männertelefonate. Das jeweilige Befinden wurde kurz angerissen, dann zwei oder drei Worte über das Wetter gewechselt und die geplanten sportlichen oder beruflichen Aktivitäten des Tages umrissen. Bei Rolf: Schwimmen und Wandern. Bei Jerome: Das Altarbild der Kirche des

Nachbarortes Quistello restaurieren, welches bei einem Erd-
beben vor Jahren zu Schaden gekommen war. Nach Feierabend: Eine schwungvolle Radtour über sandige Pisten am
Ufer des Pos. Am Wochenende, an dem Anni und Jill kommen würden, würde auch Jerome mit seiner Familie an den
Gardasee kommen und übernachten. Ein Familientreffen.
»Und zum Essen kommt ihr zu uns. Ich koche euch etwas!«,
sagte Rolf am Telefon.
Jerome lachte. »Kochen? Du?«
»Mit Elaine zusammen klappt das ganz wunderbar«, antwortete er.
Beim nächsten Arztbesuch wurde tatsächlich Elaines Verband
von ihrem Oberschenkel entfernt. »Va bene!«, sagte der Arzt,
während die Arzthelferin die Narbe reinigte und ein großes
Pflaster darauf klebte. »Nächste Mal, wir ziehe die Fäden!«
Nachts träumte Rolf oft schlecht. Manchmal wusste er nicht,
ob es Erfindungen seines Geistes waren, von denen er da
träumte, oder einfach wirre, neu zusammengewürfelte Puzzleteile aus seinem tatsächlichen Leben. Gespräche mit Linda,
Sex mit Linda. Oder auch eben kein Sex. Ein Abwenden, ein
Sich-Aus-dem-Weg-gehen. Phasenweise. Ein Wieder-Auf-
einander-zukommen. Häufig: Anstrengend.
Dann, in seinen Träumen: Die Kinder, Anni als kleines Mädchen. Streitereien mit Linda darüber, wer am Nachmittag
die Kinder betreuen würde, und wer sich seinem Schreibtisch widmen durfte. Träume über seine Freunde, über das
Schwimmen, über das Ertrinken, das Untergehen, das Ersti-

cken. Träume von Wassermassen, die ihn umspülten und aus denen er seine Kinder nicht retten konnte.

Oft wurde er mitten in der Nacht wach und dachte an Linda. Was hatte sie in Hendrik gefunden, was er ihr nicht hatte geben können? Eine gewisse Kaltschnäuzigkeit vielleicht, eine Unverfrorenheit. Eine vorgetäuschte Intelligenz, ein vorgetäuschtes Interesse an ihrer Arbeit als Geobotanikern. Oder war Hendrik tatsächlich mit Herz und Seele in Linda verknallt gewesen? War es Liebe gewesen oder das Ausagieren irgendwelcher animalischer Triebe? Und wie zum Teufel hatte er, Rolf, nichts davon mitbekommen können? War ich so blind?, dachte er, wie konnte ich so blind sein?

Diese Gedanken nagten an ihm.

Auch am Tage grübelte Rolf viel. Elaine und er gingen häufig in die Natur. Sie entdeckten den Monte Baldo, auf den man mit einer Kabinenbahn hochfahren konnte, und die Weinberge am östlichen Ufer des Sees. Sie wanderten durch Olivenhaine, an Zitronen- und Granatapfelbäumen vorbei, atmeten den Duft von Rosmarin- und Lavendelhecken ein. Während ihrer Ausflüge plapperten sie manchmal wie zwei balzende Vögel, manchmal gingen sie wortlos und in Gedanken versunken neben- oder hintereinander her und genossen die herbstliche Ruhe auf den Wegen, das schräge Licht und die milde Wärme der Oktobersonne, den Ausblick auf den See. Elaine hielt gut mit Rolfs strammen Schritt mit, trotz voranschreitender Schwangerschaft, und reagierte stets genervt, wenn er sich allzu sehr um sie sorgte.

Aber abends fiel sie hundemüde ins Bett und schaffte kaum mehr als drei Seiten zu lesen.

Und das kam Rolf sehr entgegen.

Denn um seine Potenz war es seit den Schilderungen Jeromes, der darauf folgenden inneren Unruhe und der wirren nächtlichen Träume geschehen. Naturgemäß. Das ist nur eine natürliche, vorübergehende Reaktion meines Körpers, sagte er sich und hörte dabei die Stimme seines Therapeuten im Hinterkopf. Aber es ärgerte ihn doch. Vielmehr, es ängstigte ihn. Zweimal hatten sie es versucht – einmal auf seine, einmal auf Elaines Initiative hin. Beide Male waren sie eng umschlungen eingeschlafen – das heißt, Elaine war eingeschlafen. Er hatte weiter gegrübelt. Solche Phasen waren ihm nicht fremd. Es hatte Zeiten gegeben, in denen es ähnlich gewesen war, ohne dass er sonderlich darunter gelitten hätte: Die ersten Male nach der Geburt der Kinder. Während und lange nachdem seine Mutter im Sterben lag. Nach Jeromes Verschwinden, mehrere Monate, und dann – verzweifelte, wütende Liebe. Daran erinnerte er sich gut: Wie Linda und er miteinander geschlafen hatten, zum ersten Mal seit Jeromes 16. Geburtstag im Juli. Das war in den Herbstferien gewesen und seine Wut und Verzweiflung hatten irgendwo hin gemusst – ebenso wie Lindas. Es war das einzige Mal in ihrer Ehe gewesen, dass sie fast brutal zur Sache gegangen waren, und das einzige Mal, dass sie danach beide geheult hatten. Aber wie auch immer – Stets war er sicher gewesen, dass seine Schwierigkeiten eine Phase waren.

Jetzt werde ich bald sechzig, und wer weiß, ob es wieder funktionieren wird, dachte er.

Elaine sprach die Sache eines Morgens während des Frühstücks an. Sie knabberte wie immer an einem süßen Cantuccine und strich sich Krümel von der Hose – die letzte, die ihr noch passte.

»Wir können einfach sagen, wir machen eine Pause«, sagte sie, »dann hängt es nicht so wie ein Damoklesschwert über dir.«

Er schaute von der Zeitung auf.

»Damoklesschwert?«, sagte er.

»Ja. Ich möchte nicht, dass du bei jeder Umarmung mit mir nur an deine Körpermitte denkst und ob alles generalstabsmäßig funktioniert.«

Sie funkelte ihn an.

»Also sollten wir ihm vielleicht einen kleinen Urlaub gönnen«, fügte sie hinzu.

Es dauerte eine Weile, bis Rolf dahinterkam, was Elaine andeutete. Er trank einen Schluck Kaffee und lehnte sich dann zurück.

»Was genau meinst du mit Pause?«, fragte er. Seit einiger Zeit konnte er besser über solche Themen sprechen. Er hatte dazugelernt.

»Wir machen alles weiter wie bisher, nur verzichten wir auf den – äh – Vollzug.«

Auch Elaine hatte dazu gelernt: Vorsichtige, möglichst dezente Formulierungen, um Rolf nicht zu verschrecken.

»Aber küssen und anfassen darf ich schon?«, fragte er.

Ihr verschmitztes Lächeln konnte sie nicht unterdrücken.

»Natürlich. Und die Füße massieren. Und deine Zunge in mein Ohr stecken. Und – …«

»Schon gut, schon gut. Ich glaube, ich habe verstanden, was du meinst. Ich vermute, du kannst dir vorstellen, dass die letzten Wochen und Tage sehr aufwühlend waren.«

»Ich sehe, wie du dich nachts in Albträumen windest, Rolf. Du musst nichts dazu sagen.«

»In Ordnung.«

Er blätterte die Zeitung um. Elaine biss in das Mandelgebäck.

»Wie lange hast du dir die Auszeit denn vorgestellt?«, fragte er ohne sie anzuschauen, »vielleicht bis zu meinem Geburtstag? In sechs Wochen?«

Elaine lachte auf.

»Sechs Wochen? So viel Urlaubstage hat nicht einmal der Papst! Ich dachte vielleicht, bis zum 23. Oktober! Wenn Anni und Jill wieder abgereist sind. Das sind acht Tage!«

»In Ordnung«, antwortete er mit einem schiefen Grinsen, »versuchen wir das.«

Und ja, es erleichterte ihn. Sie ist nicht dumm, dachte er, während er weiterhin versuchte, die Überschriften der Tageszeitung zu übersetzen (was ihm schon ganz gut gelang), nein, dumm ist sie nicht. Mutig ist sie.

OKTOBER 2017, GARDASEE

In der Nacht, bevor Rolf seine Tochter Anni und deren Freundin Jill am Mailänder Flughafen abholen sollte – es war schon Freitag – klingelte plötzlich das Telefon.

Es klingelte sicher drei oder vier Mal, bevor Elaine die Augen aufschlug und realisierte, woher das Geräusch kam, das sie geweckt hatte. Rolf war nach unruhigen Stunden in einen tiefen Schlaf gefallen und schnarchte leise neben ihr. Auf dem Wecker sah sie, dass es kurz nach drei Uhr war.

Elaine stand auf und tapste die Holztreppe hinunter in die Küche. Hob verwundert und gähnend den Hörer ab. Wer um alles in der Welt rief sie mitten in der Nacht an? Wer um alles in der Welt hatte überhaupt diese Nummer –

»Rolf?«, blaffte eine tiefe Stimme durch den Hörer, noch bevor Elaine ihn direkt am Ohr hielt.

»Hellmann?«, piepste Elaine. Ihre Stimme war noch nicht in Schwung.

»Elaine?«

»Ja?«

Hellmann klang ganz aufgeregt.

»Du weißt, dass wir Hendrik suchen?«

»Natürlich«, antwortete sie. Ihre Gedanken klarten auf. Es erleichterte sie, dass Hellmann am Telefon war. Kurz hatte sie ein Anflug von Panik überkommen, ihr Versteck wäre von den Kriminellen entdeckt worden und es handele sich um einen Drohanruf aus Deutschland.

Aber es war Hellmann aus Hirzweiler.

»Dann hör gut zu«, fuhr Hellmann fort, »sie haben Hendrik gefunden.«

Elaine sog Luft ein.

»Was meinst du mit: Sie haben Hendrik gefunden?«

»Alica – Hendriks Ex-Frau, wie du weißt – hat mich vorhin angerufen. Du kannst dir nicht vorstellen, was passiert ist. Sie wiederum ist von der Polizei benachrichtigt worden, von der deutschen Polizei, und die deutsche Polizei hat die Information von der thailändischen Polizei.«

»Ja – und, wo ist er nun?«

»Er ist tot, Elaine. Am Strand von Phuket haben sie ihn gefunden.«

»Tot?«

Elaines Knie fingen an zu zittern, aber ihre Füße standen fest auf dem Holzboden.

»Ja. Irgendeine thailändische Strandreinigungskolonne hat ihn dort heute in der Frühe gefunden.«

»Heute in der Frühe? Aber es ist doch erst –«

Sie schaute nach draußen. Dort war es stockdunkel.

»Thailand ist fast sechs Stunden vor.«

»Aha.«

Mehr fiel ihr nicht ein.

»Gibst du mir Rolf?«, fragte Hellmann.

»Natürlich. Einen Augenblick.«

Elaine saß matt auf einem der Küchenstühle, während Rolf mit Hellmann telefonierte. Im Gegensatz zu ihr war Rolf sofort hellwach und aufnahmefähig gewesen. Das konnte sie nicht – mitten in der Nacht konnte sie keine klaren Gedanken fassen, auch nicht bei wichtigen Ereignissen.

Rolf lauschte aufgeregt Hellmanns Schilderungen.

Irgendwann fielen die Worte: »Sich umgebracht? Was deutet darauf hin?«

Dann wieder längeres Zuhören auf Rolfs Seite, ein Nicken, ein Kopfschütteln.

»Abwarten, ja. Natürlich. Sag Alica –. Genau. Ja. Weiß ich noch nicht. Gut. Bis später.«

Rolf legte auf.

»Es werden noch Untersuchungen vorgenommen und dann wird er dort in Phuket eingeäschert. In drei oder vier Wochen kommt er in einer Urne zurück.«

Auch Rolf musste sich setzen. Ohne weitere Worte saßen sie da und starrten fassungslos vor sich hin.

»Wenigstens könnt ihr euch nun nicht mehr prügeln«, sagte Elaine nach einigen Minuten, stand auf und zog Rolf mit sich.

»Lass uns noch etwas schlafen«, sagte sie.

OKTOBER 2017, GARDASEE

Bei kühlen zwölf Grad und wolkenverhangenem Himmel standen sie alle an der kiesigen Uferpromenade zwischen Peschiera und der Punta Grò: Elaine, Jerome, Chiara und der kleine Luca, Anni und Jill.

Rolf stand im kurzen Neoprenanzug mit den Füßen im Wasser und winkte ihnen zu. Es war ein wenig geschummelt – mit Neoprenanzug ins Wasser zu gehen. Doch bis zum späten Vormittag hatte es geregnet und das Wetter hatte sich wirklich nicht von seiner freundlichsten Seite gezeigt. Selbst Rolf fröstelte.

Aber gerade das wollten sie alle sehen, insbesondere die, für die der Anblick neu war: Jerome, Chiara und Jill. In erster Linie Chiara hatte in ihrer Mischung aus Deutsch und Italienisch schon am gestrigen Samstag an ihm herum geredet, dass sie endlich mal sehen wollte, ob das auch wahr sei: Ab ins Wasser, egal bei welchem Wetter.

Und das tat er nun, machte ihnen die Freude, und Chiara, die nur einen Finger ins Wasser gestreckt hatte, rief, als er anfing zu schwimmen: »Porca miseria! È danna freddo!«

Das rief sie gerne, die Sache mit der porca miseria, dem Schweineelend. Das hatte sie auch gestern gerufen, als sie gesehen hatte, wie Rolf und Elaine in der Küche die Spaghetti ins kalte Wasser in den Kopftopf geworfen hatten: »Das Wasser muss vorher kochen! Was macht ihr da! Ist das die deutsche Art, Nudeln zu kochen? Porca miseria!«

Gegen 15 Uhr waren sie am Vortag alle in Elaines und Rolfs kleiner Wohnung in Peschiera eingetrudelt: Rolf hatte Anni und Jill vom Mailänder Flughafen abgeholt, und Jerome war mit Chiara und Luca mit dem Auto gekommen. Anni und Jill würden in einem Hotel in der Nähe übernachten. Jerome, Chiara und der kleine Luca in einer Pension in der gleichen Straße, wo die Wohnung von Rolf und Elaine lag.

Es war ein buntes Treiben gewesen: Wiedersehenstränen, Freude. Zwischen allen Beteiligten, denn Anni, Jill und Elaine hatten sich ebenfalls seit dem Frühsommer nicht mehr gesehen. Als Rolf gegenüber Anni endlich herausließ, dass Elaine schwanger war, waren sogar bei Jill die Freudentränen gekullert, und Anni hatte über den Rücken ihres Vaters gestreichelt, ganz nach dem Motto: Gut gemacht, alter Mann, ich freue mich, dass du glücklich bist.

Und natürlich Jerome und Anni: Jerome drückte seine Schwester so lange und fest, dass sie beinahe keine Luft mehr bekam. Anni sah blendend aus und war guter Laune. Jerome hätte die Freude, seine Schwester wohlbehalten und glücklich zu sehen, niemals in Worten ausdrücken können.

»Ich hätte früher zur Therapie gehen sollen«, flüsterte er Elaine zwischen Küchenzeile und Esszimmertisch zu, als er ihr half, die Antipasti aufzutragen, »ich hätte das alles hier schon Jahre früher in Angriff nehmen können!«

Elaine schüttelte den Kopf. »Man kann sich nicht selbst überholen. Alles braucht seine Zeit!«

Über Hendriks mysteriösen Tod hatte Rolf Jerome sofort am nächsten Morgen nach dem Telefongespräch mit Hellmann informiert. Eine Wut hatte Rolf im Bauch gehabt: Der hat sich im wahrsten Sinne des Wortes aus der Affäre gezogen, der hat Schluss gemacht mit seinem Elend hatte er gedacht. Konsequenzen würde es jetzt keine mehr geben. Jerome hatte die Sache ähnlich aufgefasst: Endlich hatte er, Jerome, nach Jahren gewagt, über die damaligen Vorkommnisse zu sprechen, und was würde nun daraus werden? Der Schuldige war tot, nicht mehr greifbar, ersoffen im Meer vor Phuket. Aber was wollten sie machen? Nichts konnten sie machen. Und so hatten die beiden Männer beschlossen, auch Anni nicht mit diesen Dingen zu konfrontieren.

»Ich werde dir bei Gelegenheit gerne erzählen, warum ich damals von zu Hause weg gegangen bin. Aber nicht heute«, hatte Jerome zu ihr gesagt, »lass uns unser Wiedersehen feiern!«
Anni hatte gelacht. Sie hatte nichts dagegen. Sie ahnte nicht, dass Jeromes Verschwinden am meisten mit ihr zu tun gehabt hatte.

Am Tisch erwähnte Rolf dann doch, dass er mit Hellmann telefoniert und dieser erzählt hatte, dass Hendrik irgendwie in Thailand zu Tode gekommen sei.

»Die Ratte«, sagte Anni mit fester Stimme, »man soll nicht schlecht über einen Toten reden, aber in diesem Fall –«
Alle schauten sie an.

»Ja, was schaut ihr so? Ich will gar nicht wissen, was er dort in Thailand alles getrieben hat!«

Und dabei ließen sie es bewenden.

Ja, das Wasser des Sees war stets angenehmer, als es den Anschein hatte, auch bei schlechtem Wetter.

Am Ufer standen sie und schauten auf Rolf, wie er seine Bahnen zog.

»Er schwimmt immer noch so lautlos wie früher«, sagte Jerome, und Anni nickte.

»Er ist der schönste Mann, den ich je gesehen habe«, sagte Elaine schmunzelnd und streichelte ihren Bauch.

Da lachten Jerome und Anni, denn das: ihr Vater? Der schönste Mann, den Elaine je gesehen hatte?, das konnten sie nicht wirklich nachvollziehen.

Am Nachmittag brachen alle wieder auf. Es sei ein viel zu kurzer Besuch gewesen, meinte Jill. Sie sagte auf Französisch, sie wolle die Sprachen lernen, Deutsch und Italienisch, und sie würde dafür sorgen, dass Anni ein Buchprojekt in dieser Gegend betreuen würde. Dann könnten sie für einen längeren Aufenthalt kommen und sich die Berge anschauen – sie meinte den Monte Baldo, den man gerade so im Nebel erkennen konnte.

»Feierst du eigentlich deinen Sechzigsten?«, fragte Anni, als sie schon fast im Auto saßen, um von Rolf wieder zum Flughafen gebracht zu werden.

Er wiegte den Kopf hin und her.

»Noch unschlüssig«, grummelte er, denn in der Tat war er sich nicht sicher, ob das ein Feiertag werden würde. Fern all seiner Freunde, fern seines Dorfes, mit so vielen aufwühlenden Ereignissen im Gepäck.

»Aber ihr könnt uns jederzeit besuchen«, fügte er hinzu.

Auch Jerome, Chiara und der kleine Luca fuhren nach Hause. Sie hatten es nicht weit bis San Benedetto Po, und es würde sicher nicht lange dauern, bis sie Rolf und Elaine wiedersehen würden.

2017, GARDASEE

Einige Tage und Wochen vergingen. Eine angenehme, ruhige Routine stellte sich ein. Langsam begann Elaine darüber nachzudenken, was man wohl so alles brauchte für ein Neugeborenes – obwohl der berechnete Geburtstermin erst Ende Februar sein würde.

Sie informierte sich im Internet und bestellte Kataloge mit Babyartikeln.

»Es wäre doch gut, wenn wir wüssten, ob es Junge oder Mädchen wird«, sagte sie zwischendurch, wenn sie auf der Couch lag und mit geröteten, eifrigen Wangen die Prospekte durchforstete, »wegen der Farben.«

Rolf setzte sich zu ihr und sagte: »Wenn du es wissen willst, warum nicht? Ich bin bereit. Und auch ein wenig neugierig.«

Und so wussten sie Ende Oktober, nach dem nächsten Frauenarzttermin, dass es ein Mädchen werden würde.

Elaine sprach Rolf nicht weiter auf seine – sie wusste gar nicht, wie sie es in Gedanken nennen sollte – Potenzprobleme an. Auf der gesetzten Frist beharrte sie nicht – die Stimmung war an jenem Tag eine andere gewesen. Sie wusste, er würde irgendwann zu ihr kommen, und sie war sicher, dass dies geschehen würde. Bis dahin ließ sie sich in den Arm nehmen und nahm ihn in den Arm, kitzelte an ihm herum, bis er vor Lachen keine Luft mehr bekam, und sie massierten sich gegenseitig mit Mandelöl, auf der Couch, im flackerndem Licht des Kaminfeuers. Sie massierte ihn nach seinen

Schwimmtouren – um seine Muskeln wieder aufzuwärmen. Und er massierte sie – weil sie keine Schwangerschaftsstreifen bekommen wollte. Ganz oft lagen sie friedlich im Bett oder auf der Couch nebeneinander, Rolfs Kopf oder seine Hand auf ihrem Bauch, und sie spürten ihr gemeinsames Kind wachsen und Purzelbäume schlagen.

Und irgendwann – irgendwann, vielleicht in der Nacht oder am frühen Morgen oder auch am Nachmittag – wanderte in dieser Wärme und Vertrautheit Rolfs Hand auf Elaines Hüfte, mit einem leichten Druck und einem Vorantasten und einem Streicheln und einem Begehren. Seine Hand wurde fordernder, er griff richtig zu und drängte zwischen Elaines Schenkel, die ihn gerne willkommen hießen. Sie versanken ineinander und Rolf genoss voller Freude das heiße Pulsieren, dass sich von den Lenden aus in seinem ganzen Körper ausbreitete und Elaine aufstöhnen ließ.

Das, allerdings, war schon Mitte November, kurz vor seinem 60. Geburtstag, und plötzlich war ihm nach Feiern zumute.

NOVEMBER 2017 – JANUAR 2018, GARDASEE

Wie Rolf seinen sechzigsten Geburtstag feierte?

Mit seinem Sohn, seinem Enkelsohn, seiner Schwiegertochter und: mit Elaine.

Die Trattoria lag in einer versteckten Ecke der Altstadt von Peschiera und bot die beste hausgemachte Pasta der Umgebung. Auf einem offenen Rost wurden Fische gegrillt – Hecht und Lavaret aus dem See.

Seit einigen Tagen lag die Gegend in dichtem Nebel, der sich auch während des Tages nicht auflöste, und Kopfsteinpflaster und Asphalt waren ständig feucht.

Schwimmen im Freien zu dieser Jahreszeit – die Lufttemperatur lag um die acht Grad Celsius, die Wassertemperatur um die zwölf Grad Celsius – machte selbst Rolf keinen Spaß mehr. Er und Elaine hatten etwas weiter am östlichen Ufer hinauf, bei Malcesine, ein Hotel mit Innenpool gefunden, dessen Länge zwanzig Meter betrug – immerhin. Dorthin gingen sie zusammen zwei Mal pro Woche und bezahlten jedes Mal 25 Euro. Es war eines der wenigen Hotels, das über Winter geöffnet war.

»Es gehört zu der Hotelkette, für die ich früher gearbeitet habe«, sagte Jerome, als Rolf beim Essen in der Trattoria davon sprach. Jerome hatte längst Rolf und Elaine seinen gesamten Lebensweg, den er in Italien gegangen war, erzählt.

»Es ist ein wahrer Luxusschuppen«, meinte Elaine, »zu schade, dass ich nicht mehr in die Sauna kann.«

Sie war nun im sechsten Monat schwanger und wahnsinnig

stolz auf ihren Bauch. Rolf war es auch. Er hatte in diesen Wochen die beste Zeit seines Lebens, in gewisser Hinsicht, mit seiner Elaine, die eine beständige Hitze ausstrahlte und bis oben hin voll war mit Hormonen. Welche Hormone das genau waren, wusste Rolf nicht, es war ihm auch egal, aber er hatte allerhand damit zu tun, Elaine gerecht zu werden.

»Chiara wollte euch etwas fragen«, sagte Jerome während des Nachtisches, »und zwar: Wollen wir Weihnachten alle zusammen bei ihrer Mutter in Pieve verbringen?«

Und so machten sie es: Weihnachten in typisch italienischer Manier in der Großfamilie: Weihnachtsschmuck im ganzen Haus, Dekoration aus Plastik und Glitzer, blinkende Lichterketten in allen Farben. Chiaras Schwester mit Mann und zwei Kindern, ein älterer, alleinstehender Onkel, Jerome, Chaira, Luca, Elaine, Rolf und Chiaras Mutter, welche drei Tage lang Berge von Antipasti und Primi und Secondi und Dolci auftischte. In einer Ecke auf einem Regal: ein Foto von Chiaras Vater, Jeromes Lehrmeister. Keine siebzig Jahre alt war dieser geworden.

Berge von Geschenken und Geschenkpapier türmten sich am ersten Weihnachtsfeiertag im Wohnzimmer, doch für Elaine war nur ein winzig kleines Päckchen dabei: Eine Silberhalskette mit einem kleinen Silberherz daran. Es war das romantischste Geschenk, das sie jemals bekommen hatte. Von Jules, ihrem

Ex-Mann, hatte sie stets teure Städtetrips oder Wellness-Gutscheine bekommen, und angesichts der kleinen Schachtel mit dem Herz darin hatte sie Tränen vor Rührung vergossen.

Rolf hingegen bekam praktische Geschenke: neue Badeschlappen, Bücher und einen Italienisch-Kurs auf CD, letzteren von seiner Schwiegertochter.

Das einzige, was fehlte, war Schnee. Diesen gab es am Gardasee fast nie zur Weihnachtszeit, er sollte erst später kommen. Anni und Jill ließen sich über die Weihnachtsfeiertage nicht aus Paris herauslocken, kamen aber an Silvester nach Peschiera, ebenso wie Hugo und − Elaine wunderte sich − Sybille. Fast wirkten die beiden, der ältere Hugo und Elaines ehemalige WG-Gefährtin, als wollten sie ebenfalls eine gemeinsame Zukunft anstreben. Sybille trug einen Silberring am Finger, den Elaine nie zuvor gesehen hatte, aber sie fragte nicht danach.

Am zweiten Januar, nachdem alle Gäste wieder abgereist waren, lagen Rolf und Elaine nach so viel Trubel erschöpft auf der Couch. Elaine mit dicken Wollsocken an den Füßen und einem leichten Schnupfen, während im Kamin das Feuer prasselte und draußen der Regen.

»Weißt du«, flüsterte Rolf in ihr Ohr, das ganz nahe war, »genau so habe ich mir das vorgestellt mit dir.«

»Genau so?«

Sie drehte sich amüsiert zu ihm hin.

»Mit Wollsocken, roter Schnupfnase und einem Haufen benutzter Taschentücher auf dem Tisch?«

»Ja«, Rolf lachte, »genau so!«

JANUAR 2018, GARDASEE

Eine große Überraschung ereilte Rolf Mitte Januar, und erneut kam die Überraschung per Telefon.

Es klingelte, als Elaine und Rolf gerade zu einer Art Vorstellungsgespräch aufbrechen wollten: Sie hatten einen Termin bei der örtlichen Hebamme, Signora Dalcielo. Heimlich malte sich Elaine eine Hausgeburt aus, hatte Rolf aber noch nicht darüber in Kenntnis gesetzt. Sie wollte erst feststellen, was Signora Dalcielo, die ihnen von ihrem Gynäkologen empfohlen worden war, davon hielt. Dementsprechend gespannt war sie, und dementsprechend genervt, als Rolf während des Mantelanziehens innehielt, um ans Telefon zu gehen.

Sofort war zu erkennen, dass Hellmann am anderen Ende der Leitung war. Rolfs Gesicht nahm jedes Mal einen besonderen Ausdruck an, wenn sein bester Freund anrief.

Rolf hörte Hellmanns Stimme und glaubte, eine Veränderung an seinem Kumpanen festzustellen. Genau konnte er es nicht festmachen, denn schon hatte Hellmann ihn an Alica, Hendriks Ex-Frau, weitergegeben, die offenbar neben im stand. Ohne Vorwarnung sagte Alica:

»Heute ist der Erbschein vom Amtsgericht gekommen! Du hast die Hälfte des Hauses geerbt!«

Rolf musste tatsächlich erst einmal schlucken.

»Welchen Hauses?«, fragte er verdutzt zurück.

»Unseres Hauses in Hirzweiler, Rolf! Hendrik hat ein Testament gemacht. Und dir gehört jetzt eine Hälfte der Weberstraße Nummer 63! Wenn du das Erbe annimmst!«

»Ist der denn verrückt?«

»Er war verrückt. Offensichtlich hast du noch was gut bei ihm.«

Rolf schwieg. Ob Alica wusste, dass Hendrik damals mit Linda …

»Er hat wohl ein schlechtes Gewissen Dir gegenüber. Gehabt.«

Rolf sagte nichts. Er seufzte. Was sollte er mit der Hälfte eines Hauses anfangen, von dem die andere Hälfte nun Alica gehörte?

»Warum so spät? Ich meine, warum kommt der Erbschein so spät? Bei Linda ging das alles ganz schnell.«

»Da war wohl etwas mit den Papieren nicht ganz klar. Irgendetwas mit der Scheidung. Er hat das alles ziemlich schleifen lassen.«

»Aha.«

»Was machen wir jetzt damit, Rolf?«

»Willst du wieder einziehen? Muss ich nach Hirzweiler kommen und irgendetwas unterschreiben?«

»Ja, du musst etwas unterschreiben. Mal sehen, wie wir das regeln. Ich ziehe dort nicht mehr hin. Wir könnten es verkaufen.«

Verkaufen? Rolf dachte nach. Sowieso müsste er darüber nachdenken. Sein erster Impuls war zu sagen: Nein, danke, von Hendrik möchte ich keine Geschenke. Von ihm als allerletztem.

Und dann, ganz plötzlich, war ihm klar: Der erste Impuls war der Richtige. Kein Geld, keinen Cent will ich von Hendrik.

Vergebung kann man nicht kaufen. Auch nicht, wenn man tot ist. Auch nicht nach Jahren. Dass Hendrik ihn, Rolf, in seinem Testament bedacht hatte, hieß ja nur, dass dieser sich seiner Schuld gegenüber Rolf bewusst gewesen war.

»Verkauf das Ding. Und wir spenden meinen Teil. Ich werde überlegen, an wen.«

Er hörte, wie Alica innehielt.

»Ich will nicht wissen, was er getan hat«, sagte sie nach einem kurzen Schweigen.

»Verstehe.«

»Ich weiß genug von dem Mist, den er über die Jahre gebaut hat. Anderen Mist, mit anderen Frauen. Alles weitere kann ich mir vorstellen.«

»Wie du meinst.«

»Ich regele das dann. Sag mir Bescheid, wenn du weißt, an wen wir spenden sollen.«

Ja, Alica sagte »wir«. Auch sie würde ihren Anteil am Verkaufspreis spenden. Am Ende wurden es fast 200 000 Euro, die ihren Weg zu sozialen Einrichtungen der Jugendhilfe fanden.

28. FEBRUAR 2018, GARDASEE

Am frühen Abend hatte Rolf noch bei Minusgraden am See-
ufer gestanden und auf das glatte Wasser geblickt, welches
in der vorangeschrittenen Dämmerung aufgrund des klaren
Himmels dunkelblau und im Mondlicht schimmernd vor
ihm lag, eingerahmt von den schneebedeckten Bergen, dem
Monte Baldo im Osten und den Hügeln hinter Salò im Westen. Dicht am Ufer glitzerte eine dünne Eisschicht, sehr zart
und zerbrechlich. Rolf hatte sich gebückt, ein Stück Eis ab-
gebrochen und es in seiner Hand schmelzen lassen.
Es ist ein Wunder, die ganze Welt ist ein Wunder, hatte er
gedacht, dieser riesige See, die Berge, der Schnee und das Eis.
Italien im Winter, Elaine in ihrer Wohnung in der Nähe, Jerome, Chiara mit Luca in San Benedetto, und Anni mit Jill
in einem Hotel in Mantua. Meine ganze Familie im Umkreis
von nicht einmal hundert Kilometern. Ein Wunder.
Das hatte er gedacht, und jeder seiner Atemzüge hatte eine
kleine, weiße Wolke vor sein Gesicht gezaubert.
Dann war er die wenigen hunderte Meter in die Altstadt von
Peschiera zurückgegangen, zu ihrer Wohnung. Ungern ließ er
Elaine in diesen Tagen länger als eine Stunde alleine.

Elaine war den ganzen Tag auf den Beinen gewesen. Sie hatte
die Nase gestrichen voll vom Dasein als Schwangere. Rücken

und Beine schmerzten, sie konnte nicht mehr richtig schlafen, und alle Geduld, die sie durch die letzten Monate getragen hatte, war verflogen. Im Laufe dieses Tages war sie zweimal zu Fuß in der Stadt unterwegs gewesen. Einmal um einzukaufen, obwohl ihre Vorratsschränke bereits prall gefüllt waren, und ein zweites Mal, um die Hebamme, Signora Dalcielo, aufzusuchen, die ihr zum sicher hundertsten Mal versichert hatte , dass alles in Ordnung sei und ja, sie komme sofort, sobald sich die Geburt durch Wehen ankündige.

Denn es sollte eine Hausgeburt werden.

Das Streitthema der letzten Wochen zwischen Elaine und Rolf. Obwohl sie in allen anderen Belangen meist konfliktfrei einen Kompromiss fanden, hatte sich Elaine beim Thema Hausgeburt lautstark durchsetzen müssen. Lautstark, das kam selten vor.

Mit der Schwangerschaft war alles in Ordnung, alle Werten waren im Normbereich, das Kind lag seit Wochen in der richtigen Position. Elaine hatte stets rosige Wangen und einen Appetit wie eine Löwin. Schließlich hatte Rolf der Hausgeburt doch zugestimmt. Es waren nicht so sehr die Sorge um das Kind oder um Elaine, was ihn skeptisch gegenüber einer Hausgeburt machte – er sah und spürte, dass irgendwie alles in Ordnung war – , sondern vielmehr konnte er nicht verstehen, warum man sich den Annehmlichkeiten eines Krankenhausaufenthaltes in diesem Fall entziehen sollte.

In jedem Fall hatte Elaine an diesem Tag, dem 28. Februar, noch einen Schokoladenkuchen gebacken und die Wäsche gewaschen. Sie war gerade dabei, Schnitzel zu panieren, als die erste Wehe vom Rücken ausgehend um ihre Hüften herumschlich.

Sie unterbrach ihre Tätigkeit nicht, blickte nur einmal kurz auf die Uhr. Es war 18.31 Uhr, die Sonne ging gerade unter, und Rolf würde gleich von seinem Spaziergang zurückkommen.

Als Rolf in die Wohnung kam, war es 18.55 Uhr, die Schnitzel brutzelten in der Pfanne und die Rosmarinkartoffeln garten im Backofen. Er küsste Elaine, die noch in der Küche stand und Tomaten für einen Salat schnitt. Seine Lippen waren eiskalt.

»Alles in Ordnung?«, fragte er.

»Alles bestens«, antwortete sie knapp.

Leichte Wehen zogen im Abstand von genau acht Minuten durch Rücken, Lenden und Bauchdecke, aber das musste Rolf nicht gleich wissen.

»Schaust du nach dem Kamin?«, fragte sie und lächelte.

»Aber natürlich.«

Zwei Stunden später verwählte Rolf sich dreimal, bis er die richtige Nummer – nämlich die der Hebamme Signora Dalcielo – ins Telefon eingetippt hatte. Elaine und er hatten gegessen, es sich danach auf der Couch am Kamin gemütlich gemacht und ihre Nasen in Bücher gesteckt, bis es Elaine nicht mehr gelang, die Schmerzen vor ihm zu verbergen. Sie war aufgesprungen und hatte begonnen, in der Wohnung auf und ab zu gehen.

»Signora, bitte kommen Sie!«, rief er zu Signora Dalcielo mit seinem starken deutschen Akzent ins Telefon. »Signora Fontana, si, Elaine Fontana!«

Rolf wusste, was zu tun war. Sie hatten es sicher hundert Mal durchgesprochen, er und Elaine, und er hatte es bei Linda erlebt: Während einer Geburt setzte man sich als Mann am besten in eine Ecke, hielt den Mund und wartete auf Ansagen der Frau oder der Hebamme. Wenn die Frau einen rief oder es auf die letzte Phase der Geburt zu ging, eilte man herbei, um die Hand zu halten.

Und so machte er es. Signora Dalcielo nahm ihre üblichen Untersuchungen vor und hielt dann vier Finger in die Höhe: »Quattro centimetri. Tutto bene. Forse sei ore!«

»Sechs Stunden?«, entfuhr es Elaine.

»Si, è normale. Tutto bene! Pazienza! Rende un centimetro all'ora!«

»Was sagt sie?«, fragte Rolf.

»Es geht einen Zentimeter vorwärts pro Stunde«, schnaubte Elaine, »im Normalfall!«

»Und, ist es der Normalfall?«

»Ja, sagt sie.«

»Wie viele Zentimeter brauchen wir?«

»Zehn! Haben wir doch gelesen!«

Sie klingt gereizt, dachte er, das dauert keine sechs Stunden mehr.

Elaine durfte wieder aufstehen und eine Weile herumlaufen. Rolf bereitete die Couch vor, breitete die schon lange bereit gelegten Decken und Tücher darauf aus und setzte sich auf einen Stuhl neben den Kamin, in dem ein Feuer brannte. Das hatte Elaine sich so gewünscht: Das Kind zu bekommen im Schein eines Kaminfeuers, wie die Leute vor hundert oder zweihundert Jahren, so stellte sie sich das vor, so sollte es sein. Rolf balancierte seine Sudoku-Zeitschrift auf den Knien und hielt den Stift in der Hand, während Signora Dalcielo irgendwelche Vorbereitungen traf und Elaine Wehe nach Wehe im Gehen veratmete. Das machte sie ganz gut, es war keine Panik in ihrem Gesicht zu erkennen, nur Ungeduld, und wenn er sie zu lange ansah, wedelte sie mit der Hand, um ihm mitzuteilen, alles sei in Ordnung und er sollte sie nicht die ganze Zeit anstarren. Doch das mit dem Sudoku, das würde heute nichts werden. Er schrieb bloß irgendwelche Zahlen in die Kästchen, um Elaine zu beruhigen. Und sich selbst.

Gegen zehn Uhr fing es draußen an zu schneien. Rolf sah es durch die Terrassentür und fühlte sich fast schon wieder weihnachtlich. Elaine lag derweil wieder auf ihrem Lager und Signora Dalcielo ging ihrer Arbeit nach.

»Brava ragazza«, murmelte die Signora, während sie mit einer Salbe Elaines Bauch und Genitalbereich einrieb. Es duftete nach Kräutern, »sono sette, sono otto, va bene, va bene.«

So blieb es eine Weile, vielleicht eine Stunde oder zwei, unterbrochen nur vom Knistern des Feuers und von Elaines Stöhnen, wenn die nächste Wehe kam. Zwischendurch wollte sie immer wieder aufstehen, und Signora Dalcielo ließ sie gewähren. Rolf durfte an ihrer Seite gehen und sie während der Wehen stützen, sollte aber den Mund halten. Gegen Mitternacht, als der Februar in den März überging, massierte Signora Dalcielo immer wieder Elaines Rücken, und es ging gut voran. »Va bene, brava ragazza«, wiederholte sie gebetsmühlenartig, »Alles ist gut, braves Mädchen.«, und dazwischen: »Respira!«, Atme!

Von selbst wankte Elaine irgendwann zur Couch und legte sich hin. Ihr stand der Schweiß auf der Stirn, die Haare zerzaust und in Anstrengung. Das Stöhnen ging in ein Schreien über, das durch Wände bis hinaus in die Welt zu dringen schien. Signora Dalcielo winkte Rolf herbei und zeigte ihm, dass er sich nun seitlich in Höhe von Elaines Kopf stellen sollte. Elaine griff nach seiner Hand und ließ sie nicht mehr los. Die Signora breitete ein weißes Laken über Elaines Bauch bis fast auf ihre Knie und sagte etwas auf Italienisch, das Rolf nicht im Entferntesten verstand.

»Sie sagt, wir haben es bald geschafft«, zischte Elaine zwischen zwei Wehen.

»Respira!«, atme. Und dann wieder: »Pazienza!«, Geduld.

Rolf dachte an nichts mehr. Irgendwann spürte er seine eigene Hand nicht mehr, da Elaine sie so fest drückte, und irgendwann fiel ihm auf, dass er im gleichen Rhythmus atmete wie Elaine, aber ansonsten vergaß er alles um sich herum, das Feuer im Kamin, den Schnee draußen, das Sudoku, die Angst, es könne noch etwas schief laufen im letzten Moment, seine Befürchtungen, irgendwelchen Herausforderungen der Zukunft nicht gewachsen zu sein –

Elaine dachte ebenfalls an nichts. Sie spürte. Sie spürte, wie das Kind in ihr sich voranzuschieben begann, und wie sie selbst half, es voranzuschieben, mit jeder Wehe ein winziges Stück, und sie fühlte sich eins mit allen Frauen und Müttern auf der ganzen Welt, ja, mit der ganzen Welt an sich fühlte sie sich vereint.

»Stampa!«, rief die Hebamme in die nächste Wehe hinein, »Stampa«, pressen, und Elaine tat wie geheißen, bis ihr Gesicht rot anlief. Signora Dalcielos Hand verschwand in Elaine und sie tastete in ihr herum. Dann deutete sie Rolf an, zu ihr zu kommen.

»Aiutami!«, sagte sie, und Elaine zischte: »Sie sagt: Hilf mir!« Signora Dalcielo stellte sich vor Elaines rechtes Bein und drückte Elaines Fuß gegen ihre Hüfte. Sie befahl Rolf mit Blicken, an Elaines linker Seite das gleiche zu tun. Also nahm er Elaines linken Fuß und stellte ihn gegen seine Hüfte.

»Bene, va bene«, und als die nächste Wehe kam: »Stampa! Stampa!«

Und Elaine stemmte ihre Füße gegen die Hüften der beiden und presste und presste.

Das wiederholten sie einige Male – Rolf verlor jegliches Zeitgefühl. Er konnte nicht umhin, hinzuschauen. Sein Herz platzte fast, als er die schwarzen Haare des Kindes sah, welches sich zwischen Elaines Schenkeln herauszuschieben begann.

»Stampa!«, rief Signora Dalcielo.

Elaine presste.

Und dann war es da.

Von einer Sekunde auf die andere.

Ein neues Leben auf der Welt.

Elaine entfuhr ein letzter, erleichterter Aufschrei, voll Freude und Erstaunen.

Signora Dalcielo nahm das Kind, hielt es noch an der Nabelschnur in die Höhe.

Das kleine Mädchen begann sofort zu schreien. Die Hebamme fuhr dem Kind mit dem Finger durch den Mund, wickelte es in ein Tuch und legte es Elaine auf die Brust. Elaine heulte – natürlich heulte sie, mit einem lachenden Gesicht, die Tränen liefen nur so die Wangen herunter, und Rolf war ganz nahe bei ihnen, an ihrer Seite. Das kleine Mädchen schaute sie beide an, erst Elaine, dann Rolf, und begann sofort damit, es sich an Elaines Brust gemütlich zu machen.

Signora Dalcielo schnitt derweil die Nabelschnur durch –

auch das hatten sie vorher hundertmal durchgesprochen. Rolf
wollte das nicht machen, es hatte ihm, als er es nach Annis
Geburt getan hatte, wochenlang Albträume beschert, eine
noch pulsierende Ader durchzuschneiden.

»C'è una piccola crepa«, sagte die Hebamme, nahm das Baby
von Elaines Brust herunter und drückte es Rolf in die Arme.
Rolf hatte nicht genau verstanden, was sie gesagt hatte, aber
er konnte es sich denken. So ging er mit dem Baby die wenigen Schritte bis zum Terrassenfenster und zeigte seiner kleinen Tochter den Schnee. Hinter sich hörte er die Hebamme
reden und Elaine fluchen, aber auch die Näherei gehörte nun
einmal dazu.

Die Welt ist ein Wunder, dachte er zum zweiten Mal an diesem Tag, das ganze, verdammte Leben ist ein Wunder.

Anders konnte er sich seine Gefühle nicht erklären, die ihn
von ganz tief innen umspülten wie eine Welle wohlig-warmen
Wassers. Da stand er am Fenster, mit seinem dritten Kind auf
dem Arm, und schaute in den herabrieselnden Schnee.

Was für ein Glück er hatte.

Was für ein Glück sie beide hatten.

Sich gefunden zu haben – er und Elaine. Zum richtigen Zeitpunkt, am richtigen Ort, in der richtigen Stimmung.

Darüber hatten er und Elaine oft gesprochen in den letzten
Tagen, von Wundern und von Glück.

Er blickte in die dunklen Augen seiner Tochter.

»Felicitas«, sagte er, »so wirst du heißen.«

MÄRZ 2018, DEUTSCHLAND

Im Rahmen der Regierungsbildung herrschte in Deutschland im März 2018 immer noch kein klares Bild. Die »Große Koalition« war beschlossene Sache, aber das politische Personalkarussell war noch nicht zum Stillstand gekommen.

Von Politik – schon gar nicht von deutscher Politik – bekamen Rolf und Elaine wenig mit in diesen Tagen. Sie kümmerten sich um ihre neugeborene Tochter. Rolf, der sich ansonsten in der Tabaccheria an der Ecke eine deutsche Tageszeitung kaufte, tat dies über einen längeren Zeitraum nicht, und in den italienischen Nachrichten im Radio ging die Sache an ihm vorüber. Fernsehen gehörte, wie schon zuvor, nicht zu ihren regelmäßigen Gewohnheiten, außer Sportsendungen, aber die olympischen Winterspiele in Südkorea waren im Februar zu Ende gegangen und der Fernseher seither aus.

Deshalb erfuhren Rolf und Elaine nichts über ein Ereignis, das die deutsche Politik erschütterte: Die Aufhebung der Immunität eines bis dahin wichtigen Ministers aus dem Kabinett der Kanzlerin.

Um die Immunität eines hohen Ministers aufheben zu können, muss einiges geschehen. Und wenn einiges geschehen muss, ist es schwierig, die Ursache der Immunitätsaufhebung aus der Presse herauszuhalten. Dies gelang den ermittelnden Behörden und der Staatsanwaltschaft nur einige Tage lang. Bald war klar, aus welchem Grund gegen diesen Minister ermittelt wurde: Anstiftung zum Mord an einer rumänischen

Staatsbürgerin, die als Prostituierte Kontakt mit dem Minister gehabt haben sollte.

Der Minister trat innerhalb weniger Tage zurück und hinterließ ein Loch im Kabinett, von dem die Kanzlerin nie angenommen hatte, es neu besetzen zu müssen, und das politische Personalkarussell nahm erneut Schwung auf.

Ende März erfolgte eine offizielle Anklage. Die Presse war voll von Spekulationen über Tathergang und weitere mögliche Beteiligte. Wahrheit war nicht mehr von Vermutungen zu unterscheiden. Schließlich gab der betroffene Politiker ein Interview, in dem er den Kontakt zu der Prostituierten offen legte, aber jegliche Beteiligung an ihrem Tod abstritt.

Die junge, rumänische Dame war im Jahre 2016 in einer Wiese in der Nähe eines Campingplatzes in Hamburg tot aufgefunden worden. Damals hatte die Obduktion ergeben, dass die Frau kurz vor ihrem Tod ein Kind geboren haben musste. Diese Tatsache, die ebenfalls in den Nachrichten landete, schürte erneut die Gerüchte in der Presse, denn welch deutlicheres Motiv konnte es für den Politiker geben, eine Ermordung der Prostituierten in Auftrag zu geben, wenn nicht ein von ihr geborenes Kind, das von ihm abstammte, einen Spiegel seiner Gene, einen lebendigen Beweis seiner Sündhaftigkeit?

Den wahren Namen dieses Kindes – nämlich der Name, den die Mutter dem Kind kurz nach der Geburt gegeben hatte – wussten nur Elaine Fontana, Rolf Neumann und eine Mitarbeiterin des Jugendamtes: Tamino hieß der Junge.

Wo Tamino sich aufhielt, unter welchem Namen er nun lebte und wie es ihm ging, erfuhr niemand. Das war wiederum eine Meisterleistung der zuständigen Mitarbeiterin des Jugendamtes: Statt angesichts des Trubels und des Interesses der Presse an dieser Geschichte einzuknicken und Profit aus der Sache zu schlagen, hielt sie den Mund, löschte alle Daten im Computersystem, die Tamino betrafen, nahm die Papierakte mit nach Hause und versteckte sie bei ihrer Tante auf dem Dachboden. Nur der Weitsicht dieser Mitarbeiterin des Jugendamtes war es zu verdanken, dass Tamino die weiteren Jahre seiner Kindheit ungestört und unbehelligt irgendwo in Niedersachsen an der Ems bei einer Pflegefamilie verbringen konnte. Später, irgendwann, würde er über seine Herkunft aufgeklärt werden.

Und so kam es, dass Kommissar Roth erst eines Nachmittags Ende April in Peschiera del Garda anrief, um Rolf und Elaine über die Ereignisse zu informieren.

APRIL 2018, GARDASEE

Rolf hielt noch den Telefonhörer in der Hand. Er saß am Tisch in ihrer Wohnung in Peschiera, in der Unterhose, Elaines Duft noch an seinen Lippen und seinen Haaren und seinen Händen und sowieso an seinem ganzen Körper.

Elaine stand vor ihm, in ein weißes Laken gehüllt, die Hände in die Hüften gestützt.

»Wir können zurück nach Hirzweiler, meint Kommissar Roth«, schloss Rolf. In seinem Gesicht war keine Gefühlsregung zu erkennen.

Gerade hatten sie zum ersten Mal seit Felicitas' Geburt miteinander geschlafen – eine zärtliche, behutsame Zusammenkunft an einem sonnigen Nachmittag im Frühling, im Schlafzimmer, in dem auch Felicitas in ihrem Babybett schlief. Das Telefon – Kommissar Roth – hatte sie geweckt, nur sie beide, Elaine und Rolf.

»Ja, freust du dich nicht?«, entfuhr es Elaine.

Rolf schaute Elaine an und zuckte mit den Schultern.

»Wir haben uns gerade gut eingelebt, finde ich«, sagte er.

Und das stimmte auch. Er unterrichtete einige Stunden Deutsch pro Woche an einer Sprachschule in Desenzano, Elaine besuchte zweimal wöchentlich einen Italienisch-Kurs und hatte fast das Niveau B1 erreicht. Sonntags gingen sie gemeinsam in die nahe gelegene Kirche, des weiteren besuchte Elaina einmal wöchentlich Signora Dalcielos Beckenbodengymnastik. Zu ihrem Vergnügen hatte sie sich eine digitale Spiegelreflexkamera gekauft und fotografierte bei ihren Ausflügen in die Natur Pflanzen und alte Gebäude. Felicitas, mittlerweile fast acht Wochen alt, wurde dann entweder um Elaines oder Rolfs Bauch gebunden. Und am allerwichtigsten war: Sie waren dabei, Leute kennenzulernen. Menschen, die sie zum Essen einluden und von denen sie zum Essen eingeladen wurden. Menschen, mit denen sie sich auf einen Kaffee oder einen Aperitivo in der Bar verabredeten. Rolf hatte sich mit einem deutschen Ehepaar in seinem Alter angefreundet und unterhielt sich gerne mit ihnen. Mit dem Mann traf er sich tatsächlich zum Fußball schauen, und einmal waren sie zusammen wandern gewesen. Trotzdem sagte Elaine:

»Du spinnst ja!«

Sie wusste, dass er sich freuen würde, nach Hirzweiler zurückzugehen. Vielleicht würde es zwei Minuten dauern oder eine Stunde, bis Rolf begriff, dass sie jetzt tatsächlich frei waren – Elaine außer Gefahr, Zeugenschutzprogramm beendet, normales Leben möglich. Würde sie ihren richtigen Namen wieder annehmen können? Würde sie das wollen? Wie lange würden sie Zahlungen aus dem Zeugenschutzprogramm erhalten? Wann würden sie aus der Wohnung ausziehen müssen?

Rolf stand auf, strich ihr über den Arm und ging schweigend zur Kaffeemaschine. Kochte zwei Tassen Kaffee, stellte sie vor sie auf den Tisch. Dann war Felicitas zu hören. Elaine ging und kam mit dem Baby wieder zu ihm, setzte sich an den

Tisch, Felicitas auf dem Arm, an ihrer Brust.

Rolf räusperte sich.

»Ich bin gespannt, wie mein Garten aussieht«, sagte er da.

Und begann zu strahlen.

MAI 2019, HIRZWEILER

Und so kamen sie in genau dem Monat im Jahr wieder in Hirzweiler an, in dem sie sich vor einem Jahr nähergekommen waren. Nur dieses Mal hatten sie bereits ein Baby, und sie würden sich nie wieder trennen, nie für längere Zeit, eigentlich nie länger als 48 Stunden, bis zu Rolfs letztem Atemzug nicht.

... IN DEN FOLGENDEN JAHREN ...

Menschen kamen in ihr Leben dazu, Menschen gingen.

Einige von Rolfs Freunden, vielmehr: deren Ehefrauen, blieben Elaine gegenüber skeptisch. Zu drohend schwebte der Altersunterschied zwischen Rolf und Elaine in der Luft. Manche hatten Angst, ihre Männer könnten sich ebenfalls einer jüngeren Frau zuwenden. Andere zeigten sich überraschend loyal – zum Beispiel der gesamte CDU-Ortsverband, der an Rolfs und Elaines Wiedersehensfest in Hirzweiler das Catering übernahm. Ausgerechnet Ewald, erster Vorsitzender und der konservativste Audi-Fahrer, den Elaine je kennenlernen sollte, hielt eine Rede, in der er Elaines Integrationswillen und das neue – wenn auch »noch« uneheliche – Kind begrüßte.

Nach den Sommerferien bekam Rolf seine Klasse wieder, führte den Schwimmunterricht aus und schimpfte mit den Schülern, wenn sie hinter den Papiercontainern rauchten. Seine Direktorin, Margarete, war überglücklich, dass er wieder an seiner Arbeitsstelle war, und den Gedanken an vorzeitige Pensionierung hatte Rolf weit nach hinten geschoben. Jeden Euro konnte er nun gebrauchen, er musste für seine neue, kleine Familie sorgen, Abzüge konnte er sich nicht leisten.

Thea zog im folgenden Jahr mit einem Landschaftsgärtner zusammen. Auf Elaines Anraten hin hatte sie eine Annonce in der Zeitung geschaltet und auf diese Art einen Gefährten gefunden, der gar nicht mal schlecht zu ihr passte: Wie Findus und Petterson stöberten sie in der Natur herum, wie die kleine Hexe mit ihrem Rabe führten sie esoterische Zwiegespräche und kochten Gemüsesuppe auf dem offenen Feuer. Dass ihr Gefährte um einige Jahre jünger war als sie selbst, war nie Thema. Genauer gesagt: dass dieser fast zehn Jahre jünger war, wusste im Dorf nur Thea selbst. Viele Abende verbrachten sie zusammen, Thea, der Landschaftsgärtner, Rolf, Elaine und die kleine Felicitas.

Als Felicitas in den Kindergarten kam, mit einem Jahr, begann Elaine endlich, als Deutschlehrerin für Migranten zu arbeiten. Aber nebenher, fast heimlich, baute sie sich ein zweites berufliches Standbein auf: Sie fotografierte. Fotografierte vor allem Landschaften, Rolf beim Schwimmen und natürlich Felicitas. Wurde von Freundinnen gefragt, ob sie auch von deren Kindern Porträtfotos machen könnte. Der Wasserballclub, der Sportverein, das DLRG: alle wollten von ihr fotografiert werden. Ihre Leidenschaft wurde es, Sportler in Bewegung fotografisch festzuhalten.

2022 starb Hellmann, unerwartet und überraschend für alle. Zwei nächtliche Schlaganfälle, gefolgt von einer Lungenentzündung im Krankenhaus brachten den schweren Bären zu Fall.

Hellmanns Tod erschütterte seine Frau, brachte sie beinahe mit ins Grab, und riss ein riesiges Loch auch in Rolfs Leben, ja, in das Leben der Dorfgemeinschaft überhaupt. Ständig bildete sich Rolf ein, Hellmanns Stimme zu hören – wenn er den Telefonhörer abhob – »Rolf, wo bleibst du, bist du krank?«, oder an Festen: Hellmanns Klopfen auf seiner Schulter: »Rolf, was ist, heben wir einen?«

Das Schwimmbecken beim Wasserball war leerer, es machte eine Zeit lang nur noch mäßigen Spaß, dem Ball hinterherzujagen, ohne Hellmanns Pranken in der Nähe. Hellmanns Stimme glaubte Rolf auch zu hören, wenn er mit Elaine am Abend auf der Couch saß, die Kleine schon im Bett, Hellmanns Schritte auf dem Kies, wenn er hinter das Haus in den Garten stiefelte, sein Rufen: »Seid ihr noch wach? Oder was treibt ihr gerade?«

Auch Elaine vermisste Hellmann schmerzlich, war er doch einer der ersten gewesen, der sie in Hirzweiler mit offenen Armen empfangen hatte. Über Rolfs Blick lag einige Zeit ein Glanz, der in die Vergangenheit gerichtet war – die guten Zeiten mit Hellmann, die eigene Jugend, die gemeinsamen Jahre im Schwimmverein und als befreundete Familien im Dorf. Es dauerte, bis Rolf wieder Gefallen am Hier und Jetzt fand, denn ihn drückte die Angst, dass es ihn ebenso plötzlich wie Hellmann aus dem Leben reißen könnte. In dieser Zeit überprüfte er akribisch seine Finanzen, seine Patientenverfügung, sein Testament. Ja, er schrieb alles nieder. Er schrieb einen Brief für Felicitas, der sie in ihren späteren Jahren begleiten sollte, falls er irgendwann in den nächsten zehn Jahren sterben würde, und eine Liebeserklärung an Elaine, die er in einen Umschlag steckte und zuklebte.

Aber noch war es lange nicht soweit.

In dem Jahr, in dem Elaine ihren tatsächlichen vierzigsten Geburtstag feierte, wurde Felicitas eingeschult.

Die Grundschule befand sich im Nachbardorf, und schon lange wurden Elaine, Rolf und Felicitas in der Gegend nicht mehr seltsam angeschaut. Jeder wusste, dass sie ein Paar waren – wer es nicht wusste, sah es an ihrem innigen Umgang miteinander. Felicitas ging stolz mit einem violetten Ranzen auf dem Rücken an der Hand ihres Vaters über den Schulhof, im Arm eine Schultüte, die fast größer war als sie selbst. An Rolfs anderer Hand ging Elaine, aufgeregt und mit hochgestecktem Haar. Seit einiger Zeit trug sie die Haare länger, ihr Teint war dunkel vom Sommerurlaub in Italien.

Zusammen mit Dutzenden anderer stolzer Eltern saßen sie in der Turnhalle der Schule und lauschten den Begrüßungsworten des Direktors. Felicitas kam in die gleiche Klasse wie ihre Freundinnen und strahlte über das ganze Gesicht. Als am Ende der Einschulungsfeier vom Schulchor noch ein Lied gesungen wurde, stieg Rolf die Rührung hoch. Da flüsterte Elaine in sein Ohr:

»Wie wäre es mit einem Zweiten?«

Überrascht sah er sie an. Mit einem Zweiten was?

»Mit einem zweiten – ?«

Elaine nickte.

»Mit einem zweiten Kind? Kommt überhaupt nicht in Frage!«, zischte er zurück, »du bist viel zu alt dafür!«
»Ich?«, Elaine lachte, strich ihm über die Schulter, und aus der Reihe hinter ihnen rief einer »Pst! Leise!«

Ihre gemeinsamen Jahre waren keine besseren, es waren andere Jahre. Rolf war glücklich und zufrieden. Das war er in seinen früheren Lebensjahren auch oft gewesen, bis zu Jeromes Verschwinden.
Die Nähe, die er mit Elaine spürte, körperlich wie im alltäglichen Umgang, war nicht etwa deshalb möglich, weil Elaine so viel anders oder besser war als Linda.
Sondern sie war möglich, weil Rolf selbst anders war.

IM OKTOBER VIELE JAHRE SPÄTER, SAARLAND, BOSTALSEE

Elaine geht am sandigen Ufer entlang. Der See hat für sie nichts besonderes, viele Seen hat sie im Laufe der Jahre mit Rolf gesehen, ist an deren Ufer spaziert oder auch in ihnen geschwommen. Vielleicht liegt es daran, dass dies kein natürliches Gewässer, sondern ein Stausee ist.
In diesem Jahr, vor einigen Monaten, ist Elaine fünfzig geworden. Ihre Hüften sind runder, ihre Haare wieder zum Pagenkopf geschnitten, graue Strähnen haben sich unter das

Dunkelbraun gemischt. Um ihren Hals baumelt die digitale Spiegelreflexkamera, und wenige Meter entfernt auf der Liegewiese steht ihr Campingstuhl, auf dem sie gerne sitzt und liest oder schreibt, während Rolf seine Bahnen im See zieht. Felicitas kommt schon lange nicht mehr mit zu ihren Ausflügen. Sie ist sechzehn geworden, hat eine eigene Piaggio, eigene Freunde, einen eigenen Kopf. Drahtige, schwarze Haare hat Felicitas, widerborstig, so wie ihr Wesen, aber stark und das Herz am rechten Fleck.

Rolf schwimmt.

Es ist ein strahlender Spätsommertag. Ruhig ist es, der Herbst liegt schon in der Luft. Es duftet nach reifen Früchten und einem Hauch von Kühle. Das Wasser ist sanft und kalt, so wie Rolf es am liebsten mag. Er schwimmt am Schilf vorbei in eine unbebaute, stille Bucht mit viel Grün am Ufer. Schon oft ist er hier geschwommen, er kennt sich aus, das Wasser ist nicht sehr tief. Fast könnte er darin stehen.

Aber er schwimmt.

Schwimmt, wie er es seit Jahren immer wieder getan hat, in jeder Woche, in jedem Wasser, in jeder Stimmung.

Der Himmel über ihm blassblau.

Die Sonne schräg.

Ruhe.

Nur das Plätschern seiner regelmäßigen Schläge.

Nach einer Weile schwimmt er zurück in Richtung der sandigen Liegewiese, auf der sich im Sommer Hunderte von Sonnenanbetern, Familien, Kindern tummeln. Heute ist niemand mehr dort, einzig seine Elaine wird auf ihn warten.

Wird warten.

Rolf dreht sich auf den Rücken, lange bevor Elaine in sein Sichtfeld rückt. Das letzte Stück will er sich treiben lassen, entspannen, sich am Blau des Himmels erfreuen.

So muss es im Himmel sein, denkt er, im Wasser, schwerelos, über mir nur dieses Blau. Keine Geräusche.

Er spürt keinen Schmerz. Er spürt nur mit einem Mal, dass etwas nicht stimmt. Dass etwas nicht richtig ist. Er kann die Beine nicht mehr bewegen. Die Arme nicht mehr. Er liegt im Wasser, das ihn immer noch trägt. Seine Augen blicken hinauf zum Himmel.

Es ist alles gut, denkt er.

Hab keine Angst.

Rolf wehrt sich nicht.

Hab keine Angst.

Er atmet noch.

Vögel ziehen vorbei. Sonnenlicht blendet ihn.

Er atmet noch.

Alles um ihn herum wird blau und leicht und hell.

So muss der Himmel sein, denkt er wieder, der Himmel, schwerelos, leise, sanft.

Dann atmet er nicht mehr.

Er hört auf zu denken.

Sein Kopf sinkt tiefer ins Wasser, als alle Muskeln erschlaffen.

Das Wasser bedeckt seine Augen.

Das Wasser schließt seine Augen.

Das Wasser läuft in seinen Mund, in seine Nase, in seine Lungen.

Rolf ist nicht mehr in dieser Welt.

Elaine spürt es. Wie einen Blitz, der ihr Herz trifft. Plötzlich dreht sie sich um und schaut in die Richtung, aus der er bald zurückkommen müsste. Noch ist nichts von ihm zu sehen. Sie läuft am Ufer entlang soweit sie kann – bis das Schilf ihr den Weg versperrt.

Sie ruft.

»Rolf!«

Sie ruft mehrmals.

Sie schreit.

Bis zu den Knien steht sie im Wasser. Bis zu den Oberschenkeln. Bis zur Hüfte.

Er ist nicht mehr da.

Eine halbe Stunde dauert es, bis sie kommen. Eine weitere, bis sie ihn finden. Nicht lange, aber doch eine Ewigkeit.

Elaine in eine Decke gehüllt am Ufer, ein Rettungssanitäter an ihrer Seite. Bis zur Liegewiese sind sie gefahren mit ihrem Blaulicht. Das DLRG, das Rettungsboot kam aus dem Hafen herbei. Zwei Rettungsschwimmer, die Rolf schließlich an

Land ziehen.

»Gut, dass Sie die Stelle so genau beschreiben konnten«, sagt einer zu Elaine. Sie legen seinen Körper auf eine Trage. Er ist schon viel weißer als zuvor.

Elaine windet sich aus dem Griff des Rettungssanitäters, welcher sie am Arm hält. Sie läuft auf Rolf – auf Rolfs Körper – zu.

Ihr Herz zerreißt sie fast.

Ihr Schmerz.

Die Tränen, ihr Schreien.

Allem lässt sie freien Lauf.

Die Hand, nach der sie greift, ist nass.

Die Sanitäter lassen Elaine nun doch in Ruhe, stehen schweigend dabei.

Elaines Mund sucht Rolfs Lippen, seine zärtlichen Lippen, die so voller Wärme waren, voller Leben, voller Worte und Berührung.

Sie sind eiskalt und stumm.

WEITERE JAHRE SPÄTER, SALO AM GARDASEE

Elaine sitzt in Salo an der Uferpromenade des Gardasees in einem Café. Vor ihr auf dem kleinen, runden Metalltisch liegen Abzüge ihrer jüngsten Fotografien. Ihr neuestes Projekt: Aktfotografie. Zwei Wochen lang ist sie in Norditalien herumgereist, in Como, Venedig und Garda, um Orte für ihre Arbeit zu finden. Ihre Models – italienische Frauen im Alter zwischen 35 und 55 Jahren – hat sie im Wasser fotografiert. Das Licht im September in Norditalien ist einzigartig, ebenso wie das Schimmern und der Glanz der Sonne im Haar dieser Frauen, wenn es nass ist.

Mit vielen der Abzüge, die vor ihr liegen, ist sie zufrieden. Sie hat sich einen Namen gemacht, nicht nur mit ihrem Fotostudio zu Hause in Hirzweiler und als Fotografin von Hochzeiten, Taufen und anderen Familienereignissen, sondern auch als Künstlerin. Im nächsten Jahr stehen zwei wichtige Ausstellungen an, eine im Künstlerhaus in Saarbrücken, eine weitere in einer kleinen Kunstgalerie in Malcesine.

Elaine bestellt sich einen Café Latte, einen Prosecco und Cantuccini – das süße, italienische Mandelgebäck, das sie immer noch liebt.

Vom kleinen Jachthafen Salos weht das Klappern und Klirren der Segelboote zu ihr herüber. Sanftes Sonnenlicht fällt auf ihre nackten Beine, auf ihre Hände, auf ihr Gesicht und lässt ihre Haut karamellfarben leuchten. Noch ist es warm, der Himmel blau, – azurblau.

63 ist Elaine in diesem Jahr geworden. Sie färbt ihre Haare nicht, längst sind sie grau und drahtig geworden, aber immer noch kinnlang. Auf ihrer Nase sitzt eine Brille mit rotem Rahmen. Um ihren Hals baumelt seit Jahren die gleiche Kette mit einem Silberanhänger in Herzform.

Am Abend wird sie nach San Benedetto di Po fahren zu ihrem Stiefsohn Jerome und seiner Familie. Ihr Stiefenkel Luca ist 28 Jahre alt geworden und wird bald heiraten. Zu einer Verlobungsfeier soll Elaine kommen, und dieser Einladung geht sie gerne nach. Sowieso fährt sie einige Male im Jahr nach Italien, um diese Seite ihrer Familie – Rolfs Familie zu besuchen, denn nach Rolfs Tod haben Jerome und seine Frau Chiara noch zwei weitere Töchter bekommen, alle jetzt über zwanzig Jahre alt, Sandrine und Elisa, sie studieren beide an der Universität Mailand.

Auch ihre Tochter Felicitas wird nach San Benedetto di Po kommen, aber erst am nächsten Tag. Sie ist ebenfalls 28 Jahre alt geworden, aber trotzdem bleibt sie die Tante von Luca, Sandrine und Elisa, was alle immer lustig finden. Wenn Elaine an Felicitas denkt, durchströmt sie jedes Mal das Gefühl, vieles richtig gemacht zu haben. Früh wollte Felicitas von zu Hause weg gehen, und Elaine hat sie gehen lassen – mit achtzehn Jahren an eine Universität in Frankreich, dann nach Italien, nach Bologna, und dort ist Felicitas geblieben: als Doktorandin im Fach Linguistik. Elaine und sie sehen sich einige Male pro Jahr, selten kommt sie nach Hirzweiler zu Besuch, aber in ihrem WG-Zimmer hängt ein gerahmtes Bild von

Rolf, Elaine und ihr, als sie selbst zwölf Jahre alt war. Sie telefonieren oft, und oft sprechen sie über Rolf.

Was hätte er dazu gesagt?

Was hätte er hierzu gesagt?

Erzähl mir vom ersten Jahr!

Wie hat er doch seinen Garten geliebt!

Denkst du, er wäre stolz auf mich?

Bei solchen Fragen lacht Elaine, denn an letzterem besteht kein Zweifel.

In Gedanken versunken schiebt Elaine im Café die Fotografien zusammen und steckt sie zurück in eine Mappe. Ihre Bestellung – die Getränke und das Gebäck – sind noch nicht gekommen. Sie schaut sich um. An einigen Tischen sitzen Menschen, leises Gemurmel wird vom Wind herübergetragen. Mehrere Pärchen, einige Frauen, ein oder zwei Männer alleine an Tischen.

Elaine hat seit jeher kein Problem, alleine zu sein. Dafür ist sie sehr dankbar. Wenn sie alleine ist, ist es manchmal, als wäre Rolf noch da. Als säße er neben ihr, mit einem aufgeschlagenen Buch auf den Knien, seinen Blick jedoch auf das spiegelglatte, in der Sonne schimmernde Wasser gerichtet.

Deshalb sitzt sie gerne alleine an Ufern und in Cafés. Sein Räuspern, seine ruhige Stimme, sein Umblättern der Buchseiten klingen noch in ihren Ohren. Oft hatten sie sich in seinen letzten Lebensjahren gegenseitig aus Büchern vorgelesen. Oft las einer vor und der andere lag mit geschlossenen Augen daneben, nicht schlafend, sondern lauschend.

Sie denkt an seine Haare, seine Augenbrauen, seinen Geruch, seinen Atem.

Nie wieder hat sie sich verliebt. Das Bedürfnis nach Nähe zu einem Mann war ihr nach Rolfs Tod ebenso plötzlich abhanden gekommen wie es zu Anfang durch ihn geweckt worden war. Manchmal denkt sie darüber nach, wenn sie andere in ihrem Alter sieht: Andere Paare. Geschiedene oder verwitwete Frauen und Männer, die neu zu einander finden und Hand in Hand spazieren gehen.

Küssen? Sie hat seit Jahren nicht mehr als Frau geküsst. Als Bekannte, als Mutter, als Stiefmutter, als Stiefoma, ja.

Aber als Frau? Einen richtigen Kuss, eine Knutscherei? Danach spürt sie kein Verlangen. Hat selten Männer gesehen, die sie interessant findet. Selten welche, die ihr attraktiv erscheinen. Keinen, der sie so sehr fasziniert, dass sie ihn näher als Mann kennenlernen will.

Rolfs Lippen – auch daran denkt sie oft. Es kribbelt immer noch in ihrem Herz und in ihrem Bauch, wenn sie daran denkt. Ihren ersten Kuss in der Bibliothek im Haus in Hirzweiler, ihre erste Liebe am Morgen danach. Die aufwühlenden Ereignisse des ersten Jahres und die zärtliche Körperlichkeit, die sie durch all die Jahre gepflegt haben.

Sechzehn Jahre hatten sie zusammen. Viel zu kurz, aber doch sechzehn Jahre. Mehr, als viele andere zusammen haben. Eine solche Liebe wie mit Rolf wird Elaine nie wieder erleben.

Da stellt der Kellner ihre Bestellung vor sie auf den Tisch. Einen Espresso und einen halben Liter San Pellegrino.

Verwirrt schaut Elaine auf.

»Habe ich das bestellt?«, fragt sie in fließendem Italienisch.

Der Kellner zuckt mit den Schultern.

»Nein?«, sagt er.

Er steht mit dem Tablett in der Hand ratlos vor ihr.

Da passiert es. Ein Herr tritt auf ihren Tisch zu. In der einen Hand einen Café Latte, in der anderen Hand ein Glas Prosecco. Der Herr lächelt. Er hat einen schwarzgrauen, kurzen Bart, trägt eine Brille mit Metallrahmen und blitzt sie aus dunklen Augen an.

»Signora, lassen Sie uns die Getränke tauschen!«, sagt er.

Seine Stimme angenehm weich.

Der Kellner lacht.

»Ja, ich habe die Bestellungen verwechselt, entschuldigen Sie!«, ruft er und beginnt hektisch, sein Tablett abzustellen und die Getränke umzuräumen.

Schlank ist der Mann nicht gerade, aber irgendetwas an ihm hat Elaines Aufmerksamkeit geweckt.

»Aber lassen Sie doch«, sagt sie zu dem Kellner, »lassen Sie doch! Vielleicht möchte der Herr sich zu mir setzen?«

Sie schaut ihn an, den Herrn, mit dem gleichen Blick, mit dem sie Rolf vor so vielen Jahren in einer Kneipe in Saarbrücken zum allerersten Mal die Hand geschüttelt hat.

Der Herr lächelt, nickt und zieht einen Stuhl bei.

Seine Lippen sind voll, das ist auch unter dem Bart zu erkennen, und seine Zähne weiß. Vielleicht ist er älter, vielleicht ist er jünger als Elaine.

Kurz geht ihr Blick zum See und sie glaubt, einen Schwimmer in der Ferne zu erkennen.

Eine solche Liebe wie mit Rolf wird Elaine nie wieder erleben. Sie sehnt sich nicht danach. Sie hatte ihre Liebe schon. Nie wieder wird sie sich verlieben, denkt sie –

oder doch?

Alle im Roman vorkommenden Personen, Ereignisse und Handlungen sind frei erfunden. Die im Buch genannten Orte, Dörfer und Städte wurden den Notwendigkeiten der Handlung angepasst.

Das Dorf Hirzweiler gibt es wirklich. Es ist ein Ortsteil der Gemeinde Illingen im Saarland und ein wunderbarer Ort zum Leben. Obwohl ich erst seit elf Jahren hier wohne, fühle ich mich gut aufgehoben.

In den Schwimmbädern der Gemeinde ziehe ich selbst gerne meine Bahnen, sommers wie winters.

Ich danke meiner Familie für die Geduld, die es manchmal braucht, wenn man eine Schriftstellerin zu Hause hat.

Ich danke der Liebe, die ich erfahre, denn ohne die wäre alles nichts.

Allen Testlesern danke ich für die zahlreichen Kommentare und Ermutigungen. Tatsächlich sind die kritischen Stimmen unter ihnen die fruchtbarsten.

Meiner Katze Chelsea danke ich für ihre stille Präsenz und ihren ruhigen Atem. Sie liegt meist neben mir, während ich schreibe.

Ich danke meinem Vater († 2017) für den ermutigenden Blick, den er mir am Ende seines Lebens geschenkt hat.

Mein Dank gilt meiner Mutter († 2019) für das, was sie mir über die Liebe erzählt hat, und für alles andere auch.

Ich danke meiner Muse, die still alle Verrücktheiten hat über sich ergehen lassen und mir stets Fels in der Brandung war.

Katja Bohlander-Sahner, im Oktober 2020

KATJA BOHLANDER-SAHNER,

geboren 1979 im Saarland, ist verheiratet und Mutter zweier Kinder. Sie studierte Psychologie und Kriminalistik in Saarbrücken sowie Creative Writing in Bad Kreuznach.

Viele Jahre war sie als Migrationsberaterin tätig. Zur Zeit kümmert sie sich um ihre Familie und arbeitet an ihrem dritten Buch.

In ihren Erzählungen, Kurzgeschichten und in ihren beiden Romanen lotet Katja Bohlander-Sahner aus, was in der provinziellen Enge dieses Landes doch alles möglich ist – oft mehr als man erwartet. Sie erzählt von »Dagebliebenen, Hinzugekommenen und Weggängern«, so nennt sie es, und richtet ihren Blick gerne auf das Große im Kleinen, auf das Besondere im Alltäglichen.

»Gute Geschichten erzählen und den Leser unterhalten, das sind meine Ziele«, sagt Katja Bohlander-Sahner, »und gute Geschichten trägt jeder von uns in sich – man muss nur den Mut haben, sie auszusprechen.«

Ihren ersten Roman »Im Dorf, da wohnen Tiger« hat die Autorin im Self-Publishing herausgebracht.

CHRISTINE GUIGUI

Wie eine Lilie

Angeregt durch Erlebnisse aus ihrem New Yorker Klinikalltag beginnt Christine Guigui in englischer Sprache zu schreiben, erst Tagebücher, dann Kurzgeschichten und Romane. Sie belegt zahlreiche Prosa-Seminare an der »Famous Writer's School« in Westport und an der Universität Fairfield in Connecticut. Zurück in Deutschland besinnt sie sich auf ihre Wurzeln.

Mit »**Wie eine Lilie**« eröffnet sie autobiografische Einblicke in ihre Jugend im bäuerlichen Milieu des Saargebiets, die von der NS-Zeit und den nachfolgenden Kriegsjahren bestimmt und überschattet wird. Ende der 1940er-Jahre bricht sie in das »Land der unbegrenzten Möglichkeiten« auf und folgt ihrer Berufung als Ärztin. Ihre emotionale Bindung zum Elternhaus und zu den Geschwistern bleibt zeitlebens bestehen und findet in diesen Lebenserinnerungen einen höchst eindrucksvollen, bisweilen verzweifelt um Klärung ringenden Niederschlag.

CHRISTINE GUIGUI. WIE EINE LILIE
FORMAT 12,5 X 20 CM, 280 SEITEN, FESTEINBAND
ISBN 978-3-941095-37-3, 19,90 EURO

GERD MEISER

Mit einem Schlag

Gerd Meiser erzählt uns die Geschichte von Reinhold Ritter. Sie spielt in der Zeit der Napoleonischen Kriege. Die von 1792 bis 1815 dauernden kriegerischen Auseinandersetzungen zwischen Frankreich und seinen europäischen Machtrivalen bilden eine Serie von Konflikten, die ursprünglich durch die Französische Revolution hervorgerufen wurden. Französische Truppen hielten in dieser Zeit einige Gegenden dauerhaft besetzt.

Die Erzählung ist frei erfunden. Jegliche Ähnlichkeit mit aktuellen oder historischen Personen ist rein zufällig.

Dennoch wird die Geschichte von Ereignissen genährt, die tatsächlich stattgefunden haben, allerdings in einer anderen Zeit. Während die in der Erzählung erwähnten Ereignisse im 18. und 19. Jahrhundert nicht den Anspruch erheben, in allen Einzelheiten korrekt zu sein, ist ein Verhängnis 160 Jahre später ein Stück Realität und damit Zeitgeschichte.

Gerd Meiser war jahrzehntelang Journalist der Saarbrücker Zeitung und verstarb vor der Veröffentlichung seines letzten, für ihn bedeutendsten Werks.

GERD MEISER, MIT EINEM SCHLAG
FESTEINBAND, FORMAT 12 X 19 CM, 288 SEITEN
ISBN 978-3-941095-66-3, 19,90 EURO